大事如皋

CHRONICLE OF EVENTS

江苏省如皋市档案馆　编

2022

方志出版社
Publishing House of Local Records

图书在版编目(CIP)数据

大事如皋. 2022 / 江苏省如皋市档案馆编. —北京：方志出版社，2023.9
ISBN 978-7-5144-5777-3

Ⅰ. ①大… Ⅱ. ①江… Ⅲ. ①如皋—地方史—大事记—2022 Ⅳ. ①K295.34

中国版本图书馆 CIP 数据核字(2023)第 174519 号

责任编辑：李晓晓
责任校对：刘玉霞
责任印制：梅中英
出 版 者：方志出版社
地　　址：北京市朝阳区潘家园东里 9 号（国家方志馆 4 层）
邮　　编：100021
网　　址：http://www.zgfzcb.cn
发　　行：方志出版社图书营销中心（010-67110500）
印　　刷：南通彩虹印刷有限责任公司
开　　本：889 毫米×1194 毫米　1/16
印　　张：18
字　　数：565 千字
版　　次：2023 年 9 月第 1 版
印　　次：2023 年 9 月第 1 次印刷
定　　价：300.00 元

《大事如皋(2022)》编纂委员会

2022年

“记忆如皋”摄影作品征集活动

记忆是城市的灵魂，档案是历史的见证。为展现近年来如皋城乡变化，留住历史印记，推进城市记忆工程，2022 年，如皋市档案馆、如皋市摄影家协会携手开展“记忆如皋”摄影作品征集活动。活动历时 6 个月，共收到 531 幅(组)摄影作品。作品种类丰富，从不同角度展示了如皋近三年来的城市变迁、城乡风貌、自然风光、人文风情，用镜头挖掘如皋城市内涵，定格城市记忆。经过专家多轮评审，最终评选出获奖作品 83 幅(组)，一等奖 3 名、二等奖 10 名、三等奖 20 名、优秀奖 50 名。现将获一、二、三等奖的作品集中进行展示，以飨读者。

一 等 奖

春满桥头 (刘为民 摄)

金光大道十字桥　　　　（陈　果　摄）

龙游河畔　　　　（丁左君　摄）

二 等 奖

如皋长江水上服务区（组图）

（唐永杨 摄）

记忆如皋（组图）

（王海松 摄）

大美如皋(组图)　　（丁左君　摄）

雉水之夜(组图)　　　　（冒朝霖　摄）

古城全貌　　（汤乾玮　摄）

五彩路　　（吴晓军　摄）

古城新姿　　　（邱　宇　摄）

龙游湖美景　　　（徐卫元　摄）

如皋老酱油　　　　（陈秀祥　摄）

水绘人家　　　　（薛建民　摄）

三 等 奖

古城赛事(组图)　　　（周　进　摄）

皋城夜色 （陈正祥　摄）

花木之乡致富路 （倪康博　摄）

灯火灿烂　　（唐永杨　摄）

阁光塔影映皋城　　（陈　果　摄）

崛起的皋城　　　（吴树建　摄）

雉水流韵　　　（朱瑞祥　摄）

龙游河晚霞　　（郑波　摄）

奥体中心　　（高春健　摄）

与荷共舞　　（王海松　摄）

水绘春晓　　（周　进　摄）

白蒲镇明清民居建筑群（曹鹏国 摄）

古檐风韵（程建建 摄）

传承（陈秀祥 摄）

古街星辰　　（徐　筝　摄）

雉水人家　　（刘为民　摄）

红十四军纪念馆（陈圣银 摄）

鸟瞰雉水一景（郑铭 摄）

启行　　（黄冠周子　摄）

雪中夜防　　（唐永杨　摄）

序

时序更替，华章日新。当历史的时针指向新的刻度，我们挥别浓墨重彩的2022年，迎来崭新的2023年。

时间是最伟大的书写者，忠实记录着奋进者的步伐。《大事如皋(2022)》忠实记录了2022年全市自然、政治、经济、文化、社会和生态文明建设等方面的点点滴滴，同步记录了如皋市高质量发展的进程和轨迹。

2022年，是如皋发展史上极不平凡、极为不易的一年，也是实干拼搏、收获满满的一年。面对全球疫情肆虐造成的多重困难挑战和艰巨繁重的发展稳定任务，全市上下聚焦产业兴市、创新强市、生态立市，坚定信心、克难奋进，创新实干、勇毅前行，推动如皋跃居全国科技创新百强县(市)第12位、全国百强县(市)综合实力第19位，“强富美高”新如皋正展现出越来越清晰的现实模样。

历史记录千秋伟业，档案见证百年辉煌。档案，记录了2022年如皋每一个高光时刻！2022年，我们精心组织“喜迎二十大、再次战高沙”主题教育，全市上下掀起学思践悟党的二十大精神的热潮；2022年，斯堪尼亚商用车项目、金鹰产业园、霖鼎超精密微纳光学产业基地等重特大项目启动建设，6个10亿元以上重大项目顺利投产；2022年，如皋市成功入选南通唯一省“科创江苏”试点县市，获评企业家幸福感最强市；2022年，首届如皋乡贤大会成功召开，300多位来自全国各地的如皋乡贤嘉宾欢聚一堂，共鉴家乡发展，共绘美好愿景……

描绘历程，旨在激励。《大事如皋(2022)》的出版，以系统、简洁、直观的信息构建了一座史实平台，向世人反映了如皋经济社会的宏观架构、运行态势。

相信它的出版，可以总结和宣传如皋，使大众可以更好地了解、关心如皋经济社会发展，同时，为机关部门和社会各界提供参考借鉴，以期对我们今后的各项工作有所裨益，并为将来留下可资利用资料。

风正时济，自当扬帆破浪；任重道远，仍需策马扬鞭。2023 年是全面贯彻落实党的二十大精神的开局之年，也是实施“十四五”规划承上启下的关键一年。让我们坚定信心、接续奋斗，加快高质量建设南通跨江融合发展样板区，共同推动中国式现代化在如皋充分展现可观可感的现实图景。

编　者

2023 年 5 月

Bianji Shuoming

编 辑 说 明

一、《大事如皋》坚持以马克思列宁主义、毛泽东思想、邓小平理论、“三个代表”重要思想、科学发展观、习近平新时代中国特色社会主义思想为指导，坚持辩证唯物主义和历史唯物主义的立场、观点和方法，力求全面、系统、真实地逐年记录如皋市自然、政治、经济、文化、社会和生态文明建设等方面情况，旨在充分发挥存史、资政、育人功能，为各级领导决策提供依据，为如皋经济社会发展服务，为各界人士了解和研究如皋提供翔实、准确的信息。

二、《大事如皋(2022)》记录和反映如皋市2022年度全市范围内发生的大事、要事、新事，以图文并茂的形式记述市委、市政府的重要工作、重大活动和重大政策、各部门的重大活动、各界人士关注的重大事件、与人民群众生活密切相关的重大项目，记录成就，展示风貌，保存史料。

三、本书资料主要源于当年度如皋市级官方媒体，兼采用市各有关单位补充供稿。

四、全书设卷首彩页，以及关怀指导、热点聚焦、新闻人物、发展成就、荣誉先进、组织机构、要文选录、大事记8个部类。

关怀指导　主要记录和反映重要领导以及社会重要人物在如皋的活动情况。

热点聚焦　选取全市2022年事关全局、有广泛和长远影响的大事、要事、特事，重点加以记述。

新闻人物　简要介绍2022年度作出重大贡献、获得全国性表彰、取得突出成就，或产生重大影响，或担任重要职务的市内外如皋籍人士，以及在如皋工作的非如皋籍人士的重大成就、重要事迹、重要活动。

发展成就 记录和展示全市2022年经济社会发展所取得的重大成就和亮点，记述市委、市政府确定的为民办实事项目的落实情况。

荣誉先进 选录获得国家级、省部级、南通市级和如皋市级奖励和荣誉称号的人物、成果、活动等，以时间为序进行记述。

组织机构 反映2022年度新晋市领导履历、全市组织机构设置和四套班子、各单位各部门2022年度在职的正、副职负责人员名录。若2022年度职务有变动的，则注明任职、免职时间。

要文选录 选录市委、市政府重要专题报告和相关部门的情况公报。

大事记 按时间顺序逐条记载2022年如皋经济、政治、军事、文化、社会、生态文明等方面的情况，部门工作动态，重大活动和事(案)件等。

五、本书大事记所记大事按发生时间，一事一记，分条目编写。同一天有两条及以上大事条目，首条前写日期，以后各条用“△”进行标示。具体时间不详的大事，列当月或当年最后。

目　录

■关怀指导

■热点聚焦

重要会议

重大活动

重要事件

重大项目

重大工程

重要成果

■新闻人物

劳模典范

在外名人

■发展成就

■荣誉先进

■组织机构

■要文选录

专题报告

政府工作报告

部门公告

■大事记

关怀指导

Guanhuai Zhidao

交通运输部长江航务管理局党委委员、纪委书记陈凯调研如皋市水上绿色综合服务区

6月17日，交通运输部长江航务管理局党委委员、纪委书记陈凯带队调研如皋市水上绿色综合服务区，江苏海事局相关领导、如皋市委书记何益军参加调研。

调研中，陈凯一行先后走进长江汇线下体验店、红色驿站、流动党员活动室、调度大厅、政务大厅等处，对各项工作开展情况进行深入了解。在政务大厅，陈凯细致询问政务自助服务终端和海员自助信息采集终端操作方法。由江苏海事局统一研发的政务自助服务系统，可提供一站式综合便民服务。在调度大厅，陈凯仔细听取快反处置中心、搜救服务中心和港航调度中心的建设运行情况，当前服务区已实现全方位、全要素的采集感知，全平台、全用户的共享交互，全链条、全业务的研判处置和全领域、全过程的服务保障，用“智慧”和“绿色”不间断服务船民。

作为国内首家政府全额投资、规模最大、功能最全的水上绿色综合服务区，2021年6月运营以来，如皋水上绿色综合服务区累计服务船舶3300艘次、船员10000余人次，实现免费接收生活污水、生活垃圾、收发快递等绿色服务，切实提升船员的生活品质。新冠肺炎疫情发生以来，服务区主动设立水上核酸采样点，免费为过往船舶发放防疫口罩及新冠抗原试剂，累计配送生活物资1000余吨，解决船员防疫补给燃眉之急，真正让船员享受到水上工作、“陆”上生活的便利，赢得广大船员的肯定与支持，实现经济效益、社会效益的良性发展。

活动还为“长江船员服务驿站”进行授牌。何益军在致辞时表示，如皋水上绿色综合服务区要继续做优做强物资供应、燃油加注、医疗卫生、快递收发、金融服务等功能，更高质量打通服务广大船员的“最后一公里”。他希望，如皋水上绿色综合服务区以此次授牌仪式为契机，继续深入践行人与自然和谐共生的绿色发展理念，为拉动区域经济，推动长江经济带高质量发展作出更多更大的贡献，努力打造长江航运线上最靓丽的如皋名片。

世界帆船联合会主席李全海一行到如皋考察

6月28日，世界帆船联合会主席李全海带队到如皋考察。如皋市领导何益军、丁兴华、顾留忠、崔建村、杜晓峰参加活动。

李全海一行实地参观龙游湖皮划艇训练场、龙游湾生态景观带、南通支云足球俱乐部、外城河滨河沿线、东大街历史文化街区等处，详细了解如皋市经济社会发展和文化体育旅游产业发展情况。

在龙游湖皮划艇训练场，李全海仔细听取运动员训练、住宿、饮食等方面的介绍，并实地勘察赛道布置和水域情况。李全海向运动员和教练致以亲切慰问，并希望运动员们能够弘扬中华体育精神，依托优良的训练场地，苦练内功，奋发进取，成为新时代水上运动项目的优秀接班人。

在长江镇，有关负责人向李全海一行讲解长江镇整体规划发展。随后，考察团实地参观龙游湾生态景观带。该景观带全长约5.5公里，围绕“人民保护长江、长江造福人民”的理念，建设生态体验、滨江休憩、内贸展示等18个功能景点。考察团认为长江镇拥有得天独厚的自然资源，具有开展各类体育旅游产业的潜力，要因地制宜、不断创新，打造出适宜各种人群的体育旅游精品项目。

6月28日，世界帆船联合会主席李全海（中）带队到如皋考察　　（邱宇　摄）

座谈会上，与会人员观看如皋城市宣传片。市委书记何益军向考察团表示热烈欢迎，并就如皋市经济社会发展情况作简要介绍。近年来，如皋市聚焦“高质量建设南通跨江融合发展样板区”的发展定位，积极抢抓长三角一体化发展、长江经济带、“一带一路”等多重机遇，统筹推进经济社会发展各项任务，加快打开交通格局，加快构筑产业优势，不断累积发展胜势。在专注于经济发展的同时，如皋市始终把文化建设摆在突出位置。2022年，如皋市正大力弘扬如皋治沙精神，全力争创全国文明典范城市，协同推进国家全域旅游示范区等“五城同创”，构建“文化＋旅游＋体育＋”融合发展格局，着力提升城市文化的凝聚力和软实力。

李全海高度赞扬如皋市经济社会发展取得的成绩，对如皋市文化体育旅游事业充满信心。他希望如皋市因地制宜，运用好旅游资源，加强统筹协调，把两河文化融入产业发展，让传统文化焕发新的活力；将自然资源与政府规划紧密结合，打造出具有本土特色的水上运动赛事；高起点规划，高标准实施，进一步推动全市文化体育旅游产业可持续发展。

活动中，考察团成员还分别就相关项目情况进行介绍，并与如皋市领导和有关部门负责人进行深入探讨。双方将以此次考察为契机，进一步加强交流沟通，共抓机遇，共谋发展，携手开创文化体育旅游产业高质量发展新局面。

复旦大学副校长张志勇到如皋考察交流

9月26日，复旦大学副校长张志勇一行到如皋考察交流，双方就大健康产业、科研成果转化等方面进行探讨。如皋市领导何益军、黄文斌、唐余宽参加会议。

市委书记何益军对张志勇一行的到来表示欢迎，他说，在高质量转型发展的重要时期，如皋医疗卫生健康事业也迎来新的机遇与挑战。随着南通全方位融入苏南、全方位对接上海，如皋将抢抓历史机遇，充分发挥交通及区位优势，推动全市科技创新产业、医疗服务、旅游及制造业向更高质量发展。何益军要求，全市上下要继续深化与高校院所的合作，借助学科优势、人才优势，在合作中推动科研项目的“上海孵化、如皋转化”；要立足长远，锚定高端康养产业，在打造农文旅产业如皋品牌的同时，以优质医疗服务、康养项目活化如皋长寿资源；在推进与复旦大学深度交流合作中，各相关单位要充分发挥既有合作平台优势，进一步找准定位、把握方向、做足规划，在持续强化沟通中，实现既有合作不断深化、科研成果落地转化。

座谈会上，如皋市副市长黄文斌介绍如皋卫生健康工作情况，如皋市高新区有关负责人介绍长寿未来农业园（农高区）概况，如皋市人民医院负责人介绍该院基本情况及创建三级甲等医院相关事宜，复旦大学相关人员介绍复旦枫林科技园概况，双方就推动医疗卫生事业、学科建设、人才培养、康养及大健康产业高质量发展等方面进行深入交流。

张志勇对如皋经济社会及医疗卫生事业的发展表示肯定。他说，科研项目的落地转化是高校转型发展的现实需求，高校与地方政府的合作，既有益于推动科研项目的落地转化，又能助推地方经济、医疗健康产业的发展。张志勇希望在原有良好关系基础上，双方持续加强对话、增进合作，在医疗卫生、学科建设、人才培养等方面深度共融，充分释放人才、学科、产业等方面的优势，进一步找准定位、细化方案，夯实合作基础，实现双方共赢。

江苏省政协副主席姚晓东一行到如皋视察

8月3日，江苏省政协副主席姚晓东（前排左三）一行在磨头镇交通运输综合服务站视察 （邱宇 摄）

8月3日，江苏省政协副主席姚晓东一行到如皋，就“加强邮政普遍服务基础设施建设，推进邮政普遍服务均等化”开展专题视察。南通市政协主席黄巍东，如皋市领导何益军、张元健、郑振明陪同视察。

在磨头镇交通运输综合服务站，姚晓东一行详细了解如皋市“交邮融合、客货同网”服务品牌建设情况，并查看相关党建阵地。近年以来，如皋邮政一方面积极利用自身优势，加强与各村（社区）沟通，主动挖掘地方农业合作社需求，积极打造“邮乐购”线上品牌，着力解决农产品返城最初一百米问题；另一方面依托镇村投递网络、综合邮件自提点和便民服务站，成功构建“农村物流末端网络”，着力解决邮件进村最后一百米问题。

姚晓东对如皋市邮政快递行业与公交、镇村融合发展的模式表示肯定。他说，如皋邮政综合利用闲置运力和服务站点，在多项工作中探索出新路径，取得较好成效。接下来，要及时总结工作经验，在合作过程中发现难点、堵点，确保邮件安全、高效传递，持续推动为民、便民、利民举措落地落实；要与现代农业、电子商务等深度融合，引领带动农村地区寄递物流水平提升，助力农民创收增收，促进农村消费升级，切实提升基层服务能力和水平，推动邮政普遍服务再上新台阶。

参加活动的领导在爱心邮路展示厅慰问邮递员代表，并送上慰问品。相关负责人介绍如皋市爱心邮路的发展历程和部分乡邮员帮扶孤寡老人、助力困难家庭的典型事迹。

姚晓东对爱心邮路上持续涌现的先进事迹、展现出的无私奉献精神给予赞扬。他要求，相关工作人员要传承好优良传统，在出色完成日常投递任务的同时，主动开展关爱社区空巢老人、孤寡老人、救助困难群众等公益活动，进一步规范帮扶流程、帮扶内容，向社会传递正能量，大力塑造诚信友爱的公众形象。如皋要深入挖掘好、宣传好优秀典型，进一步营造向先进学习的浓厚氛围，持续扩大“爱心邮路”影响力。

国家统计局江苏调查总队调研如皋统计调查工作开展情况

6月1日，国家统计局江苏调查总队党组书记、总队长仲柯率队到如皋调研如皋市统计调查工作开展情况。如皋市领导何益军、王鸣昊、顾留忠参加活动。

会上，市委副书记、市长王鸣昊介绍如皋市经济社会发展情况。他说，2022年以来，面对复杂严峻的宏观形势，如皋市委、市政府坚持疫情防控和经济社会发展两手抓、两手硬，协同推进跨江融合、五城同创、一区多园改革等重点、难点工作，改革发展稳定各项工作取得新进步，综合实力稳步提升，创新动能持续迸发，城乡融合展现新貌，民生福祉不断殷实，现代化如皋建设实现良好开局。

如皋市统计局、市发改委、市人社局、市农业农村局主要负责人分别就统计调查、经济发展、富民增收、“三农”等工作进行汇报。一直以来，市委、市政府高度重视统计调查工作，在组织队伍、资金安排等方面给予充分保障。如皋市坚持求真、求准、求全、求快的工作方针，紧紧围绕各项工作目标，结合统计改革新要求，积极探索统计工作新路径和新方法，住户调查、农业农村调查、劳动力调查等工作多次获国家统计局江苏调查总队专业评比优秀等次。

仲柯对如皋市经济社会发展和统计调查工作所取得的成绩给予肯定，他认为如皋市党委、政府高度重视统计调查工作，部门业务精通，基础扎实，亮点纷呈。就进一步提升统计调查工作水平，仲柯要求，如皋要牢固树立“数据质量是统计工作的生命线”的大局意识，认真落实各项法律法规要求，树立底线思维，防范统计造假、弄虚作假行为；要持续加强统计能力建设，加强部门配合联动，形成工作合力，全面提升统计工作质效。他表示，国家统计局江苏调查总队也将对调研中发现的问题和收集到的意见建议进行认真梳理总结，在深化调查研究和改革方法制度等方面持续发力，精准提升统计服务水平，更好服务地方经济社会发展。

市委书记何益军表示，下一步，如皋市将以此次调研为契机，认真落实上级要求，大力弘扬实事求是、求真务实的工作作风，切实强化统计工作保障，严格遵守统计法律法规和制度规范，锻长板、补短板，将统计调查基础工作做得更扎实，提升统计调查亮点工作的显示度，为全市经济社会高质量发展提供更加坚实的统计保障。

江苏省妇联党组书记、主席朱劲松到如皋调研基层妇联工作

6月21日，江苏省妇联党组书记、主席朱劲松(右二)一行到下原镇张庄村党员网格驿站调研 (邱宇 摄)

6月21日，江苏省妇联党组书记、主席朱劲松率队到如皋调研基层妇联工作。南通市委常委、组织部部长封春晴，如皋市领导何益军、朱莹滢参加活动。

朱劲松一行首先看望吴窑镇老庄村和下原镇张庄村两户家庭。这两户家庭因病导致生活出现困难，如皋市妇联了解情况后及时跟进，采取相应的措施，帮助他们改善生活条件。在了解到两户家庭在相关单位和爱心企业家帮助下，生活越来越好，且下一代也正在学校努力学习后，朱劲松指出，如皋市妇联在帮扶工作中发挥的作用有力有效，给村民生活带去积极变化，下一步，如皋市妇联要将妇联工作开展得更加细致深入，帮助困难家庭更好地实现就业，让他们既能找到谋生之本，也能兼顾家庭生活；村民也要重拾对生活的信心，在相关单位、爱心企业家的帮助下，将下一代培养好，让他们在未来成为对家庭和社会有贡献的人。

市委书记何益军表示，帮扶工作既要“扶志”也要“扶智”。有关单位要帮助困难群众树立摆脱困境的斗志和勇气，同时着力提升他们的综合素质，让帮扶工作从“输血式”转向“造血式”，让帮扶工作真正出实效。

在下原镇张庄村党员网格驿站，朱劲松一行实地查看驿站硬件设施，并听取相关负责人关于“蒲公英”网格服务品牌、“青亲”网格工作室、“三倾”工作法等亮点工作的介绍。近年来，下原镇张庄村将网格工作与基层妇联工作相结合，在不断增强妇女儿童获得感、幸福感、安全感的同时，提升当地精细化治理水平，让村庄面貌焕然一新。朱劲松对相关工作表示肯定，并勉励大家要再接再厉，更好地联动群众，共同推动妇联工作和社区发展取得新成效。

在如城街道孔庙社区，朱劲松一行详细了解社区“妇女儿童之家”阵地打造和志愿者服务队伍建设工作。近年来，孔庙社区坚持群众服务树标杆、妇联建设接地气、实事兴办聚民心，获评省级巾帼文明岗，成为全省首批“三全”家庭教育指导示范社区。朱劲松对社区妇联工作开展情况和当前取得的成绩表示肯定，她希望社区能在现有工作的基础上，积极探索具有地方特色的妇联工作路径；本地优秀妇女同胞要不断发挥榜样力量，示范带动更多的力量加入妇联工作，在全社会产生更加积极的影响。

南通市委书记王晖率队现场观摩如皋经济社会发展亮点

8月9日，南通市委书记王晖率南通市委十三届四次全会与会人员到如皋观摩经济社会发展亮点。王晖、吴新明、黄巍东、庄中秋、沈雷等南通市四套班子领导及如皋市领导何益军、王鸣昊、陈鸣华、卢志敏、石兵、崔建村参加活动。

8月9日，南通市委十三届四次全会与会人员现场观摩经济社会发展亮点　　（邱宇　摄）

南通市委书记王晖一行首先到霖鼎超精密微纳光学产业基地开工现场进行考察。该项目作为上海交通大学与如皋“双飞地”模式培育孵化的第一个重大成果，计划总投资20亿元，占地面积约100亩，新建厂房及实验中心超17万平方米，包含全球最大5轴+超精密加工实验中心、超精密制造技术研究中心/高端装备智能工厂、国家级光学综合检测实验室、洁净晶圆级微纳光学智能制造产线、国家级计量检测中心等。项目依托自主研发核心装备，结合具有独立核心知识产权的自主工艺、软件及检测系统，主要生产应用于生物医疗、智能汽车、消费电子、高端半导体制造等领域的光学核心元器件，建成达产后，年产精密光学制造设备100台、光学检测仪器200台、精密光学模具5000套、玻璃基元光学组件1200万颗、塑料基元光学组件5200万颗，预计可实现应税销售额20亿元、税收0.8亿元、亩均税收80万元。如皋基地建成后将与上海形成“量产+研发”的“双高地”产业协同效应，将建成国际一流、全行业领先的光学智能工厂典范。在听取项目具体情况和发展愿景的介绍后，与会人员对如皋市通过科学引领、技术赋能，推动超精密制造产业升级的做法给予肯定。随着项目建设不断推进，一个具备强大产业带动能力的霖鼎光学生态智慧园区即将诞生，如皋也将为中国光学智造科技创新事业打造一片热土。如皋与上海交通大学的“双飞地”合作模式，不仅可以招引优质项目落户，还可以促进如皋企业与高校开展技术研发和产学研合作，为地方集聚更优质的科创资源。

随后，王晖一行到思源高压智能组合电器（GIS）产业化项目现场，详细了解项目推进情况及产品性能，对企业精准的发展定位和清晰的发展目标给予好评。思源高压智能组合电器（GIS）产业化项目一期总投资10亿元，占地面积150亩，建筑面积7.2万平方米，于2019年6月开工建设，2021年8月正式投产。2022年上半年实现应税销售额5.5亿元，全年预计实现应税销售额20亿元。

三季度，如皋市共有10个亿元以上重大项目计划开工建设，总投资41.25亿元，当年计划投资10.7亿元，预计产值45.5亿元、税收2.05亿元。其中，5亿元项目2个、20亿元项目1个，先进制造业项目7个、“专精特新”项目3个，投资方为高新企业的项目5个。观摩过程中，大家一路走、一路看，如皋市严把项目质量关、聚焦发展高质量项目的做法给与会人员留下深刻印象，大家也感受到如皋全市上下勇挑重担、共谋发展的信心和干劲。

南通市委副书记、市长吴新明调研如皋经济运行情况

9月2日，南通市委副书记、市长吴新明(前左三)一行调研南通正海磁材电子专用材料制造项目 (邱宇 摄)

9月2日，南通市委副书记、市长吴新明到如皋调研经济运行情况。南通市政府副市长、秘书长凌屹，如皋市领导何益军、王鸣昊、陈鸣华、石兵、张炜龙、杜晓峰参加活动。

位于如皋电子信息及泛半导体产业园内的南通正海磁材电子专用材料制造项目基地正在抓紧建设中，其首道工序产品于8月28日正式下线。吴新明走进厂区，实地查看项目生产线最新进展情况，并与企业负责人展开深入交流。吴新明指出，要牢固树立项目为王理念，立足现有的产业基础和资源禀赋，整体考虑产业链条布局，围绕产业上下游加快补链、延链、强链，加快打造产业集群，提高经济效益和核心竞争力。他勉励企业在确保安全生产和工程质量的前提下，抢抓黄金施工期，加快项目建设进度，尽早投产达效。

座谈会上，市委书记何益军汇报如皋市经济社会发展情况。2022年以来，如皋坚决落实“疫情要防住、经济要稳住、发展要安全”的重大要求，大力弘扬治沙精神，统筹推进疫情防控和经济社会发展，实现经济社会发展的平稳运行，为全年高质量发展打下良好基础。下一步，如皋市将牢牢锚定目标，强化企业服务、确保指标支撑精准锁定，抓好过程控制、确保经济运行保持平稳，压实工作责任、确保各项任务落细落实，把握“两个统筹”(统筹发展和安全)、确保社会大局和谐稳定，为南通打造全省高质量发展重要增长极贡献如皋力量。

吴新明对如皋市上半年经济发展取得的成绩给予充分肯定。他强调，要进一步提高政治站位，切实担负起“勇挑大梁”的政治责任，以“人一之我十之”的拼搏干劲，把失去的时间抢回来、把落下的任务补起来、把发展的节奏拉上来，为南通在全省“挑重担、扛重责”作出更大贡献。要锚定目标，全力以赴冲刺预期目标，牢固树立“今天再晚也是早、明天再早也是晚”的理念，全面加强运行监测、分析指导和企业服务，聚力攻坚、加快突破，确保高质量完成全年目标任务。要筑牢安全发展的基石，更好地统筹发展与安全，切实抓好疫情防控、安全生产和防汛防台等各项工作，为经济社会发展奠定坚实安全基础。

南通市老领导到如皋调研经济社会发展情况

6月30日，南通市老领导参观龙游湖风景区　　　　（邱宇　摄）

6月29—30日，南通市老领导到如皋调研经济社会发展情况。如皋市领导何益军、司祝建、朱莹滢、卢志敏、石兵参加活动。

老领导们先后到城北街道平园池村、思源电气股份有限公司、江苏力星通用钢球股份有限公司、江苏省如皋中学、内外城河风光带、顾庄生态园、龙游湖风景区、凌志软件股份有限公司、如皋华夏电影展示馆、磨头镇金旺家庭农场、龙游湾生态景观带、日达智造科技（如皋）有限公司等处，实地了解如皋市经济社会发展情况。

在平园池村，老领导们详细听取该村乡村振兴工作开展情况的汇报，并走进农耕民俗文化馆、荷塘月色景区、久德农博园等处，实地检验乡村振兴工作发展成果。老领导们对该村特色产业规划建设情况表示肯定，希望平园池村能立足现有的资源优势，不断推动乡村振兴工作走深走实，让村民生活更有幸福感和获得感。

在江苏力星通用钢球股份有限公司，市委书记何益军向老领导们介绍企业的创新发展史。他说，江苏力星通用钢球股份有限公司专注科技创新，不断研发出打破国外垄断的新产品，在实现企业自身发展的同时，为如皋市经济社会发展作出积极贡献。随后，老领导们参观企业展厅和数字管理平台运营中心，对企业在科技创新、“智改数转”等方面的探索实践表示肯定，希望企业能再接再厉，为地方发展持续增势赋能。

在江苏省如皋中学，何益军向老领导们介绍如皋教育工作的特色、亮点和成果。近年来，如皋市扎实推进教育优质均衡发展，正逐步形成“头狼领先、群狼追赶”的良性竞争局面，教育工作发展成效显著。老领导们对如皋市教育工作的思路和当前取得的成绩表示肯定，并鼓励如皋市以更大力度、更实举措推动教育工作实现更高质量发展，以更好的发展成果回应广大群众对教育的期盼。

在内外城河风光带，老领导们听取如皋市内外城河景观提升工程、城市建设工作等情况的介绍。老领导们对当前城市建设工作给如皋市带来的美好变化表示肯定，并要求如皋市立足大局、着眼长远，把人民群众的需求作为做优城市的出发点和落脚点，全力提升城市综合文明程度和群众幸福指数。

在龙游湖风景区，何益军向老领导们介绍龙游湖风景区及其周边规划建设情况。龙游湖风景区是如皋市打造龙游河科创走廊的重要组成部分，这里良好的生态环境和极佳的地理位置是吸引人才的优越条件，如皋市将充分发挥该区域的现有优势，持续优化基础设施，吸引一批批优质的科创人才落户，不断为全市科技创新工作注入新动能。老领导们纷纷表示，该区域的规划方向正确、思路清晰，具有科学性和前瞻性，下一步要以实际行动推动规划落地落实，让好风景为当地带来新发展。

在金旺家庭农场，老领导们详细了解了金旺家庭农场的发展、规划情况和磨头镇农业发展基本情况。老领导们对当地农业产业的发展情况表示肯定，并鼓励属地政府要充分发挥农业龙头企业示范带头作用，引导一批农场共同探索更具效益的发展模式，助推当地农业实现高质量发展。

热点聚焦

Redian Jujiao

·重要会议·

政协如皋市第十五届委员会第一次会议召开

1月9日，中国人民政治协商会议如皋市第十五届委员会第一次会议在市行政中心礼堂开幕

（邱宇 摄）

1月9—13日，中国人民政治协商会议如皋市第十五届委员会第一次会议在市行政中心礼堂召开。

开幕式上，市委书记何益军代表中共如皋市委向大会的召开表示热烈的祝贺并作重要讲话。他说，近年来，如皋市政协和广大政协委员牢牢把握团结和民主两大主题，在助推经济发展上献计献策，在促进民生幸福中善作善为，在维护团结和谐上聚力聚智，做了大量富有特色、卓有成效的工作。他强调，2022年是党的二十大召开之年，也是全面贯彻落实省、南通市党代会精神的开局之年，希望广大政协委员要准确把握如皋发展所处的历史方位，进一步增强履行使命的政治自觉、思想自觉和行动自觉，广泛凝聚社会各界，在推动如皋市高质量发展的生动实践中进一步贡献"政协力量"、展现"政协担当"、彰显"政协作为"。他表示，市委将一如既往地高度重视和大力支持政协工作，进一步加强和改进对政协工作的领导，支持政协组织按照章程履行职能，积极发挥人民政协作为协商民主的重要渠道作用。全市各级要大力支持政协开展工作，主动为政协委员履职创造良好条件，对政协委员提出的提案、建议要高度重视、认真办理，对政协委员提出的监督意见要严肃对待、抓好落实，推动形成党委重视、政府支持、政协主动、各方配合、社会关注的良好政治局面。

受市政协十四届委员会常务委员会委托，市政协主席张元健向大会作政协如皋市第十四届委员会常务委员会工作报告。他说，过去的五年，在中共如皋市委的坚强领导下，市政协十四届常委会坚持以习近平新时代中国特色社会主义思想为指导，坚定践行习近平总书记关于加强和改进人民政协工作的重要思想，始终坚持“两大主题”，认真履行“三大职能”，助推全市经济社会高质量发展。同时指出，市十四届政协已经圆满完成历史任务，市十五届政协即将担负起承前启后、继往开来的光荣使命。今后五年，希望广大政协委员更加紧密地团结在以习近平同志为核心的党中央周围，在中共如皋市委的坚强领导下，和衷共济、勠力同心，谱写新时代政协事业发展新篇章，为如皋市高质量建设南通跨江融合发展样板区、昂首阔步迈向现代化作出新的更大贡献，以优异的成绩迎接党的二十大胜利召开！

受市政协十四届委员会常务委员会委托，市政协副主席严世斌作十四届政协常委会提案工作报告。市政协十四届一次会议以来，广大委员紧紧围绕全市改革发展大局，积极运用提案参政议政。5 年来，共收到委员提案 2149 件，审查立案 1827 件。在 1827 件提案中，所提问题已经解决或所提建议已被采纳的有 1671 件，占 91.5%；列入工作计划逐步解决的有 104 件，占 5.7%；留作研究参考或暂不能解决的有 52 件，占 2.8%。从反馈意见看，委员们对办理结果满意的有 1758 件，占 96.2%；基本满意的有 69 件，占 3.8%。其中，关于经济高质量发展的共 325 件，关于高标杆城市建设的共 625 件，关于民生和社会保障的共 467 件，关于生态家园打造的共 308 件，等等。这些提案紧扣党政工作中心，内容丰富，建议可行，具有较强的针对性和可操作性。

会议选举产生新一届政协领导班子，张元健为政协如皋市第十五届委员会主席，杜永红、张亚鸾、郑振明、陈小燕四人为副主席，冒海清为秘书长，同时选举丁海波等 57 人为政协常务委员。

会议通过“以治沙精神推进农村人居环境整治的建议案”，通过大会决议。

如皋市第十八届人民代表大会第一次会议召开

1 月 11—14 日，如皋市第十八届人民代表大会第一次会议在行政中心礼堂召开。大会应到代表 421 名，实到代表 410 名，符合法定人数。会议开幕式、闭幕式分别由大会执行主席、主席团常务主席司祝建和大会执行主席、主席团常务主席钱志刚主持。

1 月 11 日，如皋市第十八届人民代表大会第一次会议开幕式会场

（邱宇 摄）

市委副书记、市长王鸣昊向大会作工作报告。王鸣昊在报告中总结回顾如皋市

2021 年各项工作，并提出今后五年政府工作的指导思想和总体要求。

会议召开了四次全体会议，听取和审议市长王鸣昊代表市第十七届人民政府所作的政府工作报告、市人大常委会主任司祝建受市十七届人大常委会委托所作的工作报告、市人民法院院长唐明渠所作的《如皋市人民法院工作报告》、市人民检察院检察长吴晓栋所作的《如皋市人民检察院工作报告》，会议还审查了市人民政府提出的《关于如皋市 2021 年国民经济和社会发展计划执行情况与 2022 年国民经济和社会发展计划草案的报告》《关于如皋市 2021 年财政预算执行情况和 2022 年财政预算草案的报告》《2021 年民生实事项目完成情况和 2022 年民生实事候选项目计划安排报告》。

会议根据大会选举办法的规定，选举市十八届人大常委会主任、副主任、委员，选举市人民政府市长、副市长，选举市监察委员会主任、市人民法院院长、市人民检察院检察长，选举如皋市出席南通市第十六届人民代表大会代表，票决市政府 2022 年民生实事项目。

会议通过了《关于如皋市人民政府工作报告的决议》《关于如皋市 2021 年国民经济和社会发展计划执行情况与 2022 年国民经济和社会发展计划的决议》《关于如皋市 2021 年财政预算执行情况和 2022 年财政预算的决议》《关于如皋市人大常委会工作报告的决议》《关于如皋市人民法院工作报告的决议》《关于如皋市人民检察院工作报告的决议》。

如皋市举行党史学习教育总结会议

1 月 19 日，如皋市举行党史学习教育总结会议，回顾总结成效经验，激励全市上下以史为鉴、开创未来，踔厉奋发、笃行实干，不断巩固拓展党史学习教育成果。市领导何益军、王鸣昊、丁兴华、高峰、朱莹滢参加会议。

1 月 19 日，全市党史学习教育总结会议现场　　（邱宇 摄）

会议由市委副书记、市长王鸣昊主持。

市委书记何益军指出，自党史学习教育开展以来，如皋市紧扣“学史明理、学史增信、学史崇德、学史力行”要求，聚焦“六专题两实践”重点任务，建立组织体系、科学制定方案、完善工作机制。通过党史学习教育，全市广大党员干部受到一次全面深刻的政治教育、思想淬炼、精神洗礼，信念坚定、立场鲜明的政治根基进一步夯实，学思践悟、笃信笃行的理论自觉进一步提升，践行初心、为民服务的宗旨观念进一步强化，砥砺奋进、勇毅前行的使命担当进一步坚定，高质量完成党史学习教育各项任务。

何益军强调，在全国党史学习教育总结会议上，习近平总书记作出重要指示，把我们党对历史的认识提高到新的高度，为我们总结好、巩固好、拓展好党史学习教育成果，提供了根本遵循。全市上下要在学思践悟行上继续努力，不断巩固拓展党史学习教育成果。要深刻把握党百年奋斗的历史价值，无论是过去、现在还是将来，党的奋斗史都是最生动、最有说服力的教科书，学习党史是共产党人一生的必修课；要深刻把握学习党史的根本目的，更加深刻领悟“两个确立”的决定性意义，更加坚定做到“两个维护”；要深刻把握学习党史的基本要求，将学史明理、学史增信、学史崇德、学史力行四个方面，贯穿学党史、用党史的全过程；要深刻把握学习党史的主题主线，在党的历史演进中坚持真理、坚守理想，践行初心、担当使命，不怕牺牲、英勇斗争，对党忠诚、不负人民；要深刻把握学习党史的科学态度，旗帜鲜明反对历史虚无主义，从伟大胜利中激发奋进力量，从弯路挫折中汲取历史教训，勇于自我革命，增强奋斗精神，以“咬定青山不放松”的执着，奋力实现既定目标，以“行百里者半九十”的清醒不懈推进中华民族伟大复兴。

何益军表示，通过学习百年党史，我们更加深刻地看清楚、弄明白了“中国共产党是什么、要干什么”这个根本问题。迈上新征程，要把党史学习教育作为加强党的建设永恒课题和终身课题，融入日常、抓在经常。要坚定捍卫“两个确立”，切实做到“两个维护”，坚持以习近平新时代中国特色社会主义思想武装头脑、指导实践、推动工作。要发扬治沙精神，守护实体经济基本盘，统筹疫情防控和经济社会发展，在推动高质量发展中为人民群众创造高品质生活。要勇于推进自我革命，坚决扛稳主体责任，真正以好作风开新局、好形象聚民心，汇聚起新一年“起步就是冲刺，开局就是决战”的奋进合力，以优异成绩迎接党的二十大胜利召开。

王鸣昊在主持会议时指出，要持续深化历史认知，坚定政治立场筑牢信仰信念，把思想和行动统一到中央、江苏省、南通市党史学习教育总结会议精神上来；要形成常态长效机制，巩固拓展党史学习教育成果，形成紧贴如皋实际、富有如皋特色的长效机制，让广大人民群众切实感受到党史学习教育的实际成效；要奋力扛起使命担当，不断开辟高质量发展新局面，将弘扬治沙精神融入党史学习教育中，切实把党史学习教育成果转化为奋进新征程、建功新时代的强大动力。

如皋市召开全市党员干部警示教育大会

1月26日，如皋市召开全市党员干部警示教育大会。会议的主要目的是深刻剖析典型案例，教育引导党员干部以案为鉴、以案促改、以案促治，保持政治清醒、锤炼过硬作风、严守纪法底线，永葆忠诚干净担当、为民务实清廉的政治本色。何益军、王鸣昊、司祝建、张元健、丁兴华等市四套班子领导参加会议。

会议由市委副书记、市长王鸣昊主持。

与会人员首先观看廉政警示教育片《赶考路上零容忍》。

市委书记何益军在会上讲话。他指出，这些年，如皋市坚定不移全面从严治党，驰而不息正风肃纪

1 月 26 日，全市党员干部警示教育大会现场 （邱宇 摄）

反腐，坚决除病灶、清病毒、割毒瘤，但还是有一些人不知止、不收敛、不收手，顶风违纪违法，教训非常深刻。观看警示教育片，全市党员干部要拒绝“看戏”的心态，不当旁观者、局外人，真正把自己摆进去，汲取教训、引以为戒，守好纪法底线，筑牢廉洁防线。

会上，何益军对全市党员干部提出四点要求。一要加强党性锻炼，更加自觉地保持政治清醒。二要常怀敬畏之心，更加自觉地依法秉公用权。三要绷紧纪律之弦，更加自觉地筑牢廉洁防线。四要强化政治责任，更加自觉地从严管党治党。何益军表示，2022 年如皋市踏上新的赶考之路，全市上下要高举习近平新时代中国特色社会主义思想伟大旗帜，大力弘扬治沙精神，昂扬斗志、乘势聚力、主动作为、勇往直前，高质量建设南通跨江融合发展样板区，以优异成绩迎接党的二十大胜利召开。

就贯彻落实会议精神，王鸣昊要求，要压紧压实主体责任，营造良好政治生态。要将责任放心中、使命扛肩上，大力开展廉政警示教育、党纪法规教育，推动党风廉政教育真正入脑入心、见行见效。要深入落实中央八项规定精神，增强党员干部和公职人员敬畏、知止、收敛、收手意识。要以“喜迎二十大、再次战高沙”主题教育为载体，对照治沙精神内涵，重点聚焦“作风建设提升年”活动中所列出的十个方面突出作风问题，持之以恒转作风、树新风；要落细落实决策部署，保障社会和谐稳定。要强化责任担当、奋力真抓实干，坚持稳字当头、稳中求进，大力弘扬治沙精神，以抓好改革发展稳定工作的实际成效扛起光荣使命、谱写新的篇章。

全市“喜迎二十大、再次战高沙”主题教育动员部署会召开

1 月28 日，如皋市召开“喜迎二十大、再次战高沙”主题教育动员部署会，进一步推动全市各级党组织和广大党员干部，大力传承和弘扬如皋治沙精神，以高质量建设南通跨江融合发展样板区的优异成绩，迎接党的二十大胜利召开。何益军、王鸣昊、司祝建、张元健、丁兴华等市四套班子领导出席会议。

会议由市委副书记、市长王鸣昊主持。

就抓好主题教育，市委书记何益军指出，在全市开展“喜迎二十大、再次战高沙”主题教育，是市委、市政府专题部署的一项严肃而紧迫的政治任务，全市上下要深刻认识开展主题教育的重要性，深刻领会主题教育是推进新时代党的建设的迫切需要、是践行以人民为中心理念的务实之举、是推动跨江融合发展样板区建设的生动实践，切实提高政治站位、强化使命担当，不断增强开展主题教育的思想自觉和行动自觉，在新年伊始就聚焦工作目标，以更好的工作作风推动各项工作高质量开展。他要求，全市广大党员干部要立足自身工作实际，以思想大解放筑牢主题教育之基、以能力大提升夯实主题教育之本、以作风大转变提升主题教育之效、以工作大推动践行主题教育之要，把治沙精神的学习和领悟转变为推动高质量发展的具体成效，让如皋高质量发展的道路越走越宽广。他强调，该次主题教育是2022年全市政治生活中的一件大事，全市上下务必要在思想上高度重视、行动上迅速跟进、措施上务求实效，加强组织领导、强化氛围营造、严格考核督查，努力确保主题教育深入扎实推进，取得实实在在的效果。

1月28日，全市“喜迎二十大、再次战高沙”主题教育活动动员部署会现场

（邱宇 摄）

“‘喜迎二十大、再次战高沙’主题教育责任重大、意义深远。”何益军希望，全市上下以高度负责的精神，把此次主题教育抓紧抓好，做稳做实做优，为如皋全面乘势聚力，加快挺进县域二十强、争创文明典范城，高质量建设南通跨江融合发展样板区提供坚强保障，以优异成绩迎接党的二十大胜利召开。

就贯彻落实好会议精神，王鸣昊要求，各板块、各部门要高度重视、强化责任，通过细化活动方案，明确职责分工，抓实抓细各项重点工作；要精心组织、统筹安排，把主题教育与做好当前工作紧密结合起来，通盘考虑、统筹兼顾、周密组织、合理安排，用工作的成果检验主题教育的成效；要聚焦问题、务实整改，深入查找影响高质量发展的“高沙”清单，寻求工作推进过程中解决掣肘问题的途径，制定切实可行的办法和有针对性的措施，通过大比拼、晒成绩等方式，推动工作再上新台阶。此外，他要求全市上下统筹做好疫情防控、安全生产、社会稳定各项工作，加强值班值守、制定应急预案，确保老百姓度过一个平安、祥和、欢乐的节日。

如皋市召开全市总结表彰暨“营商环境提升年”动员大会

2月9日，全市总结表彰暨“营商环境提升年”会议现场　　（汤乾玮 摄）

2月9日，如皋市召开全市总结表彰暨“营商环境提升年”动员大会。何益军、王鸣昊、张元健、丁兴华等市四套班子领导出席会议。

市委副书记、市长王鸣昊主持会议。

会上，市委副书记丁兴华宣读《市委、市政府关于表彰2021年度先进集体和先进个人的决定》；市委常委、常务副市长顾留忠通报2021年度如皋市优化营商环境典型案例。

市委书记何益军在讲话时指出，2021年，如皋市确立“挺进县域二十强、争创文明典范城”的奋斗指向，明确以“五区建设”为引领，一体化推进三大核心战略，经济运行、科技创新、党的建设等九个方面49项重点工作扎实推进，跨江融合发展样板区、六大优势产业链培育、创新引领优化赛道等关键领域破题开篇，历史遗留问题化解取得积极成效，市科创委、产业链长制、高质量考核等体制机制更加完善，干部群众的思想认识更加统一，干事创业的激情更加提振，现代化如皋建设实现良好开局。

就下一步工作开展，何益军要求，要坚持知常明变，在提升识变之智中把准经济发展新要求，坚持稳字当头、稳中提质、以进促稳，确保高质量考核共性指标全面争先、个性化指标全面领先，各项工作跻身南通第一方阵；要坚持精准施策，倾力稳住实体经济基本盘，全力筑牢重大项目压舱石，聚力激活科技创新强动力，在夯实产业根基中拓展经济发展新成效；要坚持优无止境，全力打造贴心周到的服务环境、务实高效的供给环境、公平有序的市场环境，在升级营商环境中激发经济发展新活力；要坚持守正创新，广大企业家要争做顶天立地的大企业、专精特新的强企业、造福桑梓的好企业，在政企共克时艰中开辟经济发展新局面。何益军强调，大家要以“喜迎二十大、再次战高沙”主题教育为抓手加快凝心聚力，以过硬本领为支撑确保行稳致远，以科学统筹为依托促进落细落实，保障经济工作起好步、开好局，不断掀起实体经济发展“新热潮”，为现代化如皋建设再立新功、再创佳绩。

就贯彻落实好会议精神，王鸣昊要求，全市上下要重整行装再出发，乘势而上往前赶，推动经济社会发展提质提效；要拿出“开局就决战、起步就冲刺”的劲头，集中精力、铆足干劲、加压奋进，努力把工作往前赶，确保开好局、起好步；要注重精准施策，扎实开展“营商环境提升年”行动，以营商环境之“优”夯实经济发展之“基”；要树牢实干导向，持续弘扬如皋治沙精神，苦干实干，巧干敢干，着力抓落实求实效。

会上，与会领导为2021年度先进集体和先进个人代表颁奖；如皋市行政审批局、市住建局、市市场监管局、市人民法院、森松（江苏）重工有限公司等部门、单位负责人进行交流发言。

如皋高新区与如皋工业园区“一区多园”改革干部大会召开

4月26日，如皋高新区与如皋工业园区“一区多园”改革干部大会现场

(邱宇 摄)

4月26日，如皋高新区与如皋工业园区“一区多园”改革干部大会召开。何益军、王鸣昊、司祝建、张元健、丁兴华等市四套班子领导参加会议。

市委副书记、市长王鸣昊传达《南通市委办公室 市政府办公室印发〈关于江苏省如皋高新技术产业开发区管理体制和机构编制优化调整的实施方案〉的通知》文件精神；市委常委、组织部部长、统战部部长朱莹滢宣读人事调整决定；市委常委、市纪委书记、市监委主任秦金春宣读纪律要求。

此次调整后，如皋高新区代管如城街道、城南街道，实行“区街分设”，如皋高新区主要负责经济发展、项目建设、招商引资、科技创新等工作，下设如皋软件园、如皋沪苏科创产业园、如皋长寿未来农业园、如皋电子信息及泛半导体产业园4个功能园区；街道主要负责公共服务、民生保障、农业农村等工作。如皋市将以如皋高新区为主体，在更大范围优化产业布局、空间布局，更高水平整合发展资源、集成竞争优势，统筹管理其他区位相邻、相近的开发区，实行“一区多园”管理模式，统一领导体系、统一发展规划、统一政策保障、统一招商引资。

市委书记何益军在讲话时指出，“一区多园” 改革是一项事关如皋长远发展的体制性变革和结构性调整，是落实上级要求的现实选择、打造南通跨江融合发展样板区的重要举措、创建国家级高新区的现实需要、提升城区行政效能的合理路径，要以时代的眼光认清改革意义，让高新区发展成为人口导入的主战场、城市竞争力的核心依托；要着眼全局，以系统的思维推进改革工作，讲政治顾大局、坚决做到思想统一，稳妥有序推进、坚决做到同心同向，严明工作纪律、坚决做到守规守纪，强化风险防控、坚决做到和谐稳定，确保改革高标准高质量高效率完成；要面对责任，找准新定位、迅速进入最佳状态，凝聚新合力、坚决扛起使命担当，推动新跨越、全力创造一流业绩，以奋发的状态开创崭新局面。何益军强调，4个功能园区要主动作为，一体化推进招商引资、项目落地、经济运行等工作；高新区首任班子要有首任班子的精气神、首任班子的担当和作为，要带头讲正气、讲纪律、讲团结，集中精力抓好当前各项工作，调动方方面面的积极性，在奋力开启高新区高质量发展新征程中全面焕发“治沙精神”的时代光彩，为如皋打造南通跨江融合发展样板区、勇当长三角北翼高质量发展排头兵作出新的更大贡献。

就贯彻会议精神，王鸣昊指出，“一区多园”改革既是政治任务，也是目标要求，要蹄疾步稳地把改革落到实处，确保改出实实在在的效益和发展；相关职责移交完成之前，要按照原职责落实工作任务，做到无缝衔接、平稳运行；要把思想政治工作贯穿“一区多园”改革始终，确保思想不乱、工作不断、队伍不散、干劲不减。

如皋市召开“七一”大党课暨“喜迎二十大、再次战高沙”主题教育成果汇报会

7月1日，市委书记何益军(右一)为老党员代表颁授纪念章

(邱宇 摄)

7月1日，如皋市召开“七一”大党课暨“喜迎二十大、再次战高沙”主题教育成果汇报会。何益军、王鸣昊、张元健、丁兴华等市四套班子领导参加会议。

会议由市委副书记、市长王鸣昊主持。

会上，市委书记何益军以“喜迎二十大、奋进新征程 为建设‘强富美高’现代化如皋不懈奋斗”为题，为大家上专题党课。他说，党的光辉历程处处蕴含着治国理政的经验智慧、催人奋进的强大力量，永远是我们最宝贵的精神财富、最强大的动力源泉；在中国共产党的坚强领导下，一代又一代优秀如皋儿女，在雉水红色沃土上留下彪炳史册的光辉足迹，谱写可歌可泣的赞歌，我们要重温光辉历程，在学思践悟中铭记初心使命，正确把握“喜迎二十大、再次战高沙”主题教育的目的，在主题教育中进一步深化理论学习、坚守初心使命、锤炼过硬作风，把如皋发展不断推向前进。

何益军指出，自“喜迎二十大、再次战高沙”主题教育启动以来，全市各级党组织把主题教育作为重要政治任务来抓，组织发动有速度、“忆治沙”有热度、“找高沙”有深度、“战高沙”有力度、“开新局”有广度，但也存在一些问题，下一步要在如皋治沙精神学教上再深化、问题检视整改上再细化、活动成效提升上再强化，完善示范带动、协调联动、督导推动机制，全力推动主题教育走深走实。他要求，要突出解放思想，与时俱进抢先机、提高站位谋全局、求真务实抓发展，在系统谋划上有新格局；要强化争先意识，争当经济发展的“排头兵”，抢当项目建设的“先锋队”，勇当科技创新的“急行军”，在融合发展上有新成效；要立稳群众立场，“突出民享”发展城乡，“多谋民利”建好生态，“化解民忧”提升服务，在

民生改善上有新作为；要树牢底线思维，筑牢信访工作根基，提升本质安全水平，做好金融风险化解，在风险防范上有新提升。他强调，要赓续时代使命，做“一颗红心永向党”忠诚可靠的明白人，做“以身示范敢为先”担当作为的带头人，做“俯首甘为孺子牛”勤政为民的贴心人，做“清风两袖朝天去”廉洁奉公的正派人，在开拓奋进中争做先锋模范，推动如皋高质量发展再上新台阶，以实际行动向党的二十大献礼。

何益军为老党员代表颁授“光荣在党 50 年”纪念章。市委副书记丁兴华宣读“七一”表彰决定。与会领导为如皋市部分先进基层党组织、优秀共产党员、优秀党务工作者、“五强”型村（社区）党组织书记标兵、星级村（社区）党组织进行颁奖。10 家先进单位作交流发言。

中共如皋市委十三届五次全体（扩大）会议召开

8 月 15 日，中共如皋市委十三届五次全体（扩大）会议现场　（邱宇 摄）

8 月 15 日，中共如皋市委十三届五次全体（扩大）会议在如皋市行政中心礼堂召开。会议的主要任务是坚持以习近平新时代中国特色社会主义思想为指导，深入学习贯彻习近平总书记在省部级主要领导干部“学习习近平总书记重要讲话精神，迎接党的二十大”专题研讨班上的重要讲话精神，全面落实省委、南通市委决策部署，认真总结上半年工作，研究部署下半年任务，动员全市上下大力弘扬治沙精神，始终坚定进的信心、保持跑的状态，挑重担、扛重责，奋勇夺取疫情防控和经济社会发展“双胜利”，高质量建设南通跨江融合发展样板区，为南通打造全省高质量发展重要增长极贡献如皋力量、展现如皋担当。

全会由市委常委会主持。市委书记何益军代表市委常委会作《战“高沙”扛重责 提能级勇争先 以实际行动迎接党的二十大胜利召开》的工作报告。市委副书记丁兴华通报 2022 年 1—6 月月度评估排名情况及上半年重点工作考核结果。市委常委、副市长陈鸣华对 2022 年以来项目建设工作进行点评，并部署下半年项目建设工作。

全会审议通过《中国共产党如皋市第十三届委员会第五次全体（扩大）会议决议（草案）》。

全会结束前，何益军作总结讲话。他指出，要全面贯彻中央和省委、南通市委最新部署要求，统筹好疫情防控和经济社会发展，以实干实绩迎接党的二十大胜利召开。他强调，要在统一思想行动上下功夫，进一步把思想和行动统一到中央和省委、南通市委决策部署上来，更加重视、更加有力维护良好的社会舆论环境，加强意识形态领域风险防控，结合下半年的重要时点做好主题宣传，营造积极向上、凝心聚力的浓厚氛围；要在聚焦攻坚克难上求实效，要真抓项目、抓真项目，聚焦六大优势产业，谋细抓实项目招引，围绕落户项目抓开工、开工项目抓竣工、竣工项目抓达产，算好成本账、收益账、长远账，进一步扩大“增量”、优化“存量”，更大力度保障经济发展脱虚向实；要在强化责任落实上比作为，全市上下共同挑起千斤重担、扛起发展重责，在强化责任意识、推动工作落实上拿出更多硬招实招，以“争一流”定位工作，敢与强者比、勇向高处攀，全力推动各板块、各条线、各行业工作上台阶；要在发挥先锋作用上见行动，领导干部带头冲在前、干在先，以“关键少数”的以上率下、真抓实干，引领“绝大多数”的履职尽责、担当作为，推动各项指标实现新提升、各项工作取得新突破，为全市完成全年目标任务勇挑大梁、多作贡献。

市委副书记、市长王鸣昊在部署当前工作时指出，全市上下要紧紧围绕全会的部署要求，坚定战“高沙”扛重责的信心决心，保持提能级勇争先的定力魄力，一着不让抓招引快建设，培育增长“新”的动能，科学精准抓管控防输入，筑牢疫情“实”的屏障，对标对表抓调度攻短板，巩固指标“进”的态势，坚定不移抓实体谋创新，夯实经济“稳”的基础，用心用情抓实事提进度，增加民生“富”的底色，持之以恒抓安全防风险，加快工作“统”的步调。

会议期间，集中观看治沙纪录片《战高沙 再出发》，并向项目建设先进单位授予流动红旗。全市各镇区及发改委、商务局、卫健委、应急管理局等相关单位围绕重点工作作交流发言。

学习贯彻党的二十大精神省委宣讲团宣讲报告会在如皋市举行

11 月 23 日，学习贯彻党的二十大精神省委宣讲团宣讲报告会现场　（邱宇 摄）

11 月 23 日，学习贯彻党的二十大精神省委宣讲团宣讲报告会在如皋市举行。江苏省委宣讲团成员、南通市委宣讲团团长、南通市委书记王晖作宣讲报告，强调要把学习贯彻党的二十大精神作为当前和今后一个时期的首要政治任务，在全面学习、全面把握、全面落实上下功夫，做到善学善思、善谋善为、善作善成，统筹推进各方面工作，彰显高质量发展更好成效，为推动中国式现代化南通新实践作出更大贡献。如皋市委副书记、市长王鸣昊，市人大常委会主任司祝建等在如皋的市四套班子领导参加报告会。

报告会上，王晖紧扣党的二十大报告原文，从党的二十大的主题和主要成果、过去5年的工作和新时代10年的伟大变革、马克思主义中国化时代化、中国式现代化、全面建设社会主义现代化国家的目标任务、坚持党的全面领导和全面从严治党、应对风险挑战等方面，结合南通、如皋实际，对党的二十大精神进行全面宣讲和深入阐释。

王晖要求，如皋要以学习贯彻党的二十大精神为强大动力，围绕南通市党代会赋予"打造跨江融合发展样板区"的目标定位，完整准确全面贯彻新发展理念，紧扣高质量发展这个首要任务，坚定信心、团结奋斗、砥砺前行，确保各方面工作取得更大成效。要在学习宣传贯彻党的二十大精神上走在前，进一步掀起学习宣传贯彻热潮，做到知其言更知其义、知其然更知其所以然，做到学思用贯通、知信行统一，把广大干部群众的思想统一到党的二十大精神上来，把力量凝聚到党的二十大确定的各项任务上来。要在推动中国式现代化南通新实践上争作为，把学习贯彻党的二十大精神同落实习近平总书记视察江苏重要讲话指示精神结合起来，同落实省、市党代会精神结合起来，以更大格局、更宽视野审视和谋划发展，借跨江之势推动跨越赶超，在重大项目招引、产业集群打造、城乡统筹发展、民生福祉提升等方面求突破，以高质量发展的过硬成果展现现代化建设成效。要在决战决胜全年目标任务上挑重担，全面落实"疫情要防住、经济要稳住、发展要安全"的重大要求，以多挑担子的责任感、只争朝夕的紧迫感，加快补短板、强弱项、固底板、扬优势，坚决打好年底"收官战"，尽最大努力争取最好结果，在南通发展大局中更好体现如皋担当。继续绷紧疫情防控这根弦，不增不减、不折不扣抓好第九版防控方案和二十条措施落实，严格"落地检"等防控举措，加强重点场所、重要环节、重点人群防控，坚决守住不发生规模性疫情的底线。

王鸣昊主持报告会。就学习贯彻党的二十大精神，王鸣昊要求，全市上下要在学习领会上入脑入心，做到深学细悟、把握精髓；要在宣传宣讲上走深走实，做到精心组织、广泛覆盖；要在贯彻落实上见行见效，做到知行合一、融会贯通。

宣讲结束后，王晖到如皋市如城街道迎新社区，调研社区党建工作，并围绕如何理解中国式现代化等内容，与党员群众代表互动交流。

中共如皋市委十三届六次全体(扩大)会议召开

12月30日，中共如皋市委十三届六次全体(扩大)会议在如皋市行政中心礼堂召开。会议的主要任务是高举习近平新时代中国特色社会主义思想伟大旗帜，深入贯彻党的二十大精神，认真落实习近平总书记视察江苏重要讲话精神，按照中央、省委经济工作会议和省委全会、南通市委全会、市第十三次党代会部署要求，认真总结2022年工作，研究部署今后一个时期和2023年的工作任务，动员全市上下大力弘扬治沙精神，坚定信心、砥砺奋进，创新实干、勇毅前行，为奋力开辟高质量发展新境界，书写好中国式现代化的如皋答卷而团结奋斗。

全会由市委常委会主持。市委书记何益军代表市委常委会作《深入学习宣传贯彻党的二十大精神 奋力书写好中国式现代化的如皋答卷》的工作报告。市委副书记、市长王鸣昊部署当前工作。

全会审议并通过《中共如皋市委关于深入学习贯彻党的二十大精神 在新征程上全面推进中国式

12 月 30 日，中共如皋市委十三届六次全体（扩大）会议现场

（汤乾玮 摄）

现代化如皋新实践的决定》和《中国共产党如皋市第十三届委员会第六次全体（扩大）会议决议》。

全会结束前，何益军作总结讲话。他指出，要汲取伟力、笃定前行，立责于心谱新篇，把学习宣传贯彻党的二十大精神与落实“十四五”规划、加快“五区”建设紧密结合，既要以更大格局、更高水平对接上海“五个中心”和苏南现代化示范区建设，深度融入南通“一枢纽五城市”发展大局，也要聚焦聚力当务之急，深入实施产业兴市、创新强市、生态立市三大战略，创新推动发展协同、资源联动和跨江融合，确保党的二十大精神和市委决策部署入脑入心入行，更好地担负起建设南通跨江融合发展样板区的责任使命；要聚焦重点、统筹兼顾，担责于肩开新局，注重中长期任务和短期目标有效衔接，细致做好各项工作的年终盘点，抓紧部署企业培育、外资到账、应税销售等主要发展指标的目标责任分解，进一步深化“如意”营商环境建设、城市创建和基层治理，统筹好发展与安全，持续提升跨江融合辨识度，加快把美好蓝图变成善作善成的生动实践；要踔厉奋发、奋勇争先，尽责于行建新功，进一步理清工作思路，细化路径措施，确保把思想统一到此次全会精神上来，把力量凝聚到实现各项目标任务上来，锚定重点工作、关键环节，出实招、办实事，把争当顶梁柱、争做排头兵作为奋斗追求，不断提升产业研究的深度、思想解放的程度，持续加强实践锻炼、专业训练，练就过硬本领、保持赛跑状态，在全面建设现代化如皋的征程上踔厉奋发、勇毅前行。

王鸣昊在部署当前工作时指出，全市上下要聚焦“平稳转段”，在疫情防控上持续发力；要聚焦“冲刺争先”，在重点指标上集中发力；要聚焦“保稳提质”，在稳住经济上全面发力；要聚焦“大干快上”，在项目建设上深度发力；要聚焦“风险防范”，在安全稳定上同频发力；要聚焦“急难愁盼”，在民生改善上系统发力。

会议期间，与会人员进行分组讨论。如皋经济技术开发区、如皋高新区、长江镇、市发改委、市科技局、市农业农村局等相关单位围绕重点工作在会上作交流发言。

·重大活动·

2022年“华文创想曲”海外华裔青少年创意作文大赛全球启动仪式在如皋举行

5月24日，2022年“华文创想曲”海外华裔青少年创意作文大赛全球启动仪式在如皋市举行。

5月24日，2022年“华文创想曲”海外华裔青少年创意作文大赛全球启动仪式来宾合影 （邱宇 摄）

如皋市委书记何益军向出席活动的来宾以及在线上观看直播的海内外嘉宾表示热烈欢迎，向长期以来关心支持如皋发展的社会各界人士表示衷心感谢。他说，2022年来，如皋围绕高质量建设南通跨江融合发展样板区目标，以国际融通促进跨江融合，健全联系侨胞的机制和平台，提高为侨服务的能力和本领，努力把侨务工作推向新高度；以“乡情、亲情、友情”为纽带，开展各类活动，加强与海外侨胞的沟通联系，全力支持海外乡亲抗击疫情、共渡难关；扎实开展“走出去，请进来”活动，积极引导海外华商参与如皋建设，全力支持保障侨企落户成长。

活动中，大家观看2021年“华文创想曲”海外华裔青少年创意作文大赛成果回顾宣传片，来自江苏省南通师范学校第一附属小学的学生进行优秀作品朗诵。

启动仪式上，海内外9所学校进行线上签约，缔结为友好学校。随后，活动举行“情相系，书相承，心相传”中文图书捐赠仪式。市委常委、统战部部长、组织部部长朱莹滢代表海外华校接受捐赠牌。

活动中，南通市委常委、统战部部长王小红，省委统战部副部长徐东海先后致辞。最后，省委统战部常务副部长李国华宣布2022年“华文创想曲”海外华裔青少年创意作文大赛正式启动。

与会嘉宾还实地参观如皋宋庆龄幼儿园和华夏电影展示馆。

南通市沿江科创带科创·人才项目恳谈会如皋专场项目签约仪式在深圳成功举办

8月25日，南通市沿江科创带科创·人才项目恳谈会如皋专场项目签约仪式现场　　（邱宇 摄）

8月25日，如皋市在深圳大学城旁举办南通市沿江科创带科创·人才项目恳谈会如皋专场项目签约仪式，零距离感受创新精神、体验创业文化，与科创项目、人才共谋发展、共话未来。

美国国家工程院院士、美国艺术与科学院院士陈世卿，深圳技术大学党委书记张基宏等嘉宾，南通市领导沈雷、羌强及如皋市领导何益军、陈鸣华等参加活动。

南通市委副书记、宣传部部长沈雷为活动致辞。他说，如皋在南通科技创新版图上地位突出，创新创业环境评价连续多年在省内保持前列，正向着创建国家级创新型县（市）阔步迈进，可以说当前正是南通和如皋新一轮创新发展的种子期、成长期，是各类人才、各方资本成就梦想的好起点、好时机。他希望，此次参会的各位专家人才、行业精英积极发挥科技资本的优势，促成更多项目、更多人才选择南通、选择如皋。

"深圳、如皋都有着筚路蓝缕的奋斗历程，深圳凭借拓荒牛精神完成了边陲小镇到具有全球影响力的国际化大都市的历史性跨越，如皋依靠治沙精神实现了从一穷二白到县域百强的沧桑巨变，两地精神气质相似相通。"市委书记何益军在致辞时说，深圳和如皋有着日益密切的交流合作，一路走来，如皋与深圳各界朋友结下了深厚的友谊，形成了一批又一批合作成果，此次在深圳举办南通市沿江科创带科创·人才项目恳谈会如皋专场活动，必将进一步深化在深圳企业、科研院所与如皋之间的相互沟通和合作交流，也必将为如皋发展带来更多机遇、注入更强动能。

"如皋的城市建设管理得非常精细，每一次回去都有不同的欣喜。"张基宏是南通人、如皋女婿，他在参会时说，当前深圳技术大学正以办全国一流的应用技术大学为目标做探索实践，与不少国际一流公司建立了深度的项目合作，共同培养人才。他希望，接下来能发挥桥梁纽带作用，在科技项目、人才等方面，为如皋的科技创新工作作出积极贡献。

该次恳谈会现场签约18个项目，涉及高端智能装备、信息技术、集成电路、新材料等领域，科创属性强、人才层次高，与如皋市六大优势产业链高度契合。

活动现场，市委常委、副市长、市科技创新委员会办公室党组书记陈鸣华还推介了如皋市科创、人才项目发展环境以及资源要素保障；科创项目代表进行现场推介。

“新时代·新乡贤”2022首届如皋乡贤大会召开

8月28日，“新时代·新乡贤”2022首届如皋乡贤大会现场　（汤乾玮 摄）

8月28日，“新时代·新乡贤”2022首届如皋乡贤大会在如皋市行政中心礼堂召开。300多位来自全国各地的如皋乡贤嘉宾欢聚一堂，共叙老乡情谊，共鉴家乡发展，共绘美好愿景。

中国人民解放军北部战区原政治委员、上将褚益民，中国人民解放军防化研究院第一研究所研究员、北京化工大学教授、中国工程院院士杨裕生，安徽省委原常委、安徽省军区原司令员、少将于天明，中国人民解放军第74集团军原副军长、少将邹美余，南京市委原常委、南京警备区原司令员张枫，江苏省对外友好交流促进会副会长、省海外联谊会副会长、省委宣传部原副部长、省政府新闻办原主任司锦泉，扬州市政协原主席、慈善总会会长洪锦华，华侨城集团有限公司监事会主席、华侨城文旅科技集团董事长陈跃华，江苏省煤炭地质局局长、党委书记、中煤长江地质集团董事长、党委书记蔡卫明等嘉宾及南通市委副书记、宣传部部长沈雷，如皋市四套班子领导何益军、王鸣昊、司祝建、张元健、丁兴华等参加活动。

“家在如皋，我们都说如皋好。”市委书记何益军在活动中致辞并作主旨演讲。他说，如皋是一座有厚度、有宽度、有温度、有气度的城市，如皋人的血液里流淌着淳朴、脸庞上洋溢着从容、心灵里浸润着善良、骨子里镌刻着坚强。从“苏中小城”到拥有三座高铁站点的枢纽之城，从“高沙贫土”到创新涌动的财富洼地，阔步新时代，家乡的发展更加稳健、格局更为开阔、产业更具特色、服务更有优势，新时代的如皋步伐自信而从容。当前，新时代的如皋乘跨江之势、聚创新之力，高质量建设南通跨江融合发展样板区，也正迫切呼唤更多新乡贤贡献智慧力量，支持家乡建设。

他期盼大家能汇聚爱乡之情、构筑皋城“朋友圈”，凝聚前行之力、画好发展“同心圆”，共谱奋进之歌、唱响家乡“最强音”，为助推如皋高质量发展书写新时代的华丽篇章。

“如皋是大家共同的家园，南通人是大家共同的身份。”沈雷在致辞时说，他衷心希望各位乡贤常回家看看，近距离感受家乡发展的澎湃脉动，为家乡发展多出主意多谋良智；把家乡作为追求梦想、成就事业的崭新平台，积极推进资本回归、人才回归、产业回归，以大家的精彩一笔共同绘就雉水家园、江海大地的华彩篇章；当好家乡的形象大使，积极宣传南通、大力推介如皋，不断扩大家乡朋友圈，让如皋和南通更加享誉全国，更好地走向世界。

“看到如今如皋的发展很受振奋”“真诚感谢为我们在外如皋人搭建了一个互动交流的新平台”“期待如皋的发展再上新台阶”……大会现场，部分乡贤代表上台分享自己回乡参会的感受和对家乡未来发展的殷殷期盼和浓浓祝福。

现场举行杨裕生捐赠书籍仪式，如皋胡瑗研究会、朱美芳院士材料科普馆揭牌仪式及如皋市高质量发展顾问聘任仪式,19 位乡贤被聘任为如皋市高质量发展顾问。

与会人员还一起观看城市形象宣传片《这就是如皋》、乡贤祝福 VCR 及《心往故乡飞》专场文艺演出。

2022 年中国(江苏)新型电力发展大会暨第十四届中国(江苏)国际风电产业发展高峰论坛在如皋召开

9 月 19 日,2022 年中国(江苏)新型电力发展大会暨第十四届中国(江苏)国际风电产业发展高峰论坛在如皋召开。江苏省发展改革委(省能源局)二级巡视员袁焕明,江苏省工业和信息化厅省国防科学技术工业办公室二级巡视员李裕桃,南通市副市长、秘书长凌屹,如皋市领导何益军、王鸣昊、高峰、顾留忠、陈鸣华参加活动。

凌屹在致辞时说,如皋在新型电力装备特别是特高压设备制造方面走在南通乃至全省前列,获评"国家火炬如皋输变电装备特色产业基地""国家级输变电特高压电力设备生产基地"等。他表示,南通将以营商环境提升年为契机,以更加开放的胸襟、更加精准的政策、更加良好的环境为大家投资兴业、工作生活提供最优的服务,期待更多优秀人才、前沿科技、创新成果在南通落地生根。

袁焕明在致辞时说,新型电力装备产业是如皋六条优势产业链之一,十多年来,如皋充分发挥传统电力装备产业基础优势,在电源控制端、特高压传输线路与设备和配电设备上延链补链,形成较强的产业集聚优势。他表示,江苏省发改委(能源局)将一如既往地支持如皋新型电力装备产业做大做强,帮助如皋协调解决发展过程中遇到的困难和问题。

李裕桃在致辞时说,在全省新型电力和新能源装备集群布局中,南通市新能源和输变电装备产业具有突出的区域特色优势,特别是如皋市新型电力装备产业集聚效应逐步显现。他希望,大家在活动期间分享前沿动态,发表真知灼见,多出新观点新方案,共同将新型电力装备这张江苏"产业名片"打造得更加靓丽。他表示,省工信厅将积极创造有利条

9 月 19 日,如皋市委书记何益军(中)为如皋市新型电力装备产业链首席专家颁发聘书 (邱宇 摄)

件，为新型电力产业的发展壮大搭建更多的交流合作平台。

聘任仪式上，市委书记何益军代表如皋市委聘任省可再生能源行业协会为如皋市新型电力装备产业链支撑机构，东南大学教授、博士生导师黄学良和南瑞集团（国网电力科学研究院）首席专家罗剑波为如皋市新型电力装备产业链首席专家，省经信院和省工程咨询中心为如皋市新型电力装备产业链智库机构。

产业推介环节，市委副书记、市长王鸣昊介绍如皋市日渐厚实的新型电力装备产业基础、加速变革的区位优势、不断优化的营商环境、条件优越的支撑载体等。

活动中，江苏省先进制造业集群联盟现场发布《江苏省新型电力装备产业（如皋）宣言》；相关人员介绍《IEEE PES智能电网与新技术委员会（中国）章程纲要与发展规划》，进行IEEE PES（中国）智能电网与新技术委员会工业企业合作分委会会员授牌；省级五家银行为如皋市授信300亿元；6个产业项目进行集中签约。

大会期间，还举行了2022年中国（江苏）新型电力发展大会主题报告及新型电力产业链供需对接交流会等活动，与会人员实地参观思源电气股份有限公司、江苏神马电力股份有限公司、赛杰爱迪（江苏）高压电气有限公司等企业。

2022如皋“一会两节”开幕

11月6日，2022如皋经济洽谈会·中国长寿文化旅游节暨中国（如皋）花木盆景艺术节开幕。中国科学院院士、厦门大学教授郑兰荪，江苏省人力资源和社会保障厅副厅长朱从明，南通市委常委、统战部部长王小红，上海交通大学副校长朱新远，南京大学校长助理索文斌，南通大学校长施卫东等领导嘉宾共聚一堂，共同感受如皋的独特魅力和发展脉动。

11月6日，2022如皋“一会两节”开幕式揭牌仪式现场　　（邱宇 摄）

何益军、王鸣昊、张元健、丁兴华等如皋市四套班子领导出席开幕式。开幕式由市委副书记、市长王鸣昊主持。

与会人员首先观看城市宣传片《这就是如皋》。

“古邑雉水，有道不尽的风雅；今日如皋，更有看不尽的风景。走进如皋，你会因她一路芬芳、满城微笑而心旷神怡；回眸如皋，你会因她独有的意境而流连忘返。”市委书记何益军发表主旨演讲《畅享皋地 融通未来》。他说，如皋的意境在于风物清嘉、人文荟萃的涓涓诗意，在于水土丰饶、水绿交融的帧帧画意，在于崇文尚德、包容温暖的拳拳善意，在于腾江越海、勇立潮头的汩汩创意。江苏历史文化名城、中国花木盆景之都、世界长寿养生福地已经成为如皋市的靓丽名片，经济总量和综合实力分别位居全国百强县(市)第16位、第21位，这是一代又一代如皋人齐心协力把城市发展推向的新高度。

何益军指出，创意创新是如皋岁岁向新的活力源泉，融通融合是如皋节节攀升的成功之道。“十四五”以来，省委作出跨江融合发展的重大决定，南通市委鼎力支持如皋建设跨江融合发展样板区。政策所向即是机遇所在。聚力“挺进县域二十强，争创文明典范城”，加快推动理念更新和赛道优化，在跨江融合的新机遇中，如皋正着力从“总量强市”向“产业高地”加速转型，着力从“交通枢纽”向“要素磁场”加速跃升，着力从“活力之城”向“创新沃土”加速突破，着力从“品质之城”向“幸福之城”加速蝶变。当前的如皋，已成为蕴藏无限商机的发展热土、兴业福地和希望之城。

何益军表示，融通可以博采众长，融合推动互利共赢。如皋是心有所寄的精神家园，有灵感跃动的创意磁场，也是兼容并蓄的开放城市。让创业人才在政策上有扶持、政治上受重视、社会上受尊重，让崇尚创新、尊重人才在雉水大地蔚然成风，诚心诚意的激励政策，定会让创新创业倍增信心；只要是符合如皋未来发展定位的产业项目一律欢迎，用地、融资、用工全力支持，能耗、环境容量等指标给予保证，全力保障企业轻装上阵、放手发展，尽心尽力的要素保障，定会让企业发展倍感省心。让企业舒心、发展如意，让各类市场主体获得最大发展空间、争取最好成果，“如皋如意”的营商环境，一定会让市场主体倍感称心。

“如皋是南通接受上海、苏南辐射带动的前沿阵地，也是南通极具创新活力和发展潜力的重要板块之一。”王小红在致辞时说，如皋正激荡着澎湃动能、蕴含着无限商机，她真诚希望大家能以此次活动为契机、以合作共赢为纽带，进一步发挥资源、渠道和平台优势，全力促成更多资本投在南通、更多项目落户如皋；如皋能一如既往地以鲜明态度、优质服务和一流营商环境，大力支持广大优质企业、优秀人才在如皋共享发展机遇、拥抱创新未来。

郑兰荪、朱从明、王小红、朱新远、索文斌、施卫东、何益军、王鸣昊共同参加启动仪式。郑兰荪宣布开幕。

开幕式上，上海思格新能源技术有限公司董事长许映童，斯堪尼亚亚洲制造业务总裁Ruthger，太平洋集团、太平洋大健康投资管理有限公司董事、大陆区总裁梁晓暄，中电工业互联网有限公司党委副书记、总经理周在龙，南通正海磁材有限公司总经理李志强，江苏康瑞新材料科技股份有限公司董事长朱卫作为嘉宾代表进行交流发言。随后，中电互联工业互联网能源环境管理平台、复旦大学—如皋市长寿和衰老联合研究所、如皋市知识产权保护中心、上海海洋大学如皋科技融创中心、国家级如皋经济技术开发区(上海)科创中心、如皋港(上海)产业协同创新中心等项目举行了揭牌仪式。

此次“一会两节”共签订投资意向、投资协议39个，总投资375亿元。开幕式上，共选取24个项目进行集中签约。

江苏·如皋新型电子信息材料主题峰会举行

11月7日，江苏·如皋新型电子信息材料主题峰会在如皋举行，碰撞思想火花，解析电子新材料技术、共话产业未来发展。中国科学院院士、厦门大学教授郑兰荪，江苏省工业和信息化厅副厅长张星等，及何益军、王鸣昊、顾留忠、陈鸣华参加会议。

与会人员首先观看如皋城市宣传片《这就是如皋》。

11月7日，江苏·如皋新型电子信息材料主题峰会现场　（汤乾玮 摄）

“此次新型电子信息材料主题峰会不仅是一次业界交流的盛会，也为我们提供了一次难得的学习机会，必将为推动如皋市新材料等相关产业发展注入新的动力和活力。”市委书记何益军在会上致辞，他说，将新材料和电子信息产业作为主导产业发展的如皋，在光电材料、第三代半导体材料、5G新材料等新型电子信息材料领域积极布局，初步形成产业链上下游协同创新发展的态势。下一步，如皋市将牢牢抓住这次峰会契机，聚力创新、致力创造，推动形成“科创+产业”的融合创新体系，全力快速抢占新型电子信息材料产业新赛道。他希望，各位专家学者能够为如皋现代化建设多贡献智慧力量，也希望如皋市与会企业能够主动与专家学者积极交流沟通，争取实现更紧密的研发合作。同时，如皋市也将全力推进营商环境建设，用如皋环境“梧桐树”和政策“橄榄枝”吸引更多“金凤凰”，让优质项目和高端人才愿来之、更安之。

“电子信息产业是国民经济和社会发展的先导性、基础性、战略性产业，电子专用材料是电子信息产业发展的基础。”张星在致辞时说，江苏一直是全国重要的电子信息产业基地，全省建成一批核心领域的平台载体，产生一批国际水平的先进产品和国内领先的技术成果，也涌现一批重点龙头产业。下一步，我省将着力强化创新能力建设、开展补链固链强链、加强国内外交流合作，进一步推进我省电子专用材料发展。他希望大家能以此次大会为契机，充分发挥各自优势，齐心协力，共同为江苏省电子专用材料高质量跨越式发展作出新的更大贡献。

现场还举行了精炜新材料院士成果转化基地、朱美芳院士集萃新材料中试基地、智拓众创空间、森松产业学院的揭牌仪式；发布江苏省新材料第三支新材料基金。

长江镇党委书记、如皋港工业园区党工委书记许薇作长江镇（如皋港工业园区）新材料产业发展投资环境推介；如皋市新材料产业部分企业代表作主旨演讲；江苏省新材料产业协会理事长段小光作题为《高端电子材料投资的危与机》主旨演讲。

第十七届中国研究生电子设计竞赛总决赛在如皋举办

11月13日，市委书记何益军在第十七届中国研究生电子设计竞赛总决赛闭幕式上致辞 （汤乾玮 摄）

11月11—13日，由教育部学位管理与研究生教育司指导，中国学位与研究生教育学会、中国科协青少年科技中心、中国电子学会共同主办，如皋市人民政府承办的“兆易创新杯”第十七届中国研究生电子设计竞赛全国总决赛颁奖典礼暨“研电之星”挑战赛在如皋市成功举办。

中国研究生电子设计竞赛是“中国研究生创新实践系列大赛”主题赛事之一。该届竞赛以“智汇青春、有梦当燃”为主题，分为技术竞赛和商业计划书专项赛两大部分，参赛规模达到5824支队伍，较2021年增长17.35%，创历史新高，作品涵盖工业、交通、能源、医疗、农业、教育、旅游等具有国家战略意义和关系民生的重点应用领域。经过激烈角逐，最终西安交通大学荣获最佳团体奖，南京邮电大学、南京信息工程大学、中南大学3支参赛团队当选“研电之星”。

13日，第十七届中国研究生电子设计竞赛总决赛颁奖典礼在如皋市行政中心礼堂举行，至此，第十七届研电赛全部赛程和活动圆满落幕。中国电子学会副理事长、中国科学院院士房建成等专家学者、主办方代表，如皋市领导何益军、王鸣昊、陈鸣华、崔建村、唐余宽参加闭幕式。

市委书记何益军在致辞时说，该届竞赛创意无限、精彩纷呈，为如皋市电子信息产业发展提供了崭新思路。如皋地处长三角经济圈核心区，长三角一体化发展、上海大都市圈空间协同规划实施等多重国家战略在此叠加交汇，内序外畅的综合交通走廊联通大江南北，这片发展的热土蕴藏无限机遇。如皋市将以此届竞赛为契机，深入推进与广大高校、企业在电子信息产业科研、科技成果转化、人才培养以及创新创业等多方位的合作，吸引广大青年人才来到如皋这座青年和人才友好型城市，在这片创新开放的热土上尽情施展才华、创造辉煌未来。

“研究生是朝气蓬勃的、最具创新能力和潜力的群体，是未来的希望。”工业和信息化部电子信息司副司长史惠康通过远程连线寄语参赛学员，勉励广大研究生要把个人的理想追求融入党和国家的事业中，为党为祖国、为人民多作贡献。他希望，未来的研电赛为广大研究生参与前沿技术和社会实践提供更多机会，为科技创新及优秀人才培养发挥更大的作用，为研究生技术发明和创造提供更大的平台，为深化产教融合，推进电子信息人才供给侧结构性改革贡献更多的力量。

闭幕式上，如皋市和中国电子学会签订战略合作协议，双方将利用技术、人才、产业、资金等优势，加强在学术交流、科技评价、科技咨询、人才举荐等方面的对接合作，转化电子信息领域的最新研究成果，建立协同创新平台，为地方电子信息产业的发展及人才需求提供更好的服务。

中国·如皋人类健康与衰老峰会在如皋举行

11月18日,中国·如皋人类健康与衰老峰会在如皋举行,围绕长寿衰老与人类遗传领域等前沿问题,进一步推动科研创新和成果转化,助力卫生健康事业发展。中科院院士、复旦大学校长金力录制视频向此次峰会发来祝贺与问候。南通大学党委副书记、副校长,南通大学附属医院党委书记高建林等领导专家,以及如皋市领导何益军、高峰、陈鸣华、唐余宽参加会议。

“古往今来,长寿都是人类追求的目标,而如皋人的长寿奥秘却‘看似寻常最奇崛’。如皋要讲好长寿故事,这种长寿,或源于‘一方水土’,或源于‘惬意生活’,或源于‘千年文化’。”市委书记何益军在致辞时说,相信此次峰会将进一步聚焦社会各界对如皋长寿现象的关注,推动“健康如皋”建设。他指出,如皋要讲好长寿科学故事,用好如皋独特的样本优势,为健康衰老机制研究提供更好的条件。他希望,各位专家教授未来进一步加强与如皋的合作,把如皋作为科研创新的重要基地,共同探索和传播健康长寿的奥秘;也希望更多企业、更多资本能够介入研究工作中去,切实把如皋的长寿文化优势、资源优势转变成产业优势、竞争优势,打造生命健康产业“皋”地。

高建林在讲话时介绍了南通大学附属医院近年来取得的成就。他说,近年来,南通大学附属医院不断加强与如皋的合作,专门成立老年长寿研究中心,就如皋长寿现象进行科学研究,全方位探讨百岁老人的长寿密码。三年多来,该项目在国内高校、科研院所的鼎力支持下,对300多位百岁老人及其家庭成员进行调查研究,其成果已在国内国外杂志上发表。

金力在视频中说,如皋长寿和衰老队列始建于2007年,经过十多年的建设,已经取得长足发展。2022年,如皋市人民医院和复旦大学签署协议,合作共建“复旦大学—如皋市人民医院长寿与衰老联合研究所”,研究所的建设将推动复旦大学人群健康和表型组学领域的科学研究,大幅度提升如皋市大健康产业的源头创新能力,为如皋市生物医药战略性新兴产业发展提供科技支撑。

会上,浦赢资本相关负责人以《资本对接健康研究成果转化》为题进行演讲。与会人员观看城市宣传片《这就是如皋》。

开幕式后,专家授课、项目研讨等活动陆续开展。

第九届江苏省青年科学家年会暨第四届苏台(如皋)合成生物学与健康食品产业发展大会在如皋举行

12月10日,第九届江苏省青年科学家年会暨第四届苏台(如皋)合成生物学与健康食品产业发展大会在如皋市举行。来自合成生物学与健康食品领域的专家、企业家齐聚一堂,研讨合成生物学技术、畅想健康食品产业未来、共商合作发展大计。江苏省科学技术协会二级巡视员杨文新,中国食品科学技术学会副理事长、江苏省食品科学与技术学会理事长、江南大学原副校长金征宇,南通市科学技术协会党组书记、主席葛伟,以及如皋市领导何益军、王鸣昊、陈鸣华、石兵、唐余宽参加会议。市委副书记、市长王鸣昊主持会议。

12 月 10 日，第九届江苏省青年科学家年会暨第四届苏台（如皋）合成生物学与健康食品产业发展大会现场 （邱宇 摄）

市委书记何益军在致辞时，向与会嘉宾介绍如皋市经济社会发展情况和相关产业现状。何益军指出，多年来，如皋把合成生物学作为生命健康产业高质量发展的重要抓手，坚持技术源头创新和产业转化紧密结合，围绕专项基金、共享技术研发平台、专业检验检测平台等重点领域，高标准打造如皋长寿未来农业园等平台载体，为加快完善产业链条、凸显产业辨识度打下坚实基础。何益军表示，如皋市将以此次会议为契机，开阔视野、更新观念，坚定不移发挥合成生物学技术优势，大力发展健康食品产业。同时，他希望各位专家教授能够加强与如皋的合作，把如皋作为科技创新和产学研合作的重要基地；期待各位企业家、专家把如皋作为拥抱生命健康产业蓝海的成长“福地”，借如皋独特的文化、资源优势和合成生物学发展“东风”，共同打造健康产业“皋”地。

葛伟表示，如皋是南通极具创新活力和发展潜力的板块，是南通唯一成功入选首批江苏省创新型示范县（市、区）、“科创江苏”试点县（市、区）名单的县级城市。当前如皋蕴含着强大的发展动力，希望各位专家、企业家以合作共赢为纽带，进一步发挥资源、渠道、平台等方面优势，让更多资本投在南通、更多项目落在如皋。

杨文新在讲话时指出，近年来，如皋大力发展生命健康产业，得到中国农业科学院、江南大学等高校院所的大力支持，一批技术先进、成果领先的项目陆续入驻，产业集聚区初步成型。省科协将一如既往地支持如皋，在资源整合、人才引进、产学研合作等方面给予帮助，合力推动如皋经济社会高质量发展。

会上，市委常委、副市长、市科技创新委员会办公室党组书记陈鸣华围绕产业链规划、激励政策等方面，推介如皋长寿未来农业园。

会议还为江南大学（如皋）食品生物技术研究所、中国工程院李培武院士农产品质量安全科技成果培训示范基地（如皋）举行揭牌仪式。6 个项目进行集中签约。

随后，中国工程院院士、江南大学校长陈卫等多位专家学者以视频、现场分享等形式，进行主旨演讲。

·重要事件·

江苏泰慕士针纺科技股份有限公司在深圳证券交易所正式鸣钟上市

1 月 11 日，江苏泰慕士针纺科技股份有限公司在深圳证券交易所正式挂牌上市（邱宇 摄）

1 月 11 日，资本市场"如皋板块"又添新成员。当天上午，江苏泰慕士针纺科技股份有限公司在深圳证券交易所正式挂牌上市，成为如皋市第 11 家上市公司，也为如皋市 2022 年企业上市工作迎来"开门红"。南通市委副书记、代市长吴新明，南通市副市长潘建华，如皋市领导何益军、王鸣昊、司祝建、张元健、丁兴华、顾留忠、卢志敏、刘栩出席企业上市仪式。

"5、4、3、2、1，敲钟！"上午 9 点 25 分，与会领导和嘉宾敲响开市钟。

江苏泰慕士针纺科技股份有限公司是一家专注于针织面料与针织服装的研发、生产和销售的服装企业，主要为多家知名服装品牌提供贴牌加工服务。公司拥有在行业内具备领先优势的纵向一体化针织服装产业链，涵盖针织面料以及针织服装的诸多生产环节，通过构建全流程信息控制系统和自动仓储系统，依靠专业设备自动化、核心工序模块化、员工操作标准化管理，建立能够满足客户多品种、小批量、多批次采购需求的柔性生产链。

如皋市委书记、如皋经济技术开发区党工委书记何益军在企业上市仪式上致辞。他说，江苏泰慕士针纺科技股份有限公司作为如皋纺织服装行业的"老字号"和"领头羊"，历经风雨三十载，始终坚持把先进的管理模式、精湛的生产技术、良好的产品质量作为企业发展的最强硬核，建成省示范智能车间，获批国家高新技术企业，跻身中国服装行业百强企业。"他们的创业之路既是企业艰苦奋斗、开疆拓土的发展之路，也是整个行业守正创新、破题突围的转型之路。”何益军希望，泰慕士要把上市作为推动企业持续发展的动力源泉，矢志不渝地把主业做强、特色做优、产品做精，不断增强核心竞争力，以更加优异的业绩回报投资者、回馈全社会。全市广大企业家要进一步增强资本驱动的发展思维，主动拥抱资本市场，加快股改上市步伐，争当推动资本、科技、产业融合发展的新时代企业家。市委、市政府将全力以赴打造政策最优、成本最低、服务最好、办事最快的“如意”营商环境，助推更多优质企业借助资本市场，放大乘数效应，实现裂变式发展。

潘建华在致辞时表示，江苏泰慕士针纺科技股份有限公司在深圳证券交易所主板正式挂牌上市，是2022年南通第一家上市企业，为资本市场“南通板块”增添了新成员。他希望，江苏泰慕士针纺科技股份有限公司要以挂牌上市为新的起点，进一步苦练内功、精耕细作，以更加优异的经营业绩回馈股东、回报社会。

如皋市举办2022年科创、人才项目集中签约活动

5月20日，如皋市举办2022年科创、人才项目集中签约活动，41个科创、人才项目成功签约，涉及高端智能装备、信息技术、集成电路、新材料等领域。如皋市领导何益军、王鸣昊、陈鸣华、崔建村出席活动。

市委副书记、市长王鸣昊主持会议。

5月20日，如皋市科创、人才项目集中线上签约 （邱宇 摄）

“在奋力夺取疫情防控和经济社会发展‘双胜利’的关键时点，我们第一时间以线上和线下融合的形式举办全市科创、人才项目集中签约活动，充分体现我们对科创和人才的高度重视和大力支持。”市委书记何益军对项目签约表示热烈祝贺，他说，此次集中签约的41个项目科创属性强、人才层次高，与如皋市六大优势产业链高度契合，希望签约项目能够抢抓南通跨江融合发展样板区建设机遇，在如皋这片创新创业的沃土上迅速深耕发展，努力成为行业的领跑者、市场的主导者、资本的青睐者；金融机构和投资机构，要坚定发展信心，加大对签约项目的支持力度，促进项目快速成长、裂变发展。

“如皋是一座沉淀历史、蕴藏希望、充满活力的宜居福地、科创新城。”何益军指出，一直以来，如皋市

坚持走创新驱动发展之路，聚力打造汽车及零部件、新型电力装备、电子信息等六大优势产业链。特别是2021年以来，如皋市以省创新型示范县市建设为引领，统筹谋划全市创新布局，大力实施"创新如皋"三年行动计划，出台科技30条、人才22条等激励政策，推动一批高能级载体平台规划建设，构建与上海交大、复旦大学等一流高校的"双飞地"合作模式，不遗余力把科创和人才作为推动区域发展的最大动力和最强引擎。接下来，如皋市将全力以赴为项目发展集聚最优资源、提供最优服务、打造最优环境，让大家在雉水大地这片热土上掀起科创浪潮、共铸灿烂辉煌。

活动现场，与会领导、嘉宾共同见证线上和线下共41个项目的集中签约；市委常委、副市长、市科技创新委员会办公室党组书记陈鸣华围绕如皋市科创、人才项目发展环境以及资源要素保障进行集中推介；霖鼎光学（江苏）有限公司、上海君桐股权投资管理有限公司、江苏垠坤控股集团有限公司3家企业负责人分享了选择在如皋投资兴业的理念。

大型历史文化纪录片《沙元炳》在如皋拍摄

沙元炳（1864年—1927年）是清末民国初时期的实业家、教育家，与张謇为同榜进士，同样弃仕归乡。他扎根如皋，创办广丰火腿、榨油厂等一批实业，建立全国第一所地方公办的现代中等师范学校——如皋公立简易师范学堂，兴办多家文化、医疗、慈善机构，推动了如皋近代的现代化进程。

为再现沙元炳在实业和教育救国之路上的开创精神和积极作为，如皋市特别邀请夏骏为总编导筹划拍摄大型纪录片《沙元炳》，旨在深入挖掘沙元炳精神内涵，赓续精神血脉、汲取前行力量。希望通过《沙元炳》纪录片，能够推动全市更多企业家争做"沙元炳式"企业家，更好传承爱国爱乡情怀和守正创新精神，为如皋高质量建设跨江融合发展样板区敢挑重担、勇扛重责。

12月5日，市委书记何益军（前排左二）等看望慰问纪录片《沙元炳》摄制团队 （如皋市委宣传部 提供）

8月27日，如皋市举行大型纪录片《沙元炳》开机仪式暨纪录片《孔子母亲颜徵在》展映式。市领导何益军、王鸣昊、司祝建、丁兴华、高峰、杨天锡、刘晓洁、崔建村、张亚鸾，纪录片《沙元炳》总编导夏骏参加活动。市委书记何益军在活动中致辞，并和夏骏共同为纪录片《沙元炳》开机揭幕。

11月21日，纪录片《沙元炳》摄制组进驻南浔古镇庞氏旧宅，开始为期两周的历史再现部分摄制工作。

12月3日，在结束南浔的拍摄任务后，《沙元炳》摄制组再次进驻如皋水绘园，开始为期一周左右的情境再现拍摄。至此，前期拍摄任务基本完成。

纪录片分上下两集，总时长 100 分钟。以沙元炳的事业经历为主线，从沙元炳对张謇开创的南通现代化事业的重要贡献，到以沙元炳为首的如皋近代化的早期历程，采访历史见证者、研究者，以情景再现等方式，生动还原历史，讲述沙元炳等先贤的足迹和成就。上集《江郎变计》讲述“甲午战争”失利和“戊戌变法”夭折后，沙元炳和好友张謇对朝政极度失望，双双辞官回乡，投身实业，践行“实业救国”思想。下集《怀风饮泽》讲述沙元炳回到家乡后，在如皋创办新式学堂和参与水利、防疫、医疗等社会公益事业以及修纂《如皋县志》的故事。

《人民代表报》理论研习实践如皋基地揭牌成立

8 月 31 日，《人民代表报》理论研习实践如皋基地揭牌仪式活动现场

（邱宇 摄）

8 月 31 日，如皋市举行《人民代表报》理论研习实践如皋基地揭牌仪式。人民代表报社社长赵树义，南通市人大常务副主任、党组副书记庄中秋，如皋市领导何益军、司祝建、高峰、缪爱诚、刘晓洁参加活动。

活动中，人民代表报社与如皋人大常委会举行理论研习实践基地签约仪式，赵树义和如皋市人大常委会党组书记、主任司祝建共同为基地揭牌。

《人民代表报》是全国人大系统唯一一份公开发行的报纸，是全国人大及其常委会指定的独家专业采访媒体，也是全国各地人大常委会机关和人大代表交流学习的重要平台，具有广泛的传播力和影响力。此次成立的《人民代表报》理论研习实践如皋基地是《人民代表报》首个理论研习实践基地。基地将深化结对共建，实现双方资源共享，进一步加强和改进新时代人大工作，不断丰富和发展全过程人民民主基层实践，为实现如皋高质量发展提供坚强的人大保障。

市委书记何益军在致辞时说，如皋市委将切实加强对人大工作的领导，一如既往地支持人大工作创新发展，以双方深度合作为契机，学习借鉴先进地区的工作经验，不断探索新时代人大工作的新途径、新路子、新方法，全面提升科学化、制度化、规范化、现代化水平，为全市经济社会高质量发展提供坚实保障。

司祝建介绍如皋人大工作开展情况，并表示如皋人大将致力于与人民代表报社共同打造优势互补、资源互通、共建互助的合作样板，着力将理论研习实践如皋基地打造成新时代人大理论学习、研究、传播的平台阵地，全过程人民民主的实践基地，人大特色亮点工作的展示园地，人大系统主体之间共建共享、携手并进的示范高地。

“如皋是世界长寿养生福地，也就是幸福指数爆棚的地方。”赵树义表示，今后有机会将常到如皋，好好认识一下如皋的文化，感悟一下如皋的山水，做好人民代表报社的服务工作，为人大服务，为人大代表服务，为我国民主政治建设服务。

庄中秋代表南通市人大常委会对基地的成功设立表示祝贺。他指出，《人民代表报》作为一个高站位、高视野、高水平的载体，首次在江苏设立理论研习实践基地就选择如皋，是对南通和如皋人大工作的肯定。他强调，如皋人大要以此为契机，积极向《人民代表报》学习，向全国各地人大学习，将《人民代表报》作为改进人大工作、推动创新发展的智慧源泉、力量源泉，作为展示如皋人大特色工作、加强交流互动的窗口门户，作为交流经验、提升能力、宣传引导的有效载体，以点带面辐射促进全市人大系统工作博采众长、创新发展。

活动还邀请人民代表报社的老师开展写作、投稿等方面的培训。

重建如皋中山钟楼

如皋中山钟楼，始建于 1929 年，为纪念伟大的民主革命先驱孙中山先生而建，建设过程历时两年，1931 年建成。中山钟楼在建成后几十年一直是如皋古城地标性建筑，承载了几代人的记忆。1995 年 12 月，如皋旧城改造，打通海阳北路，如皋中山钟楼被拆除。

为回应社会各界的长期呼吁、策应历史文化名城建设，2021 年 7 月，如皋市委、市政府决定在原址按历史原貌重建中山钟楼。重建工程由如皋市规划建筑设计院有限公司和常熟古建园林股份有限公司进行设计，如皋市住房和城乡建设局负责实施，项目于 2022 年 7 月 16 日动工，10 月 22 日主体完工，12 月底工程竣工。

重建后的中山钟楼位于如皋市中山路与海阳路交界处北侧，共四层，总高 19.49 米。钟楼底层，是 5 米×5 米镂空的正方形基座，南北方向券洞门高大宽敞，东西方向设有拱形圆门。钟楼底层两侧嵌有三块碑刻，西北边是 1929 年中山钟楼初建时奠基石，原收藏于市档案馆，2022 年 10 月被征调至钟楼。西南边是重刻的《如皋中山钟楼记》，原刻由时任国民政府如皋县长钱佐伊

重建后的如皋中山钟楼全景

（王玉华 摄）

唐宋县衙甬道遗址 （王玉华 摄）

撰文、孙中山的追随者同盟会员如皋乡贤沈卓吾手书，在1995年拆迁中遗失。东边是如皋市委、市政府新撰的《重建中山钟楼碑记》。钟楼底层地面为玻璃地窗，其下展示原中山钟楼混凝土基础和木桩基。钟楼南广场展示“中山钟楼作息钟”，原铜钟悬挂于楼顶木架，在战争中遗失，此为1956年如皋县人民委员会重铸。

钟楼建于如皋古县衙谯楼位置，重建钟楼在开挖基础时，发现地下1.4米处有一段宽3.5米、南北长度近50米的砖铺甬道，这是一条具有珍贵历史价值的千年古道，专家认定其为南唐至宋代县衙正堂前甬道。来自南京大学的专业考古团队在古道之上还发现宋元时期的排水沟、墙基和垫土层，明代的路面和清代至民国时期的墙基。

附：

重建中山钟楼碑记

中山钟楼，二十世纪皋邑之地标，亦为辛亥革命之印迹，百年历史之见证，更为雉水文蕴之载体，赤子乡情之寄托。

中华人民共和国成立后，人民政府屡加修缮。一九五六年于沪上重铸铜钟一口，白昼整点报时，兼示四门火警。一九八一年整体大修，水泥敷身，黄色涂装；越十年，更换壁钟，以石英替代机械。一九九五年旧城改造时拆除斯楼，且对市民有相地重建之诺。其后二十余年，社会各界吁请不辍，热望再现古城旧观。

二〇二一年七月，政府顺应民意，筹划再造。查考史料，纳言听策，搜集遗构，鸠工庀材。翌年七月，择吉动土，三阅月而告竣。中山钟楼立基之所乃南唐以降县衙旧地，新楼因循原址，形制尺度悉遵旧轨。基方五米，楼起四层。钢筋砼柱，青砖饰面。周以石栏，嵌以石额。四层镶壁钟两座，南北各一。增设台基，高零点五米，楼总高十九点四九米。台基辟有地窗，可下窥旧楼础基遗存。新发掘考证之唐宋古井、历代县衙甬道皆妥加保护并展陈于近侧。

中山钟楼旧观重现，光景弥新，旨在醒喻世人，凭高远瞩，闻声起舞，赓续城市记忆，提升竞争实力，涵养家国情怀，共襄文明进步。爰勒此碑，以志盛缘。

中共如皋市委　如皋市人民政府立

二〇二二年十二月

·重大项目·

金鹰(如皋)产业园项目正式开工

5月11日，总投资约410亿元的金鹰(如皋)产业园项目在长江镇举行开工仪式。吴新明、黄巍东、庄中秋、沈雷、陆卫东、张建华、潘建华、李玲、凌屹等南通市领导及如皋市领导何益军、王鸣昊、司祝建、张元健、丁兴华、陈鸣华、吴海军、崔建村、杜永红参加开工仪式。

5月11日，与会领导和嘉宾听取如皋市2022年二季度计划开工的重大项目和金鹰(如皋)产业园情况介绍 (邱宇 摄)

开工仪式前，与会领导和嘉宾听取如皋市2022年二季度计划开工的重大项目和金鹰(如皋)产业园情况介绍。二季度，如皋市共有15个亿元以上重大项目计划开工建设，总投资184.3亿元。此次开工的金鹰(如皋)产业园项目总投资约410亿元，拟建设年产20万吨莱赛尔纤维项目、年产200万吨食品级高档白卡纸项目、热电联产项目、物流园项目等，致力打造全国乃至世界一流的绿色、节能、环保的智能制造产业基地。

“经济发展，项目为王。”市委书记何益军在致辞时说，近年来，如皋市始终高举“工业立市、产业兴市”发展大旗，全力推动南通跨江融合发展样板区建设，经济社会发展取得全面进步，特别是2022年以来，全市上下坚持把项目建设作为加快高质量发展的主要抓手，吹响了项目攻坚“冲锋号”，一批大项目、好项目相继落户，尤其是10亿元以上项目加速成长，让经济发展的动能更加澎湃、势头更加强劲。

“今天的项目就是明天的产出，今天的投入就是明天的后劲。”何益军表示，此次开工的金鹰产业园项目是金鹰集团在国内单一城市、单一省份投资最大的综合性项目，必将成为如皋市壮大新兴产业的增长点、实现高质量发展的爆发点。如皋市将全力提供高效服务，持续抓实配套保障，让项目建设“轻装上阵”“后顾无忧”；坚决做到“项目有呼声、我们就有回应，项目有需求、我们就有行动”，为项目推进营造最优的发展环境。他希望，金鹰集团和项目承建方，坚持高起点设计、高标准建设、高品质打造，努力把产业园建设成为如皋新材料产业项目的新亮点、新样板。

金鹰集团中国董事长陈昱廷以视频形式对项目开工致以热烈的祝贺。她说，如皋是长三角区域的一颗明珠和投资兴业的沃土，金鹰集团将发挥资金、资源、技术、人才、管理的优势，坚持创新、协调、绿色、开放、共享的新发展理念，与如皋市精诚合作，共同努力把金鹰（如皋）产业园打造成为如皋高质量发展的精品工程。

活动现场，与会领导和嘉宾一起推动项目开工启动杆。

开工仪式后，与会领导和嘉宾还一起现场观摩位于如皋经济技术开发区的总投资 20 亿元的柏承 HDI 高密度印刷电路板生产项目。

如皋斯堪尼亚商用车项目暨斯堪尼亚如皋制造基地工程建设启动

6 月 10 日，如皋斯堪尼亚商用车项目暨斯堪尼亚如皋制造基地工程建设启动仪式举行。该项目是我国放开汽车制造外资股比限制后首批商用车外商独资项目。江苏省副省长胡广杰以视频方式发表致辞，南通市领导王晖、沈雷、王洪涛、王凯，斯堪尼亚中国集团总裁何墨池及如皋市领导何益军、王鸣昊、司祝建、张元健、高峰、顾留忠、陈鸣华、卢志敏等出席项目启动仪式。启动仪式由市委副书记、市长王鸣昊主持。

斯堪尼亚（SCANIA）是世界著名的重型汽车生产商之一，于 1891 年在瑞典南部的马尔默成立，产品销往世界 100 多个国家和地区，凭借技术领先的模块化系统成为商用汽车行业最具盈利能力的公司之一。此次，斯堪尼亚项目计划在如皋市建设 5 万台/年产能的重卡生产基地、发动机工厂和研发中心，并且采用斯堪尼亚全球零部件供应体系，采购、生产、销售都按照斯堪尼亚全球标准，产品除满足

6 月 10 日，如皋斯堪尼亚商用车项目暨斯堪尼亚如皋制造基地工程建设启动仪式现场

（邱宇 摄）

中国市场需求外，还将出口至全球其他国家。项目预计于2024年建成投产，这在中国商用汽车行业具有里程碑意义。

市委书记何益军在启动仪式上致辞。他说，如皋斯堪尼亚商用车项目的正式启动，为如皋市汽车及零部件产业发展注入强大动能，必将为如皋汽车及零部件产业链发展扣上关键一环，对如皋乃至南通制造业发展产生积极而深远的影响。他表示，如皋将拿出最大诚意、最大力度支持项目建设，全力推动项目早日竣工达产。他希望，斯堪尼亚集团与如皋市能够进一步拓展合作空间，多向海外企业宣传推介如皋，带动更多外资到如皋投资兴业。

副省长胡广杰在视频致辞中希望，相关部门要坚决落实党中央关于"疫情要防住、经济要稳住、发展要安全"的重大要求，按照省委、省政府关于推进重大项目建设的工作部署，千方百计强服务、保进度、促达产，努力把项目打造成为先进一流精品项目，制造一流商用车；斯堪尼亚公司要进一步加快项目建设，努力早出产品，放大品牌效应，加强与省内产业链上下游企业合作，吸引带动更多优质供应链配套企业和研发机构在江苏省布局。

与会领导和嘉宾共同按下启动键，启动如皋斯堪尼亚商用车暨斯堪尼亚如皋制造基地项目。

启动仪式前，南通市委书记、南通市人大常委会主任王晖会见斯堪尼亚中国集团总裁何墨池一行，现场听取斯堪尼亚集团在我国的发展历程，参观公司部分主打产品，鼓励企业充分发挥品牌和技术优势，带动产业链上下游协同创新、融通发展，努力把如皋基地打造成世界灯塔工厂的标杆。

江苏如天光电科技有限公司车载新型显示材料项目正式投产

6月29日，江苏如天光电科技有限公司车载新型显示材料项目投产仪式举行。该项目的正式投产，打破了车载曲面显示材料的国外垄断。如皋市领导何益军、丁兴华、程瑞琴、陈鸣华、石兵、崔建村参加活动。

江苏如天光电车载新型显示材料项目，位于城南街道卓然路8号，于2020年11月28日正式开工建设，总投资10亿元，项目全面投产后，将打破国外对车载曲面显示材料的垄断，解决城市就业人口千余人。

市委书记何益军在投产仪式上致辞。他说，近年来，如皋市坚定不移走"产业兴市、创新强市、生态立市"之路，立足产业基础、持续挖掘潜力，全力推动新材料、电子信息、新型电力装备等六大优势产业集群整合、链式发展，逐步形成较为完备的产业体系。截至2022年6月，六大优势产业链占全市规模工业应税销售比重已经超过86%，高新技术产业产值占比超50%。其中，电子信息产业呈现爆发式增长，2021年同比增长347%，首次突破百亿级规模，已经成为全市经济高质量发展的重要增长极。作为全球光电制造企业中的标杆，如天光电科技有限公司在车载新型显示材料领域拥有丰富的行业经验、领先的技术支撑和卓越的产品质量。此次投产的车载新型显示材料项目，也必将对做强如皋市电子信息产业、配强产业链条、加快产业集聚产生积极而深远的影响。

何益军希望，如天光电科技有限公司以此次投产仪式为契机，进一步深耕主业、扎根如皋，扩大投入、加大创新，为如皋加快打造南通跨江融合发展样板区添势赋能。他要求如皋高新区，要把项目投产作为服务项目、助力企业的新起点，一如既往地保持与企业的密切沟通，全心全力为企业排忧解难，竭尽所能支持企业发展壮大。各有关部门要进一步提升工作效能，从项目审批、监督管理、政策供给等多个维度，提供更加便捷高效的优质服务，以更高质量的营商环境，真正让企业投资放心、创业安心、发展顺心。

活动中，与会领导嘉宾共同按下启动键，如天光电车载新型显示材料项目正式投产。随后，与会人员还一同参观江苏如天光电科技有限公司展厅及生产线。

霖鼎超精密微纳光学产业基地项目正式开工

8月9日，霖鼎超精密微纳光学产业基地项目开工仪式现场（邱宇 摄）

8月9日，霖鼎超精密微纳光学产业基地项目正式开工。该项目位于如皋市沪苏科创产业园，计划总投资20亿元，由霖鼎光学（江苏）有限公司经上海交通大学科技成果转化而成立，是如皋市首个"双飞地"孵化成功项目，主要生产精密光学制造设备、光学检测仪器、精密光学模具等。整个基地建成后将与上海形成"量产+研发"产业协同效应，目标是建成国际一流、全行业领先的光学智能工厂典范，最终拓展成为一个具备强大产业带动能力的霖鼎光学生态智慧园区。

上海交通大学党委常委、副校长朱新远，上海交通大学科技园董事长曹兆敏，霖鼎光学（江苏）有限公司董事长任明俊，南通市委副书记、宣传部部长沈雷及如皋市领导何益军、司祝建、张元健、顾留忠、陈鸣华、石兵、张炜龙、崔建村、杜晓峰出席开工仪式。

市委书记何益军主持开工仪式并代表如皋市委、市政府对霖鼎超精密微纳光学产业基地项目开工建设表示祝贺。他说，霖鼎超精密微纳光学产业基地项目的开工，是对如皋市上半年项目建设的成果展示和集中检阅，彰显"产业为先、项目为王"的发展理念和鲜明导向，充分体现如皋市勇挑高质量发展重担的坚定决心和使命担当。

"霖鼎光学如皋项目的成功落地，标志着公司进入新的发展阶段。"任明俊在发言时说，霖鼎光学作为上海交通大学科技成果转化的典范之一，承载了上海交通大学在超精密微纳制造领域近20年的科研成果。霖鼎光学将秉承上海交通大学“饮水思源，爱国荣校”的百年光辉传统，继续深耕超精密制造基础科学和应用技术，为地方产业发展作出积极贡献。

朱新远在致辞时说，如皋与上海交通大学合作设立的上海交大(如皋)科技成果转化创新平台，实现了上海交大科创平台前端孵化，如皋后端产业基地承接发展的全新的“双飞地”模式。霖鼎超精密微纳光学产业基地项目作为上海交通大学与如皋“双飞地”模式培育孵化的第一个重大成果，此次项目的顺利开工，也表明双方合作模式的有效运转。未来，上海交通大学将充分发挥在创新策源、学科交叉、成果转化、人才培养等方面的优势，为地方经济社会发展作出更大贡献。

“霖鼎超精密微纳光学产业基地项目是2022年江苏省重大产业项目，也是上海交通大学在如皋市开展产学研合作的标志性成果。”沈雷希望，项目实施单位要精心组织、科学安排，在保证质量和安全的前提下，倒排工期、全速推进，确保早日达产；希望交通大学充分发挥科研人才优势，全面提升与如皋、南通的战略合作水平，共同培育出更多的高科技好项目；如皋市委、市政府和相关部门要当好“店小二”，全程提供优质服务，全力打造有利于项目建设的一流营商环境。

活动现场，与会领导和嘉宾共同按下项目开工启动键。活动开始前，沈雷与何益军一起会见朱新远一行。

康瑞新材料高性能金属复合材料及零部件制造项目落户如皋经济技术开发区

10月18日，江苏康瑞新材料科技股份有限公司与如皋经济技术开发区就高性能金属复合材料及零部件制造项目达成合作协议。江苏康瑞新材料科技股份有限公司董事长朱卫、总经理张忠及如皋市领导何益军、王鸣昊、丁兴华、卢志敏、杜晓峰参加签约仪式。

江苏康瑞新材料科技股份有限公司此次在如皋落户项目拟总投资约20亿元，同时，该公司技术研发中心也将落户在如皋经济技术开发区。

市委书记何益军对项目落户如皋市表示欢迎。他说，江苏康瑞新材料科技股份有限公司拥有独到的技术优势，这与如皋市近年来高度重视电子信息产业发展的思路不谋而合，相信康瑞的加入定能推动如皋市电子信息产业再上新台阶。他指出，当前项目建设时间紧、任务重，各职能部门要强化责任担当，瞄准“百日攻坚”目标，倒排工期，挂图作战，全力推动项目落地。在项目推进过程中，各部门要第一时间回应企业需求，全方位强化要素保障，全天候提供优质服务，着力为康瑞在如皋市的发展营造一流的环境，持续擦亮“万事好通·如皋如意”营商环境品牌。他希望，企业能进一步坚定信心，在项目建设中加强沟通交流，加快建设进度，力争早日建成投产，切实形成双赢、多赢的发展格局。

朱卫表示，此次项目从注册到审批仅用了不到一个月时间，如皋市委、市政府想企业所想、急企业所急，对项目的关心与支持让企业感受到了如皋速度、如皋效率，也进一步坚定了企业在如皋投资、发展的信心。下一步，企业将进一步加快项目推进，力争快建设、早投产，为促进如皋经济社会高质量发展作出积极贡献。

·重大工程·

如皋市举行全市重大产业、城建项目集中开工活动暨城市建设大会战动员大会

2月28日，全市重大产业项目集中开工暨思源全效功率电池项目的奠基仪式现场 （邱宇 摄）

2月28日，如皋市举行全市重大产业、城建项目集中开工活动暨城市建设大会战动员大会。如皋市领导何益军、王鸣昊、司祝建、张元健、丁兴华、高峰、程瑞琴、顾留忠、陈鸣华、卢志敏、缪爱诚、黄文斌、陈小燕参加活动。

与会人员首先参加如皋经济技术开发区思源全效功率电池项目的奠基仪式和两河生态区项目的开工仪式。2022年如皋市将实施城市建设项目97个，计划总投资512亿元，涉及教育、民生、生态环境等多个领域，涵盖面广、投资额大、影响力强。

在随后召开的城市建设大会战动员大会上，市委副书记、市长王鸣昊作城市建设工作报告。过去的2021年，如皋市紧紧围绕“强富美高”总要求，以重点工程建设为主抓手，“一主一副”城市格局逐步凸显，功能品质显著提升。2022年，全市上下将坚持规划引领、增强城市建设的前瞻性，注重宜居宜业、提升城市人居的品质感，加快片区开发、实现城市发展的多元化，强化民生保障、提高城市管理的精细度，立足内联外通、构建立体高效的交通网，以崇高的使命感鼓足干劲、紧密配合，全力以赴打好城市建设大会战、攻坚战。

市委书记何益军在讲话中指出，2022年是党的二十大的召开之年，也是如皋市以“如皋治沙精神”引领新一轮“五城同创”的起步之年，全市上下要以更高站位认识城市建设，积极策应南通建设“一枢纽五城市”的美好蓝图，着力提升如皋市在南通市域中的战略地位，把地理优势转化为发展胜势。何益军强调，2022年的城建工作要把“精美规划、精致建设、精细管理”贯穿全年工作始终，坚持规划引领，狠抓品质提升，突出神形兼备，强化精细管理。全市上下要充分认识城建工作的重要地位和作用，自觉服从服务于城市建设大局，大力弘扬如皋治沙精神，勇于担当、敢于负责、苦干实干，共同开创城市高质量发展的崭新局面，为加快建设“强富美高”新如皋作出新的更大贡献。

张靖皋长江大桥主体工程全面开工

6月28日，长江江苏段上又一座跨江工程——张靖皋长江大桥主体工程全面开工。

6月28日，张靖皋长江大桥主体工程正式开工仪式

（如皋市交通运输局 提供）

张靖皋长江大桥起自如皋市石庄镇西侧与沪陕高速公路交叉处，止于苏州市张家港疏港高速公路晨阳互通，路线全长约30公里，跨江段全长7859米，设置南、北两座航道桥及南中北三段引桥。大桥建设工期6年，设计概算311.66亿元。其中跨主江航道的南航道桥为主跨2300米的超大跨径悬索桥，设计难度大、科技含量高、施工技术复杂，将创下世界最大跨度悬索桥、最高悬索桥索塔、最长高强度主缆、最大复合地连墙锚碇基础、最大连续长度钢箱梁、最大位移量伸缩装置等六项“世界之最”。

除了六项“世界之最”，张靖皋长江大桥还将在结构体系上实现超大跨度悬索桥主缆自平衡结构体系、索塔结构上实现超高钢箱—钢管约束混凝土组合索塔、锚碇基础上实现超大规模支护转结构复合地连墙锚碇基础、索鞍结构上实现超大型自行走装配式索鞍、锚固系统中实现智能感知可更换锚固体系、防腐技术运用上实现全桥一体化智能防腐体系等六项“世界首创”。

张靖皋长江大桥位于江阴长江大桥下游约28公里，沪苏通大桥上游约16公里，连接苏州、泰州和南通三市，是《长江干线过江通道布局规划（2020—2035年）》中明确的“十四五”期间重点推进的过江通道项目，也是江苏省长江经济带综合立体交通运输走廊规划明确的过江通道重点实施项目。项目建设对如皋市加速融入扬子江城市群，实现跨江融合发展等具有重要意义。

至2022年，如皋市东部地区的沈海高速，直通已建成的苏通大桥和崇启大桥；西部地区，上沪陕高速15分钟到达江阴长江大桥；沪苏通长江公铁大桥，紧邻国家一类开放口岸如皋港；已列入规划的如常高速经常泰过江通道过江，常泰长江大桥已于2019年1月9日开工；海太过江通道、苏通第二过江通道也在推进前期工作。随着张靖皋长江大桥主体工程全面开工，如皋市向“八龙过江”交通格局迈出重要一步。

沪渝蓉高铁(北沿江高铁)江苏段正式开工

9月28日,沪渝蓉高铁(北沿江高铁)江苏段正式开工。北沿江高铁将为如皋市再添一条高铁大动脉,如皋西站也将成为如皋境内的第三座高铁站。

沪渝蓉高铁(北沿江高铁)是国家中长期铁路网规划“八纵八横”之沿江高铁通道的主通道,主要服务和支撑长江经济带发展和东中西区域协调发展。规划总里程2027公里,途经上海、江苏、安徽、湖北、重庆、四川6个省市,是一条以路网功能为主,兼顾城际功能的高速铁路骨干线路。

沪渝蓉高铁(北沿江高铁)在如皋境内里程约38公里,并在如皋市吴窑镇北侧平田村设立如皋西站。车站东侧邻靠204国道,西侧邻靠603省道,距离如皋城区约15公里。根据测算,未来北沿江高铁开通后,南通到上海有望缩短至40分钟,至南京将缩短至54分钟,至合肥将缩短至84分钟。

北沿江高铁的建设将使如皋成为沿海通道和沿江通道的交会点城市,将进一步便利沿线的人员、资源相互交融,推动如皋“一二三五”综合交通新格局进一步提升,持续放大的高铁效应,也将为如皋的经济社会发展注入新动能。

“如皋西站的设立,将为如皋今后的经济发展起到重要作用。我相信如皋西站也会像如皋站、如皋南站一样,给老百姓的出行、城市的经济发展和招商引资带来更大的效益。”市交通运输局副局长田骏说。

通皋大道二期、226省道工程开工建设

11月18日,通皋大道二期、226省道工程开工动员大会现场 (邱宇 摄)

11月18日，通皋大道二期、226省道工程正式开工建设。南通市人大常委会副主任、党组副书记姜永华，南通市人民政府副秘书长施健，如皋市领导何益军、程瑞琴、黄文斌参加活动。

通皋大道二期、226省道工程是南通市政府为民办实事项目，也是如皋市助力南通奋力建设“一枢纽五城市”中的重点交通工程，计划于2024年底前建成通车。通皋大道是南通市域快速路网向县域延伸覆盖的重要快速通道之一，自一期工程建成通车以来，实现如皋市中东部地区南北快速通行。通皋大道二期工程建设起点顺接一期，向东南拓展建设约4.4公里，采用双向六车道城市快速路建设标准，设计速度80公里/小时，同步实施绿化、环境保护及安全保障等配套工程。226省道项目总体呈南北向，路线起点位于303县道（蒲黄线）平交口，与226省道东陈至白蒲段路面改善工程终点相接，向南穿越白蒲镇，向东跨越通扬运河，止于如皋与通州区交界处，接226省道通州段，路线全长7.466公里。项目路全线按双向四车道一级公路标准建设，新建路段设计速度100公里/小时。

交通是经济发展的时空动脉，也是城市功能的布局延伸。如皋市抢抓交通发展战略机遇期，加快补齐交通基础设施短板，打通“大动脉”、畅通“微循环”，内序外畅的综合交通网络加快构建。

“通皋大道、226省道是贯通如皋和南通主城的重要通道，一直以来也是如皋市交通建设领域的重点。”市委书记何益军说，项目建成后将在时空上进一步拉近如皋与南通主城区的距离，推动如皋、海安、如东与南通城区板块的互联互通，在提升南通主城首位度的同时，更好地实现南通县市区板块之间的融合和发展共享。

何益军要求，工程建设指挥部要借鉴通皋大道一期等工程建设中的好做法和好经验，强化组织领导，加强统筹调度，全力服务保障好工程建设；施工方要传承弘扬好工匠精神，牢固树立“责任重于泰山”的思想，坚持既抓质量又重进度，努力将两项工程建成精品工程、平安工程、廉洁工程。如皋市将积极与上级部门做好沟通，加强与兄弟单位的协作，全力以赴为工程建设扫清障碍，确保工程按照既定目标高质如期建成，向全市人民交上一份满意的答卷。

随后，与会嘉宾领导共同按下通皋大道二期、226省道工程开工建设启动键。

·重要成果·

双钱集团(江苏)轮胎有限公司成功申报国家级绿色产品

1月15日,工业和信息化部公布2021年度全国绿色制造业入围名单,如皋市双钱集团(江苏)轮胎有限公司研发的12R22.5系列全钢丝子午线轮胎产品成功上榜,双钱集团(江苏)轮胎有限公司成为如皋市第一家获得国家级绿色产品称号的企业。

绿色制造业的评选主要是贯彻落实《"十四五"工业绿色发展规划》,强化绿色制造标杆引领。绿色制造技术是指在保证产品的功能、质量、成本的前提下,综合考虑环境影响和资源效率的现代制造模式,产品从设计、制造、使用到报废整个产品生命周期中不产生环境污染或环境污染实现最小化,从而使得资源利用率最高,能源消耗最低。其中绿色产品是以绿色制造实现供给侧结构性改革的最终体现,侧重于产品全生命周期的绿色化。

一直以来,双钱集团(江苏)轮胎有限公司都以打造低资源消耗、低环境影响的高性能轮胎产品为目标。此次12R22.5系列全钢丝子午线轮胎获评国家级绿色设计产品,也是对企业不断进行探索尝试的一次重要肯定。

近年来,如皋市认真贯彻落实国家关于加快发展绿色制造的决策部署,积极培育壮大绿色产业,推动制造业向绿色化转型升级,今后将加强绿色制造名单与相关产业政策的衔接,发挥以点带面示范作用,引领如皋地区制造业绿色转型。

如皋市3个项目荣获2021年度江苏省科学技术奖

2月15日,江苏省人民政府印发《省政府关于2021年度江苏省科学技术奖励的决定》,正式公布2021年度江苏省科学技术奖评奖结果。如皋市3个项目荣获2021年度省科学技术奖,其中江苏力星通用钢球股份有限公司的"高品质精密轴承滚动体关键制备技术及产业化"项目获二等奖,江苏隆昌化工有限公司的"重金属污染耕地高效稳定修复与安全利用关键技术及应用"项目、江苏中铁山桥重工有限公司的"大节段钢桁梁整体制造与架设关键技术及工程应用"项目获三等奖。

"高品质精密轴承滚动体关键制备技术及产业化"项目围绕轨道交通工程、绿色风电能源工程等国家重大工程需求,首创高品质精密轴承滚动体四工位高速冷镦及超精研磨技术,解决了困扰精密轴承滚动体锻加工的精度稳定性问题,广泛应用于高铁轨道交通、大型海上风电机组、盾构机、5G通信基站、高档数控机床、高档轿车及航空航天等领域。

"重金属污染耕地高效稳定修复与安全利用关键技术及应用"项目针对土壤重金属中低污染和环境风险问题,筛选了适合江苏省土壤和气候特征的重金属低积累水稻、小麦及蔬菜品种,优化水分、施肥、耕作制度等农艺调控措施,形成了重金属污染农田水稻、小麦、蔬菜低积累品种—高效钝化—农艺调控于一体的联合修复技术。项目产品已在江苏以及云南、贵州、江西、湖南、四川、广西、甘肃、河南、山东等省推广应用，累计使用面积100多万亩，为“营造绿色环境、发展绿色经济、建设绿色江苏”奠定了基础，同时，也为全国污染耕地修复、保障粮食和蔬菜安全、推进新农村建设提供重要借鉴，具有显著的经济、社会和生态效益。

“大节段钢桁梁整体制造与架设关键技术及工程应用”项目立足于当今桥梁建设的发展方向，依托世界首创千米跨度的沪通长江公铁两用桥重点工程，首次在国内采用超大型箱桁式斜拉桥双节间桁架节段的模块化拼装技术。项目研究成果应用于钢梁制造、架设、合龙等工序。项目成果为今后大节段钢桁梁施工提供了有利的技术支撑，并对提升我国桥梁整体行业水平有着十分重要的意义。

“新官紫桃”获批国家农产品地理标志登记产品

2月25日，农业农村部公布2022年第一批农产品地理标志登记产品，全国共56个产品入选，如皋市“新官紫桃”入选。这是如皋继“如皋黄鸡”“下原蘘荷”之后获得的第3个国家农产品地理标志登记产品。

紫桃在如皋种植已久，如城街道新官村家家户户院前屋后、田头河畔均有种植，由此大家称它为“新官紫桃”。紫桃以富含花青素而闻名，果面光洁无毛，果皮厚，果肉呈紫红色，酸甜适中，风味独特，备受消费者青睐。种植范围主要集中在如城街道及城南街道、东陈镇等地，面积近4000亩。紫桃“春有花、秋有果”，既美化庭院，又有经济效益，在农业产业结构调整、三产融合、富民强村等方面具有广阔的发展前景。

近年来，如皋市持续推进紫桃等乡土品种开发利用，积极实施“精准”农业工程，探索建立农业产业发展平台，通过规范紫桃生产标准、管控产品源头、保障产品品质，统一品牌、统一销售，打造“标准、品牌、质量、流通”四位一体综合服务体系；搭建紫桃销售平台，依托如皋市农产品沪皋流通销售商会、农民经纪人等组织，积极开展交流活动，加快建立以订单为纽带的“公司+基地+农户+市场”的发展模式，延长紫桃等农副产品的产业链，不断提升“新官紫桃”的竞争力和影响力。

下一步，如皋市农业农村局将做好地方特色农产品品种的筛选鉴定和开发利用，积极在申报发展“两品一标”农产品上下苦功，多领域广泛宣传、推介如皋特色农产品，推动乡村振兴取得新进展、农业农村现代化迈出新步伐。

如皋市4项文物保护工程获国家文物保护专项资金支持

3月，江苏省财政厅、江苏省文物局下达2022年中央财政国家文物保护资金，如皋市共有4个项目获专项资金683万元。项目内容主要涉及重点文物保护单位本体修缮和“三防”（消防、安防、防雷）基础设施建设，以及馆藏文物预防性保护以及考古调查勘探等，具体包括石庄汤氏宅修缮工程、如皋东水关遗址修缮工程、如皋定慧寺修缮工程、如皋市博物馆馆藏珍贵文物预防性保护项目。

专项资金是中央财政为支持全国文物保护工作、促进文物事业发展设立的具有专门用途的补助资金，项目内容涉及文物维修保护、“三防”工程、文物预防性保护、考古、馆藏藏品展示等方面。

自2018年以来，如皋市通过积极组织申报、论证、评审，累计获得国家、省级文物保护专项资金1343万元，涉及13个项目。接下来，市财政局将与文物部门认真组织项目实施、跟踪进行绩效评价、不断提高资金使用效益，以示范工程项目为引领，全面推进如皋文物保护事业再上新台阶。

力威机械荣获首届江苏省标准创新贡献奖

4月11日，江苏省市场监督管理局公布首届江苏省标准创新贡献奖的表彰决定，如皋市南通力威机械有限公司主导制定的国际标准《海上结构物 海上移动平台 锚链轮（ISO 21711）》获得首届江苏省标准创新贡献奖项目三等奖。

南通力威机械有限公司申报的《海上结构物 海上移动平台 锚链轮（ISO 21711）》标准，实现南通市民营企业主导制定国际标准零的突破，填补了国内外海洋用锚链轮设计标准的空白。

江苏省标准创新贡献奖是江苏省标准化领域的最高奖项，旨在表彰在标准化活动中做出突出贡献的组织和个人，营造全面推进实施标准化战略的良好氛围，调动标准化工作者的创造性和积极性，以标准创新助力高质量发展。截至2022年4月，如皋市共有2家企业获得“中国标准创新贡献奖”，1家企业获得“江苏省标准创新贡献奖”。

接下来，如皋市将进一步拓宽标准化实施应用的深度和广度，指导优势企业参与国际、国内标准化活动，以标准化助力如皋市六大产业链提质强链，提升企业核心竞争力，促进产业提质升级，为如皋市高质量建设南通跨江融合发展样板区提供标准支撑。

如皋市开发区科技创业中心成功获批国家级科技企业孵化器

4月22日，科技部火炬中心公布2021年度国家级科技企业孵化器认定结果，如皋市开发区科技创业中心成功通过认定，成为如皋市获批的第三家国家级科技企业孵化器。

如皋市开发区科技创业中心共有孵化面积1.8万平方米，研发生产用房7幢，致力于营造充满活力的创新氛围、打造开放式的创新创业平台。中心先后获省级留学人员创业园、省级海智工作基地、省级小企业创业示范基地等荣誉称号，2013年被认定为省级科技企业孵化器。2021年以来，中心加大投资进行改扩建，进一步提升基础设施配套建设，完善孵化功能，提升整体孵化水平。

下一步，如皋市科技局将继续指导服务如皋经济技术开发区围绕主导产业发展需求，优化体制机制、加大科技投入，继续提升众创空间、孵化器、加速器等孵化链条的建设、管理、服务水平，推进双创载体"脱虚向实"，加快集聚科技创新资源、培育新兴科技产业，不断推动产业链和创新链深度融合，为如皋市科技创新和创新创业高质量发展提供样板和示范。

《中国县域高质量发展报告2022》出炉，如皋位列第22名

7月，壹城经济咨询中心(壹城智库)发布《中国县域高质量发展报告2022》，如皋榜上有名，位列第22名，居南通市各县(市)第1名，江苏省内各县(市)第7名。

为客观评价县域高质量发展水平，引导县域增强对标意识、赶超意识、引领意识，结合指标设置科学性和数据可得性，壹城智库构建了县域高质量发展评价体系。该体系从综合指标、创新发展、协调发展、绿色发展、开放发展、共享发展、安全发展等多个维度，对全国1866个县域进行总体评价。

2021年，如皋市一手抓防疫、一手抓发展，以奔跑姿态逐梦雉水，走过极不平凡的一年，经济社会呈现出蓬勃发展的喜人态势。全年实现地区生产总值1410亿元、一般公共预算收入77.8亿元，分别增长9%和8%，经济总量、综合实力分别跃居全国百强县(市)第16位、第21位；持续深入实施高企培育"倍增"计划和"小升高"行动，净增高企47家，新增潜在独角兽企业2家、瞪羚企业5家、高新区及集聚区科创项目15个、省级企业研发机构9家；新改建城市道路35公里、桥梁29座；完成28个地块111万平方米搬迁，老旧小区改造18万平方米，惠及群众2600户；新增省级生态文明建设示范镇2个、示范村3个、美丽宜居乡村85个；新增就业2.8万人、创业5346人，发放富民创业贷款1985万元，落实稳岗返还资金1579万元；高质量教育县域样板创建启动实施，"双减"政策有序落实。

2022 赛迪百强县发布，如皋位列全国第 23 名

7 月 20 日，赛迪顾问县域经济研究中心发布 2022 赛迪百强县榜单，如皋位列第 23 名，在全省县级市中位列第 7 名。与此同时，赛迪顾问上海分公司同步发布 2022 年赛迪长三角百强县榜单，如皋位列第 16 名。

2022 年以来，如皋市坚持项目为王，强化创新引领，聚力环境提升，统筹好疫情防控和经济社会发展工作，高质量建设南通跨江融合发展样板区。持续发力六大优势产业链项目，如皋市 2022 年已签约 5 亿元以上项目 19 个、3000 万美元以上项目 2 个。围绕龙游河，如皋市精心布局雉水科学城、龙游湾科创智谷等重点项目，串珠成链，打造南通沿江科创带战略支点。科技赋能锻强制造业筋骨，如皋市创成国家级制造业单项冠军 3 家、国家级专精特新“小巨人”8 家，数量位列南通第一。瞄准市场信用体系建设的“高沙”，如皋市在全省县级城市率先实施企业信用分级分类监管，“信用赋能”经验做法被国家公共信息中心推广。2022 年，由如皋市起草的《“双随机、一公开”监管工作规范》在全省推广，这是江苏“双随机、一公开”监管领域首个省级地方标准。

2022 全国县域发展潜力百强县发布，如皋市位列第 26 名

8 月，壹城智库课题组发布《2022 中国县域发展潜力报告》。报告显示，在 2022 全国县域发展潜力百强县中，如皋市位列第 26 名，相较于 2021 年位次前进 3 名。

此次，壹城智库课题组依据人力资源、经济活力、发展特色、人居环境 4 大方面的 19 项指标评价体系，对全国 1866 个县(自治县)旗(自治旗)进行了总体评价。数据来源包括：2021 年国民经济和社会发展统计公报、2022 各省市统计年鉴、2021 县和自治县的统计公报、2021 中国县域统计年鉴以及课题组在互联网上抓取的相关数据。

县域经济既是区域发展的重要基础，又是高质量发展的根本支撑。2021 年，如皋市一手抓防疫、一手抓发展，以奔跑姿态逐梦雉水，走过极不平凡的一年，经济社会呈现出蓬勃发展的喜人态势。实体经济持续提质提效，全年实现地区生产总值 1410 亿元、一般公共预算收入 77.8 亿元，分别增长 9%和 8%；经济总量、综合实力分别跃居全国百强县(市)第 16 位、第 21 位。发展活力越发充足充沛，深入实施高企培育“倍增”计划和“小升高”行动，净增高企 47 家，新增潜在独角兽企业 2 家、瞪羚企业 5 家、高新区及集聚区科创项目 15 个、省级企业研发机构 9 家。城乡环境更趋宜居宜业，新改建城市道路 35 公里、桥梁 29 座；完成 28 个地块 111 万平方米搬迁，老旧小区改造 18 万平方米，惠及群众 2600 户；新增省级生态文明建设示范镇 2 个、示范村 3 个、美丽宜居乡村 85 个。人民生活更加有得有感，新增就业 2.8 万人、创业 5346 人，发放富民创业贷款 1985 万元，落实稳岗返还资金 1579 万元；高质量教育县域样板创建启动实施，“双减”政策有序落实。

2022 年以来，如皋市拼发展、防风险、保稳定、强作风，以非常担当应对非常之势、落实非常责任，交出一份“难中有为、干中有成、稳中有进”的发展答卷。上半年实现地区生产总值 755.4 亿元，同比增长 2.6%，列南通第一，高于省市 1 个百分点。

下一步，如皋市将全面落实"疫情要防住、经济要稳住、发展要安全"的重大要求，在高质量发展的轨道上敢为善为，在全力实现最好的结果上奋勇争先，为全省和南通发展大局挑重担扛重责。

如皋市新认定4家江苏省工程技术研究中心

10月，江苏省科技厅公布2022年新建省级工程技术研究中心名单，如皋市4家企业入榜，分别是江苏卓远半导体有限公司、江苏永大化工机械有限公司、势加透博洁净动力如皋有限公司、江苏艾威机械制造有限公司。

江苏省第三代半导体长晶设备工程技术研究中心依托江苏卓远半导体公司建设，一直专注于第三代宽禁带半导体晶体材料及其装备的研发生产与制造，拥有自主知识产权的SiC衬底材料制备及芯片设计核心技术，自主研发的MPCVD金刚石长晶炉打破了"瓦森纳协定"对我国半导体行业的技术封锁，目前金刚石MPCVD基片技术处于国内领先地位，碳化硅衬底技术位居国内前列。

江苏省径向反应器工程技术研究中心依托江苏永大化工机械有限公司建设，围绕"径向反应器"进行研发并且成功产业化，建有探伤室、理化试验室、焊接实验室等研发场所，配备超声波测厚仪、磁粉探伤仪、工业X射线机等仪器设备。"径向反应器"2020年被认定为南通首台(套)重大装备。

江苏省燃料电池无油离心空压机工程技术研究中心依托势加透博洁净动力如皋有限公司建设，一直围绕"燃料电池无油离心空压机"进行研发并且成功产业化。产品在车用燃料电池空压机细分领域连续两年市场占有率第一，成功入围冬奥会及亚运会氢车示范运营车队核心零部件供应商。该创业项目在国家、省和南通市级创新创业大赛中屡屡斩获殊荣，曾获国家创新创业大赛优秀奖、江苏省创新创业大赛二等奖、南通市创新创业大赛一等奖。

江苏省环保高效农业装备工程技术研究中心依托江苏艾威机械制造有限公司建设，围绕"高端农机装备及关键零部件"开展设计及研发。自主研发的多折叠割草机、棉籽打包机等产品获得欧盟CE认证，不仅在国内获得肯定，同时销往欧洲市场。

近年来，如皋市全面贯彻落实新发展理念，坚持"创新强市"的目标定位，深入实施创新驱动发展战略，以省创新型示范县市建设为引领，进一步提高企业研发机构建设水平，着力提高企业自主创新能力。至2022年，如皋市共建有省级工程技术研究中心49家，覆盖智能装备制造、汽车及零部件、高端新材料三大主导产业以及新一代信息技术和生命健康两大新兴产业，为如皋市经济结构调整和产业转型升级发挥了重要示范作用。

全国综合实力百强县市，如皋第19名

11月18日，《光明日报》公布了由中国中小城市发展指数研究课题组、国信中小城市指数研究院联合发布的《2022年中国中小城市高质量发展指数研究成果》。

其中，如皋市位列2022年度全国综合实力百强县市第19名。此外，如皋在2022年度全国绿色发展百强县市榜单中，排名第14位；在2022年度全国科技创新百强县市榜单中，排名第12位；在2022年度全国新型城镇化质量百强县市榜单中，排名第47位。同时，在2022年度全国千强镇前100强榜单中，长江镇排名第94位。

中国中小城市发展指数研究课题组和国信中小城市指数研究院持续18年对中国中小城市发展指数进行深入系统研究，构建了较为全面的指标体系，对中小城市综合实力、绿色发展、投资潜力、科技创新、新型城镇化质量水平等进行动态监测，逐年推出阶段性研究成果。

如皋人姚呈明在《人民日报》发表理论文章

11月21日，《人民日报》理论版刊登全国优秀党务工作者、全国基层理论宣讲先进个人姚呈明题为《让老百姓听得懂、能领会、可落实　把党的创新理论讲清楚讲明白》的理论文章，引起社会各界的广泛关注。

文章围绕“学深悟透新时代党的创新理论，增强说服力、亲和力，增强针对性、有效性”三个方面，对如何做好基层宣讲工作进行了探讨。这篇作品是姚呈明在认真研读《中共中央关于认真学习宣传贯彻党的二十大精神的决定》后，结合自身多年的宣讲经验和感悟所作。

《中共中央关于认真学习宣传贯彻党的二十大精神的决定》指出：“要着力增强宣讲的说服力、亲和力和针对性、有效性，紧密联系广大党员干部群众思想和工作实际，把党的二十大精神讲清楚、讲明白，让老百姓听得懂、能领会、可落实。”作为一名有着多年基层理论宣讲经验的宣讲员，姚呈明对此感触颇深：“让老百姓听得懂、能领会、可落实，是对基层理论宣讲方向的一次精准指引。”

“宣讲的前提是学深、悟透。我收集了党的二十大报告等文件和《人民日报》《光明日报》等主流媒体刊登的相关理论文章，每篇都认真阅读。”在姚呈明看来，只有深入理解党的二十大精神，精准全面把握其内涵，才能为做好宣讲工作打牢基础。在对相关材料进行了反复研读后，姚呈明在此基础上，结合实际，对宣讲语言和宣讲方式进行了一定调整，方便将党的二十大精神更加准确、全面地传达给基层群众。“要向基层群众宣讲，光是照本宣科是行不通的。”姚呈明向记者传授了自己的宣讲“秘籍”，要讲理论、讲观点，就要用“带土味”“冒热气”的群众语言，讲述群众的身边故事。只有用家常话、大白话，讲活讲透道理、理论，才能让党的创新理论真正“飞入寻常百姓家”。

姚呈明的理论宣讲课，很少有一刀切、一锅煮的“大锅菜”，基本都是“私人订制”、入乡随俗的“特色菜”。在村(社区)时，姚呈明的宣讲就是围绕着乡村振兴，通过“华为种地、京东养猪、腾讯养鹅”这样看似“远在天边”，实则“近在眼前”的例子，为如何才能实现农业现代化等提出实际可行的建议。通过将理论与生产生活实际相结合，让理论宣讲真正讲进百姓心底。

至2022年，姚呈明已经在基层理论宣讲的“讲台”上站了三十多年，累计开展理论宣讲超过4700

场。从乡村讲台起步，姚呈明的理论宣讲陆续走进中国浦东干部学院、复旦大学、上海交通大学等。2014年，姚呈明入选中宣部评选的12名全国基层理论宣讲先进个人。2021年，姚呈明获评全国优秀党务工作者。“只要大家喜欢听我的宣讲、喜欢看我的文章，我就会继续讲、继续写”姚呈明说，今后他将继续坚守在理论宣讲的阵地上，走进大街小巷、走到群众身边，让理论宣讲始终“接地气”“有温度”。

如皋市档案馆获评“江苏省示范档案馆”

11月24日，江苏省档案馆印发《关于全省县(市、区)国家综合档案馆业务建设评价结果的通报》，如皋市档案馆以南通市排名第一的成绩，获评“江苏省示范档案馆”。

国家综合档案馆业务建设评价是国家对各级国家综合档案馆最全面、最权威的评价，每5年为一个周期，从建筑与设备、馆务建设、档案基础业务、开发利用服务四大方面共70个指标项，对档案馆进行全方位评价。这是江苏省首次全面进行综合档案馆业务建设评价，对各级档案馆业务建设工作具有十分重大且深远的意义。2022年，全省共95个县(市、区)级国家综合档案馆参评。

近年来，如皋市档案馆深入贯彻落实习近平总书记对档案工作重要批示指示精神，持续推进档案治理体系、档案资源体系、档案利用体系、档案安全体系建设，档案工作取得了新成绩、迈上了新台阶。此次获得的荣誉是对如皋市档案馆近五年来工作的充分肯定，也是推动全市档案事业高质量发展的不懈动力。下一步，市档案馆将继续推进档案业务建设，奋力谱写如皋档案高质量发展新篇章。

如皋市位列2022年中国工业百强县(市)第23位

11月25日，由中国信息通信研究院(以下简称中国信通院)和溧阳市人民政府主办的中国县域工业经济发展论坛在江苏省溧阳市拉开帷幕。

论坛期间，中国信通院总工程师敖立发布《2022中国县域工业发展全景图》《中国县域工业“未来之路”优秀案例》，并通过《中国县域工业经济发展报告(2022)》揭晓2022年“中国工业百强县(市)”“中国创新百强县(市)”“中国工业百强区”榜单。其中，如皋市位列2022年中国工业百强县(市)第23位，较2021年上升16个名次。

中国工业百强县(市)榜单是中国信息通信研究院依据县(市)工业竞争力评价体系，采用层次分析法测算得出。评价体系主要包括综合质效、创新、协调、绿色、开放、共享6大维度指标。评价结果反映了县(市)工业经济在基础夯实、质效提升、新动能培育、创新驱动、绿色低碳等方面的综合实力。

近年来，如皋市围绕高质量建设南通跨江融合发展样板区的奋斗目标，以“产业兴市、创新强市、生态立市”为核心，大力推进制造业智能化改造和数字化转型，持续提升制造业核心竞争力。围绕新材料、汽车及零部件、新型电力装备、高端成套设备及关键零部件、电子信息、生命健康六大优势产业链建设，推动经济发展水平持续攀升。

新闻人物

Xinwen Renwu

·劳模典范·

如皋市陆辉、张鑫获全国五一劳动奖章

4 月 28 日，中华全国总工会发布表彰决定，授予北京奥林匹克公园管理委员会等 200 家单位全国五一劳动奖状，授予邹平等 966 名职工全国五一劳动奖章。其中，如皋市梦百合家居科技股份有限公司仓储物流部经理陆辉、南通顺丰速递有限公司收派员高级工张鑫 2 人获得 2022 年全国五一劳动奖章。

陆　辉

陆辉，男，1987 年 9 月生，江苏如皋人。2015 年，28 岁的陆辉入职梦百合家居科技股份有限公司。7 年多来，他先后任客户服务主管、体系管理、进料管理、实验室管理、品管部主管、全球副总裁助理、仓储物流部经理等多个岗位。

“一个人，唯有敢于挑战自我、勤于提升自我，才能在事业中不断创造成功。”入职以来，陆辉一直用这句话鞭策自己，勤奋、好学成了他的工作标签。

2019 年，梦百合公司组建 3 人团队参加江苏省“海企中车数字杯”智能制造物流管理技能竞赛，因平时工作表现出色，陆辉成了其中一员。然而，仅有大专学历的他，对于“智能制造”这个新事物，却是一个门外汉。

一切从零开始，而备考时间仅剩 1 个月。白天，工作间隙总能看到陆辉独自在那琢磨、沉思、比画；下班后，缠着老师傅们，请他们帮忙释疑解惑；晚上，经常整理、看书、刷题到凌晨三四点。

凭着这股拼劲和虎劲，在 200 多家参赛单位、600 多人的激烈竞争中，梦百合家居团体斩获一等奖，陆辉更是获得个人第一名的好成绩，同时荣获江苏省总工会“五一劳动奖章”，演绎了从“零基础”到“单兵王”的传奇故事。

2020 年初，梦百合仓储物流部进入数字化转型的关键阶段。陆辉被任命为仓储物流部经理，再次站上前线。33 岁的陆辉临危受命，被任命为梦百合仓储物流部经理。

彼时的仓储是传统型管理，人工操作为主，顾客时有投诉。面对这样的情况，陆辉做了一个大胆决定——加快革新物流方式，推进数字化运营。技术革新的路上充满着挑战甚至阻力。陆辉带领团队每天加班加点，从一个一个流程开始摸排，与项目方对系统一个一个模块进行测试，“设计、验证、修改、再设计、再验证”，一年多的时间，数字化仓储物流逐渐成形。

仓储物流新模式投入使用后，投诉案件从一周七八起降为一年几起、再到近 7 个月的零投诉，为公司后来完成数字化转型提供了坚实保障。短短 7 个月的时间，从投诉不止中临危受命，到革新攻坚扭转局面，陆辉用行动展现了当代工匠人克难攻坚、追求卓越、锐意改革的先锋形象。

“良师益友”是同事们对陆辉的一致评价，他在工作中既是一名率先垂范的好模范，更是一位知人善任的好伯乐。在陆辉的感召下，很多有志青年在工作中找到了自我、实现了价值，正如他所言：“在我的团队里，个个都是精兵强将，我们是一支拿得出手的‘尖兵连’。”

张　鑫

张鑫，男，1982 年 1 月生，江苏如皋人，南通顺丰速递有限公司何庄速运营业点一名快递员，负责如皋乡镇区域收派服务工作。

从事快递员工作 11 年来，他没有延误过一个班期，没有丢失一封邮件，投递准确率达到 100%，保持网点 11 年客户零投诉的服务纪录，连续多年被评为优秀快递员。无数个春夏秋冬，无论是早 7 点、还是晚 21 点，只要客户有需求，他都能保证随叫随到，区域中有一家老客户时常谈及他连续几天加班熬夜帮助客户发货救企业于水火的案例。每当有人问他当个小哥为什么还那么努力时，他总是说："我收到的不是一份简单的快递，而是客户托付的信任。"

张鑫从一名普通的一线小哥到业务能手，一路艰辛，一路成长，比其他人付出了更多的努力。他立足本职岗位，苦练服务技能，坚持客户至上，提升服务水平，先后获得中、高级快递员资格证。在 2020 年南通市邮政速递行业业务技能大比武中，他带领团队取得团队一等奖、个人二等奖的好成绩，连续多次被评为顺丰南通区公司最佳收派员。2020 年 4 月，被评为南通市劳动模范；2021 年 4 月，被评选江苏省劳动模范；2022 年，荣获 2022 年全国五一劳动奖章。

面对突如其来的疫情，看到很多防疫物资不能尽快转运到客户手中，张鑫挺身而出，组织"突击队"，带领队员每天连续奋战 14 小时以上，保障防疫物资运输。作为所在网点的工会代表，张鑫经常主动帮助新员工熟悉业务和环境，开展各类文体活动，处理员工的诉求及建议反馈，连续四年被评为地区优秀工会代表，获得集团百佳工会代表称号。

一个人，一辆车，十多年来风雨无阻，一街一巷了然于心。从"快递小哥"到"2022 年全国五一劳动奖章获得者"，张鑫用爱岗敬业的初心，不怕困难的恒心，与时俱进的决心，精益求精的细心，一步一个脚印把平凡工作干出精彩。

江锋被表彰为"全国优秀人民警察"

5 月 25 日，全国公安系统英雄模范立功集体表彰大会在北京举行。如皋市公安局高新技术产业开发区派出所教导员江锋在会上被表彰为"全国优秀人民警察"。

江锋，男，1979 年 8 月生，江苏南通人，2008 年入警，在交警岗位上一干就是 14 年，2022 年从交警大队副大队长岗位上转任高新技术产业开发区派出所教导员。他先后被江苏省公安厅评为"全省优秀人民警察""优秀共产党员""省级标准示范岗"，被省公安厅交警总队评为“交通安全宣传先进个人”。

从2009年开始，13年的时间里，江锋跑遍如皋所有道路，排查出道路交通安全隐患12361处。江锋将发现的所有交通隐患分成ABCD四个级别，并整理成册，每一个安全隐患后面都附上了现场照片和整改建议。其中，A级是最高级别，是需要立即整改的安全隐患。

为有效改善城区学校周边的交通环境，江锋结合多年护学经验，提出了《“一校一策”道路交通秩序提档升级工作方案》。在城区安定小学，江锋划定了学生家长汽车、摩托车、电动车的停放区域，并细化到每个年级、每个班，在区域醒目位置设置停放标识，由学校值班校领导、班主任、学校保安、交警协警同步抓好日常监督与落实。

同时，江锋针对学校上、放学特点，通过对部分路口的重新渠化、交通设施的设置、交通标志和标线的调整、交通提示标牌的穿插，将学校周边原有的双向通行道路，有机调整为限时段单向通行或某类车型禁止通行，有效提高了学校上、放学时段的通行效率。

赵颖东被表彰为2018—2021年度全国邮政系统先进个人

6月27日，2018—2021年度全国邮政系统先进集体、先进个人表彰大会召开。中国邮政如皋分公司搬经支局投递员赵颖东被中国邮政集团公司、集团工会联合表彰为2018—2021年度全国邮政系统先进个人。

赵颖东，男，1975年9月生，江苏如皋人，中国邮政集团有限公司江苏省如皋市分公司搬经支局投递员，新时代“爱心邮路”领军人。1996年走上邮政投递工作岗位以来，他兢兢业业，任劳任怨，先后荣获江苏省最美交通人、江苏邮政首届十佳道德模范、中国好人、全国敬老爱老助老模范人物等诸多荣誉。26年来，在乡间邮路上风里来雨里去，已经走过29万公里，投递邮件42万多件、报纸杂志300多种32万多份，以优质的服务和高效的投递速度，深深扎根于邮政服务百姓的“最后一公里”。

他在邮路上给群众传递致富信息、宣传普法知识、组织开展党史学习教育，帮助群众解决实际困难，大伙儿称赞他是贴心“鸿雁”。他常年帮扶搬经居4组的章瑞兴老人，平时有空就来看看老人，农忙时给老人帮忙，老人过生日时更是带着全家到老人家给老人过生日，老人生病时求医问药，精心照料，演绎出邮路上的深厚“忘年交”。24年来，在赵颖东的张罗下，在党委、政府的关心下，章瑞兴老人的住房由“茅草房”变为了“带独立卫生间的宽敞明亮的大瓦房”。赵颖东在给老人带来物质变化的同时，也给了老人更多的陪伴和精神慰藉。老人逢人便说：“这是在小赵的张罗下第三次为我修房子了，还换上了功能更加齐全的网络电视呢！”

走在邮路上就要心中装着百姓，做老百姓的鸿雁，这是共产党员赵颖东的座右铭。他对邮路上每一位服务对象都留心观察，多聊上几句，并把了解到的情况详细记录下来，日积月累，逐步形成较为完整的客户资料。20多年来，他根据客户资料主动上门服务，时间长了与乡亲们的感情不断加深，大伙遇到事情总是想到找赵颖东帮忙。邮路上群众只要提及小赵，无不竖起大拇指给他“点赞”。

四个轮毂，跑遍乡间邮路；两个邮包，装盛时代变迁。赵颖东努力践行“普服为‘根’ 客户为‘本’”的理念，当好“爱心邮路·红喇叭驿站”的草根理论宣讲员，用“举手之劳”架设党和人民群众之间的“连心桥”。

杨敏荣获“全国纺织工业劳动模范”称号

7月12日，全国纺织工业先进集体劳动模范和先进工作者视频表彰大会召开，会上公布全国纺织工业先进集体劳动模范和先进工作者名单。江苏泰慕士针纺科技股份有限公司工程技术研究中心主任杨敏荣获“全国纺织工业劳动模范”称号。

杨敏，女，1967年6月生，江苏如皋人，现任江苏泰慕士针纺科技股份有限公司工程技术研究中心主任、工会主席、妇联主席、南通泰慕士爱心基金会理事长。曾荣获全国巾帼建功标兵、全国三八红旗手、全国学雷锋志愿服务“最美志愿者”等荣誉称号。

创新是第一生产力。2012年，在杨敏的建议下，江苏泰慕士针纺科技股份有限公司成立江苏省(泰慕士)高档面料工程技术研究中心，并由她担任中心主任。之后，她又牵头成立专业的面料研发团队，以持续的科技投入和创新驱动，夯实转型升级之路，为泰慕士成为具有自身产品特色和细分市场优势的“专精尖”企业奠定了基础，到2022年该团队研发的产品已获得发明专利授权38项，泰慕士顺利获评“国家级知识产权优势企业”。

同时，杨敏坚持“智改数转”赋能企业发展，加大投入一批智能设备和生产自动管控系统，实现了“简单工序员工做、精细作业机器做”的生产格局，进而增强出口创汇能力和企业实力。2021年，泰慕士荣获南通市市长质量奖。

杨敏还在泰慕士内推行“卓越运营”体系强化流程管理，严格落实标准化操作，切实提高公司精细化管理水平，成立了泰慕士管理学院，制定人才拓展计划，全面培养知识型、技能型、创新型人才，为公司搭建后备人才梯队，打造了一个开发能力强、技术管理水平高的精兵团队。

“信义小伙”陈伟当选2022年第二季度“中国好人”

8月5日，中央文明办发布2022年第二季度“中国好人榜”，来自如皋市吴窑镇陈家村、连续9个月每天打三份工还清8万多元欠款的“信义小伙”陈伟荣登榜单，当选诚实守信类“中国好人”。

陈伟，男，1989年10月生，如皋市吴窑镇陈家村村民。2019年，他在南京栖霞区华电路开了一家叫“橙果园”的水果店，两年时间内收获了500多个会员。2021年4月，因为亏损，陈伟无奈终止经营。因为手头缺钱，有共计8万多元的会员充值卡没有退费。为了早日还清欠债，回到家乡如皋后，他每天打3份工挣钱，每个月抽一天到南京还钱，千方百计寻找债主，甚至请警方帮忙联系顾客还钱。

不落一个顾客，不留一笔欠款，打开陈伟的账单，上面密密麻麻地记载着欠款人的姓名和数额，最多的1500多元，最少的只有几块钱。“还清一笔就划掉一笔。钱再少，也是债”陈伟告诉记者，他全部按时间先后顺序还款，遇到有零头的，就凑齐整数。“宁可多给也不能少还，不然对不起自己的良心。”陈伟说，还款的日子虽然辛苦，但令他开心的是，顾客们恢复了对他的信任，一位曾经打电话责怪他的阿姨还专门打来电话表示歉意。

2022年1月16日，陈伟终于将最后的8734元欠款还清，陈伟又在账单上划掉了29个名字。历时9个月，他终于将261名会员的84368元欠款全部还清，以实际行动彰显了中华民族诚信传统美德。

正因此，陈伟受到新华社、《人民日报》官微、中国中央电视台、《中国青年报》、《新华日报》等各大媒体的关注，成了人们口口相传的“信义小伙”。2022年3月，陈伟还当选为2月“江苏好人”。

如皋市章和平、石增光荣登“江苏好人榜”

伟大时代呼唤伟大精神，崇高事业需要榜样引领。省文明办每月组织开展“江苏好人”推选活动，推动好人好事层出不穷、凡人善举不断涌现。2022年，如皋市坚守约定15年带轮椅兄弟旅行万里的真汉子章和平、火海勇救一家四口的建筑工人石增光先后当选为“江苏好人”。

章和平，男，1979年9月生，如皋市搬经镇鲍庄社区居民。2007年，在南京上班的章和平通过网络上的求助帖认识了先天残疾的轮椅兄弟李晓勇、李晓兵，帮助他们实现了去南京奥体中心观光的心愿。兄弟俩的兴奋和喜悦让章和平的心底萌发了爱心的种子，不仅经常去养老院看望兄弟俩，也和他们达成了一个约定——每年出去旅游一次。日照看海，北京爬长城，黄山看松……15年来，章和平带着兄弟俩走过了12个城市，他们的足迹遍布祖国名山大川，行程18000多公里。他坚守承诺、每年带着轮椅兄弟出游的爱心之举赢得了社

会的赞许和肯定,2022 年 10 月章和平被评为诚实守信类“江苏好人”。

石增光,男,1990 年 12 月生,江苏如皋人,中建科工集团南通红星路停车库项目组土建技术员。2022 年 9 月 20 日清晨 5 点 40 分,南通市崇川区城南小苑 5 号楼一楼任某家中突然起火,正在工地准备参加晨会的石增光看到居民楼里冒出滚滚浓烟,他一边呼唤工友帮忙,一边拿上灭火器奔向事发地点。赶到后发现火势异常凶猛,一家四口被困屋中。他翻墙进入院子,用灭火器打碎窗户,毅然翻窗进入,与石彩平、卢国圣、王小明、石朗坤、朱建华 5 名工友一起将四人救出火海。2022 年 11 月,石增光被评为见义勇为类“江苏好人”。

如皋市企业家陈银忠获评“全国养老服务先进个人”

12 月 5 日,民政部为表彰先进、树立榜样,进一步激发各地推动养老服务高质量发展的积极性、主动性、创造性,推动中国特色养老服务体系建设,决定授予北京市第一社会福利院等 99 家单位“全国养老服务先进单位”称号,授予赵迎春等 195 人“全国养老服务先进个人”称号。其中,江苏华医大健康服务股份有限公司董事长陈银忠荣获“全国养老服务先进个人”称号。

陈银忠,男,1964 年 10 月生,江苏如皋人,现任如皋市侨联副主席,南通市养老服务商会会长,先后获得“江苏省归侨侨眷先进个人”,南通市“双带”型党员标兵,如皋市优秀党务工作者、优秀党员、优秀企业家、慈善明星等荣誉。

2001 年,陈银忠投资创建如皋博爱医院,在医院发展壮大的同时积极探索养老服务新模式,充分发挥综合性医院医疗资源优势,运用“医养结合”型养老康复机构管理经验,积极对外拓展,深耕大健康产业,创建了集医疗、护理、康复、养老等为一体的江苏华医大健康服务股份有限公司。20 多年来,陈银忠创办江苏华医大健康服务股份有限公司等多家企业,现任江苏省民营医院协会委员、南通市养老服务商会会长、南通市民营医院协会副会长。

陈银忠率领他的团队先后在如皋、苏州、无锡等地打造 2 家医疗机构、3 家康复医院、10 家护理养老机构、12 家嵌入式养老机构、1 家养老综合体项目和 1 家高端母婴保健中心,还出版《护理院业务与管理规范系列丛书》,设立中国老龄事业发展基金会申丞医养结合发展专项基金、医护康养人才基金和博爱医疗救助基金,培养储备医疗康复养老专业人才,助力康复服务机构发展,受到社会各界广泛好评。

·在外名人·

如皋籍科学家黄志伟
揭示胆固醇抑制T细胞受体活性的分子机制

3月9日，如皋籍科学家、哈尔滨工业大学生命学院教授黄志伟带领的团队在国际顶级期刊 *Molecular Cell* 上发表研究论文 *Cholesterol inhibits TCR signaling by directly restricting TCR-CD3 core tunnel motility*（《胆固醇通过直接限制TCR-CD3核心通道的构象变化抑制T细胞受体激活》），继首次揭示人T细胞受体复合物的结构之后，解析胆固醇抑制T细胞受体活性的分子机制。这是中国科学家在免疫基础科学领域取得的又一原创性发现。

黄志伟，1979年5月生于如皋市吴窑镇，现任哈工大博士生导师，主要从事病原与宿主相互作用的研究，曾获"谈家桢生命科学创新奖""科学探索奖"等专业奖项。

T细胞是脊椎动物适应性免疫系统的关键细胞。T细胞受体（TCR）相当于T细胞的"雷达"和"眼睛"，可以识别病原感染的细胞或肿瘤细胞等抗原，并将抗原信号传递到T细胞内，像"指挥官"一样启动T细胞免疫反应，从而"杀死"病原感染的细胞或肿瘤细胞。因此，T细胞受体在病毒感染、癌症以及自体免疫疾病中起着关键作用。

2019年，黄志伟课题组在《自然》（*Nature*）上发表了题为《人T细胞受体——共受体复合物组装的结构基础》（*Structural basis of assembly of the human TCR-CD3 complex*）的研究文章，首次解析了人T细胞受体复合物的结构。但一直以来，T细胞受体如何将胞外抗原信号传递到胞内激活T细胞的这一关键机制的结构基础并不清楚。

黄志伟团队在 *Molecular Cell* 上发表的论文 *Cholesterol inhibits TCR signaling by directly restricting TCR-CD3 core tunnel motility*（《胆固醇通过直接限制TCR-CD3核心通道的构象变化抑制T细胞受体激活》），解析了人源野生型、硫酸胆固醇结合的以及组成型激活的三种状态的TCR-CD3复合物的高分辨率冷冻电镜结构，通过捕捉到TCR在静息和激活两种状态的构象，揭示了胆固醇限制TCR活性的机制，对认识TCR从静息状态到激活状态的构象变化提供结构和理论依据。

"过去20年中，国际上对T细胞受体进行了广泛研究，但对于T细胞受体信号转导的机制并不十分清楚。"黄志伟说，该项研究正回答了这一基础科学问题，为开发基于T细胞受体的免疫疗法，治疗自身免疫性疾病等提供了重要科学基础。

如皋籍科学家夏志杰当选俄罗斯工程院外籍院士

4 月 20 日，俄罗斯工程院(RAE)院士年会上，如皋籍科学家夏志杰等 25 位华人专家当选俄罗斯工程院外籍院士。随后俄罗斯工程院长 B.V.Gusev 院士向他们发来贺信，并希望他们为中俄两国的持续发展开展创造性和富有成效的科学和技术合作。

夏志杰，男，汉族，1964 年 9 月生，江苏如皋人。现任江苏省高档数控机床及成套装备创新中心主任，江苏南高智能装备创新中心有限公司总经理，东南大学教授。

1978 年，夏志杰考上南京机电学校，1981 年毕业后分配至如皋轻工机械厂，任技术员。1982 年执教南通电视大学，讲授“机械原理”课程。因为热爱学习、热爱求知，同年考取上海工业大学机械学专业研究生。1985 年 5 月毕业于上海工业大学机械学专业，获得工学硕士学位，成为南京工学院机械系的老师，参加了“863”机器人项目的研究。

1988 年，夏志杰赴美国俄亥俄州立大学学习，1992 年获得俄亥俄州立大学博士学位，毕业后在美国工作，长期从事工业互联网、工业大数据、装备智能技术等领域的研究，建立了工业互联网的框架体系，提出了非同位系统控制理论、复杂制造系统的数据融合理论、装备故障诊断与预测方法，取得了一系列国际领先的成果。他首次在国际上证明了柔性机器人弹性臂端点实时轨迹控制理论上的不可控性，提出了对此类系统的新型控制方法；主持开发了多个大型工业平台软件，现在仍为多个国际 500 强企业使用。

2011 年，怀着对祖国的眷恋，夏志杰决定回国工作、技术报国。他积极承担国家建设中的关键技术攻关，主持完成多个国家和省部级项目，累计项目经费超过 1.75 亿元。2011 年入选江苏省双创人才计划，2013 年入选国家重点人才工程 A 类，2017 年获江苏省五一劳动荣誉奖章，2022 年 4 月，当选俄罗斯工程院外籍院士。

俄罗斯工程院成立于 1990 年，其前身是苏联工程院，是俄罗斯三大跨行业科学机构之一，现有 1500 余位院士，其中外籍院士 100 多位，包括中国工程院原院长宋健、徐匡迪和现任院长李晓红等多位两院院士和科学家。外籍院士由俄罗斯工程院主席团会议通过多轮投票，从在科学、技术和教育等领域取得重大成就的外籍科学家中选出。

如皋籍著名历史学家吴宗国教授逝世

著名历史学家、北京大学历史学系吴宗国教授，因病医治无效，于 2022 年 8 月 7 日 16 时 54 分在北医三院逝世，享年 89 岁。

吴宗国出生于 1934 年 5 月，祖籍江苏如皋。1953 年 9 月至 1958 年 7 月就读于北京大学历史学系，毕业后留系任教，先后任讲师、副教授、教授，曾任中国古代史教研室主任，享受国务院政府特殊津贴，1999 年 6 月退休。

吴宗国将自己的一生奉献给中国古代史、隋唐史的教学与研究工作。在60余年的教学生涯中,吴宗国认真严谨、内容深刻丰富,所开设的“中国古代史”“隋唐史”“中国政治制度史”“隋唐历史文献阅读与研究”等课程深受学生欢迎。为了让各个断代的研究生对中国古代史形成更直观、更深入的整体认识,培养学生的“历史感”,吴宗国首次在系内开设“中国古代史研究”课程,培养了大批从事中国古代史研究的优秀人才。

吴宗国在中国古代史特别是隋唐史、中国古代政治制度史研究方面造诣深厚,著有《唐代科举制度研究》《隋唐五代简史》《唐太宗与贞观之治》《唐玄宗》《中古社会变迁与隋唐史研究》《说不尽的盛唐》等,编著《中国古代官僚政治制度研究》《盛唐政治制度研究》《中国封建王朝兴亡史(隋唐卷)》《中国大百科全书·中国历史·隋唐五代史》等多部成果及史学工具书,备受好评。吴宗国参与了《中国史纲要》第一版撰写,他主持修订的《中国史纲要(增订本)》(上下册)获教材领域的最高荣誉——首届全国优秀教材奖一等奖。

中国工程院院士、中国地质大学(北京)校长孙友宏回母校石庄高级中学交流座谈

7月13日,孙友宏院士(前排左一)一行参观江苏省石庄高级中学校园 (邱宇 摄)

7月13日,江苏省石庄高级中学83届校友、中国工程院院士、中国地质大学(北京)校长孙友宏与爱人王丽华教授回到母校石庄中学,进行交流座谈。如皋市领导何益军、朱莹滢出席活动。

孙友宏院士一行参观石庄中学校园,走过崇实楼、古井遗址、李渔广场等处,孙友宏感受着学校的勃勃生机,对石庄中学的崭新气象表示肯定。

市委书记何益军在讲话时说,近年来,如皋市以立德树人为宗旨,全力打造“高质量教育县域样板、长三角北翼教育名城”,实现

了办学品质和办学质量的新突破,激发了更多人对如皋城市气质的向往。孙友宏院士从优秀走向卓越的密码,离不开如皋这片热土的基因传承,离不开淳朴家风家训的深厚滋养,离不开母校石中老师们的精神领航。他要求,石庄中学要以孙友宏院士等乡贤雅士的赤诚之心、报国之志、敬业之情、成业之道,凝聚、引导、鼓舞一代代农村学子成人成才,进而为乡村振兴战略的实施添加更加厚重的注脚。同学们要把学习奋斗的具体目标同民族复兴的伟大目标结合起来,心系家乡、报效祖国,让青春在不懈奋斗中绽放绚丽之花。他希望,孙友宏院士等校友“纵使出走半生,归来仍是少年”,常回家乡走走,一如既往地关心支持家乡建设和母校发展。

专题讲座上,孙友宏院士为在场师生代表们讲述自己求学、教学、科研的一路历程。他用自身的奋斗成才之路,鼓励石庄中学学子深怀爱国之心,砥砺报国之志。他希望,青年人要把个人志向与党和国家的命运紧密结合,立大志、明大德、成大才;要以中华崛起为使命,在追求理想的路上,仰望星空,脚踏实地,做国家栋梁之材。

随后,孙友宏院士用朴素真挚的语言和孩子们分享自己的人生体验。他说:“无论城乡,无论智商,一个人只有吃得苦中苦,方能成才。青年人不要在物质方面要求太多,而要以‘日日行,不怕千万里;常常做,不怕千万事’的信念,不畏挫折、敢于试错、迎难而上,做深刻的学习者、睿智的研究者和富有勇气的创造者;要始终脚踏实地、勤奋刻苦、同心奋斗,将来为科学事业舍身探索,为国家民族鞠躬尽瘁,为造福人类无私奉献!”

中国工程院院士杨裕生寻访故里

8月27日,中国工程院院士杨裕生携家人回到阔别已久的家乡如皋,重游出生地,看望旧时亲友。市委常委、如皋经济技术开发区党工委副书记卢志敏参加活动。

卢志敏对杨裕生院士一家的归来表示热烈欢迎。他高度赞扬杨裕生院士几十年兢兢业业投身国家国防事业,将毕生的心血和精力无私奉献给祖国和人民,为核试验、国防建设和新能源研究作出的巨大贡献,是如皋的骄傲。

卢志敏和杨裕生院士畅谈如皋未来发展蓝图。他说,当前,如皋上下正围绕市委十三届五次全体(扩大)会议提出的发展目标和任务要求,凝心聚力、提升能级、奋勇

8月27日,杨裕生院士(前排左三)与儿时好友畅聊,感叹家乡巨变

(如皋经济技术开发区　提供)

争先、砥砺前行，为高质量建设南通跨江融合发展样板区而努力奋斗。卢志敏着重向杨裕生院士介绍当前如皋新能源汽车的发展情况，恳请杨裕生院士能一如既往地关心、支持家乡，为家乡发展多提宝贵意见。对杨裕生院士牵线联系的新能源项目，卢志敏表示，市、区两级政府和相关部门将进行认真研究，诚心诚意和项目方交流，共同推动项目在如皋落地生根，助力如皋高质量发展。

卢志敏还向杨裕生院士介绍家乡的教育发展情况。2022 年，不仅多所新学校建成并投入使用，而且多所高中在高考取得优异成绩。杨裕生院士对家乡教育工作取得的成绩赞不绝口，他说，如皋历来重视教育，老师们注重言传身教，教导学生有方法、有爱心。

当天，卢志敏和乡亲们陪同杨裕生院士寻访了记忆中的河湾和祖宅旁的老井，热忱地邀请杨裕生院士在家乡多住几天。杨裕生院士对家乡的一草一木和众多乡亲表达了浓浓的思念之情，他紧紧拉着当年老邻居的手，和他们坐在一起深情回忆在家乡的生活时光，品尝家乡的瓜果。杨裕生院士表示，今后将继续为家乡的发展贡献自己的一份力量。

发展成就

Fazhan Chengjiu

2022年如皋市主要经济指标情况

2022年如皋市主要经济指标一览表

表1

行业	指标名称	单位	2022年 绝对数	2022年 增长(%)
综合	地区生产总值	亿元	1479.31	2.3
	第一产业增加值	亿元	86.69	4.1
	第二产业增加值	亿元	741.79	4.1
	第三产业增加值	亿元	650.83	0.1
	人均地区生产总值	元	120809	3.0
	城镇新增就业人数	万人	1.13	—
	城镇登记失业人数	人	3249	—
	户籍人口	万人	138.60	—
	常住人口	万人	122.23	—
	常住人口城镇化率	%	62.9	—
	全年出生人口	人	5951	—
	全年死亡人口	人	14136	—
财政和金融	一般公共预算收入	亿元	73.50	6.1
	一般公共预算支出	亿元	135.97	-2.4
	金融系统本外币存款余额	亿元	1992.96	11.4
	金融系统本外币贷款余额	亿元	1817.11	17.8
农业	农林牧渔业总产值	亿元	143.86	4.7
	粮食总产量	万吨	67.88	0.3
全部工业	全部工业应税销售	亿元	1885.08	6.2
	全部工业实缴税金	亿元	38.65	-17.2
	全部工业用电量	亿千瓦时	47.23	-1.1
规模工业	规模以上工业企业总产值	亿元	1556.54	8.8
	高新技术产业产值	亿元	805.91	17.0

续表 1

行业	指标名称	单位	2022 年	
			绝对数	增长(%)
能源	规模以上工业企业综合能源消费量	万吨标准煤	93.37	–0.9
	万元产值综合能耗	吨标准煤/万元	0.0600	–8.9
建筑业	建筑业总产值	亿元	1627.06	9.8
	建筑业从业人数	万人	38.71	—
投资	全社会固定资产投资增幅	%	6.4	—
	第二产业投资增幅	%	9.8	—
	第三产业投资增幅	%	–0.3	—
	房地产开发投资增幅	%	25.6	—
贸易	社会消费品零售总额	亿元	537.08	0.9
	批发零售业	亿元	472.11	1.1
	住宿餐饮业	亿元	64.97	1.2
外经	进出口总值	亿元	377.17	16.3
	出口超亿元企业数	个	55	—
	实际利用外资	亿美元	4.07	25.6
	年末在外劳务人员数	人	9264	8.4
交通	交通设施投入	亿元	11.83	—
	全市公路总里程	公里	3215	—
	铁路总里程	公里	87	—
	公路客运量	万人次	206	—
	公路货运量	万吨	2215	—
	水上货运量	万吨	995	—
	港口货物吞吐量	万吨	8568	—
科技	全年专利授权量	件	5658	23.7
	每万人发明专利拥有量	件	32.57	14.8
	高新技术企业数	个	459	—
房地产	商品房销售面积	万平方米	192.29	–29.9
	住宅销售面积	万平方米	158.64	–25.2

续表 1

行业	指标名称	单位	2022 年	
			绝对数	增长(%)
居民收入	全体居民人均可支配收入	元	43656	5.1
	城镇居民人均可支配收入	元	56056	4.3
	农村居民人均可支配收入	元	27820	5.9
社会保障	基本医疗保险参保人数	万人	123.5	—
	职工基本医疗保险参保人数	万人	33.32	—
	城乡居民基本医疗参保人数	万人	90.18	—
	企业职工养老保险参保人数	万人	24.35	—
	城乡居民养老保险参保人数	万人	29.52	—
环境保护	可吸入颗粒物($PM_{2.5}$)浓度	微克/立方米	30.5	—
	空气质量优良天数比率	%	80	—

注:本表数据由如皋市统计局提供

2022年全市工作回顾

2022年，如皋市委、市政府坚持以习近平新时代中国特色社会主义思想为指导，以迎接党的二十大、学习宣传贯彻党的二十大精神为主线，围绕“高质量建设南通跨江融合发展样板区”目标，高效统筹疫情防控和经济社会发展，统筹发展和安全，交出了一份“稳中有进、难中有为、干中有成”的发展答卷，综合实力跻身全国百强县(市)第19位。预计地区生产总值突破1500亿元、增长3%；一般公共预算收入(还原口径)84.5亿元、增长8.6%；全社会研发投入占地区生产总值比重2.4%；固定资产投资530亿元、增长6%，社会消费品零售总额540亿元、增长1%；城镇、农村居民人均可支配收入分别达56583元、28120元，增长5.3%、7%；完成上级下达节能减排任务。

一、坚持稳增长调结构，产业如皋在克难奋进中质态更优、基础更牢

12月7日，江苏思源赫兹互感器有限公司获“江苏制造突出贡献奖”　　(如皋经济技术开发区 提供)

工业经济稳中有进。实现规模工业产值1550亿元、规模工业应税销售1480亿元，分别增长7%、8%，六大优势产业应税销售占比84%。深入推进“2523”大企业培育工程，新增10亿元企业6家、亿元企业40家、新开业规模工业企业41家。新增国家级专精特新“小巨人”企业7家、“江苏制造突出贡献奖”优秀企业1家。与中国电子信息产业集团合作设立区域功能性总部，建设工业互联网能耗环境管理平台，实施智能化改造数字化转型项目346个、后续改造企业10家，新增国家级两化融合贯标企业23家，省级五星级上云企业2家、智能车间5家。建筑业难中求进，重点企业纾困改革初具成效，完成总产值1700亿元、增长6%，入库税金9亿元，获国优奖4个。金融机构人民币存贷款余额分别为1992亿元、1817亿元。新增上市企业1家、报会1家。

现代服务业稳步提质。全面开展现代服务业繁荣发展三年行动，组织开展“惠聚如皋·美好生活”系列活动，新增规上服务业企业92家，完成服务业应税销售1700亿元。如皋港务集团获评省重点物流企业。实现旅游综合收入120亿元，获评省文化和旅游消费示范单位、长三角高铁旅游小城。

现代农业稳产增效。粮食生产再获丰收。完成项目农业投入24.5亿元，建成高标准农田11.1万亩。农业特色产业优势持续巩固，获评省特色农产品(黑塌菜)优势区。新增省级示范家庭农场4家、合作社5家，绿色优质农产品比重达65.6%。白萝卜获批省级农业区域公用品牌，“绿野长寿蔬菜”入选省农业品牌目录。

二、坚持攻项目扩投入，潜力如皋在量质齐升中规模更大、后劲更足

招商引资再升温。深入开展“招商引资突破年”活动，举办“一会两节”等重大招商活动，新签约并注册投资超5亿元内资项目和3000万美元外资项目48个，其中10亿元以上11个、1亿美元以上1个，康瑞新材、思源全效功率电池等重特大项目成功落户。

11月6日，2022如皋“一会两节”开幕式、签约仪式现场　　（邱宇　摄）

项目推进再提速。持续优化月度观摩、联合预审等“八项机制”，完成工业投资362亿元、增长10%，新开工5亿元以上工业项目27个、专精特新等高质量制造业项目12个、服务业项目114个，竣工项目8个、转化项目6个。实施亿元以上技改项目30个。江苏省、南通市重大项目完成年度投资计划。

要素保障再强化。全面落实组合式税费支持政策，累计为各类市场主体减负40亿元。新增制造业贷款46亿元，获批省金融生态优秀县，金融服务实体经济获得省政府督查激励。完成“三区三线”划定，盘活低效用地1862亩，租赁集体经营性建设用地593亩，出让南通首例混合产业用地。

三、坚持聚资源强主体，创新如皋在突围破局中政策更优、动力更强

创新主体竞相涌现。深入实施“高企倍增”计划，净增高企142家，高新技术产业产值占比达51.6%。力星钢球创成国家企业技术中心，实现历史性突破。新增省级企业技术（工程）中心9家。招引、培育科创项目105家和38家。新增潜在独角兽企业1家、瞪羚企业5家。获批省科学技术进步奖4个、重点研发项目4个、成果转化项目2个。

创新要素高效配置。完成龙游河科创走廊战略规划编制，雉水科学城、龙游河特色空间规划形成初步成果。皋加速科创园、吴窑科创中心建成开园，新增国家级孵化器1家、省级众创空间5家。实施“高校孵化、如皋转化”模式，建成飞地孵化器4个。高新区“一区多园”改革初见成效，省级高新区排名领跑苏中苏北。

创新生态持续优化。出台科技创新30条、人才22条，发放科技金融贷款18.3亿元，居南通首位。

组建科创投集团，引入科技合作基金 5 支、股权投资项目 11 个。新增省外国专家工作室 1 家，入选国家重点人才计划 4 名，省“双创计划”10 人、“双创团队”3 个。编制出台全国首个县域标准化发展规划，在全省县域率先建成知识产权保护中心，主导或参与制定国家、行业标准 16 项，新增江苏精品 2 件，力威机械荣获省标准创新贡献奖。新增全国科普教育基地 1 个。获批“科创江苏”试点县市。

5 月 20 日，如皋市科创、人才项目线下集中签约现场

(邱宇 摄)

四、坚持抓改革提能级，活力如皋在深化开放中空间更广、势头更盛

营商环境打造成效明显。出台优化营商环境 72 条，企业开办半日办结、重大产业项目“交地即发证、拿地即开工”实现常态化，“无证明城市”建设取得阶段性成效。主导制定和发布全省首个“双随机、一公开”监管领域地方标准，国家级城市管理综合执法标准化项目通过验收。获批省县级地区创新信用管理与服务试点。优化营商环境、“放管服”改革和数字政府建设获省政府督查激励，获评“2022 企业家幸福感最强市”。

重点领域改革蹄疾步稳。全面完成国企改革三年行动，国有资本布局持续优化。稳妥化解政府性债务，全面压降融资平台，完成省下达债务管控任务，平均综合利率下降 0.11 个百分点。深化农村综合改革，完成产权交易额 4 亿元，建成农民合作社综合社 22 家。

如皋港热火朝天的作业景象 (邱宇 摄)

双向开放步伐坚定有力。实际使用外资 4.05 亿美元、增长 34%。完成外贸进出口总额 352 亿元、增长 8.6%。完成服务外包执行额 20.4 亿美元，其中离岸外包 5.2 亿美元。新增境外投资项目 5 个、投资额 1.2 亿美元，外经营业额 1.5 亿美元。新开通贸易区间航线 2 条，港口吞吐量突破 8500 万吨，集装箱吞吐量完成 58 万标准箱，其中外贸集装箱比重达 10.3%。

五、坚持拓功能促振兴，魅力如皋在城乡融合中品质更高、内涵更实

城市更新步伐加快。茅雉河大桥、外城河外环道路建成投入使用，完成中山路综合改造提升工程，新改建城市道路8.8公里。完成老旧小区改造23.08万平方米，惠及群众2476户，西片区搬迁应搬尽搬。新增城区停车泊位764个，完成智能化停车位改造3107个。全面推广生活垃圾分类，新增“三定一督”试点小区57个。通皋大道二期、S226南段全面开工。完成北沿江高铁如皋段征地搬迁任务。沪陕高速如皋港东互通正式获批。

位于宏坝河特色空间景观工程(东皋路至仙鹤路段)的如皋中学南侧小游园滨水区改造项目 (如皋市住建局 提供)

城市创建有力有序。文明典范城创建纵深推进，“文明深1度”系列活动有序开展，社会文明程度持续提升。历史文化名城保护规划形成中间成果，完成中山钟楼复建、东水关遗址修缮等工程。国家生态园林城市创建深入推进，宏坝河生态景观工程竣工，新增城市绿化20万平方米。

乡村振兴扎实推进。深入推进农村人居环境整治五年提升行动，持续优化“红黑榜”“进位退步榜”“积分制管理”“庭院评比”等机制，新建分散农户生活污水处理设施1.2万户，改造农村户厕13404座、供水管网103.8公里。完成农村桥梁改造20座、通居路40公里，入选“四好农村路”全国示范县创建名单。新增省级生态文明建设示范镇2个、示范村1个，生态宜居美丽乡村示范镇1个、示范村居15个，特色田园乡村2个。

六、坚持重治理强保护，生态如皋在减污降碳中环境更美、底色更绿

环境质量整体向好。常态化落实河长制、断面长制、点位长制，农村河道长效管护获省第一等次，市考以上断面继续保持优Ⅲ类水质。环境空气质量管控提升行动扎实开展，淘汰国Ⅲ及以下柴油货车1682辆，$PM_{2.5}$年均浓度30.5微克/立方米，空气质量优良率80%。扎实推进中央、省环保督察反馈问题整改，各级环境信访总量下降6%。

12月6日，市委书记何益军(中)带队督查焦港幸福河建设情况 (邱宇 摄)

重点工程有序推进。完成230平方公里区域水环境综合整治，农田退水资源化利用80.4平方公里，打造农村生态河道36条段，焦港幸福河国家级示范项目基本建成。

绿色发展步伐加快。编制重点行业绿色发展实施方案，推动8大重点行业280家企业转型升级，单位地区生产总值能耗下降1.2%。整市（县）屋顶分布式光伏开发项目加快推进，并网总容量达150MW。生态环境保护执法司法联动机制持续优化，办理环境资源案件80余件，刑事立案3件。

七、坚持办实事惠民生，幸福如皋在普惠均衡中成果更丰、成色更足

百姓生活更加殷实。高质量办好10项民生实事，公共财政用于民生支出94.8亿元。打造“如皋智聘”云平台，精准实施高校毕业生、职业技能人才政策扶持，新增城镇就业创业1.4万人。就业工作获省政府督查激励。深入实施“百企联百村”行动，所有行政村集体收入均达60万元以上。

保障体系更加完备。新增城乡居保转企保2.25万人，建成“15分钟医保服务圈”14个。全面开展特殊困难群体救助帮扶排查整治行动，实体化运转基层社工站，城乡特困供养人员应保尽保。省双拥模范城实现“五连冠”。开工建设市殡仪服务中心，殡葬改革连续两年获省政府督查激励。

公共服务更加均衡。高质量教育县域样板城市建设深入推进，“双减”工作持续深化，义务教育集团化办学实质性启动。志颐小学、附小新城园等投入使用，创成高级技工学校，入选省推动基础教育高质量发展实验区。医共体格局逐步完善，市中医院内科病房综合楼、江安镇卫生院投入使用，建成省农村区域性医疗卫生中心3家。古运盐河城区段考古勘探取得新成果。成功举办市第十二届全民运动会、城河皮划艇竞逐赛，支云足球俱乐部成功冲超。市档案馆创成省级示范馆。获评国家级非遗代表性传承人2人，获中国新闻奖1项、省“五个一工程奖”2件、省“五星工程奖”2件，城市宣传片《如皋入座指南》全网热播。

11月6日，2022年如皋市“荣威杯”城河皮划艇竞逐赛在外城河鸣枪开赛　　（邱宇 摄）

八、坚持防风险守底线，平安如皋在共建共享中举措更实、效能更高

安全生产形势平稳。扎实开展安全生产大检查，全面推进14个重点行业111项重点项目百日攻坚行动和公共安全重大隐患“三清”专项行动，“三年大灶”圆满收官，生产安全事故起数同比下

城南街道社区干部组织物业和居民开展“援法议事”活动

（如皋市司法局 提供）

降20%。

法治建设持续推进。“八五”普法稳步推进，村（社区）“援法议事”活动实现全覆盖。建立行政争议事前事中事后全过程管控机制，行政诉讼败诉率下降7.6个百分点。

社会大局和谐稳定。建成一体化“诉求通达”平台，网格知晓率、按时办结率稳步提升，市域社会治理现代化工作位居南通前列。“一楼一策”化解房地产风险隐患，“保交楼”工作举措扎实有效。持续推动“百日百案百名领导”信访包案化解行动，有效化解涉房涉地涉疫涉诉等多重矛盾风险。立体化治安防控体系更加完善，扫黑除恶专项斗争常态化开展，圆满完成重大活动和重要节点安保任务，群众安全感连续两年位居全省第一。获批省民族团结进步示范区。

如皋市政府2022年民生实事项目完成情况

2022年以来，在市委的坚强领导下，在市人大的关心支持下，如皋市政府以习近平新时代中国特色社会主义思想为指引，紧盯全年目标任务，健全完善月跟踪、季督查等动态工作机制，深入项目一线、查找问题堵点，主动接受监督、及时补短强弱，有力推动民生实事项目落地见效。截至2022年底，10项民生实事项目涉及的28个子项目中，有25个已完成或超额完成，还有3个正在抓紧推进。

一、农村供水管网改造项目

1.新建、改造供水主管网40公里、次管网60公里，户表改造15万户，全面完成两年攻坚任务，实现全市域供水公共服务均衡化。

完成情况。新建、改造供水主管网41.6公里、次管网62.2公里，改造户表15.07万户。完成当年目标，完成两年攻坚任务。

二、教育资源提质培优项目

2.开工建设特殊教育学校。

完成情况。施工单位已正式进场并开始试桩施工。

3.如皋中专创成江苏联合职业技术学院如皋分院。

完成情况。如皋中专综合楼建成并投入使用；新建实训室6个、省学业水平测试技能考点9个；增设智能制造装备技术专业，五年制高职专业达7个；外引、内培研究生学历教师49名；高标准通过省领航计划中期验收。对照省联院分院建设标准，如皋中专已实质性达到省联院分院办学水平，根据省教育厅统一口径，统称为省联合职业技术学院办学单位。

4.如皋技工学校创成如皋高级技工学校。

完成情况。如皋技工学校拥有17个招生专业，全日制学生1268人、弹性制学员255人，高分通过省人社厅专家组实地评估验收，高级技工学校获得省厅批复。

5.认真做好“双减”工作，规范整治校外培训机构，抓好校内课后服务。

完成情况。已建立校内课后作业公示制度，学科类校外培训机构全部清零，对学校课后服务、课后作业开展常态化督查，完成预期目标。

三、全市域水环境整治项目

6. 打造生态河道36条段。

完成情况。31条三级生态河道、5条二级生态河道均已全部完成。

7. 实施通扬运河以西、焦港河以东、如泰运河以北、海安界以南，及通扬运河以东、如东界以西、如

通扬运河（如皋段）整治工程建设现场 （邱宇 摄）

泰运河以南、通州界以北 3 个片区 230 平方公里的水环境治理，建设控导工程 25 座。

完成情况。3 个片区 230 平方公里水环境治理、25 座控导工程已全部完成。

四、医卫服务体系提升项目

8.开工新建市精神病防治医院。

完成情况。12 月举行开工仪式，正式进场施工。

9.开工新建市第三人民医院门诊医技综合楼。

完成情况。已取得用地许可证、施工许可，施工单位已进场施工。

10.完成人民医院新院区地下工程建设。

完成情况。完成平面布局方案调整，正在进行临时用水、用电和围墙施工，桩基施工、土壤剥离单位已进场，预计 2023 年 5 月完成地下工程建设。

11.中医院内科病房综合楼投入使用。

完成情况。中医院内科病房综合楼已投入使用。

12.搬经镇卫生院投入使用。

完成情况。医技住院综合楼主体已竣工，能源站招标、空调预算编制已完成，医疗专项工程方案已确定。因资金缺口较大，项目需延期建设。

13.江安镇卫生院投入使用。

完成情况。江安镇卫生院已投入使用。

14.新建改造二级以上综合医院发热门诊 6 家。

完成情况。人民医院、中医院、广慈医院、磨头医院、江安医院、如皋港医院等 6 家发热门诊均已建成并投入使用。

15.构建镇(区、街道)“15 分钟医保服务圈”14 个。

完成情况。已在全市 14 个镇(街道)建成“15 分钟医保服务圈”示范点，并通过南通和省级验收。

五、污水治理提质增效项目

东陈镇杭桥村分散农户生活污水处理现场 （如皋市东陈镇 提供）

16.完成如城达标区建设。

完成情况。如城达标区范围内 21 个污水治理提质增效整治项目已经全部完成。

17.整合开工新建城区污水处理厂。

完成情况。项目立项核准、用地预审与选址意见书审批、项目可行性研究报告及评审等工作已完成。环评报告初稿已完成，正组织进行内部的审核，并与环保部门进一步对接；能评报告编制基本完成，正组织审批报审；节能报告初稿也基本完成。已确定建设形式和设计单位，设计单位搭建设计组织框架，开始项目实质性设计。

18.分散式农户生活污水处理设施改造新增 1.2 万户。

完成情况。改造、新增 1.2 万户分散式农户生活污水处理设施全部完成，并通过省级专家评审，获省级专项资金 3200 万元。

六、道路通行安全保障项目

19.持续推进道路安全"生命防护工程"三年攻坚行动，完成李平线、如泰线、东搬线、大长线、沿江公路等 5 条省道 116 公里安全隐患治理。

完成情况。5 条省道 116 公里共涉及安全隐患 99 处，已全部完成整治。

20.改造农村危桥 20 座。

完成情况。改造农村危桥包含丁堰镇 1 座、石庄镇 6 座、吴窑镇 1 座、九华镇 2 座、江安镇 1 座、东陈镇 1 座、长江镇 2 座、白蒲镇 3 座、城北街道 1 座、城南街道 1 座、如城街道 1 座，已全部完成。

七、完善养老托育服务项目

21.加快构建居家社区机构相协调、医养康养相结合的养老服务体系。新增养老护理床位 300 张。

完成情况。自在安和如皋护理院、磨头医院、颐乐护理院、福康护理院、申丞护理院等护理机构共新增养老护理床位 349 张，养老服务体系更加健全。

22.完善三孩生育政策配套措施，新增普惠托育托位 300 个。

完成情况。全市新增普惠托育机构 6 家、托位 340 个，其中省级普惠托育机构 2 家、托位 120 个，南通市级 2 家、托位 120 个，如皋市级 2 家、托位 100 个。完成目标任务。

23.标准化改造"梦想小屋"40 间。

完成情况。改造并交付使用"梦想小屋"45 间，超额完成目标。

八、城区基础设施配套项目

24.完成中山路改造提升、茅雉河大桥工程。

完成情况。中山路改造完成全线基础层沥青铺设，现已全幅开放，达到城市道路通行要求。为确保工程质量，表面层沥青需到 2023 年 3 月摊铺。茅雉河大桥已竣工并投入使用。

茅雉河大桥主线通车　　　　（如皋市住建局 提供）

25.新建改造“口袋”公园和城区道路周边绿化工程6个，新增停车泊位500个。

完成情况。“口袋”公园和城区道路周边绿化工程涉及的圃园路、金科西侧、中南世纪城周边绿化(万寿路东侧和李渔路西侧两个项目)、城市花园西南角小游园、解放路益寿路小游园6个项目均已完成。新增停车泊位764个，分别为花港小区180个、陆桥苑125个、蒲行苑59个、二附小停车场400个均已完成。

26.新增智能化管理停车位3000个。

完成情况。对李渔路以西、花城大道以东、如泰河以南、惠政路以北区域23条道路和外国语南侧、安定小学南侧等8处公共停车场进行智能化改造，改造停车泊位3107个。

九、多措并举扩大就业项目

27.围绕建设高质量就业先行区，全市新增城镇就业1.1万人，首次到如皋就业1万人；吸纳高校毕业生就业4700人，其中名校优生200人；培养、培训技能人才6000人，其中高技能人才1500人。

完成情况。全市城镇新增就业14023人，招引首次到如皋就业10003人；吸纳高校毕业生就业4735人，其中名校优生204人；培养、培训技能人才8096人，其中高技能人才1508人，完成目标任务。

十、城区老旧小区改造项目

28.继续推进老旧小区改造五年攻坚，全年新开工30.56万平方米，完成19万平方米的老旧小区改造任务，配建居民电动车充电桩100个，扩大既有住宅加装电梯覆盖面。

完成情况。2021年老旧小区续建项目及2022年新开工项目共计35.13万平方米，其中已完工的项目有陆桥苑、花港小区、蒲行苑、锦绣苑(两栋)改造项目，共计23万平方米；正在实施改造的有皋南二组团等，共计8.38万平方米；即将开工改造的有惠隆苑、绘园三期，共计3.75万平方米。上述已完工的项目共配建电动车充电桩390个，电动汽车充电桩50个。既有住宅加装电梯已建成投入使用的有4台，已完成施工、正在验收的有3台，正在施工的有5台，还有19台电梯正在公示。完成目标任务。

如城街道老旧小区改造项目施工现场 (邱宇 摄)

荣誉先进

Rongyu Xianjin

2022 年度荣誉榜

1 月 6 日

江苏省教育厅发布江苏省第十六批江苏省特级教师名单，授予朱焱等 318 人“江苏省特级教师”荣誉称号，江苏省如皋中学袁晓琳、如皋经济技术开发区实验小学洪建林榜上有名。

1 月 7 日

省交通运输厅公路事业发展中心公布 2021 年度农村公路品牌提升成效评选结果，如皋市平园池环村路入选 2021 年度江苏“美丽农村路”样板路名单。

1 月 11 日

江苏省精神文明建设指导委员会印发《关于命名表彰 2019—2021 年度江苏省文明村镇、文明单位、文明校园（中小学）和江苏省文明行业的决定》。如皋市丁堰镇等 5 个乡镇获江苏省文明乡镇称号，如城街道顾庄社区（村）等 17 个村获江苏省文明村称号，如城街道孔庙社区等 3 个社区获江苏省文明社区称号，如皋市人民检察院等 27 个单位获江苏省文明单位称号，江苏省如皋师范学校附属小学等 3 个中小学获江苏省文明校园称号。

1 月 12 日

工信部下属研究机构赛迪顾问重磅发布服务业百强县（2021）榜单，南通市如皋、启东、海安、如东四县市上榜，分别排名第 17、20、23、37 位。

1 月 13 日

南通市人民政府公布 2021 年度南通市市长质量奖获奖名单，江苏泰慕士针纺科技股份有限公司获得“2021 年度南通市市长质量奖（组织类）”。

1 月 15 日

工业和信息化部公布 2021 年度全国绿色制造业入围名单，如皋市双钱集团（江苏）轮胎有限公司研发的 12R22.5 系列全钢丝子午线轮胎产品成功上榜，双钱集团（江苏）轮胎有限公司成为如皋市第一家获得国家级绿色产品称号的企业。

1 月 17 日

江苏省文化和旅游厅公布《关于 2021 年江苏省示范小剧场和小剧场精品剧目认定结果的公示》，经专家评审、实地复核等程序，如皋市木偶艺术团木偶剧《抗战小英雄》入选首批江苏省小剧场精品剧目。

1 月 24 日

江苏省发改委公布江苏 2022 年重大项目名单，合计 247 个项目，包括实施项目 220 个、储备项目 27 个，如皋市如皋霖鼎超精密纳米光学器件、如皋森松锂电新材料成套设备、如皋斯堪尼亚商用车、张靖皋长江大桥多个实施项目列入清单。

1 月 26 日

全国爱国卫生运动委员会通报 2021 年度国家卫生城镇复审结果，重新确认如皋市为国家卫生城市。

△ 江苏省委农村工作会议在南京召开。会上通报 2021 年度全省推进乡村振兴战略实绩考核结果，如皋市获评县（市、涉农区）进位第一等次。

1 月 28 日

由江苏省市场监督管理局提出、如皋市市场监督管理局起草的《“双随机、一公开”监管工作规范》

正式发布，这是江苏省“双随机、一公开”监管领域首个省级地方标准，将于 2022 年 2 月 28 日起实施。

1 月

江苏省工业和信息化厅发布《江苏省企业社会责任建设综合评价报告(2021)》，对全省 528 家企业的量化评分进行综合评价，如皋市梦百合家居科技股份有限公司、江苏泰慕士针纺科技股份有限公司和南通中铁华宇电气有限公司 3 家企业成功入选“2020 年度江苏省企业社会责任建设典范榜”。

2 月 15 日

江苏省人民政府发布《省政府关于 2021 年度江苏省科学技术奖励的决定》，正式公布 2021 年度江苏省科学技术奖评奖结果。如皋市 3 个项目荣获 2021 年度江苏省科学技术奖，其中江苏力星通用钢球股份有限公司的“高品质精密轴承滚动体关键制备技术及产业化”项目获二等奖，江苏隆昌化工有限公司的“重金属污染耕地高效稳定修复与安全利用关键技术及应用”项目、江苏中铁山桥重工有限公司的“大节段钢桁梁整体制造与架设关键技术及工程应用”项目获三等奖。

△ 全省检察工作会议召开，如皋市人民检察院被表彰为全省“五好”基层检察院。

△ 如皋市政府公布第七批如皋市级非物质文化遗产名录，如皋烧鸡制作技艺、如皋石合泰佛跳墙制作技艺、如皋虎头鞋制作技艺、磨头豆腐制作技艺、如皋古典家具制作技艺、如皋香肠制作技艺和如皋“鸡接骨”骨伤治疗术 7 个项目入选。

2 月 22 日

省农业农村厅正式公布《全省“共同富裕 百村实践”新型农村集体经济发展典型案例名单》，如皋市城北街道平园池村(农旅融合型)，城南街道夏庄社区(电子商务型)，九华镇营防村、郭洋村、丝渔村(飞地抱团型)入选全省“共同富裕 百村实践”新型农村集体经济发展典型案例。其中，城北街道平园池村(农旅融合型)入选新型农村集体经济高质量发展表率村十佳案例。

2 月 25 日

农业农村部公布 2022 年第一批农产品地理标志登记产品，全国共 56 个产品入选，如皋市“新官紫桃”入选。这是如皋继“如皋黄鸡”“下原蘘荷”之后第三个农产品地理标志登记产品。

3 月 3 日

江苏省委宣传部、省文明办发布 2022 年 2 月“江苏好人榜”，如皋市 9 个月打 3 份工还清 8 万多元欠款的信义小伙陈伟入选。

3 月 7 日

江苏省总工会公布《关于通报表扬女职工“双争”典型和授予“江苏省工人先锋号”等称号的决定》，中国农业股份有限公司如皋海阳南路支行和江苏省神马电力股份有限公司如皋分公司技术经理周淑娟榜上有名，获得通报表扬。

3 月 14 日

江苏省下发《关于建设培育江苏省第四批产教融合型试点企业的通知》，确定第四批共 170 家产教融合型试点企业，并纳入江苏省产教融合型企业建设培育库。如皋市如高高压电器有限公司成功入选。

3 月 30 日

由江苏省文化和旅游厅开展的江苏省第二批红色旅游五好讲解员评选结果正式公布，如皋市红十四军纪念馆讲解员王雪梅成功入选。

3 月

全国妇联决定表彰全国三八红旗手标兵、全国三八红旗手、全国三八红旗集体。江苏泰慕士针纺科技股份有限公司总经理、南通泰慕士爱心基金会理事长杨敏获“全国三八红旗手”称号。

△ 省发改委公布 2022 年度省级先进制造业和现代服务业融合发展试点名单，如皋市共 2 家单位入选，森松(江苏)重工有限公司、南通星球石墨股份有限公司成功申报企业类试点。

4 月 1 日

江苏省农村人居环境整治联席会议办公室发布《关于 2021 年度农村人居环境整治提升工作评估情况的通报》,其中如皋市获评第一等次。

4 月 7 日

江苏省民政厅发布消息,确认南京市江宁区江宁街道牌坊村等 40 个村(社区)为新型农村社区治理服务省级示范点建设单位,如皋市如城街道新民社区上榜。

4 月 11 日

江苏省市场监督管理局发布《关于首届江苏省标准创新贡献奖的表彰决定》,如皋市南通力威机械有限公司主导制定的国际标准《海上结构物 海上移动平台 锚链轮(ISO 21711)》获得首届江苏省标准创新贡献奖项目奖。

4 月 15 日

江苏省食品安全委员会召开全体(扩大)电视电话会议,会上宣读省食安委对各设区市食品安全考核结果、全省食品安全先进集体和先进个人表彰决定。如皋市市场监督管理局被江苏省食品安全委员会授予"全省食品安全工作先进集体"称号,如皋市丁堰镇鞠庄社区妇联主席丁藏藏获得"全省食品安全工作先进个人"称号。

4 月 22 日

科技部火炬中心官网发布《科技部关于公布 2021 年度国家级科技企业孵化器的通知》,共 149 家孵化器备案为国家级科技企业孵化器。其中,如皋市开发区科技创业中心成功通过认定,成为如皋市获批的第三家国家级科技企业孵化器。

4 月 26 日

南通市总工会发布《关于命名南通市五一劳动奖状奖章和南通市工人先锋号的决定》,如皋一批为推动南通市经济社会高质量发展走在前列做出突出贡献的先进集体和先进个人被表彰。其中,南通海泰科特精密材料有限公司、国家税务总局如皋市税务局 2 个集体获南通市五一劳动奖状;中如建工集团有限公司行政总监、工会主席吴薛琴,如皋市人民医院科教科副科长消化内科主任医师王正栋,南通白蒲黄酒有限公司发酵罐装车间主任徐迪林,江苏正威新材料股份有限公司总经理顾柔坚,江苏海通海洋工程装备有限公司轮机车间班组长任平华,如皋市丛琦家庭农场农场主丛小林,江苏邮政集团有限公司江苏省如皋市分公司综合柜员徐青青,如皋市环境卫生管理处驾驶员丁正明 8 人获南通市五一劳动奖章;如皋市人民法院执行局、如皋市应急管理局安全生产执法监察大队、江苏如皋港集团有限公司叉车司机班、江苏思源赫兹互感有限公司 SF6 互感器车间、江苏汤臣汽车零部件有限公司质量部、江苏天南电力股份有限公司锻造车间 6 个集体被评为南通市工人先锋号。

4 月 28 日

中华全国总工会发布表彰决定,授予北京奥林匹克公园管理委员会等 200 家单位全国五一劳动奖状,授予邹平等 966 名职工全国五一劳动奖章。如皋市梦百合家居科技股份有限公司仓储物流部经理陆辉、南通顺丰速递有限公司收派员高级工张鑫获得 2022 年全国五一劳动奖章。

△ 江苏省总工会发布《关于表彰 2022 年省五一劳动奖和省工人先锋号的决定》,如皋市南通超达装备股份有限公司获江苏省五一劳动奖状,江苏路翔交通工程有限公司装载机操作员谢海军、如皋市纪委监委驾驶员吴桂元获江苏省五一劳动奖章,海迪科(南通)光电科技有限公司董事长、(美国)总经理孙智江获江苏省五一荣誉奖章,南通星球石墨股份有限公司电焊组、中如建工集团有限公司工程管理部获评江苏省工人先锋号。

5 月 2 日

CCTV-13 央视新闻频道以《大美中国·江苏南通如皋龙游湾:生态景观扮靓长江岸线》为题,对江苏如皋龙游湾沿江生态景观带进行报道。

5月5日

《2021年中国投资潜力百强县》榜单发布，如皋市榜上有名，得分79.55，位居中国投资潜力百强县第12位。

5月6日

江苏省人社厅确定新增100个江苏省乡土人才大师工作室，如皋市杨建乡土人才大师工作室榜上有名。

5月11日

由中央宣传部、中央文明办等部门和单位共同组织开展的2021年度全国学雷锋志愿服务“四个100”先进典型名单出炉，江苏省南通市泰慕士爱心基金会理事长杨敏获评“全国最美志愿者”。

5月14日

江苏省科学技术协会发布2022年度“科创江苏”专项行动计划项目通告，如皋市入选“科创江苏”试点县(市、区)建设项目，为南通市唯一入选的县(市、区)。

5月15日

第29个国际家庭日，江苏省妇联揭晓100户江苏省“五好家庭”及200户2021年度江苏省“最美家庭”，其中黄洁家庭被评为江苏省“五好家庭”，许凤英家庭、冒小驰家庭被评为2021年度江苏省“最美家庭”。

△ 南通市妇联组织评选的南通市“五好家庭”名单、2022年南通市“最美家庭”新鲜出炉，如皋市李继东家庭、李婕家庭、杨春和家庭、杨敏家庭、杨彩璐家庭、张羽家庭被评为南通市“五好家庭”，朱慧灵家庭、苏舒家庭、何建军家庭、张海燕家庭被评为2022年南通市“最美家庭”。

5月16日

中华全国供销合作总社印发2022年度县域流通网络强县培育名单，共涉及全国172个县(市)供销合作社，如皋市供销合作总社被确定为江苏省13个县域流通网络强县试点之一。

5月20日

由如皋外国语学校学生龙潇、教师马天鹏、如皋市丁堰镇鞠庄村村民陈燚、南通钜玺新材料有限公司刘泓4名如皋选手组成的南通代表队，参加2021—2022年度江苏省全民科学素质大赛，获得一等奖。

5月25日

全国公安系统英雄模范立功集体表彰大会召开，如皋市公安局高新技术产业开发区派出所教导员江锋被表彰为“全国优秀人民警察”。

△ “德耀江海 文明南通”第二届南通市道德模范颁奖典礼在南通大剧院举行，如皋信义母亲丛慧玉获“南通市道德模范”称号。

5月30日

如皋市委组织部、市科技局、市科协联合开展的第二届如皋市优秀科技工作者评选活动结果揭晓，共评选出10名优秀科技工作者，分别是江苏新瑞药业有限公司王莉、中铁山桥(南通)有限公司王建国、江苏惠沣环保科技有限公司刘卫峰、如皋博爱医院祁雷、如皋市人民医院杨小林、势加透博洁净动力如皋有限公司张学锋、百林科制药装备科技(江苏)有限公司陈林、江苏省如皋中等专业学校高翼飞、如皋市农业技术推广中心黄冬梅、江苏省如皋师范学校附属小学谢鞠。

5月

生态环境部办公厅印发《关于表扬2021年度监督帮扶工作表现突出集体和个人的通报》，南通市如皋生态环境局被评为“2021年度监督帮扶工作表现突出集体”，如皋生态环境综合行政执法一局朱小楠获评“2021年度监督帮扶工作表现突出个人”。

6月2日

中国科协青少年科技中心公布"'科创筑梦'助力'双减'科普行动"试点城市和试点单位名单，如皋市5家单位入选，分别是如皋市外国语学校、如皋市实验小学、如皋经济技术开发区第二实验小学、如皋市白蒲镇白蒲小学、江苏华夏电影胶片修复技术有限公司，数量位居南通第一、全省第三。

6月11日

由省科协、团省委共同主办，省青少年科技中心承办的第八届全国青年科普创新实验暨作品大赛江苏赛区的活动在南京科技馆落下帷幕。如皋中专王南同学和贾彤焰同学组建的"跃上巅峰"团队在"未来太空车"项目中荣获省一等奖。

6月17日

江苏省政府办公厅正式印发《关于对2021年落实有关重大政策措施真抓实干成效明显地方予以督查激励的通报》，如皋市共有5项获得省政府办公厅督查激励。

△ 新西兰媒体《乡音》刊发专版，宣传推介如皋。专版以《如皋——勇当长三角北翼高质量发展排头兵》为题，详细生动地展现如皋的经济社会发展成就。

6月20日

江苏省住房和城乡建设厅公布2021年下半年"江苏省建筑施工标准化星级工地"项目名单，如皋市皋开投资发展集团有限公司的GJ2020-267#A地块新建培训中心项目（如皋师范附属开发区小学、幼儿园）榜上有名。

6月27日

农业农村部公布第四批全国农业综合行政执法示范窗口和全国农业综合行政执法示范单位名单，如皋市农业农村局获评"全国农业综合行政执法示范单位"。

△ 中国邮政集团有限公司、中国邮政集团工会召开2018—2021年度全国邮政系统先进集体、先进个人表彰大会，大会表彰142个先进集体、203名先进个人。如皋市邮政分公司搬经支局投递员赵颖东被表彰为2018—2021年度全国邮政系统先进个人。

6月29日

江苏省民政厅下发《关于确定江苏省丧葬礼俗改革试点地区的通知》，确定如皋市等12个县（市、区）为全省丧葬礼俗改革试点县（市、区），试点时间两年，2024年6月底结束。如皋市是南通市唯一入选的试点县（市、区）。

6月30日

江苏省科学技术协会、江苏省哲学社会科学界联合会、江苏省科学技术厅、江苏省教育厅联合下发《关于命名2022年度江苏省科普教育基地的通知》，如皋市垃圾分类科普展馆、如皋市长江青少年素质教育实践基地、江苏华夏电影胶片修复技术有限公司三家单位被成功命名为"2022年度江苏省科普教育基地"。

△ 中共江苏省委党史工办复函南通市委党史工作办公室，同意如皋市江安镇"江苏红军小镇"的定位研判，同时要求江安镇合理规划、科学布局，以乡村振兴为抓手，进一步发挥好政策效应，将"江苏红军小镇"做优做强，为革命老区振兴注入强大的红色生机、精神动力和发展机遇。

△ 江苏省教育厅公布2022年"苏教名家"培养工程培养对象名单，江苏省如皋师范学校附属小学校长李继东入选。

△ 南通市委召开庆祝中国共产党成立101周年座谈会。会上，如皋市25家基层党组织获南通市委表彰。其中，中共如皋市城北街道东风社区总支部委员会、中共如皋市如城街道迎新社区总支部委员会等19家基层党组织获评南通市"五星级"村（社区）党组织，中共如皋市城北街道平园池村总支部委员会、中共如皋市如城街道孔庙社区总支部委员会等6家基层党组织入选南通市基层党建工作示范点名单。

6月

江苏省科技厅发布《关于2021年度全省高新技术产业开发区创新驱动高质量发展综合评价情况的通报》,公布全省51家国家和省级高新区创新驱动发展综合评价排名。如皋高新区以70.258的总得分在省级高新区排名中位列第5名,为苏中苏北省级高新区第一名。

△ 江苏省农业农村厅公布2022年度省农业生产全程全面机械化示范县建设名单,如皋市成功入选。

△ 由如皋市档案馆、江苏华夏电影胶片修复技术有限公司合作申报的2022年度科技项目《红色声像档案精分数据库建设研究》通过国家档案局科技立项,是江苏省通过立项的8个项目中唯一一个县级项目。

△ 南通市放心消费创建活动办公室印发《关于2021年度南通市放心消费创建先进示范单位的通报》,如皋市梦百合家居科技股份有限公司等23家单位获评2021年度市级放心消费创建先进示范单位。

7月1日

江苏省文化和旅游厅、省文物局公布第二批江苏省革命文物名录,如皋的苏中七战七捷皋南战斗烈士墓和1927年"中国共产党江苏如皋县委印"入选。至此,全市共有11处江苏省革命文物。

7月6日

江苏省金融稳定工作协调小组通报表彰2019—2021年度金融生态达标县、金融生态优秀县和2021年度金融生态县创建工作先进单位,其中如皋市被授予"2019—2021年度金融生态优秀县"称号。

△ 江苏省农村住房条件改善和特色田园乡村建设工作联席会议印发《关于命名第九批次江苏省特色田园乡村的通知》,公布第九批次特色田园乡村名单,如皋市磨头镇丁冒村丁郭村获得命名,这是如皋市第7个获得"江苏省特色田园乡村"称号的村庄。

7月12日

全国纺织工业先进集体劳动模范和先进工作者视频表彰大会召开,会上公布全国纺织工业先进集体劳动模范和先进工作者名单。其中,江苏泰慕士针纺科技股份有限公司工程技术研究中心主任杨敏荣获"全国纺织工业劳动模范"称号。

7月14日

壹城经济咨询中心(壹城智库)在北京发布《中国城市高质量发展报告2022》,同时公布高质量发展500强镇榜单,如皋市长江镇上榜,位居第90位。

7月16—17日

江苏省第四届优质早熟梨品鉴活动在泰兴市举办。会上,如皋市选送的6家水果单位、8个品种摘得"一金六银"的好成绩。如城街道老许梨园的"苏翠一号"获得金奖,搬经镇严鲍村佰平家庭农场、东陈镇尚书村长寿紫桃园、长江镇五零社区桃缘果树种植园、东陈镇南凌社区东凌家庭农场的"苏翠一号"及如城街道老许梨园、东陈镇东凌家庭农场的"翠玉"获得银奖。

7月18日

2022江苏法治民企高峰论坛在南京举办。会上,如皋市检察院被江苏省工商业联合会、江苏省人民检察院确定为工商联与检察机关沟通联系机制建设示范单位。

7月18—19日

江苏省工商业联合会(总商会)第十二次代表大会在南京召开。会上,对全省工商联系统先进集体、先进工作者、商会组织先进集体进行表彰并举行颁奖仪式,如皋市工商业联合会被授予"全省工商联系统先进集体"荣誉称号,如皋市浙江商会被授予"全省工商联商会组织先进集体"荣誉称号。

7月20日

赛迪顾问县域经济研究中心发布2022赛迪百强县榜单,如皋位列第23名,在江苏省县级市中位列第 7 名。与此同时，赛迪顾问上海分公司同步发布 2022 年赛迪长三角百强县榜单，如皋位列第 16 名。

7 月 21 日

全省公安系统功模表彰大会在南京举行，如皋市 1 家单位和 3 名民警受到表彰。如皋市公安局高新技术产业开发区派出所获评"全省优秀公安基层单位"，如皋市公安局迎春派出所副所长张跃慧、如皋市公安局交警大队事故处理中队三级警长邹阳兵、如皋市公安局科技信息化大队副大队长陈勇 3 人当选"全省优秀人民警察"。

△ 江苏省生态环境厅发布 2021 年度全省"优秀环境守护者"名单，如皋市绿色科普志愿服务协会会长张兴建榜上有名。

7 月 29 日

教育部、农业农村部、中国科协印发《关于支持建设一批科技小院的通知》，确定对 68 个单位的 780 个科技小院予以支持建设。其中，如皋桑蚕科技小院、如皋黑塌菜科技小院、如皋水稻科技小院入选。

△ 南通市第一批地名文化遗产名录正式发布，如皋市"白蒲、如皋"2 个地名入选。

△ 南通市全面推进乡村振兴领导小组办公室公布南通市 2022—2023 年度乡村振兴示范村、先进村培育名单。如皋市 25 个村入围，其中乡村振兴示范村 5 个、持续打造示范村 4 个、乡村振兴先进村 16 个。

7 月

壹城经济咨询中心（壹城智库）在北京发布《中国县域高质量发展报告 2022》，报告显示，在 2022 全国县域高质量发展百强榜单中，如皋市排名全国第 22 位。

△ "如皋市城市管理综合执法国家级标准化试点项目"高分通过考核评估，位居优秀行列。

△ 如皋农商银行被中国银保监会江苏监管局评为"2021 年度江苏省银行业金融机构普惠金融服务先进单位"。

△ 2022 年第二季度"南通好人榜"名单揭晓，如皋市江安镇居民肖国芳荣登榜单。

△ 如皋非遗蔡氏面塑立项人、传承人蔡晓霞的面塑作品《焚香盥洗图》入选 2022 全国面塑艺术创作展，并且是江苏入展的 9 件作品里唯一一件被中国民间文艺家协会收藏的作品。

8 月 1 日

江苏省委、省政府在南京召开江苏省第十二届双拥模范城（县、区）命名暨双拥模范单位和先进个人表彰大会，如皋被命名为"江苏省双拥模范城"。

△ 江苏省农业农村厅、省林业局、省发展改革委、省财政厅、省科技厅、省自然资源厅、省生态环境厅、省水利厅公布 2022 年江苏省特色农产品优势区名单，全省共 7 家上榜，如皋黑塌菜成功入围。

8 月 2 日

江苏省教育厅公布首批江苏省职业教育"双师型"名师工作室立项建设单位，如皋市 2 所学校上榜。分别是江苏省如皋第一中等专业学校刘剑老师领衔的加工制造专业的江苏省职业教育加工智造"双师型"名师工作室、江苏省如皋中等专业学校单强老师领衔的机电技术应用专业的江苏省职业教育智能制造"双师型"名师工作室。

8 月 3 日

由江苏省文化和旅游厅等发起的"水韵江苏·网红打卡地"评选结果正式公布，如皋平园池村上榜"网红美丽乡村"。

△ 江苏省工业和信息化厅公布 2022 年度首批省星级上云企业名单，如皋市 19 家企业位列其中。其中，五星级上云企业 2 家、四星级上云企业 7 家、三星级上云企业 10 家。

△ 南通市 2020—2022 年度"文明家庭"推选揭晓，如皋市刘朱建家庭、何建军家庭、冒小驰家庭、

郭永霞家庭、黄洁家庭5户家庭获评南通市“文明家庭”。

8月4日

教育部办公厅印发《教育部 中国福利会 中国宋庆龄基金会关于颁发第十五届宋庆龄奖学金的决定》,公布第十五届宋庆龄奖学金评审结果。如皋初级中学石鹄睿名列其中。

△ 江苏省生态环境厅、省工商业联合会公布“2022年度绿色发展领军企业”名单,确定106家企业为江苏省2022年度“绿色发展领军企业”。如皋市江苏泰慕士针纺科技股份有限公司、江苏隆昌化工有限公司2家企业入围。

△ 由江苏省科协、江苏省教育厅、江苏省科技厅等单位联合举办的第四届江苏省青少年创意编程大赛在北京师范大学盐城附属学校落幕。如皋市外国语学校徐旌淇获Scratch小学Ⅰ组一等奖,石庄镇石庄小陈张嘉诚、唐梓晟分获Scratch小学Ⅱ组一等奖、二等奖。

8月5日

中央文明办发布2022年第二季度“中国好人榜”,来自吴窑镇陈家村、连续9个月每天打三份工还清8万多元欠款的“信义小伙”陈伟荣登榜单,当选诚实守信好人。

△ 中国城市环境卫生协会年会在厦门举行,如皋市垃圾分类科普馆被正式授予全国第一批“生活垃圾分类示范教育基地”称号。这是该馆继江苏省科普教育基地、南通市科普教育基地等荣誉之后,取得的又一殊荣。

8月7日

最高人民法院印发通报,对在环境资源审判工作中表现突出的50个先进集体和100名先进个人予以表扬。如皋市人民法院长江流域环境资源第二法庭获评“人民法院环境资源审判工作先进集体”。

8月9—10日

2022年全国职业院校技能大赛中职组计算机检测维修与数据恢复比赛在南宁市广西交通职业技术学院举行,江苏省如皋第一中等专业学校获团体一等奖。

8月10日

江苏力星通用钢球股份有限公司滚动体实验室顺利通过中国合格评定国家认可委员会(CNAS)评审认证,获得其授予的实验室认可证书和认可决定书,证书编号L16840。

8月12日

第七次全省检察网信工作电视电话会议在国家检察官学院江苏分院举行,会议对在全省检察机关大数据法律监督建模活动中成绩突出的5个先进集体30名先进个人予以通报表扬。如皋市检察院第六检察部副主任兼派驻看守所检察室副主任孙巍被评为“全省检察机关大数据法律监督建模活动先进个人”。

△ 江苏省住建厅、省统计局、省商务厅联合发布江苏省2021年度建筑业百强企业名单,如皋市江苏江中集团有限公司、标龙建设集团有限公司、中如建工集团有限公司3家企业榜上有名。

8月15日

江苏省文旅厅公布第十五届江苏省“五星工程奖”评奖结果,如皋2件作品榜上有名,男声小组唱《战高沙》获音乐类作品第三名,小品《英雄·之后》获戏剧类作品第四名。

△ 南通市市场监督管理局下达2022年度南通市地方标准项目计划,如皋市申报的12项标准获批立项,涉及公共服务、社会治理、特色品牌创建等方面。

8月18日

第四届中国融媒创新发展年会暨2022百佳融媒体作品云传播力调研报告结果发布会举行,如皋市融媒体中心斩获“中国融媒创新发展”三项大奖,分别是:如皋市融媒体中心获“2022优秀区域融媒综合影响力TOP10”、融媒体中心视频号获“优秀区域融媒视频号综合传播力TOP10”、作品《人偶情长》获“优秀区域融媒体作品综合影响力TOP10”。

△ 江苏省教育厅发布江苏省第二批“双减”工作30个典型案例，如皋市教育局《让社团建设成为如皋教育的新品牌》入选。

8月19日

由省委宣传部、省文明办、省委党史工办、省文旅厅、省广电总台主办的江苏省第四届红色故事宣讲大赛决赛在南京博物院举行。经过激烈角逐，如皋市融媒体中心记者倪楠脱颖而出，获得“金牌讲解员”称号。

△ 南通市卫生健康委员会、南通市医师协会授予顾俊等60人第三届“南通市医师奖”荣誉称号，如皋市3人获奖，分别是如皋市人民医院儿科副主任医师夏建锋，如皋市中医院院长、主任中医师吕军，如皋市第三人民医院内科二病区主任、副主任医师顾潇潇。

8月21日

第八届木偶皮影中青年技艺传承展演在广西南宁落下帷幕。此次展演中，如皋市木偶艺术团沈薛红、许金显等4名成员荣获由联合国教科文组织国际木偶联会中国中心和联合国教科文组织国际木偶联会亚洲太平洋委员会联合颁发的“优秀技艺传承奖”，成员周晓玲获“传承新人奖”。

8月22日

江苏省工信厅公布2022年省级企业技术中心名单，如皋市森松重工和大昌电子2家企业成功通过省级企业技术中心认定。至此，全市共有32家企业获评省级企业技术中心。

8月25日

2022年“科创江苏”企业创新达人和企业创新达人宣讲代表评选结果公布，如皋市中铁山桥（南通）有限公司王建国、江苏新瑞药业有限公司王莉、江苏惠沣环保科技有限公司刘卫峰3人榜上有名。

8月29日

江苏省农业农村厅下发《关于对今年夏熟粮油丰收贡献突出的市县农业农村部门给予表扬的通报》，对夏粮生产贡献突出的8个设市区农业农村局和15个县（市、区）农业农村局予以通报表扬，如皋市农业农村局榜上有名。

△ 江苏省教育科学研究院在南京市建邺区召开《江苏基础教育高质量发展体系的内涵、重点及实现路径研究》前瞻性教改重大项目启动会。会上，江苏省教育科学研究院公布入选江苏省“推动基础教育高质量发展实验区”和“实验校”的名单，如皋市教育局榜上有名，成为全省11家入选单位之一。

8月31日

江苏省交通厅发布公告，拟支持全省8个县（市、区）开展农村公路建设示范工作，如皋位列其中。

8月

壹城智库课题组发布《2022中国县域发展潜力报告》，报告显示在2022全国县域发展潜力百强县中如皋市位列第26名，相较上年位次前进3名。

△ “中国乡镇卫生院500强（2021）”名单公布，如皋市白蒲镇卫生院、如皋市石庄镇卫生院榜入选，分别列全国第120名、第136名。

△ 如皋市“双随机、一公开”监管标准化试点项目获得省标准化试点评估专家组一致好评，以最高分通过终期考核评估，位列优秀等次。

△ 南通市发改委公布第二批南通市先进制造业和现代服务业深度融合重点单位名单，如皋市江苏思源赫兹互感器有限公司、江苏省如高高压电器有限公司、江苏力星通用钢球股份有限公司3家企业获评第二批南通市先进制造业和现代服务业深度融合重点单位。至此，全市拥有省级两业融合重点企业3家、南通市级两业融合重点企业6家。

△ 第六届如皋市文学艺术奖评选结果揭晓，获奖作品27件，其中金奖1件，银奖6件，铜奖11件，优秀奖9件。小品《汤圆》、音乐《故乡的柳》、文学《失语》、广播电影电视《“皋”人辈出——如皋历史文化名人》（第二季）等文艺精品获奖。

△ 由南通市出版物发行业协会组织开展的“南通乡村特色书店推选活动”落下帷幕，共有7家书店获评“2022—2023年度南通乡村特色书店”，凤凰新华如皋分公司长江门店、如皋市滨江书店2家书店入选。

9月2日

第三届江苏省文明家庭名单揭晓，如城街道城南社区何建军家庭入选。

9月7日

全国工商联以“抢抓新机遇，共创新未来”为主题，在北京举办2022中国民营企业500强峰会。江苏共有92家企业入围中国民营企业500强，南通10家企业上榜，其中，如皋市江中集团位列“2022中国民营企业500强”的第385位。

△ 江苏省新的社会阶层人士献礼党的二十大“苏新 非遗 传承”作品展暨颁奖典礼在苏州市成功举办。如皋市6件作品入围参展，2件展品获奖，丝毯作品《水绘园》获苏新·工艺奖，面塑作品《捣练图》获苏新·佳作奖。

9月8日

2022全国专精特新中小企业发展大会在江苏南京举办，会上发布的《专精特新中小企业发展报告(2022年)》显示，第四批专精特新“小巨人”企业认定通过4328家。其中，如皋市南通华东油压科技有限公司、南通力威机械有限公司、海迪科(南通)光电科技有限公司、南通中铁华宇电气有限公司、势加透博洁净动力如皋有限公司、江苏永大化工机械有限公司、南通思瑞机器制造有限公司7家企业榜上有名，至此如皋市已有15家国家级专精特新“小巨人”企业，数量位居南通第一。

9月13日

江苏省高级人民法院下发《关于对全省法院立案信访工作先进集体和先进个人予以表扬的通报》，其中如皋法院政治部获评“全省法院政治工作先进集体”。

9月14日

江苏省文化和旅游厅公布《关于2022年江苏省4A级及以上旅游景区复核情况的通报》，如皋市红十四军纪念馆顺利通过国家AAAA级旅游景区复核。

9月15日

江苏省科协对外公布“十四五”首批“省科学教育综合示范学校”名单，江苏省如皋中等专业学校成功入选。

9月19日

《新华日报》刊登《如皋市城北街道平园池村：藕花深处，回归诗画田园》一文，聚焦如皋市城北街道平园池村，该村大力发展乡村旅游，落实乡村振兴战略，整体面貌焕然一新。

9月21日

江苏省文旅厅在官方网站上公示江苏省第六批国家级非遗代表性传承人拟推荐名单，全省共有70名省级非遗代表性传承人入选拟推荐名单，其中如皋市2名，分别为盆景技艺(如皋盆景)传承人王如生、地毯织造技艺(如皋丝毯织造技艺)传承人李玉坤。

△ 江苏省物理学会公布第39届全国中学生物理竞赛(江苏赛区)复赛赛区一等奖以及江苏省队名单，如皋中学许琦和董浩然两位同学获第39届全国中学生物理竞赛(江苏赛区)复赛赛区一等奖。

9月23日

江苏省工信厅公布2022江苏省智能制造领军服务机构名单，南通共有3家企业上榜，位于如皋市的南通思瑞机器制造有限公司榜上有名。

△ 2021年度省级节水型载体名单公布，如皋市光大生物能源(如皋)有限公司、南通百川新材料有限公司2家企业入选节水型企业，如皋市中医院入选节水型单位。

9 月 28 日

全省文物工作会议在南京召开，如皋市红十四军纪念馆张孝礼在会上获颁“江苏最美革命文物守护人”称号。

9 月

江苏省“共话成长 共育新人”家校社协同行动典型案例名单公布，如皋尤媛家庭和吴春燕家庭入选江苏百户教子有方家庭。

△ 在全省第二十届运动会女子投掷项目和女子游泳项目决赛中，如皋市运动员朱慧以 17.86 米斩获女子 15—16 岁组铅球金牌，孙艺以 01:9.23 的成绩收获女子 11 岁组 100 米仰泳银牌，范文杰以 22:53.80 成绩收获男子中长跑竞走 13—14 岁组银牌，顾子怡以 19.02 米收获女子 13—14 岁组铅球铜牌。

10 月 11 日

江苏省发改委发文认定 2022 年度省级重点物流基地和企业，如皋港务集团有限公司被认定为 2022 年度省级重点物流企业。

10 月 12 日

《群众》杂志 2022 年第 19 期，刊登《雉水大地高筑“诚信之城”——新时代诚信建设的如皋实践》，专题关注如皋诚信建设。

10 月 18 日

中国化学会最新公布 2022 年第 36 届中国化学奥林匹克(初赛)一等奖学生获奖名单，在江苏省初赛获奖者中，如皋中学石鹄睿、臧泽辰、葛浩天获一等奖。

10 月 24 日

江苏省民政厅官方发布《关于 2022 年省级地名文化遗产评定结果的公示》。其中，如皋入选古城地名，白蒲入选古镇地名。

△ 江苏省首届中小学生实验操作大赛获奖名单公布，如皋市搬经镇常青初级中学等 13 所学校获优秀组织奖，沈克磊等 13 名教师获先进个人奖，如皋白蒲小学部赞岩和如皋外国语小学马文杰获小学科学三等奖。

10 月 26 日

央视新闻频道《晚间新闻》聚焦身边的养老问题，如皋长护险作为典型被关注。

10 月 27 日

江苏省文化和旅游厅、江苏省发展和改革委员会公布《第一批江苏省红色旅游融合发展示范和培育项目名单》，认定 7 个红色旅游融合发展示范项目、8 个培育项目。其中，如皋江安红军小镇融合发展项目入选第一批江苏省红色旅游融合发展培育项目。

10 月 28 日

南通市旅游景区质量等级评定委员发布《关于评定国家 3A 级旅游景区的公告》，如皋李昌钰刑侦科学博物馆获评国家 AAA 级旅游景区。

△ 2022 年三季度“南通好人榜”揭晓，如皋市永葆红色的银发宣讲员陆志深荣登榜单。

10 月 31 日

2022 年 10 月“江苏好人榜”名单发布，如皋坚守约定 15 年带轮椅兄弟旅行万里的章和平当选诚实守信类“江苏好人”。

10 月

第 32 届中国新闻奖、第 17 届长江韬奋奖评选结果正式出炉。如皋市融媒体中心与江苏省广播电视总台联合采制的《“中国共产党江苏如皋县委印”被认定为一级文物》获得第 32 届中国新闻奖重大主题报道类三等奖。这是如皋市融媒体中心首次获得中国新闻界最高奖项。

△ 江苏省公安厅印发《关于命名新一轮全国全省公安机关执法示范单位和岗位的决定》，如皋市公安局被命名为“全省执法示范县级公安机关”。

△ 江苏省科技厅发布2022年度省级工程技术研究中心建设项目名单，如皋市4家企业入榜，分别是江苏卓远半导体有限公司、江苏永大化工机械有限公司、势加透博洁净动力如皋有限公司、江苏艾威机械制造有限公司。

△ 江苏省科技厅公布新一轮创新型领军企业培育行动入库企业名单，如皋市江苏力星通用钢球股份有限公司入选。

△ 江苏省水利厅、省财政厅联合发文，公布2021年度农村河道长效管护、农村供水保障工程、农田水利工程管护和生态清洁小流域项目绩效评估结果，其中，如皋市农村河道长效管护获第一等次，农田水利工程管护获良好等级。

△ 江苏省如皋第一中等专业学校荣获“全国青少年标准化科普教育示范学校”称号。

11月1日

农业农村部发布《第十二批全国“一村一品”示范村镇名单公示》和《2022年全国乡村特色产业超十亿元镇超亿元村名单公示》，如皋市江安镇联络新社区（肉制品）连续上榜。

11月2日

中国农村专业技术协会评选出28个中国农技协最美科技小院，如皋黑塌菜科技小院榜上有名，成为省内唯一入选的科技小院。

11月3日

江苏省教育厅审核确认南京市佳营幼儿园等84所幼儿园为“江苏省优质幼儿园”，如皋市丁堰镇刘海幼儿园、如皋金童幼儿园有限公司、如皋市东陈镇丁北幼儿园3所幼儿园入选。

11月3—4日

由退役军人事务部、四川省人民政府主办的第二届全国退役军人创业创新大赛决赛在四川省成都市落下帷幕，来自全国的93个创新项目同台竞技。如皋退役军人左林“一棵菜的拥军富民情怀”项目获现代农业赛道第二名。

11月9日

江苏省农业农村厅组织开展全省高标准农田示范项目遴选，经县级申报、市级初评、省级评定，2020年度如皋市搬经镇高标准农田建设项目成功入选，被列为全省首批38个高标准农田示范项目之一。

11月10日

第十批次江苏省特色田园乡村名单正式公布，如皋市搬经镇搬东社区搬东榜上有名。至此，如皋共有8个村庄获此殊荣。

△ 交通运输部对2022年“四好农村路”全国示范县拟确定创建单位名单进行公示，江苏共11个县（市、区）入围，如皋上榜。

11月13日

由南通市体育局、南通市教育局主办，南通市体育馆、南通市轮滑运动协会承办的2022南通市青少年轮滑（滑板）锦标赛在南通体育馆落下帷幕，如皋代表队收获九金六银两铜，居团体第一。

11月14日

江苏省信用办公布首批县级地区创新信用管理与服务试点名单，如皋成为全省首批38个县（市、区）试点地区之一。

△ 江苏省人力资源社会保障厅公布第三批“江苏省留学人员之家”名单，如皋留学回国人员创业园成为如皋市首家“江苏省留学人员之家”。

△ 在江苏省政府新闻办公室指导下，《新华日报》联合韩国《中央日报》推出报道《十年发展新图

景，江苏居民生活更幸福》，以如皋为例介绍江苏十年发展成就。

11月17日

全国劳务品牌发展大会在北京举行，大会发布“全国劳务品牌形象代言人”名单，如皋市推荐的“如皋花木园艺师”王如生获得“全国特色劳务品牌形象代言人”称号，全省获此殊荣的仅有两人。

△ 南通市第二届新时代文明实践志愿服务项目大赛暨学雷锋志愿服务先进典型推选结果公布，如皋市有2个项目、2名志愿者、2个组织和2个社区获奖。“马跃皋原”理论宣讲志愿服务项目获评金奖项目，银发领读团志愿服务项目获评铜奖项目，姚呈明、唐晓梅被评为优秀志愿者，如皋市爱行动公益发展中心、如皋市绿芽启爱服务中心获评优秀志愿服务组织，如皋市长江镇中心沙社区、如皋市如城街道仙鹤社区获评优秀志愿服务社区。

11月18日

《光明日报》公布由中国中小城市发展指数研究课题组、国信中小城市指数研究院联合发布的《2022年中国中小城市高质量发展指数研究成果》。其中，如皋市位列2022年度全国综合实力百强县市第19名、2022年度全国绿色发展百强县市第14名、2022年度全国科技创新百强县市第12名、2022年度全国新型城镇化质量百强县市第47名，长江镇位列2022年度全国千强镇前100强第94名。

△ 江苏省质量发展委员会办公室、江苏省市场监管局等九部门联合发文对通过“江苏精品”认证的105家企业的105个产品（服务）予以公告，如皋2家企业获此殊荣，分别是江苏省如高高压电器有限公司生产的“40.5~145kV高压隔离开关”和江苏力星通用钢球股份有限公司生产的“轴承钢钢球（滚动轴承精密钢球）”。

△ 如皋市总工会召开如皋市工会第十六次代表大会。会上，授予江苏顺丰通讯服务有限公司工会委员会等35个基层工会“如皋市模范职工之家”称号；授予南通世睿电力科技有限公司胶囊班等35个工会小组“如皋市模范职工小家”称号；授予薛菲等60人“如皋市优秀工会工作者”称号；授予李林慧等60人“如皋市优秀工会积极分子”称号。

11月21日

全国优秀党务工作者、全国基层理论宣讲先进个人姚呈明，在11月21日发行的《人民日报》理论版，发表题为《让老百姓听得懂、能领会、可落实 把党的创新理论讲清楚讲明白》的理论文章，引起社会各界广泛关注。

△ 江苏省住建厅通报2021年度省级宜居示范居住区创建项目评价结果，如皋市绘园一区，如皋市锦绣一苑、三苑2个项目上榜。

△ 如皋市人民政府授予吴春建、周建华、于小兵、王敏、崔建国5人“如皋市见义勇为先进个人”称号，在全市通报表彰。

△ 2022年陈伯吹国际儿童文学奖征集、评选工作完美收官。来自五大洲30个国家的1149部（篇）作品，经过评选共有73部作品入选2022年度陈伯吹国际儿童文学奖“推荐榜”，其中文字类作品27部（篇），绘本类作品46部。27部文字类作品中，如皋青年作家石若昕作品《小鼠雕像》入选。

11月24日

江苏省档案馆印发《关于全省县（市、区）国家综合档案馆业务建设评价结果的通报》，如皋市档案馆以南通市排名第一的成绩，获评“江苏省示范档案馆”。

△ 南通市文明办、南通市教育局联合举办的2022年第三季度南通市“新时代好少年”评选结果揭晓，江苏省白蒲高级中学学生杨丁铭位列其中。

11月28日

江苏省民族宗教事务委员会公布“第一批全省民族团结进步示范区示范单位”名单，如皋市成功入选。

△ 南通支云足球俱乐部在2022中甲联赛还剩两轮的情况下，领先第四名7分，提前冲超成功，

如皋市委、市政府给俱乐部发去贺信。

11月29日

赛迪顾问正式发布《赛迪投资竞争力百强县(2022)》,如皋位列第32名。

△ 江苏省文化和旅游厅公布第二批江苏省文化和旅游消费示范单位名单,如皋市成功入选 。

△ 中国科协印发《关于命名2021—2025年第一批补充认定的全国科普教育基地的决定》,位于如皋的江苏华夏电影胶片修复技术有限公司华夏电影展示馆榜上有名。

11月30日

竞争力智库、北京中新城市规划设计研究院等机构联合发布《中国县域旅游竞争力报告2022》,同时揭晓2022(第五届)中国县域旅游综合竞争力百强县市、2022(第五届)中国县域旅游发展潜力百强县市名单。如皋市入选2022中国县域旅游综合竞争力百强县市,排名第87位。

△ 国家发改委公布2022年(第29批)国家企业技术中心拟认定名单,如皋上市公司江苏力星通用钢球股份有限公司企业技术中心入选。

12月1日

江苏省工信厅公布2022年度江苏省首台(套)重大装备认定名单,如皋市南通爱可普环保设备有限公司的"面向碳减排的Ekobelt PBT系列高干度生物质干化技术及装备(PBT1/5500-60)"榜上有名。

△ 中共南通市委组织部等部门联合发布《关于命名2022年度党建引领物业管理服务工作市级示范点的通知》,如皋市银座花园小区等6个小区被命名为"南通市2022年度党建引领物业管理服务工作市级示范点"。

12月5日

民政部印发《关于表彰全国养老服务先进单位和先进个人的决定》,授予99个单位"全国养老服务先进单位"称号,授予195人"全国养老服务先进个人"称号,其中,江苏华医大健康服务股份有限公司董事长陈银忠获得"全国养老服务先进个人"称号。

12月7日

中共江苏省委、江苏省人民政府印发《关于表彰"江苏制造突出贡献奖"优秀企业先进个人和先进单位的决定》,对全省50家优秀企业、48个先进个人、50家先进单位进行表彰。其中,如皋市江苏思源赫兹互感器有限公司被评为优秀企业。

△ 12月7日晚8点37分央视12套《道德观察》栏目以《十年替子还债路》为题,关注如皋"中国好人"丛慧玉的故事。

△ 第六届省乡村骨干教师培育站学员优秀课复评结果公布,全省共评出一等奖52节课,如皋周宁宁、王卫锋、孙华丽3名教师获一等奖。

12月8日

江苏省民政厅联合省住建厅、省交通运输厅、省水利厅、省文旅厅、省地方志办公室等六部门召开新闻发布会,公布2022年省级地名文化遗产名单。其中,"如皋"入选古城地名,"白蒲"入选古镇地名。这是江苏首批省级地名文化遗产名单。

12月9日

江苏省市场监管局、省发改委公布2022年度江苏省质量信用AAA、AA级企业名单,如皋4家企业上榜,江苏天南电力股份有限公司被认定为"2022年度江苏省质量信用AAA级企业",江苏万达特种轴承股份有限公司、江苏力星通用钢球股份有限公司、江苏泰慕士针纺科技股份有限公司被认定为"2022年度江苏省质量信用AA级企业"。

△ 11月"江苏好人榜"发布,如皋市火海勇救一家人的建筑工人石增光荣登新一期"江苏好人榜"。

12月12日

农业农村部农业生态与资源保护总站、中国农业生态环境保护协会联合发布《关于公布2022年度国家级生态农场评价结果的通知》，如皋市江安镇合作村的新时家庭农场成功入选。

12月16日

全国县域经济研究咨询专业智库社会组织——中郡研究所完成并发布《第二十二届县域经济与县域发展监测评价报告》，揭晓第二十二届全国县域经济基本竞争力百强县名单，如皋市位列第21位。

12月18日

由江苏省文化和旅游厅牵头开展的“第二批长三角高铁旅游小城”遴选活动，评选结果在杭州举办“水韵江苏·有你会更美”文旅消费推广第三季线上线下推介活动上进行发布，30个长三角高铁旅游小城亮相，如皋市榜上有名。

12月21日

由新华社《瞭望东方周刊》、瞭望智库共同主办的2022中国最具幸福感城市评选结果出炉，如皋市被推选为“2022企业家幸福感最强市（区）”。

12月26日

科技部火炬中心公布国家级科技企业孵化器2021年度评价结果，如皋市科技创业园、如皋科技城创业中心管理有限公司考评结果为良好（B类）。

12月29日

交通运输部、农业农村部、国家邮政局和国家乡村振兴局联合印发《关于公布2022年度“四好农村路”全国示范县创建单位名单的通知》，如皋市成功入选。

12月

中华全国总工会授予如皋市城管局东皋书驿中华全国总工会职工书屋“便利型阅读站点”称号，并配送相关书籍。

△ 江苏省人社厅对《关于申办如皋市高级技工学校的请示》进行批复，同意如皋市技工学校升格为高级技工学校。

2022 年度如皋市综合考核优秀单位和服务地方先进单位

综合考核优秀单位

市级机关第一类：市委办（研究室/机要局/国家保密局/国家密码管理局/接待办/档案局（馆））
人大办(委室)
宣传部（文明办/新闻出版局（版权局）/互联网信息办/文联/社科联/新闻中心）
组织部（编办/非公有制企业和社会组织工委/党建办/机关工委/公务员局）
市纪委（监委/巡察办）
政法委（社会矛盾纠纷调处中心）
检察院
统战部（工商联（总商会）、侨联）
法院
党校
老干部局（离退休干部工委）
政协办（委室）
团委

市级机关第二类：发改委（工业和信息化局/粮食和物资储备局）
政府办（研究室/外事办/机关事务服务中心）
公安局
交通运输局
市域社会治理现代化指挥中心
文体广电和旅游局（文物局）
城市管理局（综合行政执法局）
农业农村局（乡村振兴局）
财政局
人力资源和社会保障局
卫生健康委员会（红十字会）
行政审批局（政务服务管理办）
市场监督管理局（知识产权局/综合检验检测中心）
民政局
地方金融监督管理局（金融办）

镇（区、街道）：长江镇（如皋港工业园区） 丁堰镇 搬经镇 磨头镇

市属国有企业：富皋万泰集团有限公司

服务地方先进单位

市级机关第三类：生态环境局

自然资源和规划局（林业局）

气象局　税务局

供电公司　海关

边防检查站　海事处

2022年度"强富美高"新如皋现代化建设先进集体

项目建设先进集体

长江镇（如皋港工业园区）　高新区（如城街道、城南街道）

丁堰镇　白蒲镇　搬经镇　磨头镇　九华镇

工业运行先进集体

长江镇（如皋港工业园区）　高新区（如城街道、城南街道）

丁堰镇　九华镇　搬经镇　磨头镇

服务业运行先进集体

长江镇（如皋港工业园区）　吴窑镇　搬经镇

财政收入先进集体

丁堰镇

开放型经济先进集体

经济技术开发区（城北街道）　长江镇（如皋港工业园区）

搬经镇　九华镇　磨头镇

科技创新先进集体

高新区（如城街道、城南街道）　经济技术开发区（城北街道）

磨头镇　搬经镇　下原镇

人才工作先进集体

高新区（如城街道、城南街道）　长江镇（如皋港工业园区）

吴窑镇　东陈镇

上市工作先进集体

经济技术开发区（城北街道） 丁堰镇 地方金融监管局

服务建筑业高质量发展先进集体

住房和城乡建设局 高新区（如城街道、城南街道）
江苏江中集团有限公司 南通泛华建设集团有限公司

乡村振兴示范村（社区）

城南街道新华社区 丁堰镇赵明村
江安镇联络新社区 如城街道大明社区
白蒲镇朱家桥村 丁堰镇皋南社区
城南街道肖陆村 搬经镇搬经社区
长江镇义圩社区 城北街道里庄社区

城市建设先进集体

经济技术开发区（城北街道） 高新区（如城街道）
纪委监委 住房和城乡建设局
自然资源和规划局 交通运输局

生态文明建设先进集体

长江镇（如皋港工业园区） 东陈镇
高新区（如城街道、城南街道） 下原镇

农村人居环境整治提升先进集体

农业农村局 住房和城乡建设局
高新区（如城街道、城南街道） 丁堰镇 磨头镇

安全生产先进集体

长江镇（如皋港工业园区） 搬经镇 卫生健康委员会
江苏省特种设备安全监督检验研究院南通分院如皋所

平安建设先进集体

江安镇 搬经镇 公安局 交通运输局 民政局

信访维稳先进集体

信访局 住房和城乡建设局 经济技术开发区（城北街道）

法治建设先进集体

石庄镇 法院 城市管理局

市域治理现代化先进集体

经济技术开发区（城北街道）　搬经镇

食品安全先进集体

江安镇　白蒲镇

文明典范城市创建先进集体

住房和城乡建设局　市场监督管理局
文体广电和旅游局　交通运输局
卫生健康委员会　教育局
经济技术开发区（城北街道）　搬经镇　下原镇
中国电信股份有限公司如皋分公司

国家历史文化名城申报先进集体

住房和城乡建设局　文体广电和旅游局

营商环境先进集体

经济技术开发区（城北街道）　行政审批局

2022年度“强富美高”新如皋现代化建设先进个人

招商引资先进个人

经济技术开发区（城北街道）　张　龙
高新区（如城街道、城南街道）　顾凌峰
长江镇（如皋港工业园区）　陈凤芸
九华镇　张　进　丁堰镇　佘红梅
磨头镇　沙　尉　东陈镇南东陈社区　张　伟
下原镇花园头村　李晓兵　投资服务中心　潘陈宸
投资服务中心社会化招商团队　袁　媛

项目服务先进个人

石庄镇　沙辰宇　吴窑镇　夏　赟
东陈镇　何　杰　市委办　顾文浩
政府办　顾凯驰　发改委　戴海峰
项目办　冒新宇　行政审批局　卢宗志
统计局　王常林　自然资源和规划局　席玉生

科技创新先进个人

政府办　卢应锋　地方金融监管局　许　鹏
财政局　顾爱华　组织部　赵联政
市场监督管理局　石昭全
长江镇（如皋港工业园区）　秦　毅
江安镇　余鲲鹏　九华镇　陈　亮
白蒲镇　陈新红　石庄镇　刘严龙

五星级企业家

陈邦栋　江苏省如高高压电器有限公司法人代表
倪张根　梦百合家居科技股份有限公司董事长
顾柔坚　江苏正威新材料股份有限公司总经理
蒋国强　南通百川新材料有限公司董事长
周　颖　如皋港务集团有限公司董事、副总经理

四星级企业家

朱　强　南通荣威娱乐用品有限公司董事长
盛　晔　森松（江苏）重工有限公司总经理
王　琳　江苏宝众宝达药业股份有限公司总经理
杨如生　南通海泰科特精密材料有限公司董事长
杨国波　双钱集团（江苏）轮胎有限公司总经理
沈良兵　江苏江中集团有限公司董事局主席

三星级企业家

爱德华多　威格（江苏）电气设备有限公司总经理
李　进　江苏永大化工机械股份有限公司董事长
吴言富　南通天泽化工有限公司董事长
萧爱佩　德源（中国）高科有限公司总经理
孙玉峰　南通斯密特森光电科技有限公司总经理
钱淑娟　南通星球石墨股份有限公司董事长
吴华锋　江苏华永复合材料有限公司总经理
杨　敏　江苏泰慕士针纺科技股份有限公司总经理
谈发帮　中铁山桥（南通）有限公司副总经理、总经济师
施祥贵　江苏力星通用钢球股份有限公司董事长
甘　毅　南通阳鸿石化储运有限公司董事长
郭基伟　标龙建设集团有限公司总裁

金融服务先进个人

地方金融监管局　薛喜峰　科创办　李伟华
高新区（如城街道、城南街道）　张　军　搬经镇　杨俊峰
如皋农村商业银行　刘　刚　农业银行如皋市支行　方向明

乡村振兴先进个人

组织部 范存逸　宣传部 陈　飞
政法委 王　颖　住房和城乡建设局 赵仁奇
农业农村局 纪　飞　省乡村振兴工作队 张　泉
丁堰镇 李丽萍　江安镇 唐晓星
高新区（如城街道、城南街道） 沈　燕
下原镇 曹武元　白蒲镇 赵红飞
九华镇郑甸社区 杨小春　城北街道花园桥社区 顾海燕
长江镇中心沙社区 杨　捷　东陈镇徐湾社区 孙　光

城市建设先进个人

文体广电和旅游局 吴爱兵　生态环境局 张林红
信访局 陆海峰　纪委监委 刘　亮
自然资源和规划局 罗中海　财政局 丁正付
调处中心 高　辉　住房和城乡建设局 金丽焱　顾云云
建设管理中心 陈佳佳

科创带建设先进个人

科创办 蔡建兰　高新区（如城街道、城南街道） 骆建网
丁堰镇 姜　哲　下原镇 周山君

省级农高区创建先进个人

科创办 花同根　高新区（如城街道、城南街道） 郝　强　缪　翔

青年友好型城市建设先进个人

人力资源和社会保障局 张建华
组织部 韦　红
高新区（如城街道、城南街道） 孙筱雨

生态文明建设先进个人

城市管理局 孙夏兵　商务局 徐　蔚
农业农村局 石峥嵘　交通运输局 孙宏伟
住房和城乡建设局 陈新国
水务局 曹晓燕　丁堰镇 周志宏
经济技术开发区（城北街道） 施红俊
白蒲镇 孙未丞　九华镇 张　夏

农村人居环境整治提升先进个人

妇　联 程　蓉　供销总社 薛程鹏
农业农村局 姜石泉　肖　群
城市管理局 钱俊峰　水务局 孙春龙

高新区（如城街道、城南街道） 阮爱银
经济技术开发区（城北街道） 田晶晶
石庄镇 倪劲松 下原镇 孙国军

安全生产先进个人

应急管理局 沙 宏 刘 红
发改委 王 春 商务局 李 军
教育局 陈强燕
高新区（如城街道、城南街道） 沈国庆
磨头镇 蔡海勇 九华镇 朱 强
吴窑镇 郝舒航 东陈镇 盛聪锋

平安建设先进个人

长江镇 陈 飞 石庄镇 蔡海建
调处中心 陶建军 政法委 卢丽娜

信访维稳先进个人

政法委 徐 鹏 信访局 佘越剑
公安局 陈 杰
高新区（如城街道、城南街道） 马京武
东陈镇 关小军 白蒲镇 黄继兵
九华镇 刘伶俐 吴窑镇 丁佳艺

法治建设先进个人

江安镇 黄 栋 丁堰镇 黄晓伟
检察院 徐登月 自然资源和规划局 秦爱华

市域治理现代化先进个人

丁堰镇 徐玉俊 下原镇 陈 洁
公安局 徐国兵 卫健委 韩宝裕

文明典范城市创建先进个人

宣传部 孙 路 徐佳佳 范海彬
公安局 张 勇 黄 进
城市管理局 翟建兵 张炳荣
住房和城乡建设局 苏来峰
组织部 姜洪峰
高新区（如城街道、城南街道） 冒 妍 周长慧 林 云
东陈镇 张勇祥
丁堰镇 高 玮
江安镇 蒋留芳

国家历史文化名城申报先进个人

政协办	孙天骄	住房和城乡建设局	徐　斌
文体广电和旅游局	朱小兵	自然资源和规划局	吴　鹏

2022年度机关事业单位集体嘉奖名单

发改委　财政局　行政审批局
人力资源和社会保障局　市域社会治理现代化指挥中心

2022年度机关和参公管理单位嘉奖、记功人员名单

记三等功人员

经济技术开发区（城北街道）　张小平　常　成　周锦旭　杨　扬
高新区（如城街道、城南街道）　何李川　朱　亮　严勤勤　唐亮亮　宦小秀
长江镇（如皋港工业园区）　赵银山　毛勤芹　祁　晗　万翠兰　唐国平
东陈镇　张　华
丁堰镇　林璐璐　章林玲
白蒲镇　张楠楠　周桓宇　陈梓烨　陆　纯
下原镇　邓陈胜　水润民
磨头镇　赵小成
九华镇　张　杰　姚美芳
石庄镇　杨　飞　徐宾宾　汤　祥
江安镇　吴红云　吴　晗　周向阳　冒甜甜　肖　磊
搬经镇　张　斌　刘　璇
纪委监委（巡察办）　倪新建　吴敬民　冯文明　石　安　吴程建　韩国强　徐春建
冯　峰　倪　兵　钱佳佳　王正茂　肖宏未　陈　颖　沈亚平　杨继炎
法　院　吕祝华　徐向伟　刘小芝　陈方圆　王智勇　李　军　郭洁晶　孙庆峰
杨国圣　程存存　蔡丽娟　钟　文　王小敏　李菲菲　魏晓燕
检察院　韩海军　洪志勇　时　捷　张久斌　凌　雯　钱　佳　陈　杰
市委办　刘小龙
人大办　纪成如
组织部　刘培媛　倪晓峰

档案馆　　谢晓明

工商联　　常伟华

残　联　　吴新荣

政府办　　周小荣　沙　莎　万国建

发改委　　冒　岗　冒海燕　秦　雷　薛　婷

教育局　　房丽娜

公安局　　季兴华　陈韶辉　钟俊如　马小锋　丁　俊　赵俊成　陈建飞　章　甦
杨　勇　卢鹏程　丛为群　殷伟伟　徐卫华　吴　娟　黄　进　侯星星
孙道兵　曹小宾　章　凯　章海锋　朱　剑　奚小亮　顾小聪　黄学龙
孙细龙　吴　涛　高新龙　陈　皞　杜欣雨　杨九洲　邱　鹏　魏志伟
王　娟　吴　嵩　周　晖　张克雷　丁洁晗　张　磊　张　森　张进超
许　引　王伟杰　朱骏骅　张跃慧　张智洪　冒根发　陈　惠　魏新华
顾佳慧　王传奇　陈金飞　李炎兵　王富楠　徐　明　金　钦　李春福
马赞冬　朱林森　王智慧　季　拓　张志炜　朱　斌　凌亚进　阚　超
施沪赣　葛晨伟　石　宝　李宝华　周家宝　张小军　朱兴虎　陆星星
彭建军　朱莹莹　曹永成　张国华　朱一龙　陈　虎　梅春华　樊雨薇
徐宏亮　何　尧　薛根龙　汤　斌　朱新星　许金平　吴志勇　贲礼军
贾　进

司法局（含司法所）　吴亚军　刘海波　章际萍

财政局（含财政和资产管理局）　蔡志兵　张小俊　马九玲　倪春华　余建红　于　威
陈晓明　申国芳　何慧琳　王美荣　陶　乐　吴继钊　姚　楠　王婷婷
刘辉铖

人力资源和社会保障局　夏　璐　李　俊

自然资源和规划局　罗中海　周　新　陈丙林　黄海桃　尹一萍　丁春辉　孙　艳
何　鑫　王全明

住房和城乡建设局　章　宇　许波伟　吕德广　蔡小华

城市管理局　张炳荣　邹宏伟　赵四军

交通运输局　徐静娟

农业农村局　吴小东　吴宏霞　张恒然　石亚全　印金斌　李　剑　常学根

商务局　白　洁

文体广电和旅游局　章　强　刘培新

卫生健康委员会　范旻昊

应急管理局　丁小庆

审计局　孟　亮　吴丽君

行政审批局　高　艳

市场监督管理局　郭　鑫　章霞红　许洪剑　袁龙飞　葛辰汐　陈欣悦　崔梦月
段海飞　王立军　江　荣　吴海佳　王健伟

统计局　夏　树　陈　艳　朱　健

信访局　谢翠东

地方金融监督管理局　许　伟

供销总社　王红德　展冬梅

双联双助　姜石泉　薛小青　冯志刚

污染防治攻坚办　刘银泉
政务服务窗口　高建如　毛海霞
重大工作专班　詹文天　孙　健　徐　剑　吴　双

嘉奖人员

经济技术开发区（城北街道）　苏爱国　贾根建　田晶晶　黄成智　王建华　于永建　张　龙　谢智鹏　冒　军　郭锡兵　范小红　周保贵　张英霞　朱小妹　胡琦航　钱振龙　许荷菊　耿建波　陈　鹏

高新区（如城街道、城南街道）　孙　鑫　张　军　宗小海　周小芳　郭桂忠　阮爱银　冒爱群　范存莲　沈　燕　黄海泉　吴亚兵　马京武　骆建网　朱伟峰　周健杏　宗　刚　王宏斌　孙　飞　徐超贤　沙浩宇　徐家鹏　段晓洁　张长健　洪美婷　徐　诚　李翠红　毛克建　杨海郎　毛玉才　鲁　洁　朱建明　杨宁静　钱亚军

长江镇（如皋港工业园区）　许　薇　秦　天　高源兵　吴　荣　陈凤芸　张善良　顾　潍　周海丽　顾如江　陈雅妍　丁媛晶　施国建　颜云峰　侯皓辰　王爱萍　杨陈龙　吴晨露　任跃华　宋海鹏　吴江帆　成思嘉　孙露露　李　彬　田中兵　刘泳利　周雅楠　顾莹莹　居　然　沙培培　阮萍萍　朱小娟　吴　亮　宋蕾蕾　吴　庆　张亚平　孙智勇　季　波

东陈镇　王　洁　陈新煜　赵　群　严　锴　王　颖　房晓琳　陈　梅　朱伟儒　冒许鹏

丁堰镇　刘小冬　戴铁楠　高　玮　石　坚　黄晓伟　蔡虹虹　冯　浩　孙　颖　阮世娇　徐铁秋　张　雨　钱浩宇

白蒲镇　黄庆庆　尹　颖　王亚明　章　炜　汤雯涓　季佳鑫　陈绍云　谢　添　汪志鹏　李　玲　刘宏哲　陈宏宇　陆晓丹　陈宏魏

下原镇　于　俊　曹武元　张　溢　张耀文　曹玺雯　陈　杲　丛海燕

吴窑镇　薛洁铭　丁佳艺　石光富　江一帆　顾琳颖　丁曼丽　朱红娟　谷亮亮　贾轶群　陈　文

磨头镇　王　红　薛　涛　沙　尉　蔡　娟　陈韦嘉　沈　越　戴亚军　唐　红　章裕阳　闵剑飞　钱欣怡　陈　峰　周天舒

九华镇　胡素华　陈书培　张　进　肖茂华　姜建如　潘　一　钱　佳　冯　云　潘淏源　张　睿　王冰洁

石庄镇　李　彬　许　乐　周复军　杨　丰　殷　俊　刘严龙　朱昊然

江安镇　唐晓星　余鲲鹏　陈　燃　郭丽霞　朱新亚　石乐然　徐爱红　郭杰文　孙　雷

搬经镇　卢小冬　张　妍　郭　庆　袁　健　杨　鹏　顾承龙　郝钱慧　陈咤云　季美洁　史子杰　肖　伟　刘培培　赵海燕　邱淑莉　陈　柳　张　旭　宗　丹　秦雨薇　张欣娴　汪　辉　王留兵　范行知　张秀妍　姚　远　朱宇澄　邓晓颖　张世奇

纪委监委（巡察办）　马铁军　吴红兵　熊庆深　徐正华　缪红云　夏玲娟　季美华　吴　伟　程继红　朱凡亚　李益民　陆　琦　张　云　陈　建　谢　鹏　许彬彬　高　敏　王苏晶　钱益俊　陈维维　张　政　印荣伟　章　磊

范林麒 孙侃 杨睿 王树东 吴树锫 娄云刚 钱海玲 程钰森
陆忠峰 洪美娟 施国华 杜浩然 戴妍 张家燕 章丽娟 郑焜方
王佑婧

法院 唐明渠 顾雪红 李斯武 陈祥 周云 朱玉林 邹亚军 刘洋洋
陈路遥 李玉 许燕 石燕 池锋 朱丹丹 李婕 江丽南
李海春 魏群 蒋胤浩 陈思思 白羽翔 闫静 李燕杰 蔡达高
陈建华 卢婷婷 汤天意 陈东 陈璇 顾梅红 汤美珠 张蓉蓉
宗爱萍 李来忠 邱观玉 沈寿平 郝玲丽 钱柳琦 沙屿 孙柳
葛伟 沈鹏 王华 沈飞 刘娟 何叶 王毅承 薛专
卢建辉 陈康 张洵 肖剑飞 张学和 金霁 孙陈鹏

检察院 吴晓栋 冒峰 李章宁 陈志刚 刘兰 朱鹏 章艾华 洪倩文
徐登月 周华嵩 张海朋 王明君 李先铸 陈鸽 朱慧 吴晶
卞雯雯 吴洁 姜平

市委办 吴小平 黄大鹏 张晨 李烨 张骥 佘婷婷 金毅亮 杨洋
石敏

人大办 陈敏敏 李晓红 范晓强 吉小燕 张轶 张健 冒燕 钱建宏
缪爱国 洪军 王森 虞萌萌 蔡可建

政协办 冒海清 陈晓仲 顾燕枫 沙海军 吴小蓉 沈德君 程学军 钱德贵
马军

组织部 陈飞 姜洪峰 陈波 彭之俊 刘东 周士锋 顾如兵 丁光晶
赵联政 刘轶凡 周晨阳 张琦浩 汪捷 孙乐 孙翀 冒诚
朱宇家 王仲仲 郭伟

宣传部 纪树华 钱钰璐 田祥 丁群 孙海军 张欣茹 朱丽丽 洪磊

统战部 宗爱君 姚大平 王晓云 蔡志华 金浩然 郭小平 范红伟 朱一飞
刘亚峰

政法委 高生健 曹蓉 丁晓文 尤勇 夏新鹏 苏鑫 殷杰

编办 姚建军 郁梅 钱娟 钱雯

老干部局 徐亚军 严金宏 钱丹 李向阳 张爱军

接待办 贲如江 管堃芃

党史办 王小星

党校 石留权 吴娟

档案馆 陈永圣 周春燕 陈建华 丁小雁

总工会 许益飞 程来斌 沙旭宇 陈广生

团委 沈伟 金霞 范梦洋

妇联 阮志刚

工商联 许映华 环志刚

政府办 陈建军 丁陆一 马薛松 曹明海 张颖 徐如成 钱为华 黄蓉
沈向阳 范余靖 胡莹莹 顾凯驰 张雨露 朱勇伟

发改委 郭建 章建德 崔伯圣 徐钢 章旭 钱超飞 刘宏莉 王婵婵
王向前 陈小剑 张旭 张海俊 臧亚军

教育局 陈强燕 梁军民 周荣平 刘剑锋

科创办 丛明昌 陈广建 董宇 周寅 王建华 丁鹏 陈东升

公安局　邢新华　邱俊　郑云娟　张勇　刘金华　魏宏海　张林　周雪峰
张李军　郝小雨　孙夏华　蔡成兵　王振　陈飞　黄震　练达飞
冒友建　吴云　江锋　姚小凤　卢宇　蔡嘉　仇国俊　柳红梅
许佩建　朱勤　唐莉莉　钱元　于成兵　钱伟　肖明　葛存根
尤军　章小颖　张启明　朱海军　夏海峰　王超　刘海峰　吴鑫浩
刘铃　肖红　章明　李茜　卢建军　宗式明　于杰　顾海林
支俊　崔晨曦　丛小可　马建林　顾卫明　魏武　张亚平　冯伟
刘琦　吴羚羚　李然　周发华　陈群　杨婷　邓国尉　桑圣杰
黄海军　孙敏　许金灿　郭夕军　孙利　葛振峰　王晋东　刘园园
任吉建　黄兴海　许波康　朱军　秦棋彬　沈天文　汪洋　薛峰
翟怀庚　石淦　贾轲　沈茜　谢子豪　江文军　陈文辉　郭鑫
刘辉　侯文远　朱志敏　章鑫　俞群杰　顾富城　吴光涛　李翔翔
吴姜　杨建群　刘前　乔栋　戴志勇　李澄澄　邓建龙　朱凯杰
薛锋　夏旭　郝亚琴　刘彩霞　王娟　孙军　杨海燕　贾玉山
李辉　马飞飞　卢建宏　季小云　张菲　周婷　沈孝荣　吴建军
刘志祥　王安洋　贾宇棋　张鲁男　王鹏　宦健　胡加俊　刘向阳
宗新梅　周峰　张静文　吴玺　吴凯　朱寿浒　曹文忠　何潇
石柳柳　李嘉豪　高旭　朱益飞　薛明宇　殷海坤　张炜　何庆如
周杏钰　薛诗琪　孙飞　周海祥　孙向琴　李建安　仇旭　黄剑峰
张浩臻　王乔　高云曦　顾松华　张建峰　刘昊　于明雨　马强
黄勇　穆益峰　陈洋洋　张发军　汤小勇　夏亦凡　刘浩　江建云
蒋志强　许映亮　薛建国　范晓波　刘贵彬　李百战　张文浩　范圣地
朱寿龙　孙婧琳　李昌荣　吴兴兴　陈旭伟　陈彬　朱益雷　陈钱根
王慧　王鹏　周海菠　陈剑锋　许凡　卢建军　朱济军　马骏池
沈晓天　蒋勇　叶向荣　蔡文生　郭建　陈洁　郭智峰　徐晓岗
吴小兵　俞筱筠　石小凡　杨建斌　何福元　薛晓莉　夏冬　蔡呈鑫
杨庆慧　杨剑平　丁华　宗文江　秦旺健　顾建华　吴尤建　周昌福
陈俊　仇正华　顾佳佳　许浩　严循宏　郭志华　朱晨宇　刘玉杰
马家驹　陈梆　董剑雄　宗志勇　夏吉祥　史炎青　吴克祥　孙丽俊
李强　夏悦斌　狄建明　田童童　邬宝兵　马晓梅　尹晓虎　明波
张哲　王鼎立　谢进松　郁海燕　刘伟伟　何蔚蔚　常琳悦　吴星星
陈黎明　杨哲健　夏磊　周平　朱文龙　夏云龙　武宏伟　刘旭
居建和　陈晖　薛璐　蔡月琴　印振峰　郝传民　薛国辉　朱爱琴
陈宇昕　丁宇　王策　李鑫　张贤刚　李晓新　许逢俊　刘吉
曹阳　张丽君　冒磊磊　谢鑫　郭晓龙　朱冰倩　高进　郭霁贤
陈志刚　杜翔翔　张爱明　马红军　卢冬青　周光明　陆挺

民政局　丁山燕　颜海群　杨兵　仇刘兵　刘晓云　司刘宏

司法局（含司法所）　缪霄峰　朱旭　金雅萍　张达永　徐晶　朱遒　邱亚丽
周海霞　王智伟　孙禹琴　缪小雪　沈李丹　施彬　朱灵甲　董同瑶
黄栋　姚鑫亚

财政局（含财政和资产管理局）　张建明　许灵鋆　谢晓红　章晓峰　沈丽　钱吴明
夏泉虎　吴志宏　姜亚琴　丁洁琴　朱小平　金卫东　张林　陈顾军

	顾爱华	蒋正华	张　伟	陶明建	王晓光	张骅麒辉	张　晖	张新建
	陈　飞	谢小鸿	范桂富	李　洁	吴正楠	严循智	葛云才	宗爱娟
	李　璨	范　瑶	张　艺	曹晓红	陈建平	朱从如	王　翔	顾新泉
	房张宇	杨雪梅	骆浩杰	章　飞	吴彬彬	顾箫悦	黄　玲	王檬雨
	王　垚	陈冠名	谢　楠	夏　雨	吴　喆	孙小刚	吴鸿疆	薛桂元
	沙荣富	宗　茜	谢天瑶					
人力资源和社会保障局		胡晓勇	周昌峰	郭建东	徐进新	张　嵩	周　建	杜荣松
	夏李峰	姜　红	王晓兵	徐尹荣				
自然资源和规划局		石　剑	秦爱华	陈　建	邓小兵	顾鸿凌	王晓益	黄　鹏
	刘洪泽	李洪兵	沈陈高	鞠澎鹏	马　垚	徐友铭	樊建峰	马嵘嵘
	冒淑芸	顾　斌	张立群	郑淑一	薛耀军	单伟伟	张安文	赵新强
	周海飞	谢玲玲	何　苏	刘　意	沈建华	沈小建	丁小峰	陈永建
	刘春艳	石高龙	周　康	张明明	冯海燕	陈春健	许　兵	徐海林
	仇张兵	王彬彬	薛叶峰	王群鑫	陈周蓉	程文杰	孙红旗	苏蒋倩
	刘　哲	沙青青	朱亚军	付　超	王正军			
住房和城乡建设局		张建军	许映龙	王秀颖	程琳燕	苏来峰	黄　荣	殷建峰
城市管理局		黄山虎	袁权民	吴晓春	冒学宏	秦肖建	史　春	吴汉青
	谷　鹏	吴　昊	张石林	黄晓娟	张拥军	胡碧草	朱益平	吴造荣
	钱潍兵	张　高	冒海蓉	扎西旺杰		环　鹏	申　俊	俞　波
	夏小明	陈　林	包龙庚					
交通运输局	苏　强	肖　宏	张　旭	孙宏伟	顾小霞	孙桂权	王甫军	
水务局	管　峰	孙亮亮	石曹唯	隋　勇	周春网	张晓苏	王　鹍	
农业农村局	柳杰军	季浩民	王志斌	陈小明	袁千竣	房丽华	张继勇	吴丽春
	汤小勤	焦伟伟	薛永红	仇永华	庄中建	冒灵慧	丛　蓉	高明亮
	陈冬冬	崔冬妍	冒海银	司建华	张冬梅	李劲松	包善微	付玉飞
	薛海荣	李国华	马　宏	倪玉堂				
商务局	刘加峰	石　坚	李仁华					
文体广电和旅游局		谢裕斌	夏建国	阮强舟	陈建波	陈晓冬	陈大勇	徐　萍
	季方祥	李雯雯	黄　辰	杨志梅				
卫生健康委员会		马军华	吴海燕	邵欣欣	沈　健	马　红	石伟伟	贾亚丽
	张建萍	顾鸿军	王　璐	肖　燕	金铃铃	张　伟	鞠小军	张　炜
	姚永红	傅小波	陈中锋	周慧敏				
红十字会	丁　群	沙海燕						
退役军人事务局		张金森	陈　艳	吴强伟	胡海桂			
应急管理局	杨　建	陈聪颖	张茂林	毛宏军	周　赟	花健强	蔡徽徽	徐金澄
审计局	龚　晶	沈世全	周晓舟					
行政审批局	徐　猛	杨晓峰	张　军	王海军	赵　越	王巍巍	周　喆	陈海波
	於荣荣	范何琴	陈岳琴	谢冬梅	韩陈霞	邱宏波	王　冲	许　蓉
	张　伟	孙　兵	李冬兵					
市场监督管理局		贾宏斌	李晓东	章志林	王雪松	刘正华	陈小颖	冒云岭
	吴　勇	张　悦	杨丽芹	朱国庆	王志刚	朱学剑	严晓华	李俊峰
	徐　慧	茅志诚	张　翀	吴志坚	祝　煌	石晓云	王骁翔	程　霆

	郭洪梅	谢 晖	卢 娜	张郡楠	许爱学	范 颖	沙姿含	曹小建
	季智鑫	戴迎祥	周小朋	朱 华	蒋春艳	施逸婷	朱 辰	陆天颖
	李忆南	陈莹皎	储瑞星	张 奔	郭镇鑫	张婷婷	范崇余	陈 兵
	缪拥军	秦 纯	戴 悦	曹晓悦	徐慧婷	仇向春	曹雪晴	陈亚红
	凌 杰	朱 峰	仲福荣	杨启斌	王周洲	石剑锋	杨成兵	崔俊驰
	石昭全	朱建宏	朱国坤	刘小建	李玉宏	黄建林	周 茜	赵笑冰
	许瑞兵	秦志云	施浩庭	王卫东	姜 林	王兆琪	姚建如	刘桂余
	邹继平	吕 健	陆 冯	李 韬	张镨文	王宏亮	章贵明	丁永刚
统计局	季 康	陆 敏	陈玉星					
医疗保障局		薛正刚	周小宏	肖海薇				
信访局	施俊杰	郁 宇	李 鹰					
地方金融监督管理局			张晶晶	马 晖	吴建忠			
国资办	张志洪	章凌君						
供销总社	石亚东	沙旭东						
建管中心	刘建华							
税务局	解应贵							
生态环境局	黄晓华							
气象局	陈新育							
供电公司	管建明							
海 关	邵 剑							
边防检查站	王建华							
海事处	苏 健							
第一书记	姜跃进	明 辉	曹 飞	夏海波				
城建指挥部	高 辉							
人居办	张 建							
双联双助	洪 勇	陈志坤	徐玮萌	苏秀银	崔亚云	薛宜发	江 宇	徐关保
	朱敏建	丁 虹	贲新星	倪小卫				
重大项目办	冒新宇							
长三办	葛 波							
巡察工作	陆效东							
大督查	樊 靖	刘 亮	黄 辉	钱云鹏	纪春景			
污染防治攻坚办		刘三五	王汉杰					
政务服务窗口		黄瑞明	宗薇薇	周一心	孙孔飞	沈一镜	冯海兵	范苏艳
	管永贞	姚新红	黄 翠	李建兵	余性强			
市域治理中心（含 12345）			徐绍鑫	康晨晖				
重大工作专班		李 曼						
文明城市创建		徐循然						
专武条线	邢向荣	季长青	郭爱民	孙天林	马建平	吴志伟	倪东林	

组织机构

Zuzhi Jigou

2022 年度新任市领导

石 兵 如皋市人大常委会副主任、党组成员，如皋高新技术产业开发区党工委书记

石兵，男，1971 年 10 月出生，汉族，江苏如皋人，1992 年 8 月参加工作，1995 年 11 月加入中国共产党，省委党校大学学历。

1990 年 9 月至 1992 年 6 月，苏州大学政治专业大专学习；

1992 年 8 月至 1994 年 5 月，如皋市吴窑乡团委副书记；

1994 年 5 月至 1995 年 10 月，如皋市石北乡团委副书记；

1995 年 11 月至 1996 年 4 月，如皋市石庄镇镇长助理，副镇长候选人；

1996 年 4 月至 2000 年 3 月，如皋市石庄镇副镇长；

2000 年 3 月至 2000 年 8 月，如皋市吴窑镇行政工作组成员；

2000 年 8 月至 2001 年 9 月，如皋市石庄镇行政工作组成员；

2001 年 9 月至 2001 年 10 月，如皋市石庄镇副镇长；

2001 年 10 月至 2004 年 12 月，如皋市石庄镇党委委员、副镇长(2002 年 9 月至 2004 年 12 月，江苏省委党校经济管理专业学习，取得大学本科学历)；

2004 年 12 月至 2005 年 12 月，如皋市石庄镇党委副书记；

2005 年 12 月至 2006 年 12 月，如皋市如皋港经济开发区管委会副主任、党工委委员；

2006 年 12 月至 2007 年 1 月，如皋市九华镇党委副书记、镇长候选人；

2007 年 1 月至 2007 年 7 月，如皋市九华镇党委副书记、镇长；

2007 年 7 月至 2007 年 12 月，如皋市九华镇党委副书记、镇长(主持党委工作)；

2007 年 12 月至 2009 年 12 月，如皋市九华镇党委书记、人大主席；

2009 年 12 月至 2011 年 12 月，如皋市九华镇党委书记、镇长；

2011 年 12 月至 2012 年 2 月，如皋经济开发区党工委副书记(列马金华之后)；

2012 年 2 月至 2015 年 1 月，如皋经济开发区党工委副书记、管委会主任、如皋高新技术产业开发区党工委书记；

2015 年 1 月至 2016 年 11 月，如皋经济技术开发区党工委委员、管委会副主任，如皋高新技术产业开发区党工委书记、城南街道党工委书记；

2016 年 11 月至 2017 年 10 月，如皋经济技术开发区党工委委员、管委会副主任，如皋高新技术产业开发区党工委书记，城南街道党工委书记、人大工委主任；

2017 年 10 月至 2018 年 1 月，陕西洋县县委常委、副县长(挂职)，如皋经济技术开发区党工委委员、管委会副主任，如皋高新技术产业开发区党工委书记，城南街道党工委书记、人大工委主任；

2018 年 1 月至 2019 年 11 月，陕西洋县县委常委、副县长(挂职)，如皋经济技术开发区党工委委员、管委会副主任，如皋高新技术产业开发区党工委书记，城南街道党工委书记；

2019 年 11 月至 2020 年 5 月，如皋高新技术产业开发区党工委书记、城南街道党工委书记；

2020 年 5 月至 2021 年 12 月，如皋高新技术产业开发区党工委书记；

2021 年 12 月至 2022 年 1 月，如皋高新技术产业开发区党工委书记、三级调研员；

2022 年 1 月至今，如皋市人大常委会副主任、党组成员，如皋高新技术产业开发区党工委书记、三级调研员。

张炜龙　　如皋市政府副市长、党组成员

张炜龙，男，1976 年 9 月出生，汉族，江苏如东人，1999 年 11 月参加工作，2000 年 12 月加入中国共产党，省委党校研究生学历。

1996 年 9 月至 1999 年 7 月，江苏财经高等专科学校财政系税务专业学习；

1999 年 11 月至 2000 年 4 月，如东县华丰乡政府办公室工作；

2000 年 4 月至 2002 年 3 月，如东县城南镇政府办公室秘书；

2002 年 3 月至 2003 年 3 月，如东县委组织部办公室工作；

2003 年 3 月至 2007 年 4 月，如东县委组织部组织员［2002 年 9 月至 2005 年 7 月，扬州大学法学专业（函授）学习毕业］；

2007 年 4 月至 2007 年 11 月，如东县委组织部办公室副主任；

2007 年 11 月至 2007 年 12 月，如东县委组织部办公室主任（2007 年 12 月，明确为副主任科员）；

2007 年 12 月至 2008 年 12 月，南通市人民政府办公室综合调研处工作；

2008 年 12 月至 2010 年 12 月，南通市人民政府办公室第三产业处副主任科员；

2010 年 12 月至 2013 年 4 月，南通市人民政府办公室服务业处副处长；

2013 年 4 月至 2013 年 5 月，南通市人民政府办公室综合调研处副处长、主任科员；

2013 年 5 月至 2014 年 9 月，南通市人民政府办公室综合八处（调研处）副处长、主任科员（2010 年 9 月至 2013 年 7 月，江苏省委党校南通班政治经济学专业研究生学习毕业）；

2014 年 9 月至 2019 年 5 月，南通市人民政府办公室综合四处处长；

2019 年 5 月至 2019 年 12 月，南通市人民政府办公室市政府督查室主任；

2019 年 12 月至 2020 年 3 月，南通市人民政府办公室市政府督查室主任、一级主任科员；

2020 年 3 月至 2022 年 6 月，南通市人民政府办公室副主任；

2022 年 6 月至 2022 年 7 月，如皋市政府副市长人选；

2022 年 7 月至 2022 年 8 月，如皋市政府副市长；

2022 年 8 月至今，如皋市政府副市长、党组成员。

崔建村　　如皋市政府副市长、党组成员

崔建村，男，1974 年 9 月出生，汉族，江苏如皋人，1992 年 8 月参加工作，1999 年 8 月加入中国共产党，中央党校研究生学历。

1989 年 9 月至 1992 年 7 月，江苏省劳动经济学校劳动管理专业学习，取得中专学历；

1992 年 8 月至 1994 年 9 月，如皋市技校工作人员；

1994 年 9 月至 2001 年 4 月，如皋市劳动局工作人员（1997 年 9 月至 2000 年 7 月，省委党校干部函授学院经济管理专业学习，取得大专学历）；

2001 年 4 月至 2002 年 7 月，如皋市社会劳动保护管理处办公室副主任（2002 年 1 月至 2002 年 7 月，借调如皋市委办公室工作）；

2002 年 7 月至 2003 年 1 月，如皋市委办公室工作人员；

2003 年 1 月至 2003 年 9 月，如皋市委办公室工作人员，白蒲镇镇长助理（挂职）；

2003 年 9 月至 2004 年 1 月，如皋市委办公室经济科副科长，白蒲镇镇长助理（挂职）；

2004 年 1 月至 2005 年 1 月，如皋市皋南镇副镇长人选、副镇长（2002 年 9 月至 2004 年 12 月，省委党校经济管理专业学习，取得大学本科学历）；

2005 年 1 月至 2005 年 3 月，如皋市如城镇行政工作组成员；

2005 年 3 月至 2005 年 12 月，如皋市如城镇副镇长；

2005 年 12 月至 2006 年 1 月，如皋市如城镇党委副书记；

2006 年 1 月至 2007 年 1 月，如皋市如城镇党委副书记，市招商局党委委员、副局长；

2007 年 1 月至 2009 年 1 月，如皋市如城镇党委副书记、纪委书记；

2009 年 1 月至 2010 年 12 月，如皋市政府办公室副主任、党组成员；

2010 年 12 月至 2011 年 1 月，如皋市丁堰镇党委副书记、镇长人选；

2011 年 1 月至 2013 年 12 月，如皋市丁堰镇党委副书记、镇长；

2013 年 12 月至 2016 年 11 月，如皋市丁堰镇党委书记（2012 年 9 月至 2015 年 7 月，中央党校研究生院经济管理专业学习，取得硕士研究生学历）；

2016 年 11 月至 2017 年 1 月，如皋市委办公室副主任（列张百璘后，原正科职不变）；

2017 年 1 月至 2017 年 4 月，如皋市委办公室主任、市接待办公室党组书记；

2017 年 4 月至 2017 年 9 月，如皋市委办公室主任、市接待办公室党组书记，市委改革办公室主任；

2017 年 9 月至 2018 年 1 月，如皋市委办公室主任；

2018 年 1 月至 2019 年 11 月，如皋市委办公室主任、研究室主任；

2019 年 11 月至 2020 年 7 月，江苏南通国家农业科技园区管理办公室主任，如皋工业园区党工委副书记、管委会主任，如城街道党工委书记；

2020 年 7 月至 2021 年 5 月，江苏南通国家农业科技园区管理办公室主任、党工委副书记，如皋工业园区党工委书记，如城街道党工委书记；

2021 年 5 月至 2022 年 1 月，江苏南通国家农业科技园区管理办公室主任、党工委副书记，如皋工业园区党工委书记；

2022 年 1 月至今，如皋市政府副市长、党组成员。

杜晓峰　　如皋市政府副市长、党组成员

杜晓峰，男，1977 年 2 月出生，汉族，江苏如皋人，1994 年 8 月参加工作，2004 年 5 月加入中国共产党，中央党校研究生学历，硕士学位。

1991 年 9 月至 1994 年 7 月，江苏省苏动经济学校劳动管理专业学习，取得中专学历；

1994 年 8 月至 2002 年 8 月，江苏省如皋市技工学校教师（1994 年 8 月至 1997 年 12 月，南京大学经济管理专业自学考试学习，取得大专学历；1998 年 1 月至 2000 年 12 月，南京大学经济管理专业自学考试学习，取得大学本科学历）；

2002 年 8 月至 2004 年 5 月，共青团如皋市委办事员（2003 年 1 月至 2003 年 9 月，挂职常青镇镇长助理）；

2004 年 5 月至 2005 年 5 月，共青团如皋市委学少部部长；

2005 年 5 月至 2006 年 4 月，共青团如皋市委工农青年部部长兼市级机关团工委书记；

2006 年 4 月至 2006 年 12 月，如皋市委办公室工作人员；

2006 年 12 月至 2007 年 12 月，如皋市委办公室秘书、督查科副科长、督查科科长；

2007 年 12 月至 2008 年 12 月，如皋市委办公室主任助理；

2008 年 12 月至 2009 年 12 月，如皋市委办公室副科级秘书、主任助理；

2009 年 12 月至 2010 年 12 月，如皋市委办公室主任助理、市委研究室副主任；

2010 年 12 月至 2014 年 12 月，如皋市下原镇党委副书记、镇长；

2014 年 12 月至 2018 年 1 月，如皋市下原镇党委书记[2012 年 9 月至 2015 年 7 月，中央党校研究生院经济学（经济管理）专业学习，取得研究生学历；2013 年 3 月至 2016 年 6 月，南京林业大学农村与区域发展专业学习，取得农业推广硕士学位]；

2018 年 1 月至 2019 年 11 月，如皋市白蒲镇党委书记；

2019 年 11 月至 2020 年 9 月，如皋市委办公室主任；

2020 年 9 月至 2021 年 12 月，如皋市委办公室主任，一级主任科员；

2021 年 12 月至 2022 年 1 月，如皋市委办公室主任，四级调研员；

2022 年 1 月至今，如皋市政府副市长、党组成员。

陈小燕　　如皋市政协副主席、党组成员

陈小燕，男，1972年2月出生，汉族，江苏如皋人，1992年7月参加工作，1995年4月加入中国共产党，省委党校研究生学历。

1990年9月至1992年7月，苏州大学政治系学习，取得大专学历；

1992年7月至1993年11月，如皋市柴湾乡政府办公室工作；

1993年11月至1996年5月，如皋市柴湾乡政府文书；

1996年5月至1997年10月，如皋市柴湾乡党委秘书（1997年3月至1997年9月，借用市政府办公室工作）；

1997年10月至1998年5月，如皋市政府办公室工作人员；

1998年5月至1999年11月，如皋市政府办公室秘书；

1999年11月至2000年9月，如皋市政府办公室工业财贸科副科长；

2000年9月至2002年6月，如皋市政府办公室督办科副科长（2001年8月至2003年12月，中央党校函授学院经济管理专业学习，取得大学本科学历）；

2002年6月至2004年12月，如皋市政府办公室综合一科科长（2004年3月，明确副主任科员）；

2004年12月至2006年12月，如皋市政府办公室副主任、党组成员；

2006年12月至2007年1月，如皋市袁桥镇党委副书记、镇长人选；

2007年1月至2009年12月，如皋市袁桥镇党委副书记、镇长；

2009年12月至2011年12月，如皋市袁桥镇党委书记、人大主席；

2011年12月至2013年3月，如皋市袁桥镇党委书记（2009年11月至2012年7月，省委党校社会学专业学习，取得研究生学历）；

2013年3月至2013年7月，如皋市委老干部局局长；

2013年7月至2014年12月，如皋市委组织部副部长、老干部局局长；

2014年12月至2015年8月，如皋市委组织部副部长、老干部局局长，市人才工作办公室主任；

2015年8月至2016年11月，如皋市委组织部副部长、老干部局局长、“两新”工委书记，市人才工作办公室主任；

2016年11月至2017年2月，如皋市委组织部副部长，市政府办公室副主任、党组副书记（列冒平后，原正科职不变）；

2017年2月至2017年5月，如皋市政府党组成员，市政府办公室主任、党组书记，市委组织部副部长；

2017年5月至2019年11月，如皋市政府党组成员，市政府办公室主任、党组书记（2018年12月，职务职级并行享受副处级待遇；2019年6月，套转四级调研员）；

2019年11月至2021年6月，如皋市政府党组成员，市政府办公室主任、机关党组书记、四级调研员；

2021年6月至2022年1月，如皋市政府党组成员，市政府办公室主任、机关党组书记、三级调研员；

2022年1月至今，如皋市政协副主席、党组成员，三级调研员。

2022年度如皋市组织机构及负责人名录

中国共产党如皋市委员会

书　　　记　何益军
副　书　记　王鸣昊　丁兴华
常　　　委　何益军　王鸣昊　丁兴华　高　峰　程瑞琴(女)　顾留忠
秦金春　夏　淼　朱莹滢(女)　陈鸣华　卢志敏
杨天锡(挂职,2月18日任)　许敬乔(女,挂职,7月15日任)

如皋市人大常委会

主　　　任　司祝建(1月8日继续提名,1月14日任)
党组书记　司祝建
党组副书记　陈万圣(1月24日免)
副　主　任　陈万圣(1月8日辞)　张　勇(1月8日辞)
钱志刚(1月8日辞)　缪爱诚(1月8日新提名,1月14日任)
张百璘(1月8日新提名,1月14日任)
刘晓洁(女,1月8日新提名,1月14日任)
石　兵(1月8日新提名,1月14日任)
党组成员　左伯华　王贵成　纪成如

如皋市人民政府

市　　　长　王鸣昊(1月8日继续提名,1月14日任)
党组书记　王鸣昊
党组副书记　顾留忠
副　市　长　顾留忠(1月8日继续提名,1月14日任)
许敬乔(女,挂职,7月15日提名,7月28日任)
黄文斌(1月8日继续提名,1月14日任)
陈鸣华(1月8日继续提名,1月14日任)
张亚鸾(女,1月8日辞)　张百璘(1月8日辞)
吴海军(1月8日继续提名,1月14日任,7月28日辞)
张炜龙(6月2日提名,7月28日任)
顾　凡(女,1月8日继续提名,1月14日任)
陈　刚(1月8日继续提名,1月14日任)
崔建村(1月8日新提名,1月14日任)
杜晓峰(1月8日新提名,1月14日任)

唐余宽(科技镇长团团长挂职)

中国人民政治协商会议如皋市委员会

主　　席	张元健(1月8日继续提名,1月13日任)
党组书记	张元健
党组副书记	冒　平(1月8日免)　缪小华(1月8日免)　朱莹滢(女)
副主席	缪小华(1月8日辞)　冒　平(1月8日辞) 杜永红(党外,1月8日继续提名,1月13日任) 张亚鸾(女,1月8日新提名,1月13日任) 郑振明(党外,1月8日继续提名,1月13日任) 严世斌(1月8日辞)　刘晓洁(女,1月8日辞) 陈小燕(1月8日新提名,1月13日任)
党组成员、秘书长	冒海清

中共如皋市纪律检查委员会

书　　记	秦金春
副书记	马铁军　倪新建
常　　委	吴敬民　孙　健　朱小青　吴红兵(4月26日任)

如皋市监察委员会

主　　任	秦金春
副主任	马铁军　倪新建
委　　员	吴敬民　朱小青　印国华　吴红兵(4月26日免) 万久平(4月26日任)

市纪委监委派驻市委办公室纪检监察组组长	殷亚平　(女)
市纪委监委派驻市人大机关纪检监察组组长	陈　建
市纪委监委派驻市政府办公室纪检监察组组长	程继红(女)
市纪委监委派驻市政协机关纪检监察组组长	谢孙锋
市纪委监委派驻市委组织部纪检监察组组长	李益民
市纪委监委派驻市委宣传部纪检监察组组长	施建石
市纪委监委派驻市委政法委纪检监察组组长	章　兵
市纪委监委派驻市发展和改革委员会纪检监察组组长	俞晓荣(4月26日免) 张飞龙(4月26日任)
市纪委监委派驻市人民法院纪检监察组组长	周　标
市纪委监委派驻市教育局纪检监察组组长	万久平(女,4月26日免) 陆　琦(女,4月26日任)
市纪委监委派驻市公安局纪检监察组组长	刘志斌
市纪委监委派驻市财政局纪检监察组组长	韩国强

市纪委监委派驻市人民检察院纪检监察组组长　徐　剑
市纪委监委派驻市住房和城乡建设局纪检监察组组长　王宏兵
市纪委监委派驻市交通运输局纪检监察组组长　殷桂平
市纪委监委派驻市国有资产监督管理办公室纪检监察组组长　徐春建
市纪委监委派驻市卫生健康委员会纪检监察组组长　莫桂宇
市纪委监委派驻市市场监督管理局纪检监察组组长　冯　健(4月26日免)
张晶晶(9月13日任)

市委工作机构、部门管理机构、合署挂牌机构和直属事业机构

市委办公室

主任　杜晓峰(1月24日免)　吴小平(1月24日任)
副主任　贲如江　沈晶晶(女,9月13日免)　徐关保(9月13日任)
黄大鹏　陆海峰(挂职)
市档案局副局长　章礼君(8月6日免)

市委组织部

部长　朱莹滢(女)
常务副部长　纪成如(4月26日免)　陈　飞(4月26日任)
副部长　陈　实　张　勇　姚建军(11月22日任)　徐亚军(11月22日任)
部务委员　姚建军(11月22日免)

市委宣传部

部长　高　峰
常务副部长　陈建军(1月24日免)　纪树华(1月24日任)
副部长　纪树华(1月24日免)　钱钰璐(女)　刘志伟(8月6日免)
吴正隆(1月24日任)　王贞慧(挂职,8月6日任)

市委统战部

部长　朱莹滢(女)
常务副部长　宗爱君
副部长　曹金林(8月6日任)　朱益红(女,8月6日免)　许映华　丁卫兵

市委政法委

书记　程瑞琴(女)
常务副书记　高生健
副书记　杨　明　丁陆一(兼)　曹　蓉(女)　缪　飞
政治处主任　苏秀银(女)

市委研究室

副主任　李　兵

市委机构编制委员会办公室

主　　任　纪成如(兼,4月26日免)　姚建军(4月26日任)

副 主 任　徐玮萌(女,4月26日免)　郁　梅(女,4月26日任)

钱　勇(4月26日任)

市委巡察工作办公室

主　　任　倪新建(兼)

专职副主任　冯　峰

市委第一巡察组

组　　长　倪　兵

副 组 长　张来建　明小海　刘宝林(4月26日任)

市委第二巡察组

组　　长　金　晖

副 组 长　秦　宗(8月6日免)　尹小庆　杨智龙

市委第三巡察组

组　　长　冒玉书

副 组 长　刘正林　陶益军　张　云(女)

市委第四巡察组

组　　长　陈　建

副 组 长　许海霞(女)　丁小建　赵　亮(8月6日任)

市委老干部局

局　　长　徐亚军

副 局 长　严金宏　薛海华

市委机要局(市委办公室挂牌机构)

局　　长　贲如江

副 局 长　张　晨

市委全面深化改革委员会办公室

副 主 任　徐关保(9月13日免)

市公务员局(市委组织部挂牌机构)

局　　长　纪成如(兼,4月26日免)　陈　飞(兼,4月26日任)

市委党建工作领导小组办公室(市委组织部挂牌机构)

主　　任　陈　波

副　主　任　严海波(4月26日任)

市考核工作委员会办公室(设在组织部)

副　主　任　贾华兵

市级机关工作委员会(市委组织部挂牌机构)

书　　　记　朱莹滢(女,兼)
常务副书记　丁　群(8月6日免)　姜洪峰(8月6日任)
副　书　记　王亚松

市委非公有制企业和社会组织工作委员会(市委组织部挂牌机构)

书　　　记　陈　实(兼)
副　书　记　彭之俊

市新闻出版局(市委宣传部挂牌机构)

局　　　长　纪树华(兼,1月24日免)　吴正隆(兼,1月24日任)
副　局　长　张小波　王贞慧(女,挂职,8月6日止)

市互联网信息办公室(市委宣传部挂牌机构)

主　　　任　纪树华(1月24日免)　吴正隆(1月24日任)

市委网络安全和信息化委员会办公室(设在宣传部)

副　主　任　丁　群(女)

市精神文明建设指导委员会办公室

主　　　任　钱钰璐(兼,女)
副　主　任　陆　兵　邵亚丽(女,9月13日免)　陈　飞(9月13日任)

市民族宗教事务局(市委统战部挂牌机构)

局　　　长　丁卫兵
副　局　长　徐正建(9月13日任)

市委台湾工作办公室(市委统战部挂牌机构)

主　　　任　朱益红(女,兼,8月6日免)　曹金林(兼,8月6日任)
副　主　任　潘文胜(女,8月6日免)　刘亚丽(女,8月6日任)

市科技创新委员会办公室

党组书记　陈鸣华
党组副书记　丛明昌　章剑峰
党组成员　陈广建　李伟华　黄存华(8月6日免)　陈洪波
蔡建兰(女)　董　宇　李辉(女,8月6日任)

市法学会

副　　会　　长　丁晓文

市事业单位登记管理局

副　　局　　长　郁　梅(女,4 月 26 日免)　刘培媛(女,9 月 13 日任)

市委离退休干部工作委员会

书　　　　记　徐亚军(兼)

副　　书　　记　田芝华

市委党校、市行政学校

市委党校校长　丁兴华(兼)

市行政学校校长　顾留忠

常务副校长　石留权

副　　校　　长　孙海云(女)　朱洪海

市委新闻中心

主　　　　任　陈建军(兼,1 月 24 日免)　纪树华(兼,1 月 24 日任)

副　　主　　任　徐鑫焱(女)　孙　路(女)　马志刚

市委党史工作办公室

主　　　　任　从　越

副　　主　　任　侯　晖(女)　顾小平　范小华

市档案馆

馆　　　　长　谢晓明

副　　馆　　长　陈　红(女,9 月 13 日免)　陈永圣　杨海鹏

宗　晓(9 月 13 日任)

市人大常委会办公室、各工作委员会

办公室

主　　　　任　纪成如

副　　主　　任　吉小燕(女)

研究室

主　　　　任　朱华杰

副　　主　　任　卢　群

信访督办室

主　　　　任　景雪玲(女)

副　　主　　任　邵亚丽(女,9 月 13 日提名,12 月 2 日任)

财政经济工委

主　　　　任　李晓红(女)
副　主　任　钱建宏(女)

人事代表联络工委

主　　　　任　冒　燕(女)

监察和司法工委

主　　　　任　何福平
副　主　任　张　轶

教科文卫工委

主　　　　任　范晓强
副　主　任　姜　宇(女)

外事民宗侨台工委

主　　　　任　缪永辉
副　主　任　张媛媛(女)

环资城建工委

主　　　　任　朱留宽
副　主　任　朱兴雨

农业农村工委

主　　　　任　朱为民
副　主　任　缪爱国
专 职 委 员　张爱民　丁建兰(女)　神俊华　孙世军
张　健(1月8日提名,1月14日任)
洪　军(女,1月8日提名,1月14日任)

市政府工作机构

市政府办公室

主　　　　任　陈小燕(1月24日免)　陈建军(1月24日提名,2月17日任)
机关党组书记　陈小燕(1月24日免)　陈建军(1月24日任)
副　主　任　丁陆一　吴正隆(1月24日辞)　孙　锴(挂职)
马　俊(4月26日任)　周小荣　严可文　马薛松　徐育松
机关党组成员　胡银飞(9月13日免)　江　宇(女)　卢应锋　刘　晨

市发展和改革委员会

主　　　　任　郭　建(2月17日继续提名,2月17日任)

党组书记　郭　建
党组副书记　戴海峰
副主任　章建德　葛　波　戴海峰　白宝平　孙爱民
党组成员　徐亚锋

市教育局
局长　郭其龙(2月17日继续提名,2月17日任)
党组书记　郭其龙
党组副书记　冯志刚
副局长　冯志刚　陈强燕　石春梅(女,党外)　缪德军(挂职,8月6日止)
孙兴波(挂职,8月6日止)

市科学技术局
局长　丛明昌(2月17日继续提名,2月17日任)
副局长　李伟华　郭震寰　董　宇

市公安局
局长　陈　刚(2月17日继续提名,2月17日任)
党委书记　陈　刚
政委　邢新华
党委副书记　邢新华　张　勇
副局长　张　勇　郑云娟(女)　张　新　张　斌　李　祝
党委委员　章春建　邱　俊　吴旭东　丁　力　范　群

市民政局
局长　丁山燕(2月17日继续提名,2月17日任)
党组书记　丁山燕
党组副书记　张昌明
副局长　张叶庆　颜海群　吉俊国　张昌明

市司法局
局长　卢延林(2月17日继续提名,2月17日任)
党组书记　卢延林
副局长　缪霄峰　孙　锴　吴亚军　尤亚敏(女,党外)
党组成员、政治处主任　陆建梅(女)

市财政局
局长　冒海清(2月17日继续提名,2月17日任)
党组书记　冒海清
副局长　张建明　蔡志兵　张小俊　王宏波

市人力资源和社会保障局

局　　　　　长　胡晓勇(2月17日继续提名,2月17日任)
党　组　书　记　胡晓勇
副　　局　　长　薛宜发　周昌峰　阮铁均

市自然资源和规划局

局长、党组书记　石　剑
党组副书记　朱贵宏(3月4日免)　冒国华
副　　局　　长　朱贵宏(3月4日辞)　冒国华　陶文建　范　彦
党　组　成　员　秦爱华

市住房和城乡建设局

局　　　　　长　苏　强(1月24日辞)　刘志俭(1月24日提名,2月17日任)
党　组　书　记　苏　强(1月24日免)　刘志俭(1月24日任)
党组副书记　杨大勇(挂职)
副　　局　　长　张建军　顾新建　王　庆　赵仁奇
党　组　成　员　陈志坤

市城市管理局

局　　　　　长　黄山虎(2月17日继续提名,2月17日任)
党　组　书　记　黄山虎
党组副书记　沙　进
副　　局　　长　沙　进　翟建兵　孙夏兵　袁权民　陈文红(挂职)

市交通运输局

局　　　　　长　吴小平(1月24日辞)　苏　强(1月24日提名,2月17日任)
党　组　书　记　吴小平(1月24日免)
党组副书记　洪　勇(8月6日任)
副　　局　　长　洪　勇　田　骏　葛　军　刘志俭(1月24日辞)　肖　宏
总　工　程　师　虞　惜(9月13日任)

市水务局

局　　　　　长　朱建军(2月17日继续提名,2月17日任)
党　组　书　记　朱建军
副　　局　　长　管　峰　陈大平(8月6日辞)　黄国建
总　工　程　师　丁小星

市农业农村局

局　　　　　长　柳杰军(2月17日继续提名,2月17日任)
党　组　书　记　柳杰军
副　　局　　长　姜石泉　陈玉峰(8月6日辞)　季浩民　王志斌
　　　　　　　　周　杰　高迎旭(女)

市委农工办副主任　张海兵
总畜牧兽医师　陈　慎
总　农　艺　师　王建梅(女)

市商务局(口岸办)
局　　　　长　佘　飞(2月17日继续提名,2月17日任)
党　组　书　记　佘　飞
副　局　长　刘加峰　朱伟锋(4月26日辞)　赵　辉　李　军
王钰崧(女,4月26日任)
市口岸办副主任　刘加峰(兼)

市文体广电和旅游局
党　组　书　记　谢裕斌
局　　　　长　夏建国(党外,2月17日继续提名,2月17日任)
党组副书记　阮强舟
副　局　长　阮强舟　朱志兵　冒　逊　吴爱兵　胡建锋

市卫生健康委员会
主　　　　任　马军华(2月17日继续提名,2月17日任)
党　组　书　记　马军华
党组副书记　康　岚(女,8月6日任)　吴海燕(女)
副　主　任　康　岚(女,8月6日任)　吴海燕(女)　秦龙银(8月6日辞)
谢宇晨　周祥国
党　组　成　员　冒拥军

市退役军人事务局
局　　　　长　陈晓华(2月17日继续提名,2月17日任)
党　组　书　记　陈晓华
党组副书记　夏　勇
副　局　长　夏　勇　张金森

市应急管理局
局　　　　长　陆　荫(2月17日继续提名,2月17日任)
党　委　书　记　陆　荫
副　局　长　秦永忠　杨　建　陈海峰　崔建备
总　工　程　师　徐　兵
安全生产委员会办公室副主任　张　斌

市审计局
局　　　　长　薛　煜(1月16日辞)　张　健(1月16日提名,2月17日任)
党　组　书　记　薛　煜(1月24日免)　张　健(1月24日任)
副　局　长　龚志鸿　韩晓静(女)　陈　瑶(女,党外)

总　审　计　师　汤春华(7月15日免)
市委审计委员会办公室副主任　汤元建

市统计局

局　　　　长　章　彬(2月17日继续提名,2月17日任)
党　组　书　记　章　彬
副　局　长　季　康(党外)　黄爱军　石红梅(女)
如皋调查局局长　谢晓飞
总　统　计　师　葛明明(女)

市市场监督管理局

局　　　　长　贾宏斌(2月17日继续提名,2月17日任)
党　组　书　记　贾宏斌
副　局　长　王志刚　纪　勇　石昭峰　李晓东　谢　娟(女)
党　组　成　员　陈建国　谭志明

市行政审批局

局　　　　长　徐　猛(2月17日继续提名,2月17日任)
党　组　书　记　徐　猛
党　组　副　书　记　杨晓峰　朱贵宏(兼,4月26日免)
副　局　长　杨晓峰　谢　健　张亚军(4月26日辞)　田向阳
徐玮萌(女,4月26日任)　卢宗志(4月26日任)
党　组　成　员　刘宝林(4月26日免)
总　工　程　师　卢宗志(4月26日免)　严海兵(4月26日任)

市医疗保障局

局　　　　长　焦晓斌(2月17日继续提名,2月17日任)
党　组　书　记　焦晓斌
副　局　长　薛正刚　叶伟锋

市信访局

局　　　　长　陆海峰(2月17日继续提名,2月17日任)
党　组　书　记　陆海峰
副　局　长　明小虎　施俊杰　居怀军

市地方金融监督管理局

局　　　　长　邱德华(2月17日继续提名,2月17日任)
党　组　书　记　邱德华
党　组　副　书　记　许　鹏(9月13日任)
副　局　长　宗　晓(9月13日辞)　许　鹏(9月13日任)　张晶晶(女)

市政府国有资产监督管理办公室

主　　　　任　刘培林(2月17日继续提名,2月17日任)

党 组 书 记　刘培林

副　主　任　朱宏彬(党外)　吴晓燕(女)

市委外事委员会办公室(设在市政府办公室)

副　主　任　江　宇(女)

市政府研究室(设在市政府办公室)

副　主　任　刘　晨

市粮食和物资储备局(市发展和改革委员挂牌机构)

副　局　长　徐亚锋

市政府教育督导室(设在市教育局)

副　主　任　环立中(4月26日免)　丁红林(女,4月26日任)

市委全面依法治市委员会办公室(设在司法局)

副　主　任　申爱学

市政务服务管理办公室(设在行政审批局)

副　主　任　范亦男(女)

市政府直属事业机构

市市域社会治理现代化指挥中心

主任、党组书记　丁陆一

副　主　任　费建国(党外)　徐绍鑫(挂职,4月26日止)　崔亚云(女)　何拥军(党外,4月26日任)

市社会矛盾纠纷调处中心

主　　　　任　杨　明

副　主　任　陶建军　明曙光　戴世燕(女)　高　辉

市融媒体中心(市广播电视台)、市传媒集团

市融媒体中心主任(市广播电视台台长)　刘志伟(8月6日免)　王贞慧(女,8月6日任)

市传媒集团董事长、总经理、党委书记　刘志伟(8月6日免)　王贞慧(女,8月6日任)

市传媒集团党委副书记、市融媒体中心总编辑　王贞慧(女,8月6日免)　何　军(党外,8月6日任)

市传媒集团副总经理(市融媒体中心副主任)　张　强　何　军(党外)　陆　冉　邱　辰(女,党外)

市城市建设管理中心

主　　　任　杨大勇
副　主　任　薛小青　刘建华
总 工 程 师　陈　萍(女)

市投资服务中心

主　　　任　佘　飞(兼)
副　主　任　张学军　张永飚

市招商局

局　　　长　佘　飞
副　局　长　陈　飞(挂职,4月26日止)　纪国杰(挂职)
　　　　　　环向荣(挂职)　林　波(挂职)

市政协办公室、各工作委员会

办公室

主　　　任　顾燕枫(女)
副　主　任　刘亚丽(女,9月13日辞)　李建军(9月13日提名)

经济科技和农业农村委员会

主　　　任　张益群
副　主　任　沈德君

教卫文体和文史委员会

主　　　任　孙天骄
副　主　任　程学军(女)

环境资源和城乡建设委员会

主　　　任　陈晓仲
副　主　任　许　蝶(女)

社法民宗和港澳台侨委员会

主　　　任　陆爱斌
副　主　任　刘　霞(女)

委员工作委员会

主　　　任　沙海军
副　主　任　黄恒娥(女)

提案委员会

主　　　任　周海如(女)

副　　主　　任　　吴小蓉（女）

专职委员

许映亮　　詹文天　　李小军　　朱益红

如皋市人民法院

院长、党组书记　　唐明渠（1月8日继续提名，1月14日任）
党组副书记　　顾雪红（女）
副　院　长　　顾雪红（女）　　任　锋　　李斯武　　袁夏华（4月26日任）
政治处主任　　袁夏华（4月26日免）　刘罗成（4月26日任）
执行局局长　　周　云（女，4月26日辞）　常雪萍（女，4月26日任）
专职委员　　吴剑平（女，党外）　　周　云（女，9月13日免）

如皋市人民检察院

检察长、党组书记　　吴晓栋（1月8日继续提名，1月14日任）
党组副书记　　高　丽（女）
副检察长　　高　丽（女）　　李文祥　　韩海军（4月26日提名，6月8日任）
专职委员　　倪伯斌　　卢海琴（女，党外）
政治部主任　　冒　峰

南通市如皋生态环境局

局长、党组书记　　黄晓华
副　局　长　　陈文扣（8月3日免）　苏　燕（女，党外）　崔恒勇（6月27日免）　陈志阳　许海霞（女，10月28日任）
党组成员　　张林红　　江新华（3月1日任）

国家税务总局如皋市税务局

局长、党组书记　　解应贵
副　局　长　　黄建兵　　严建军（8月19日免）　周　昇（8月19日免）　周宏兵　范晓军　　倪锦祝
纪检组组长　　顾宝丰（11月7日免）　邓泳铠（11月7日任）

如皋市气象局

局长、党组书记　　陈新育
副　局　长　　肖　霁　　张开进
纪检组组长　　张开进

如皋市消防救援大队

大　队　长　郑　伟
教　导　员　张春强(6月8日免)　王志祥(6月8日任)

中华人民共和国如皋海关

关　　长　吴志明(6月30日免)　邵　剑(6月30日任)
副　关　长　张晓春　王晓军

如皋出入境边防检查站

站　　长　王建华(2月7日免)　张　杰(2月7日任)
政　　委　徐圣忠
副　站　长　王爱军

中华人民共和国南通如皋海事处

处　　长　苏　健　(10月9日任)
副　处　长　曹志章(8月19日)　朱登轩(挂职)

市人民团体

工商联

主　　席　杜永红
党组书记　许映华
副　主　席　许映华　常伟华　范亚林

总工会

主席、党组书记　顾卫国
副　主　席　许益飞　沙旭宇(9月13日辞)　章　军
苏小燕(女)　陈光荣　张峰(女,9月13日提名,12月1日任)

团市委

书　　记　沈　伟
副　书　记　金　霞(女)　陈明锦　尤婷婷(兼,女)
冒文宇(挂职,5月14日任)　黄瑞(女,挂职,5月14日任)

妇联

主席、党组书记　程　蓉(女)
副　主　席　张　峰(女,9月13日辞)　缪剑云(女)　刘培媛(女,挂职)

侨联

主　　　　席　姚大平

科协

主　　　　席　章剑峰
副　主　　席　黄存华(8月6日辞)　陈洪波　蔡建兰(女)
　　　　　　　李　辉(女,8月6日提名,9月16日任)

文联

主　　　　席　张小凤(女)
副　主　　席　田　祥

残联

理事长、党组书记　吴来平
党　组　副　书　记　谢万华
副　理　事　长　谢万华　郭锦泉　顾　琴(女)

红十字会

会　　　　长　顾留忠(兼)
常　务　副　会　长　康　岚(女,8月6日辞)　丁　群(8月6日提名,11月12日任)
副　会　　长　沙海燕(女)

市社科联

主　　　　席　陈建军(兼,1月24日辞)
　　　　　　　纪树华(兼,1月24日提名,2月15日任)
副　主　　席　吴小燕(女)

镇(区、街道)

如皋经济技术开发区(国家级)

党　工　委　书　记　何益军
党　工　委　副　书　记　卢志敏(主持党工委日常工作)　吴　鹏
管　委　会　副　主　任　孙得利　刘亚东　顾季青　王建云(女)　杨永辉
纪　工　委　书　记　曹汉清
党　工　委　委　员　张小平

城北街道

党工委

书　　　　记　吴　鹏(兼)
副　书　　记　丁建龙　郭锡兵(兼,8月6日免)
　　　　　　　马　乐(女,兼)　季兴华(挂职,工资行政关系在公安)

办事处

主　　任　丁建龙

副 主 任　冒　俊　张红建　丁新建(8月6日辞)　印　霞(女,8月6日辞)

徐　军　顾德军　苏爱国(8月6日任)　袁　建(8月6日任)

娄劲松(挂职,工资行政关系在公安)

钟俊如(挂职,工资行政关系在公安)

人大工委

主　　任　李元庆

根据《南通市委办公室　市政府办公室印发〈关于江苏省如皋高新技术产业开发区管理体制和机构编制优化调整的实施方案〉的通知》(通办〔2022〕43号)文件精神,如皋高新区代管如皋市如城街道、城南街道,设4个功能园区管理机构:原如皋市软件园管理办公室更名为如皋软件园管理办公室;原如皋工业园区管委会更名为如皋沪苏科创产业园管理办公室;原如皋市长寿旅游度假区管委会更名为如皋长寿未来农业园管理办公室;设立如皋电子信息及泛半导体产业园管理办公室。

如皋高新技术产业开发区

党工委

书　　记　石　兵

副 书 记　薛　煜　储开平(3月8日任)

管委会

主　　任　薛　煜

副 主 任　何李川　田学平　吴亚兵(4月26日任)　符　行(4月26日免)

肖智杰(4月26日免)　宗小海　陈　晖(4月26日任)

魏　巍(4月26日任)

纪工委

书　　记　邹　波

如皋沪苏科创产业园管理办公室

主　　任　周小芳(女,4月26日任)

副 主 任　秦虎跃(4月26日任)　李忠根(4月26日任)

如皋长寿未来农业园管理办公室

主　　任　孙　鑫(4月26日任)

副 主 任　张开玉(4月26日任)　陈　飞(4月26日任)　郝　强(4月26日任)

如皋电子信息与泛半导体产业园管理办公室

主　　任　宗小海(4月26日任)

副 主 任　吴　伟(4月26日任)　姚小维(女,4月26日任)

吴　畏(女,4月26日任)

如皋软件园管理办公室

主　　任　倪　伟(4月26日任)

副 主 任　沈剑梅(女,4月26日任)　王东方(4月26日任)

如城街道

党工委

书　　记　储开平

副 书 记　仲纪元　冒爱群　丁红林(女,4月26日免)

阮爱银(女,4月26日任)

范　群(挂职,工资行政关系在公安)

人大工委

主　　任　周小芳(女,6月8日辞)　谢书平(4月26日提名,7月28日任)

副 主 任　殷小红(女)　彭理英(女)

办事处

主　　任　仲纪元

副 主 任　范存莲(女)　张静静(女,4月26日免)　徐　浩(4月26日任)

张志红(女)　周长慧(女)　范存波(9月13日任)

石祥圣(挂职,工资行政关系在公安)

孙夏华(挂职,工资行政关系在公安)

蔡成兵(挂职,工资行政关系在公安)

纪工委书记　许　鹏(9月13日免)

城南街道

党工委

书　　记　薛　煜(兼,3月8日免)　储开平(兼,3月8日任)

副 书 记　李小军(4月26日免)　阮爱银(女,4月26日免)

沈　燕(女,4月26日任)　孙海波(挂职,工资行政关系在公安)

人大工委

主　　任　丁　飞(6月8日辞)　郭桂忠(4月26日提名,7月28日任)

办事处

主　　任　李小军(4月26日免)　丁　飞(4月26日任)

副 主 任　谢书平(4月26日免)　沈　燕(女,4月26日免)

姚小维(女,4月26日免)　马京武(4月26日任)

张　鑫(4月26日任)　张静静(女,4月26日任)

纪工委书记　马春阳(4月26日任)

江苏南通国家农业科技园区管理办公室

党工委副书记　崔建村(1月24日免)

主　　任　崔建村(1月8日免)

副 主 任　吴亚兵(4月26日免)　郭桂忠(4月26日免)

陈　晖(4月26日免)　符　行(4月26日任)　张　晔

纪工委书记　许　鹏(9月13日免)

如皋工业园区(更名为如皋沪苏科创产业园管理办公室)

党工委

书　　记　崔建村(1月24日免)

副 书 记　孙　鑫(4月26日免)　张长健(4月26日免)

管委会

主　任　孙　鑫(4月26日免)

副主任　马京武(4月26日免)　张　婧(女,4月26日免)　张开玉(4月26日免)　徐　浩(4月26日免)

长江镇

党委

书　记　许　薇(女)

副书记　秦　天　高源兵　王洪海　陈　飞(挂职,工资行政关系在公安)

人大主席团

主　席　龚卫东(1月7日任)

副主席　刘　康

政府

镇　长　秦　天(1月7日任)

副镇长　储　凯(9月13日提名)　汪　东　陈红军　陈佳佳(8月6日辞)　孙　强　孔　静(1月7日任)　顾如江　周步宇(1月7日任)　殷燕军(挂职,工资行政关系在公安)

如皋港工业园区

党工委书记　许　薇(女,兼)

党工委副书记　秦　天(兼)

管委会主任　秦　天(兼)

管委会副主任　金其林　杨明华(8月6日免)　王凯(8月6日任)

如皋港化工新材料产业园管理办公室

办公室主任　纪坤岗

办公室副主任　夏　刚　苏志强　陈浩(8月6日任)

东陈镇

党委

书　记　张　勇

副书记　储　凯(9月13日免)　李　智(9月13日任)　王　洁　喻晓春(挂职,工资行政关系在公安)

人大主席团

主　席　谢小丽(女)

政府

镇　长　储　凯(9月13日辞)　李　智(9月13日提名,)

副镇长　朱亚光　盛聪锋　张津诚　张　晗(女,1月6日任)

丁堰镇

党委

书　记　刘小冬

副书记　戴轶楠　林璐璐(女)　阙书宏(挂职,工资行政关系在公安)

人大主席团
主　　席　李丽萍（女）
政府
镇　　长　戴铁楠
副 镇 长　陈小强　方烁淼　张　磊　程　洋（1月7日任）

白蒲镇
党委
书　　记　张　成
副 书 记　杨　海（4月26日任）　陈慧华（4月26日免）　朱志聪　黄庆庆
　　　　　马小锋（挂职，工资行政关系在公安）
人大主席团
主　　席　王亚明
副 主 席　赵红飞
政府
镇　　长　陈慧华（4月26日辞）　杨　海（4月26日提名，7月12日任）
副 镇 长　徐拥军　尹　颖（女）　达　栋　范存睿
　　　　　徐继业（1月7日任）　丁　焱（1月7日任）

下原镇
党委
书　　记　张亚东
副 书 记　崔　金　魏　巍（4月26日免）
　　　　　王　振（挂职，工资行政关系在公安）
人大主席团
主　　席　杨　海（4月26日辞）　肖智杰（4月26日提名，7月25日任）
政府
镇　　长　崔　金
副 镇 长　曹武元　邓陈胜　曹慧华　许　卫（1月6日任，9月13日辞）
　　　　　吴　杰（9月13日提名）

吴窑镇
党委
书　　记　石晓鹏（8月6日免）　张　兵（8月6日任）
副 书 记　薛鹏飞　葛剑利（女）　朱　永（挂职，工资行政关系在公安）
人大主席团
主　　席　沙亚峰
政府
镇　　长　薛鹏飞
副 镇 长　严海兵　钱锦锋　季陈中（1月7日任）　吴　伟（4月26日辞）
　　　　　郝舒航（4月26日提名，8月30日任）

磨头镇

党委

书　　　　记　王　红(女,8月6日任)

副　书　记　王　红(女,8月6日免)　薛　涛(8月6日任)　钱康梅(女)
申　进(挂职,工资行政关系在公安)

人大主席团

主　　　　席　薛　涛(8月6日辞)　张兴龙(8月6日提名,8月30日任)

政府

镇　　　　长　王　红(女,8月6日辞)　薛　涛(8月6日提名,8月30日任)

副　镇　长　蔡　娟(女)　陈　飞(4月26日辞)　沙　尉　薛明慧(女)
蔡海勇(4月26日提名,8月30日任)

九华镇

党委

书　　　　记　刘志伟(8月6日任)

副　书　记　姜洪峰(8月6日免)　张小兵(8月6日任)　吴　为(8月6日免)
章礼君(8月6日任)　薛松祥(挂职,工资行政关系在公安)

人大主席团

主　　　　席　杨　阳

政府

镇　　　　长　姜洪峰(8月6日辞)　张小兵(8月6日提名,8月30日任)

副　镇　长　胡素华(女)　陈书培　陈　亮　张　进(1月7日任)

石庄镇

党委

书　　　　记　陈　飞(4月26日免)　陈慧华(4月26日任)

副　书　记　丁　毅　徐　建　卢　宇(挂职,工资行政关系在公安)

人大主席团

主　　　　席　杨　飞

副　主　席　林炳文(1月7日辞)

政府

镇　　　　长　丁　毅

副　镇　长　唐铜香　张鹏程　倪劲松　吴锋成(1月7日任)

江安镇

党委

书　　　　记　王　鹏

副　书　记　申　燃　郭　庆(8月6日免)　吴　为(8月6日任)　唐晓星
杜连雨(挂职,工资行政关系在公安)

人大主席团

主　　　　席　张小兵(8月6日辞)　周勇(8月6日提名,8月31日任)

政府

镇　　　长　申　燃

副　镇　长　吴红云(女)　余鲲鹏　黄新宇　蒋宝峰

王道吉(1月7日任)　倪新华(1月7日任)

搬经镇

党委

书　　　记　卢小冬

副　书　记　张　兵(8月6日免)　张兴龙(8月6日免)　张　妍(女)

陈佳佳(8月6日任)　周　浩(9月13日任)

陈云龙(挂职,工资行政关系在公安)

人大主席团

主　　　席　周　勇(8月6日辞)　郭　庆(8月6日提名,11月29日任)

政府

镇　　　长　张　兵(8月6日辞)　张　妍(女,8月6日提名,11月29日任)

副　镇　长　葛志昊　张　斌(1月7日任)　袁　健　王钰崧(女,4月26日辞)

王正华　顾承龙　殷小宏　杨　鹏(4月26日提名,7月20日任)

国有资产公司(集团)

市富皋万泰集团有限公司

党委书记、董事长　张书强

党委副书记、总经理　章爱平

副　总　经　理　赵天海　周　培(女)　周　静(女)　韦　华(女,8月6日任)

纪　委　书　记　薛建明

党　委　委　员　魏志兵(8月6日任)　卢晓剑　陆春飞

市城市产业发展集团有限公司(根据皋委干〔2022〕61号文件精神,富皋万泰投资发展有限公司与市城市产业发展集团有限公司领导班子合并,撤销市城市产业发展集团有限公司党委)

党委书记、董事长　曹金林(8月6日免)

党　委　副　书　记　魏志兵(8月6日免)

总　　经　　理　魏志兵

副　总　经　理　孟志远(2月21日免)　胡成建(2月21日免)

纪　委　书　记　韦　华(女,8月6日免)

市交通产业集团有限公司

党委书记、董事长　薛建兵

党委副书记、总经理　许　宁　黄　俊(4月26日任)

副　总　经　理　孙宏琛　陈　然　杨　洋　张　敏(女)　张海龙(4月26日任)

纪　委　书　记　黄　俊(4月26日免)　储开辉(4月26日任)

江苏皋开投资发展集团有限公司

党委书记、董事长　　薛晓云
党委副书记、总经理　　许　强
副总经理　　周　峰　　葛拥军(4月26日任)　　桑西方　　石　勇
纪委书记　　葛拥军(4月26日免)　　史勇华(4月26日任)

其他机构

市接待办公室

主任、党组书记　　贲如江
副主任　　程　飞　　管堃芃

市供销合作总社

党组书记　　吕　庆
理事会主任　　吕　庆(8月6日辞)　　陈玉峰(党外,8月6日提名,8月30日任)
党组副书记　　王　岳
理事会副主任　　王　岳　　王红德　　郭成凤(女)
监事会主任　　周咏梅(女)

市管企事业单位

市党员干部现代远程教育中心

主任　　陈继露

市疾病预防控制中心

主任、书记　　沙留强
副主任　　张晓莉(女,3月8日免)　　吴　坚(3月8日免)
　　高凌云(3月8日任)　　王　磊(3月8日任)　　高礼勇(3月8日任)

市卫生监督所

所长、书记　　范旻昊
副所长　　何云祥　　周　宇(女)

市交通运输综合执法大队

大队长　　陈建华
教导员　　唐幸炜
副大队长　　范晓兵　　石　峰　　汤建平　　张小燕　　赵玉军

市社会保险基金管理中心

主任、书记　　丁玉林
副主任　　谢仁杰　　周晴晖(女)　　季苏岷(女)
副书记　　陆江华

市人才服务中心

主 任 、书 记　张建华
副　主　任　赵晓建

市城市建设管理综合执法大队

大　队　长　杨小卫
教　导　员　姚松来
副 大 队 长　赵四军　葛　伟
副 教 导 员　吴　昊

市农技推广中心

主 任 、书 记　丁　峰
副　主　任　袁小华　吴小兵

市财政结算管理中心

主　　任　谢晓红(女)
副　主　任　张　伟(女)　陆建英(女)

市预算管理审核中心

主　　任　章晓峰
副　主　任　秦　军　陈　宏(女)

市机关事务服务中心

主　　任　卢应锋
副　主　任　徐薇薇(女)　张敏(女)

市文体旅游综合执法大队

大　队　长　陈建波
教　导　员　孙　伟
副 大 队 长　郭　勇

市农林水利综合执法大队

大　队　长　杨　鹏
教　导　员　陈小明
副 大 队 长　马　宏　倪玉堂　汤小勤

市体育中心

主　　任　高新星
副　主　任　顾金明　洪远建　王亚军

市公共资源交易中心

副　主　任　胡　静(女)　丁树华

市教师发展中心

主　　　任　丁　非

副　主　任　于进泉　钱跃华　郭富慧

市安全生产执法监察大队

大　队　长　田岱华

副 大 队 长　杨荷艳

市科技创新中心

副　主　任　张　岩　徐　超

白蒲中学

书记、校长　柳永红

副　书　记　何国泉(9月13日任)

副　校　长　宋　勇　丁惠军　张文跃(党外)

石庄中学

校　　　长　邹晨光

书　　　记　马　华(9月13日免)　邹晨光(9月13日任)

副　书　记　邹晨光(9月13日免)

副　校　长　马　华(9月13日免)　丁锁勤　毛　娟(女,党外)

　　　　　　石　坚　范广富(8月6日任)

江安中学

书记、校长　杨　勇

副　书　记　章小建

副　校　长　章小建　张志成　孙兴华(8月6日免)

　　　　　　沈百林　肖雄伟　朱志刚(8月6日任)

市一中

书　　　记　陈宽林

校　　　长　陈宽林(9月13日免)　杜新建(9月13日任)

副　书　记　杜新建(9月13日任)

副　校　长　薛　钧(党外,9月13日免)　王　华　丁文桂　田利剑　宗兴峰

搬经中学

书记、校长　严　勇

副　校　长　洪海军　祝存建(党外)　李华林　胡海鹏　杨小娟(女)

市二中

书记、校长　曹正国

副　　校　　长　纪友根　潘建国　刘建国(党外)

长江中学

书记、校长　黄建锋

副　　校　　长　蔡　建　吴建军　陆小祥　顾钱睦(党外)

如皋中专

书记、校长　贾建军

副　　校　　长　徐年华　徐　峰　陆克平　杨雷华　俞海兵(8月6日任)

第一中专(技工学校)

校　　　　长　陈　军

书　　　　记　曹江泉

副　　校　　长　韩克山　刘　剑　陈玉华　陆晓丽(女)　田岱越　葛仁建(党外)

市通用技术教育实验学校(市青少年素质教育实践基地)

校长(主任)　陈　亮

书　　　　记　卢海兵

副　　书　　记　陈　亮

副校长(副主任)　王树云　何海军

副　　校　　长　周　栋　朱沈国　秦换鱼(女)

如皋初中

校　　　　长　孙兴波(9月13日免)　黄金宏(9月13日任)

市人民医院

书　　　　记　朱小平(8月6日免)　石国平(8月6日任)

院　　　　长　石国平

副　　书　　记　石国平(8月6日免)

副　　院　　长　卢弘栩　石高寒　郭江宏(党外)　姜　燕(女,党外)

纪　委　书　记　张文怡(女)

总　会　计　师　石晓燕(女)

市中医院

书　　　　记　贾　运

副书记、院长　吕　军

副　　院　　长　沈安明(党外,8月6日免)　刘　俊　谢轶群(女)
　　　　　　　　李小飞(8月6日任)

纪　委　书　记　吴宏匀(女)

总　会　计　师　吴丽萍(女)

条管企事业单位

如皋中学

书 记 、校 长　季小军
副书记、纪委书记　蒋 晶(女)
副 校 长　刘 建　蒋 晶(女)　刘国良　缪德军(3月4日免)
薛 均(党外,8月16日任)　邬云琰(挂职,8月24日起)

中国邮政集团有限公司江苏省如皋市分公司

总经理、党委书记　王嵩阳
副 总 经 理　冯国华　周奇彬　张进梅(1月11日免)　陈亚兵(10月11日任)
纪 委 书 记　周奇彬
工 会 主 席　周奇彬

中国电信股份有限公司如皋分公司

总经理、党委书记　徐东建
副总经理、纪委书记　金 勇
副总经理、工会主席　仇春彬
副 总 经 理　李培培

中国联合网络通信有限公司如皋市分公司

总 经 理　邱 易
副 总 经 理　张 权
总 监　刘国芹

中国移动通信集团江苏有限公司如皋分公司

经 理　周 舟
副 经 理　吕娟娟(女,10月18日免)　龚亚欢　孙蓉蓉(女,9月7日任)

国家电网江苏省电力公司如皋市供电公司

总经理、党委副书记　管建明
党委书记、副总经理　李 勇(5月11日免)　张 飏(5月11日任)
副总经理、党委委员　周 鑫　王 震　蒋 颖　纪斌斌(12月22日免)
董 浩(2月21日任)
纪委书记、工会主席、党委委员　顾东泽

江苏省如皋市烟草专卖局(南通市烟草公司如皋分公司)

党组书记、局长、经理　许 谦
副 局 长　顾海军
副 经 理　单友兰 (5月18日免)　周晓华(8月31日任)

如皋市盐务管理局(江苏省盐业公司如皋支公司)

经理、书记 陈　超(3月2日免) 陆　路(3月2日任)
副经理 鲁　骏(3月2日免) 陈　旭(3月2日任)
经理助理 张解阳(3月2日免) 袁忠汉(3月2日任,11月1日免)

中国人民银行如皋市支行

党组书记、行长 窦佐伟
党组成员、纪检组组长兼总稽核 徐晓东
党组成员、副行长 吴小红(女)

中国工商银行股份有限公司如皋市支行

行长、书记 王　曙
纪委书记 汤小军
副行长 朱　建 朱海炼 李　军(8月8日免)
行长助理 江海洋

中国建设银行股份有限公司如皋市支行

行长、书记 顾新生
副行长 章世维 顾　鹏
纪委书记 陆亚建

中国银行股份有限公司如皋支行

党总支书记、行长 张金国(8月29日免) 周国华(8月29日任)
纪检委员、副行长 陆卫东(4月7日免) 尤海燕(4月7日任)
副行长 刘爱红 丁保兵(12月1日免) 杨燕红(女)(4月21日免)
戴智娟(4月14日任) 郝佳辉(12月1日任)

中国农业银行股份有限公司如皋市支行

党委书记、行长 方向明
党委副书记、副行长 周　铭 (10月10日免)
党委委员、副行长 缪世杰 倪存波(10月10日免)
季劲松(10月10日任) 陈　磊(10月10日任)
党委委员、纪委书记 顾庆庆

中国农业发展银行如皋市支行

行长、党支部书记 丁　炜
副行长兼客户部主管 蒋青云
副行长兼综合部主管 王蓉子

交通银行股份有限公司南通如皋支行

行长、书记 孙宝彤
副行长 宗位滨
行长助理 宗　祥

江苏如皋农村商业银行股份有限公司
党委书记、董事长　　刘　刚
党委副书记、行长　　徐晓兵
纪委书记、监事会主席　　刘　锋
党委委员、副行长　　展爱云(女)　季丛荣　黄璀迎　叶雁琳(女)　沈群瑶(女)

招商银行股份有限公司如皋支行
行长、书记　　高　华(女)
副行长
行长助理　　沙彦行(11月9日免)　王雨萌(11月9日任)

上海浦东发展银行如皋支行
行长、书记　　谢鸿飞(1月1日免)　秦　凯(1月1日任)
副行长　　王　艳(女)

中国民生银行股份有限公司如皋支行
行长　　梁　鹏
副行长　　曹雷军(7月11日免)　娄海波(11月29日任)
郭夕民(7月11日任)

南京银行股份有限公司如皋支行
行长　　陆郁辉(6月22日任)
副行长(主持)　　赵　威(6月22日免)
行长助理　　陈　坚
行长助理　　张　强

江苏银行股份有限公司如皋支行
行长、书记　　曹冬云
副行长　　杨建明(11月10日免)　龚　婷(女)
行长助理　　裴友平

中信银行股份有限公司南通分行如皋支行
行长　　杨　洋
副行长　　胡　敏(女)　曹　阳(4月18日免)　曹志成(4月18日任)

华夏银行股份有限公司南通分行如皋支行
行长　　秦　捷
副行长　　蒋本山　谢思明

兴业银行股份有限公司如皋支行

行　　　　长　苏　旺
副　行　长　李　华　王　敏

中国邮政储蓄银行如皋市支行
行长、书记　姚华海
纪检委员、副行长　张　明
副　行　长　范谷雨(9月14日免)

无锡农村商业银行股份有限公司如皋支行
行　　　　长　黄海东

江苏张家港农村商业银行股份有限公司如皋支行
行　　　　长　汪姝芳(2月17日免)　赵小静(2月17日任)

江苏常熟农村商业银行股份有限公司如皋支行
行　　　　长　钱怡静(女)
行长助理　薛　慧

南通如皋润泽村镇银行股份有限公司
党支部书记、董事长　刘晓霞(女)(2月23日免)　徐晓兵(2月23日任)
监事会主席、党支部副书记　董　静(女,6月2日免)　周　培(女,6月2日任)
行　　　　长　李瑞峰(2月23日免)　沈　斌(2月23日任)
副　行　长　高林(2月23日任)　朱进兢(2月23日任)
行长助理　殷俊华(2月23日免)

中国光大银行股份有限公司如皋支行
行　　　　长　杨春雨(女)
副　行　长　周薇薇(女)

中国人民财产保险股份有限公司如皋支公司
总经理、支部书记　冒建勋
副　经　理　陈伏虎(6月1日免)　周宏建　许志祥　刘晓马(1月1日任)
　章　勇(8月6日任)

中国人寿保险股份有限公司如皋支公司
经理、书记　曹　军(2月15日免)　徐陟勋(2月15日任)
副　经　理　曹　刚
经理助理　徐相维　(4月20日免)　傅小娟(女)丛庆(4月20日任)

中信证券股份有限公司如皋健康南路证券营业部
总　经　理　曹培荣(4月30日免)　殷双伟(4月30日任)

华泰证券股份有限公司如皋福寿路证券营业部

总　　经　　理　王勇胜

东海证券股份有限公司如皋中山东路证券营业部

总　　经　　理　沙　晨

中国银河证券股份有限公司如皋健康路证券营业部

总　　经　　理　张元潮(2 月 24 日免)　　沈　宸(2 月 24 日任)

沈　宸(9 月 2 日免)　　陈丽媛(9 月 2 日任)

要文选录

Yaowen Xuanlu

专题报告

喜迎二十大　奋进新征程
为建设“强富美高”现代化如皋不懈奋斗

——在全市“七一”大党课上暨“喜迎二十大、再次战高沙”主题教育成果汇报会上的讲话

何益军

（2022年7月1日）

在全市上下深入开展“喜迎二十大、再次战高沙”主题教育之际，我们今天在这里集会，隆重庆祝中国共产党成立101周年，缅怀党的光辉历史，牢记党的初心使命，进一步动员全市广大党员干部弘扬党的优良传统、凝聚力量、激发斗志，奋力开创如皋经济社会各项事业发展新局面。这既是庆祝中国共产党成立101周年的表彰会，也是“喜迎二十大、再次战高沙”主题教育的推进会，更是提升党员干部党性修养的分享会。

刚才，我们为“光荣在党50年”老党员颁发了纪念章，隆重表彰了一批优秀共产党员、优秀党务工作者和先进基层党组织，这些先进典型，是全市各级党组织和广大党员中的优秀代表，他们来自各条战线，从事不同工作，但都在各自岗位上为如皋高质量发展做出了积极贡献。他们代表了全市基层党组织的良好形象，展示了党员干部的时代风貌，无愧于“一个支部就是一个堡垒、一名党员就是一面旗帜”的铮铮誓言。10家单位也作了很好的交流，叫响了我是党员的光荣称号，表达了全体党员的共同心声。在此，我代表市委，向受表彰的先进集体和个人表示热烈的祝贺！向辛勤奋战在各个行业、各条战线上的广大共产党员致以节日的问候！向各个时期为如皋革命、建设和发展作出贡献的各级党组织，各位老领导、老党员、老同志致以崇高的敬意！

下面我结合党课要求和深化主题教育推进，讲四点想法，与同志们交流。

一、重温光辉历程，在学思践悟中铭记初心使命

听清历史回声，才能走向未来。党的光辉历程处处蕴含着治国理政的经验智慧、催人奋进的强大力量，永远是我们最宝贵的精神财富、最强大的动力源泉。我们开展庆祝101周年活动，也是为了将党的光荣传统和优良作风更好地传承；传承也是为了在铭记初心使命中将我们的事业继续推向前进。

党的光辉历程是一部改天换地的革命史诗。近代中国山河破碎、满目疮痍，无数仁人志士开启了救亡图存的探索，从太平天国起义到洋务运动、从戊戌变法到辛亥革命等都未能改变中华民族的悲惨命运，直到李大钊等先进知识分子举起了马克思主义的大旗、创立了中国共产党，才从根本上改变了这种局面、使中国革命焕然一新。大革命时期，我们党推动国共合作，配合北伐战争，沉重打击了帝国主义在华势力，基本推翻了北洋军阀反动统治。抗日战争时期，我们党率先举起武装抗日旗帜，主张并推动形成了抗日民族统一战线，挽救中华民族于生死存亡之际。解放战争时期，我们党一方面推进和平谈判，另一方面坚决奋战到底，创造了“小米加步枪”打败“飞机加大炮”的战争奇迹，最终实现了人

民解放。**历史与实践雄辩地证明，**中国共产党的领导地位是历史的必然、人民的选择，只有中国共产党才能带领全国人民完成拯救中华民族于危亡之际的历史伟业。

党的光辉历程是一部顶天立地的建设史诗。新中国成立以来，昔日国弱民穷的中国发生了焕然一新的历史巨变，勇敢智慧的中国人民创造了震古烁今的人间奇迹，以"敢教日月换新天"的英雄气概谱写了中华民族的不朽篇章。面对世界头号强国将战火引到鸭绿江边的严峻形势，我们党依靠人民群众取得了抗美援朝的伟大胜利；面对"文化大革命"造成的不良影响，我们党以巨大的政治勇气，确立了解放思想、实事求是的思想路线，成功开创了中国特色社会主义；面对国外的技术封锁，我们党不惧物资严重匮乏困境，致力科技自立自强，创造了"两弹一星"的辉煌业绩；面对洪水、地震、冰冻等特大自然灾害，我们党和人民众志成城守护和重建家园；面对形形色色的经济风险特别是金融风险，我们党沉着应对风险挑战，保持了经济社会长期稳定协调可持续的发展，让中国成为世界经济发展的引擎和压舱石。**历史与实践雄辩地证明，**中国共产党是勇于自我革新、全心全意为民的党，只有始终坚持党的领导，社会主义事业发展才有坚强的领航者，亿万人民才有共谋复兴的主心骨。

党的光辉历程是一部经天纬地的复兴史诗。我们党带领中国人民栉风沐雨、不懈奋斗，创造了中国式现代化新道路，创造了人类文明新形态。特别是党的十八大以来，以习近平同志为核心的党中央，面对错综复杂的国际形势和繁重艰巨的国内改革发展稳定任务，始终坚持完善和发展中国特色社会主义制度，团结带领全党全国各族人民创造了经济快速发展和社会长期稳定两大奇迹，实现了从生产力相对落后的状况到经济总量跃居世界第二的历史性突破，完成了人民生活从温饱不足到总体小康、全面小康的历史性跨越，解决了许多长期想解决而没有解决的难题，办成了许多过去想办而没有办成的大事，推动党和国家事业取得历史性成就、发生历史性变革，推动中国特色社会主义进入新时代。**历史与实践雄辩地证明，**中国共产党是一个伟大、光荣、正确的政党，只有在中国共产党的坚强领导下，国家富强、民族振兴、人民幸福的征程才能不断从胜利走向新的更大胜利。

立潮头之上，方见大河奔涌；于高山之巅，更觉长风浩荡。回顾党的光辉奋斗历程，一艘小小红船承载着人民的重托、民族的希望，越过急流险滩，穿过惊涛骇浪，成为领航中国行稳致远的巍巍巨轮。在中国共产党的坚强领导下，一代又一代优秀如皋儿女，在雉水红色沃土上留下了彪炳史册的光辉足迹，谱写了可歌可泣的赞歌。

我们自豪，翻开这部厚重的壮丽史诗，如皋早已在岁月的长河中镌刻了红色基因。自中国共产党诞生起，特别是从1926年9月中共如皋独立支部诞生，如皋的发展就与党紧密相连。在硝烟弥漫的革命战争岁月，如皋人民紧跟党的步伐，自发支持革命，制衣做鞋、供给粮草、递送情报、武装自卫，在这片红色的热土上诞生了中国工农红军第十四军这支传奇的队伍，创造了"火烧竹篱笆""五一农民暴动""苏中七战七捷"等英勇壮举，诞生了全省最早的中共县级地方组织、建立了全省第一个苏维埃政权以及唯一的红军正规武装。在如皋的革命斗争史上，有名有姓的如皋籍革命烈士就有3800多人，而负过伤、流过血的更不计其数，徐芳德、吴亚苏等8位县委书记先后英勇捐躯，无数如皋革命先烈用鲜血和生命镌刻出一个个永不磨灭的红色印记。

我们自豪，翻开这部磅礴的奋斗史诗，自力更生的雉水儿女在时代发展的浪潮中打牢了坚实基础。随着人民解放战争的胜利，如皋全境解放，并在中国共产党的领导下，各级党组织团结带领如皋人民抓生产、搞建设，从解放初期的薄弱基础，到改革开放后的稳步发展，再到沿江开发、跨江争雄，无不为如皋发展筑牢了进步基石。特别是在社会主义建设时期，勤劳勇敢的雉水儿女不甘心束手就穷，开展了大规模治沙改土、实施农田水利建设，彻底改变了80多万亩高沙土地貌，形成的"以上率下、勠力同心，同甘共苦、发愤图强，坚韧不拔、敢于斗争，真抓实干、善作善成"的"治沙精神"，指导着如皋人民埋头苦干、奋力拼搏，逐步甩掉了"小六子"的落后帽子，为新世纪初期沿江开发实现"一年大变，三年突变，五年巨变"的奋斗目标，创造了有利条件。

我们自豪，翻开这部腾飞的发展史诗，敢作善成的如皋人民在高质量发展进程中书写着浓墨重彩。步入新时代,我们始终坚持以习近平新时代中国特色社会主义思想"定向导航",引领如皋人民积极融入改革发展时代洪流,牢牢把握发展主题,推动各项工作争先创优,以实际行动诠释了具有如皋特点的治沙精神,极大地弘扬和激发了如皋骨气、如皋志气。凭着"变不可能为可能"的敢想敢干、奋力争取,换来了交通基础设施的格局性提升,也换来了省创新型示范县市的率先入围;凭着"人民城市为人民"的工作思路,先后荣获了中国人居环境奖、国家园林城市等荣誉称号;凭着"千难万难、为了项目就不难"的韧劲拼劲、苦干实干,使得日达智造、金鹰产业园等一批五十亿、百亿级项目纷至沓来;凭着教育再怎么发展都不为过的理念,铸造了从"全域均衡"到"全阶优质"再到"全面发展"的如皋教育品牌;凭着"志不求易、事不避难"的毅力,在苏中苏北县级市率先创成了全国文明城市并实现两连冠。

同志们,从泛黄的档案里、在褪色的照片中,我们能够触摸到如皋发展的脉络,也能读懂为民奉献的初心,更能激起开拓创新、拼搏奋进的豪情。市委谋划开展"喜迎二十大、再次战高沙"主题教育的目的也在于此,全市上下务必高度重视、正确把握,确保在主题教育中进一步深化理论学习、坚守初心使命、锤炼过硬作风,把如皋发展不断推向前进。

二、客观总结盘点,在向深向实中推进主题教育

及时回顾是为了更好地前行,客观总结有助于做得更好。主题教育时间已经过半,无论是根据活动要求,还是工作实际,我们都有必要也必须对前一阶段推进情况进行盘点,既在总结成绩中坚定信心,又在分析问题中定向纠偏,全力推动主题教育走深走实。

1.肯定成效,教育活动必须善作善成、善始善终。自主题教育启动以来,全市各级党组织把主题教育作为重要政治任务来抓,紧扣主题不偏、紧抓主责不松,精心组织、扎实推进,取得了阶段性成效。有五个方面值得肯定:**一是组织发动有速度。**全市主题教育动员部署会召开后,各镇区、各部门及时跟进,第一时间传达市委要求,结合工作实际完成本单位主题教育方案制定和动员部署等工作,有力推动广大党员干部以昂扬奋发的姿态投身主题教育。**二是"忆治沙"有热度。**各级党组织立足实际、守正创新,通过组织"三会一课"等进行集中学习、举办主题展览等进行广泛宣传、邀请治沙人讲述往事等进行专题宣讲,多途径多角度追忆治沙历程、感悟治沙精神,全市累计开展"治沙精神"主题宣讲500余场、开设"书记第一讲"429堂,让治沙经历为如皋干群广泛熟知、深入了解。**三是"找高沙"有深度。**各级领导班子和党员干部严格对照作风问题大查摆的要求,采用大讨论、座谈交流、实地走访等方式,全面了解服务对象所思所盼,真心实意听取基层群众意见建议,并对发现的问题进行全面梳理起底,以追根穷源的执着揪出本单位的"高沙",全市累计开展集中走访4100多人次、查摆出高沙清单494条、精准制定年度"我为群众办实事"项目420个。**四是"战高沙"有力度。**各级党组织始终把解决实际问题、推动事业发展作为根本标尺,坚持将回应群众关切视作"第一动力",对照高沙清单,研究"战高沙"关键举措,严格实行"清单制""责任制""销号制",以钉钉子的精神严肃认真抓好问题整改,全市累计制定整改措施876条,完成"高沙"清单整治150项。**五是"开新局"有广度。**坚持主题教育与中心工作相互促进,把主题教育作为打开今年如皋发展局面的关键推手,以主题教育的推进带动经济社会发展,主要经济指标增长排在南通前列,位列全国投资潜力百强县第12位,高考本一上线率连续十多年领跑南通,信访积案化解实现历史性突破。全市各级党组织、广大党员干部立足本职、砥砺奋进,事业发展风生水起、社会大局风平浪静、政治生态风清气正。上述成效的取得,与各单位的重视和同志们的努力是分不开的,全市上下务必珍惜主题教育成果,总结成绩、升华经验,慎终如始、善作善成,确保主题教育圆满收官、促进发展。

2.正视差距,问题不足必须即知即改、立行立改。总结成绩很重要,找准问题更重要。从日常督查反馈情况看,对标市委要求和群众期盼,主题教育推进还有一定的差距,主要表现在以下四个方面:**一是思想认识还要持续加强。**少数单位领导班子学习研讨、查摆检视等抓得比较紧,但抓基层党支部和普通党员还没有到边到位,不同程度存在温差落差现象。个别党员不仅不带头,还成了影响全市发展的

绊脚石，对这一类落后分子，必须要旗帜鲜明予以抵制，跟这样少数的党员，就不是讲小问题，就是要讲大道理。个别单位开展主题教育用心不足、发力不够，制定方案照搬照抄，工作部署不具体，贯彻落实一般化，存在应付心态。少数党员干部对开展主题教育的意义和内涵理解得还不够深刻，有的还停留在过去的惯性思维中，没有更好地把自己摆进去、把工作摆进去，主题教育目标树得不明确或者有偏差。**二是整体推进还应不断均衡。**主题教育推进还不同程度地存在“上紧中松下空”的问题，少数党支部主题教育进展缓慢、节奏不快，特别是个别流动党员较多的村级党组织主题教育开展不到位、基本要求未落实。少数单位的下属机构和党员领导干部主动性、紧迫感还不强，积极性还没有充分调动起来，组织生活实效性和吸引力不强，存在“虚化”“形式化”现象。**三是要求把握还得更加精准。**少数单位对主题教育的要求把握上还存在一定的模糊认识，在思想认识和工作习惯上，往往还停留在分阶段推进，还没有从根本上认识到开展主题教育是要解决思想、方法、作风、能力等方面深层次问题，没有能够在实践中具体把握、做到很好地落实。有的单位比较注重抓“忆治沙”，上党课、搞研讨轰轰烈烈，查问题、找原因平平淡淡，没有真正做到边忆边查边改，在忆中查，在查中改。有的单位“找高沙”不实不深，掌握情况不透彻、梳理问题不深入，存在以业务工作问题代替思想作风问题等情况。**四是实际成效还需稳步提升。**少数单位和党员干部抓问题整改不够积极，即知即改不够主动有力，对群众反映的问题回应不够及时，特别是抓专项整治的进展还不够快、效果还不够好。个别单位就主题教育抓主题教育，缺乏统筹意识、全局思维，没有和本单位中心工作充分结合，一体推进的力度不足，未能有效地将主题教育激发的精气神转化为工作动力。对于这些问题，我们要高度重视，切实加以解决。

3.把握要求，活动推进必须实事求是、稳扎稳打。此次主题教育不划阶段、不分环节，全市各级要坚持把“忆高沙”“找高沙”“战高沙”作为有机整体、同步推进，确保重点举措落实到位，高质量巩固好前期成果、高标准完成后续工作。**要在治沙精神学教上再深化。**深刻认识到如皋“治沙精神”和中国共产党“精神谱系”中的诸多精神一样，拥有科学的内涵实质和厚重的实践属性，在推进治沙精神学习教育宣讲常态化上狠下功夫，促使广大党员干部在学习研讨、思考领悟中学出绝对忠诚、学出辩证思维、学出为民情怀。**要在问题检视整改上再细化。**认真对照“十个方面”问题、按照“三级联查”要求，多“四不两直”深入基层调研，从服务对象、一线群众意见建议中找问题，多对照初心使命、发展现状反复检视，在认清工作短板上查不足，继续把问题不足找准找实，从主观上、思想上深入剖析，切记浮于表面、顾而言他，确保触及根本、直抵灵魂；更要坚持边查边改，认真梳理分析，列清单、拿措施、明责任，一项项整改落实，尤其是要注重抓长期抓反复，避免陷入年年老问题、原地打转转的怪圈，以向问题的坚决“叫板”赢得群众的普遍“叫好”。**要在活动成效提升上再强化。**将主题教育与市委、市政府重点工作相结合，以半年度成效大比拼为契机，在认真总结阶段性成果基础上，拿出一批有利于助推我市经济发展、惠民便民的实招硬招；继续开展好民情民意大走访等系列活动，推动主题教育有效融入“三会一课”、主题党日等活动中，引导党员干部把主题教育激发出来的工作热情和奋斗精神转化为攻坚克难的强大动力，加快推动“强富美高”现代化新如皋美好愿景变为现实图景，以经济社会发展的实际成果来诠释主题教育的工作成效。

4.优化机制，工作责任必须贯穿始终、落到实处。当前，主题教育正处于最吃劲、也最需要用劲的时候，全市各级要进一步加大工作力度，加强领导、夯实保障，把抓落实作为主题教育后半程的重点，创新完善推进落实的各项机制，以更强责任推动主题教育见行见效。**要完善示范带动机制。**各级党员干部尤其是领导干部，要充分发挥好示范带动作用，结合民情民意大走访，带头深入基层搞调研，带头深入一线抓推进，带头深入群众问成效，切实以“关键少数”带动“绝大多数”。特别要强调的是市四套班子领导要在以上率下、以身示范的基础上，认真抓好分管条线、挂钩板块的主题教育开展，切实做到层层示范、层层推动，促进学习教育深入推进，全力推动分管条线工作、挂钩板块工作在南通乃至全省有位次、争进位。**要完善协调联动机制。**领导小组办公室要切实发挥牵头抓总作用，坚持联络协调、定期通报等制度，高标准、高质量抓好每个步骤、每个环节，特别要结合推进实际、认真思考谋划，就深化问题整改、固化经验做法、推动成果转化上提出可行方案，特别是对一些好的做法亮点要及时总结，可以是从精神层面、智慧层面，也可是从怎么样和老百姓心连心坚持一线工作方面；各成员单位要各司其职，逐一细化措施，逐项推动落实，确保活动后半程不走过场、不打折扣；各镇（区、街道）、各部门要把主题教育同总结经验、观照现实相结合，总结提炼好做法，形成一批立得住、推得开的典型。**要完善督导推动机制。**要坚持重心下移，以严的态度、实的作风开展分类指导、精准督导，善于发现好的做法和存在问题，坚决防范主题教育中可能出现的形式主义和各种偏差；要重点盯住问题整改、召开专题民主生活会等关键节点、重要任务，深度参与、跟踪指导、客观评价，做到督在实处、导在关键，确保广大党员干部受教育、有提高。

三、再燃治沙激情，在接续奋斗中开创崭新局面

开展主题教育是要提振全市上下干事创业的精气神，归根结底是为了加快发展、造福群众。全市上下要紧扣市委要求，把主题教育催生的奋进激情转换为锻长补短、跨越发展的进取动力，在现代化新征程中奋勇争先、开创新局。

1.突出解放思想，在系统谋划上要有新格局。思想是行动的先导，没有思想的大解放，就不会有发展的大跨越。回顾治沙改土的艰辛历程，成功的关键就在于敢于解放思想、更新理念。肩负高质量建设南通跨江融合发展样板区的历史使命，我们更应跳出传统思维、摒弃路径依赖，做到科学谋划、敢闯敢试。**要与时俱进抢先机。**积极策应并用好长江经济带、北沿江高铁、张皋过江通道建设等重大机遇交汇叠加带来的政策、区位优势，科学应对周边大城市的“虹吸”；抢抓当前基建增速回升，制造业、房地产边际改善的“窗口期”，在推动“五区建设”等方面主动融入机遇、科学应对挑战，把稍纵即逝、不可多得的黄金机遇转化为不可替代的竞争实力，下好“先手棋”、赢得“新优势”。**要提高站位谋全局。**无论是挺进县域二十强、还是争创文明典范城，无论是高质量跨江融合发展、还是龙游河科创走廊打造，都需要我们在更大范围、更高平台寻求合作、参与竞争。必须提高思想站位、强化全局视野，克服“一亩三分地”的狭隘视野，既要把如皋发展放到更大格局、更长周期中审视定位，多做打基础、树优势、利长远的大事要事；也要在全局中找准坐标、选准方位、瞄准靶心，拿出高招硬招，主动“解题”“破题”，以“功成不必在我”的定力推动各项工作取得突破性进展。**要求真务实抓发展。**如皋历史上发生的“灰犀牛”事件也折射出少数干部身上工作务虚、好大喜功的问题，要把“求真”作为工作的生命线，牢固树立正确的政绩观和科学的发展观，在经济发展、民生改善等方面脚踏实地，坚决杜绝坐而论道、叶公好龙；把“务实”作为干事的指向标，在“谋实事”“干实事”上聚力用劲，做到思想认识“唯实”、制定政策“求实”、具体工作“务实”，以扎实的工作推动实实在在的发展。特别是要针对我市干部和苏南干部对产业经济发展的格局和观念的差异，下大力气消除干部驱动产业高质量发展本领上的天堑，持续加强对经济发展、产业培育的理解，不断提高对经济发展的驾驭能力，进一步增强对产业发展的“把控力”。

2.强化争先意识，在融合发展上要有新成效。奋楫争先，才能持续领先。新中国成立以后，全县干部群众凭借不甘人后的心气和永不示弱的志气，凭借治沙改土打下的良好基础，甩掉了“吃供应”的落后帽子。面对新一轮千帆竞发、百舸争流的激烈竞争，全市广大党员干部必须敢于争先、勇创一流，在跨江协作、深度融合上闯出新路，创造出无愧于历史和人民的新业绩。**要争当经济发展的“排头兵”。**今年我们突出了对板块部门的个性化考核，更加强化指标过程控制，大家的争先意识有所增强，一季度主要经济指标和 GDP 增速位居南通第一方阵，但我市 1—5 月份主要经济指标有近半数指标增幅低于南通平均水平，少数板块月度评估的经济指标，有半数以上处在后三名，争先基础还不牢固。必须敢于自我加压、奋勇争先，加强对工业运行、财政收入、投资消费等关键指标和重要乡镇空白指标的监控分析，要着力在组织好补欠账、赶差距中厘出明细单、划出线路图、敲定硬措施，以坚韧不拔的毅力、发愤图强的斗志，逐旬逐月压茬推进，确保能快则快、能超则超，力争全年 GDP 增速高于南通 1.5 个百分点以上。**要抢当项目建设的“先锋队”。**上半年金鹰产业园、斯堪尼亚等重大项目的开工建设，在疫情影响

之下，为全市乃至南通重大项目建设注入了强大信心，但开工项目的投资完成额和规模质量不高、续建项目投资完成率偏低、主功能区支撑作用不足、新签约重大项目不多，这些仍是我们项目考核的突出短板。要始终聚焦“项目考核挺进南通第一方阵”，发扬夙夜在公、只争朝夕的拼抢精神，扎实开展“项目招引突破年”“营商环境提升年”活动，高度聚焦六大优势产业链，既抓好“顶天立地”的重大项目，也注重“铺天盖地”的科创型项目，倒排时点、挂图作战，再次掀起大抓项目、抓大项目的热潮。尤其是三大主功能区要发挥承担如皋经济发展主战场的作用，实实在在推动各开发园区和上海、苏南乃至深圳等地深度结对发展，切实扛起重特大项目持续突破的责任担当，确保在各类园区考核中争先进位。**要勇当科技创新的“急行军”。**尽管科技创新取得不错成绩，但一些工作推进还略显滞后，我市科创工作在南通还未建立起绝对的领先优势。必须坚决破除“基础不厚实、创新难支撑”的思维桎梏，围绕建设省创新型示范县（市），主动融入苏南自主创新示范区和南通沿江科创带建设，以工业企业资源利用绩效评价、“智改数转”和推进重点行业绿色发展等为契机，发挥好“科技创新 30 条”政策激励和科创产业基金引导作用，加快推动创新平台提质增效和产业高端人才引育，持续完善科技创新“三三工作制”，扎实推进高企倍增计划和企业创新转型，积极抢占转型主赛道、争做科创先行军，为经济发展行稳致远积蓄更强动能。

3.立稳群众立场，在民生改善上要有新作为。我们党自成立开始，就把为人民服务写在了党的旗帜上。每一位党员干部都要从治沙精神中感悟为民初心，始终树牢人本理念，抢抓以县城为重要载体的城镇化建设机遇，以“五城同创”及文明典范城市创建为抓手，在谋民利、解民忧、暖民心上狠下功夫，持续提升群众获得感、绘就民生新画卷。**要“突出民享”发展城乡。**城乡建设与人民群众生活息息相关，我们全力推动城市建设和乡村振兴，城乡面貌改观赢得了群众的称赞，但也要看到极端天气造成城市内涝、农村污水处理难等也让老百姓颇有怨言。必须坚持功能和品质并重、内涵和形象并举，统筹推进旧城改造、城市更新与新城建设，全力推进张皋过江通道、通皋大道二期等重点交通工程，持续做好城市精细管理和长效巩固，加快建设“一主一副、双核驱动”的人民满意城；全力加快乡村振兴步伐，强化农业龙头企业招引和乡村旅游、休闲农业、农村电商等新产业新业态培育，加快推动农业农村现代化，全力打造新时代鱼米之乡“如皋样板”，让广大群众切实享受更多发展成果。**要“多谋民利”建好生态。**“生态立市”是市党代会确定的核心战略，我们也一直致力于改善如皋生态环境，优良天数比率改善幅度目前在全省县（市、区）中处于领先位次，但也必须清醒地认识到 $PM_{2.5}$ 等指标仍处于南通的落后位次。必须把解决突出生态环境问题作为民生优先领域，要深入打好污染防治攻坚战，扎实做好中央生态环境保护督察交办问题整改，全力打造更加宜居宜业的生态环境；聚焦打造美丽江苏如皋样板，深化“水韵如皋”建设，加快推动“两河两岸”生态廊道、龙游湾生态景观带建设，打造更具花木盆景之乡特色的“城市苗圃”“绿化廊道”，刷新如皋“颜值”、提升如皋“魅力”。**要“化解民忧”提升服务。**公共服务成效是群众最真切的感受，我们始终将提高公共服务获得的便利度、满意度作为民生事业发展的不懈追求，取得的成绩也有目共睹，但教育、医疗、养老等领域还存在“痛点”“堵点”。必须聚焦民生短板弱项，用心用情解决好群众关心的热点难点问题，持续优化就业创业服务体系，抓紧抓好重点群体和因疫情就业困难人员的帮扶救助，确保把减税降费、让利助企、让利惠民的措施落实到位，用政府的“紧日子”换取老百姓的“好日子”；坚持以办好人民满意教育为宗旨，扎实开展两所中专升格工作，加快推进新城高中等重点教育工程，确保在南通率先创成全国义务教育优质均衡发展县（市），加快打造“高质量教育县域样板、长三角北翼教育名城”；坚持不懈推进健康惠民、医疗为民，高标准建设如皋医学中心，深化紧密型医共体建设，持续提升医疗卫生服务能力，打造更多具有“幸福温度”的民生亮点。

4.树牢底线思维，在风险防范上要有新提升。安全稳定是发展繁荣的基石，抓好风险防范义不容辞，尤其是处在党的二十大召开之年，做好安全稳定各项工作意义重大。全市上下要提高政治站位，树牢底线思维，狠抓信访和安全生产工作，以攻难关、解难题的实际成效践行“治沙精神”。**要筑牢信访防线。**大力发扬敢于斗争的精神，以深入开展第二轮的“三百”攻坚化解行动为契机，乘势而上再战信访积案“高沙”,强化责任落实、完善化解机制,认真排查、科学处置重点领域信访矛盾,做好特殊困难群体救助帮扶和妇女儿童权益保障工作,确保老的积案加快化解、新的初信初访控制在极低水平,用治理安民的实际成效来提升群众幸福感。**要提升本质安全水平。**持续压紧压实安全生产责任,扎实开展安全生产大检查和公共安全重大隐患“三清”专项行动,坚决遏制重特大事故发生,全力打好安全生产专项整治三年行动“收官战”;要以网格化管理的良好成效来保障常态化扫黑除恶斗争的开展和疫情防控工作的推进,尤其是当前省内疫情还有反复,要常态化落实好各项防控措施,努力用最小的代价实现最大的防控效果,最大限度减少疫情对经济社会发展的影响。**要做好金融风险化解。**围绕政府隐性债务风险降级目标,加强对平台公司融资穿透式监管,深入推进国企改革,强化非法集资风险源头防控,有效遏制规模性债务风险和重大金融风险,以金融秩序的稳定护航市域经济高质量发展。

四、赓续时代使命,在开拓奋进中争做先锋模范

党的事业薪火相传、生生不息。虽然“治沙改土大会战”震耳的号子已离我们远去,但其所蕴含的精神早已扎根雉水大地,面对新时期如皋发展的“高沙”,全市各级党组织和广大党员要自觉对标对表,弘扬传承好“治沙精神”,全面打赢“治沙战”,努力在各自岗位上干出新的“治沙”业绩。

1.要做“一颗红心永向党”忠诚可靠的明白人。坚定理想信念是干事创业的保证,相比于治沙时期的一穷二白,我们现在少了艰苦磨难的洗礼,多了改革的“阵痛”、转型的“烦恼”,如果丢掉了信仰的旗帜,精神上就会失去“压舱石”,事业发展也就无从谈起。**坚决筑牢信仰支柱。**全市上下要自觉把旗帜鲜明讲政治的要求贯穿于各项工作全过程,切实增强“四个意识”、坚定“四个自信”、做到“两个维护”,把学习贯彻习近平新时代中国特色社会主义思想作为重大政治任务和长期战略任务,筑牢信仰之基、补足精神之钙、把稳思想之舵。**保持对党绝对忠诚。**广大党员要把对党绝对忠诚作为根本的政治要求,不断提高政治判断力、政治领悟力、政治执行力,时刻牢记自己的第一身份是共产党员、第一职责是为党工作,自觉做到在党爱党、在党言党、在党忧党、在党为党。要站在党和人民事业发展的角度想问题、做事情,不弄虚作假、不搞花架子、不做表面文章,始终对组织忠诚、对群众赤诚、对同志真诚,做表里如一、言行一致、知行统一的表率。**自觉传承红色基因。**要持续巩固拓展党史学习主题教育成果,深入开展“喜迎二十大、再次战高沙”主题教育,发挥如皋红色资源丰富的优势,用好爱国主义教育示范基地、党性教育基地,教育引导广大党员自觉对照革命先烈、治沙先辈,从优良传统中补足精神之“钙”、筑牢信念之“魂”,进一步坚定对马克思主义的信仰、对中国特色社会主义的信念,让红色基因深深扎根、代代相传。

2.要做“以身示范敢为先”担当作为的带头人。一名合格党员无论在什么地方、干什么工作、做什么事情,都要发挥先锋模范作用,在座的各位同志作为“关键少数”,更要在关键岗位顶得上去、关键时刻豁得出去,努力成为如皋高质量发展最有力的“带头人”。**要真干实干。**从战争时期到和平年代,从小康到现代化,从“治沙改土”到“跨江融合”,面对急难险重任务,广大共产党员抢着喊“让我来”,领导干部齐声喊“跟我上”,在真抓实干中干出了成效、干出了业绩。当前,无论是“如意”营商环境打造、“五城同创”,还是科技创新、项目建设、信访、民生改善、疫情防控等各项重点工作,都是难啃的硬骨头、难打的攻坚战,需要各级党员干部挑最重的担子、攻最大的“高沙”,一着不让把本职工作抓好,一刻不松把重点工作抓实,切实以“实干指数”换取如皋的“发展指数”。**要抢干快干。**时光不等人,年历已过半,全市各级领导干部要认真盘点职责范围内工作有没有实现“时间过半、任务过半”,绝不能陶醉于已有成绩停滞不前、绝不能满足现状不思进取,要用加速度把失去的时间夺回来,争分夺秒跑好下半程。要紧紧围绕年初确定的45项重点工作、主题教育前期查摆的“高沙”问题,全力做好应对不稳定外部“大环境”准备,奋力抢抓国家全面加强基础设施建设重要窗口期,推动“扎实稳住经济一揽子政策措施”落地见效,以最大努力、极限工作全力推动全年目标任务高效完成。**要巧干会干。**实干不是蛮干,要学会因势利导、遵循规律。要认清当前形势,紧贴发展实际,围绕全市重点工作多动脑筋、多想办法、多做探索，以最佳途径、最优方案推动各项工作落到实处。要自觉树立"知识恐慌"的危机意识，努力做到干什么就学什么，缺什么就补什么，抓园区建设的干部就要多研究产业链图谱、提升招商引资本领，抓农村工作的干部就应该多学习外地发展村级经济的成功模式、解决群众纠纷的成功经验等，切实用"拿来主义"护航我市高质量发展。

3.要做"俯首甘为孺子牛"勤政为民的贴心人。治沙改土过程生动说明，越是发展困难的时候，越要高度重视解决民生问题，把民生关切解决好，群众就信任我们、支持我们，就会同我们一起解决困难。**要求真求实察民情。**牢固树立以人民为中心的发展思想，想问题、做决策、办事情，必须把群众需要作为第一信号、把群众满意作为第一标尺，要充分运用"喜迎二十大、再次战高沙"主题教育形成的好经验、好做法，常态化开展走访调研，深入企业车间，走进农户家中，与群众同围一张桌子、同坐一条板凳，面对面、心贴心地交流，全面、及时、准确地掌握群众所急、所需、所盼，切实打通联系服务群众的"最后一公里"。**要落细落小解民忧。**坚持尽力而为、量力而行，不折不扣落实国家和省市确定的民生政策，借助市域社会治理现代化指挥中心、12345 热线等平台，收集汇总各类民生诉求，提高快速反应处置能力，在群众最盼、最需、最急的问题上下功夫，把更多的人力、物力、财力投入民生领域，切实解决普惠性、基础性、兜底性的民生问题，努力为如皋百万人民提供更加优质的住房条件、交通出行和生态环境，让发展成果富有更多"民生含量"。**要真心真意集民智。**下半年，各项任务十分繁重，没有群众的支持不可能做好，没有群众的参与也不可能完成，必须要坚持问需于民、问计于民、问政于民，激发群众的创造性、主动性与主人翁意识，全力保障好群众的知情权、参与权、表达权和监督权，切实把群众紧紧团结在党组织周围，积极投身疫情防控、文明创建、河道管护、环境整治等工作，打好人民战争，夺取各项工作的全面胜利。

4.要做"清风两袖朝天去"廉洁奉公的正派人。清正廉洁是干部成长的"护身符"，守牢纪律规矩就是守住干部最大的财富。全市各级党组织要认真落实全面从严治党主体责任，引导广大党员、干部筑牢廉洁自律防线，做到无愧于初心使命、无愧于党和人民。**要勇于自我革命"洗洗脑"。**以坚如磐石的决心和刀刃向内的勇气，全面检视整改问题，纵深推进全面从严治党，切实解决群众身边的不正之风和微腐败问题。要经常拿起批评和自我批评的武器，敢于刮骨疗毒，决不文过饰非，有缺点克服缺点、有问题解决问题、有错误承认并纠正错误，着力革除作风之弊、扫除行为之垢。**要优化工作作风"治治病"。**以"作风效能提升年"活动为契机，以整治软弱涣散党组织为抓手，以整治形式主义官僚主义为重点，不断扎紧作风建设的制度笼子，在锻造坚强过硬的基层党组织中淬炼出"硬核"党员。要把作风建设情况与机关考核和干部考评相挂钩，作风不好的单位直接降分数、降排名、降等次，作风不好的干部不仅要丢"面子"还要丢"票子"、丢"位子"，推动作风实现整体提升、持续提升。**要强化底线思维"紧紧弦"。**全市广大党员干部要经常反躬自省，常念"紧箍咒"、常打"预防针"，时刻保持清醒头脑，在大是大非面前把握住自己，在生活小节上经得住考验，不断增强拒腐防变能力。始终做到在纪律面前，有无需提醒的自觉；在诱惑面前，有不为所动的定力；在得失面前，有知进知退的境界，切实把党员合格的标尺立起来，把做人做事的底线划出来，在点滴之处筑牢为政清廉的坚固防线。

同志们，初心如磐，唯有坚守方能永葆活力；使命在肩，唯有奋斗方能行稳致远。让我们更加紧密地团结在以习近平同志为核心的党中央周围，高举习近平新时代中国特色社会主义思想伟大旗帜，扎实开展好"喜迎二十大、再次战高沙"主题教育，苦干实干加油干，真抓快抓齐心抓，推动如皋高质量发展再上新台阶，以优异成绩向党的二十大献礼！

深入学习宣传贯彻党的二十大精神 奋力书写好中国式现代化的如皋答卷

——在市委十三届六次全体(扩大)会议上的讲话

何益军

(2022年12月30日)

这次全会的主要任务是,高举习近平新时代中国特色社会主义思想伟大旗帜,深入贯彻党的二十大精神,认真落实习近平总书记视察江苏时的重要讲话精神,按照中央、省委经济工作会议和省市全委会、市第十三次党代会部署要求,认真总结今年工作,研究部署今后一个时期和2023年的工作任务,动员全市上下大力弘扬治沙精神,坚定信心、砥砺奋进,创新实干、勇毅前行,为奋力开辟高质量发展新境界,书写好中国式现代化的如皋答卷而团结奋斗。

根据市委常委会讨论的精神,讲五个方面的意见。

一、深刻领悟"两个确立"的决定性意义,切实用党的二十大精神统一思想、统一意志、统一行动

学习宣传贯彻党的二十大精神,是当前和今后一个时期的首要政治任务。全市上下要坚决贯彻习近平总书记"五个牢牢把握"和"全面学习、全面把握、全面落实"的重要指示,深刻认识党的二十大的重大现实意义和深远历史意义,切实增强学习宣传贯彻的政治自觉、思想自觉、行动自觉,坚定不移把党的二十大作出的战略部署付诸行动、见之于成效。

一要深刻领悟"两个确立"决定性意义,以实际行动坚定拥护"两个确立"、坚决做到"两个维护"。学习贯彻党的二十大精神,最重要最根本的是要深刻领悟"两个确立"的决定性意义,深刻理解其历史逻辑、理论逻辑、实践逻辑,切实增进政治认同、思想认同、理论认同、情感认同,以实际行动和实际成效坚定拥护"两个确立"、坚决做到"两个维护"。**"两个确立"**是党的十八大以来发生伟大变革、取得历史性成就的决定性因素,是新时代十年最大政治成果、最重要历史经验、最客观实践结论。**"两个确立"**对全面建设社会主义现代化国家、全面推进中华民族伟大复兴、实现党的第二个百年奋斗目标具有决定性意义,是我们应对一切不确定性的最大确定性、最大底气、最大保证。**"两个确立"**是走好新的赶考之路必须始终坚持的重大政治原则,也是必须全面贯彻的重大实践要求,在新时代新征程上我们要用实际行动坚定拥护"两个确立"、坚决做到"两个维护"。奋进新征程,我们要更加坚定地忠诚核心、信赖核心、紧跟核心、维护核心,胸怀"两个大局"、牢记"国之大者",坚决贯彻习近平总书记重要指示和党中央决策部署,做到政治上绝对忠诚、思想上高度统一、意志上更加坚韧、行动上坚决有力,朝着第二个百年奋斗目标奋勇前进。

二要深刻把握习近平新时代中国特色社会主义思想的立场观点方法,自觉用党的创新理论武装头脑、指导实践。习近平新时代中国特色社会主义思想是贯穿党的二十大报告的灵魂,是当代中国马克思主义、二十一世纪马克思主义,是中华文化和中国精神的时代精华,是我们不断夺取新时代新征程各项事业伟大胜利的思想灯塔和行动指南。**党的二十大**深入总结我们党坚持和发展马克思主义的历史经验,系统阐述、精辟概括了习近平新时代中国特色社会主义思想的世界观、方法论和贯穿其中的立场观点方法,集中体现为"两个结合"和"六个必须坚持"。"两个结合"深刻阐明了马克思主义在中国创新发展的内在机理,是继续坚持和发展马克思主义的根本要求。"六个必须坚持"是总结党的理论创新实

践得出的规律性认识，揭示了习近平新时代中国特色社会主义思想的理论品格和鲜明特质，是我们深刻理解这一科学思想必须牢牢把握的基本点。我们要把“两个结合”“六个必须坚持”作为学深悟透习近平新时代中国特色社会主义思想的“金钥匙”，深刻领会党的创新理论的道理学理哲理，自觉用于改造客观世界和改造主观世界的全部实践，让党的创新理论的真理力量和实践伟力在如皋大地充分彰显、造福人民。**要在学深悟透中筑牢忠诚根基。**全面系统学、及时跟进学、联系实际学，对重大论断、重大观点、重大要求了然于胸，对内在本质和客观规律充分领会，真正理解把握习近平新时代中国特色社会主义思想的核心要义、精神实质、丰富内涵、实践要求，做到知其言更知其义、知其然更知其所以然。**要在知行合一中主动担当作为。**大力弘扬理论联系实际的马克思主义学风，自觉用习近平新时代中国特色社会主义思想之“矢”去射如皋发展之“的”，时时对表、事事对标，坚持好、运用好贯穿其中的立场观点方法，引导广大干部群众学在深处、谋在新处、干在实处，坚决扛起新时代新征程的光荣使命。**要在常悟常进中凝聚发展合力。**不仅要知之行之，更要在实践中常修常炼、常悟常进，体悟蕴含其中的真理力量和实践伟力，体悟贯穿其中的坚定信仰信念、强烈历史担当、真挚为民情怀，在领悟不止、精进不怠中内化为自觉、上升为信仰，自觉做习近平新时代中国特色社会主义思想的坚定信仰者和忠诚践行者。

三要深刻贯彻党的二十大精神及省市委全会要求，奋力推动如皋现代化建设行稳致远。党的二十大擘画了全面建设社会主义现代化国家、实现第二个百年奋斗目标的宏伟蓝图。省市委对全面推进中国式现代化江苏新实践、南通新实践，分别作出部署和安排。我们必须深刻贯彻党的二十大精神及省市委全会要求，在全力发展高质量经济、建设高标杆城市、创造高品质生活、抓好高标准党建上持续发力，用新的奋斗开创如皋现代化建设新局面。**发展高质量经济必须坚定新发展理念。**始终坚持发展第一要务，立足新发展阶段，贯彻新发展理念，服务构建新发展格局，围绕“产业兴市、创新强市、生态立市”核心战略，强化先进制造业基础支撑，狠抓六大优势产业链建设，以服务提质加快重点项目释放活力，以科创赋能加快主导产业崛起壮大，推动主要经济指标年年进位、发展水平持续攀升，建设创新涌动、活力迸发、特色彰显的高质量发展先行区。**建设高标杆城市必须夯实共富基础。**始终坚持以经营城市理念推进美丽如皋建设，整体谋划推进国家历史文化名城建设、城市重点片区提升、镇区功能完善、农村人居环境改善，着力缩小城乡差距，稳步推进绿色共富，加快构建品质城市、特色镇区、美丽乡村交相辉映的城乡发展新格局，全力打造近悦远来的生态宜居样板区。**创造高品质生活必须站稳人民立场。**始终坚持以人民为中心的发展思想，尽最大努力呼应民意、关切民生，顺应美好生活内涵不断丰富、层次持续提升、需求日益增长的趋势，采取更多惠民生、暖民心举措，以全龄友好的民生服务使每个如皋人都能感受发展温度、拥有归属认同，绘就学有优教、病有良医、老有颐养、弱有众扶的“最美风景”。**抓好高标准党建必须砥砺严实作风。**始终坚持以更强的政治意识和责任担当落实新时代党的建设总要求，弘扬伟大建党精神，全面加强党的各领域建设，锻造高素质干部队伍，久久为功抓基层、打基础，把各级党组织和党员干部队伍建设得更加坚强有力，联系群众更加紧密，努力以党的自我革命引领社会革命，为高水平展现中国式现代化如皋图景提供坚强政治保障。

关于全面推进中国式现代化如皋新实践的具体部署，我们已经在《中共如皋市委关于深入学习贯彻党的二十大精神 在新征程上全面推进中国式现代化如皋新实践的决定》中作了明确，全会审议通过后，要坚决贯彻、全面落实，不断谱写现代化美好如皋建设新篇章。

二、敢为善为、克难奋进，在新的赶考路上迈出了坚实步伐

今年以来，我们深入践行新发展理念，沉着应对严峻复杂的外部环境和超出预期的压力挑战，统筹疫情防控和经济社会发展，统筹发展和安全，争挑重担、勇扛重责，迎难而上、全力以赴争取经济社会发展取得最好结果，综合实力成功跻身全国百强县（市）第19位。

一是稳经济、促发展，综合实力不断增强。始终坚守实体经济，坚定进的信心、保持拼的状态，全年（预计，下同）完成地区生产总值1530亿元、增长3.2%；一般公共预算收入（还原口径）84.5亿元、增长

8.6%;完成工业应税销售1860亿元、服务业应税销售1700亿元,固定资产投资、全部工业应税销售、规模工业应税销售增幅均居南通前列。集聚优质资源发展优势产业,电子信息、新型电力装备全产业链应税销售分别增长60%、26%,六大优势产业链应税销售占规模工业应税销售比重提升至84%。聚焦产业强链补链、攻坚项目,签约亿元以上项目48个、投资总额超368亿元,招引、培育科创项目105家和38家,认定数均居南通前列,斯堪尼亚、金鹰等一批五十亿级、百亿级项目启动建设,正海磁材、森松水纯化、思源组合电器等6个10亿元以上重大项目顺利投产。制定出台如皋"纾困18条""高质量发展45条",开展"企业走访服务季"等活动,获批政府专项债券8.26亿元、向上争取助企奖补资金2.03亿元,新增缓减退免税费超40亿元,新增制造业贷款46亿元、普惠型小微企业贷款增量南通第一,新增各类市场主体2万多户,市场主体的"稳"有力保障了经济发展的"进"。对外开放后劲更足,实际使用外资4.05亿美元,完成外贸进出口总额352亿元,新开通贸易区间航线2条,完成集装箱吞吐量58万标准箱。

二是抓创新、谋转型,发展活力加速释放。始终以改革破瓶颈制约、以科创燃"皋地"动能,全面融入南通沿江科创带建设,省创新型示范县市建设列入南通"一县一改革"清单,"一廊、双轴、两核、多节点"的龙游河科创走廊加快推进,率先组建科创投集团,入选南通唯一"科创江苏"试点县市,新增国家级孵化器1个、"飞地孵化器"4家,新增省众创空间5家、省工程研究中心3家,获省重点研发项目立项4个,国家创新创业大赛行业赛决赛、全国颠覆性技术创新大赛领域赛分别入围企业4家和2家,净增高企142家、占南通近1/3,高新技术产业产值占比过半,跃居全国科技创新百强县(市)第12位。转型升级更显质效,成功组建工业互联网能耗环境管理平台,完成智能化改造数字化转型诊断346个、后续改造企业10家、累计投资超7000万元;新增国家级、省级专精特新"小巨人"企业7家和24家,国家级总量、增量均居南通第一;新增省级企业技术中心2家,力星钢球建成我市首家国家级企业研发平台;新增上市企业1家、报会1家、股改2家,引进合作基金5个。"放管服"改革和数字政府建设深入推进,"不见面审批"覆盖面持续拓展,"一件事"服务事项跨省通办范围更广,政务诚信创新举措全省推广,在全省县域率先建成知识产权保护中心、建设"无证明城市",国家级城市管理综合执法标准化项目通过验收,获评企业家幸福感最强市。平稳实施高新区"一区多园"改革,省级高新区排名持续领跑苏中苏北。国企改革三年行动进展明显,主营收入增长127%。新增入选"江海英才"引进计划12人、省"333工程"13人,入围省"双创团队"项目3个、"双创人才"项目10个。

三是强统筹、优生态,城乡品质持续提升。始终坚持精明增长、融合畅通,科学划定"三区三线",精心编制新一轮国家历史文化名城保护规划和各类专项规划。老城更新与新城建设统筹推进,改造老旧小区23.08万平方米、城市搬迁18.5万平方米,中山路、外城河外环道路等实现改造提升,两河两岸生态廊道、新区医学中心、金融集聚区等开工建设,北沿江高铁、张靖皋长江大桥等重大工程保障有序,S226如皋段、通皋大道二期正式开工,如常、东如高速等前期进展顺利,外联畅通、内联高效的交通格局加速形成。深入推进农业产业发展、人居环境整治提升,重要农产品稳产保供能力持续增强,完成农业农村重大项目投资超20亿元,获批筹建全省首家预制菜产品监督检测中心,累计获评省特色田园乡村8个、南通最多,农村生活污水"四化治污"做法获省委主要领导批示肯定。纵深推进长江大保护,高标准建成龙游湾生态景观带示范段、滨江景观带,中央和省环保督察交办问题整改高效落实,大气环境质量趋稳向好,市考以上断面水质持续稳定达标。

四是惠民生、保稳定,群众福祉有力增进。始终以党政机关的"紧日子"换取人民群众的"好日子",公共财政用于民生支出94.8亿元。严格执行国家防控方案和落实二十条、新十条优化措施,有效经受住省内外多起疫情冲击,60岁以上人群新冠疫苗全程接种率95.25%、南通领先,全市疫情防控形势基本平稳。居民收入稳健增长,城镇新增就业创业1.4万人、失业率控制在4%,城乡居民人均可支配收入分别增长5.3%、7%。社会保障和救助水平全面提升,入选推进建设"15分钟医保服务圈"省级示范县、丧葬礼俗改革省级试点县市,连续五届荣获"省双拥模范城"。高质量教育县域样板创建扎实推进,"双减”成效获教育部点赞，义务教育均衡全省领先，中高考成绩领跑南通，如皋技工学校创成省高级技工学校。新增3家省农村区域性医疗中心，基层医疗服务水平稳步提升。文旅事业繁荣发展，文化供给持续优化，2件作品获省“五星工程奖”，市全运会等赛事顺利举办、支云足球成功冲超，古运盐河城区段考古勘探取得新收获，成功上榜中国县域旅游综合竞争力百强县。社会治理成效显著，四大专项治理行动扎实推进，先后开展两轮“三百”攻坚活动，“五定工作法”全省推广，全年进京访批次、人次分别下降46.3%、44.1%；安全生产“三年大灶”圆满收官，事故起数和死亡人数实现“双下降”，社会大局和谐稳定，群众安全感全省第一。

*五是锻铁军、强作风，党的建设全面加强。*始终将学习宣传贯彻党的二十大精神作为首要政治任务，精心组织宣传宣讲、专题轮训，掀起学思践悟热潮。持续推进党史学习教育常态长效，扎实开展“喜迎二十大、再次战高沙”主题教育，涌现出一批生动案例，深学笃行习近平新时代中国特色社会主义思想，广大干群忠诚捍卫“两个确立”、坚决做到“两个维护”的政治自觉、行动自觉进一步增强。牢牢掌握意识形态工作领导权，主流舆论宣传得到强化，《“中国共产党江苏如皋县委印”被认定为一级文物》获评中国新闻奖。新时代文明实践走深走实，“好人如灯”等典型选树品牌持续擦亮，“中国好人”“江苏好人”等争相涌现，如皋诚信现象被《群众》杂志调研推广，获评省民族团结进步示范区。圆满完成市镇人大、政府、政协换届，深化“头雁工程”，深入推进470个书记项目，构建系列党建品牌矩阵，与省级机关部门党组织结对共建高效推进，“田园党建”做法成为全国创新典型，基层党组织建设实现扩面提质。用好用活“三项机制”，深入实施“雉水先锋培优提质”行动，干部队伍结构不断优化、素质有效提升。上级巡视巡察整改和十三届市委巡察深入推进，作风建设巩固深化，不敢腐、不能腐、不想腐一体推进，遵规守纪的内生动力持续增强，风清气正的政治生态愈发浓厚。支持人大、政协依法依章创新履职，统战、人武、双拥、对口帮扶、群团和老干部工作扎实推进，全市团结奋进的良好局面进一步巩固。

回顾一年来的工作，我们历经风险挑战、更坚定信心决心。这些成绩的取得，源自于以习近平同志为核心的党中央坚强领导和习近平新时代中国特色社会主义思想的科学指引，得益于省委和南通市委的关心支持，归功于全市人民的共同奋斗。在此，我代表市委，向奋战在全市各条战线上的广大干部群众，向给予真诚理解、鼎力支持的老干部和社会各界人士，表示衷心的感谢并致以崇高的敬意！

同志们，发展永无止境，奋斗未有穷期。在肯定成绩的同时，我们要看到：对照“勇当长三角北翼高质量发展排头兵”的追求，发展的质量和效益有待提升；对照“产业兴市、创新强市、生态立市”的核心战略，创新转型的步伐还不快，优势产业的集聚度、新兴产业的辨识度、重特大项目的支撑度还不足，生态环境改善任重道远；对照“不断满足人民对美好生活的向往”现实要求，部分民生实事进展还不够快，优质公共服务供给还相对不足，发展的普惠性有待增强；对照从严治党主体责任，少数领导干部在重大风险挑战面前应对不足、能力不强、作风不实，不想为、不敢为、不善为的庸政懒政现象还时有发生。对此，我们必须高度重视，采取有效措施，切实加以解决。

三、坚定信心、接续奋斗，坚决扛起如皋现代化建设的使命担当

当前，如皋正处于“十四五”发展从顺利开局到乘势快进的重要关口，正处在现代化建设从快速起步到全面推进的关键阶段。我们要认真对照党的二十大部署，全面准确把握现代化建设要求，在审时度势、把握大局中思考问题、谋划工作，在校准方位、保持定力中接续奋斗、推动发展，以勇当长三角北翼高质量发展排头兵的实干实绩，书写好中国式现代化的如皋答卷。

书写好中国式现代化的如皋答卷，必须校准方位坐标、把握时代大势。时势演进变动不居，发展竟合日新月异。百年变局叠加世纪疫情，外部环境的不确定性明显增多，需求收缩、供给冲击、预期转弱三重压力依然较大，但我国经济长期向好的基本面没有改变，后疫情时代下“进”的动能充沛。宏观下，多重战略机遇叠加赋能，“一带一路”、长江经济带、长三角一体化发展、苏南国家自主创新示范区建设等重大战略加速实施，党的二十大后的政策红利逐步释放，苏中地区跨江融合实现崛起的势头正盛；区域

内，南通全域被列入上海“1+8”大都市圈空间协同规划，带来了壮大产业基础、提升城市形象、重构区域优势的新契机，“1235”的区位交通让如皋在交通基础设施建设、优质产业转移、人才集聚等方面较周边地区分享更多的红利。今天的如皋身处最好时代，拥有广阔前景。**顺势而为方能借势而起，**我们必须主动坚定信心、科学识变，做到敏于择机、善于抢机，在谋划上先人一步、在举措上高人一筹，切实将难得的“窗口期”转变为如皋发展的“黄金期”，在高质量发展进程中留下浓墨重彩的一笔。

书写好中国式现代化的如皋答卷，必须厚植优势基础、坚守发展定力。历史长河不息，时代考卷常新。党的二十大对中国式现代化重大理论和实践问题进行了深刻论述，极大地丰富了中国式现代化理论，推动了中国式现代化实践，为我们走好现代化之路提供了根本遵循。省委全会和经济工作会议就更好扛起“争当表率、争做示范、走在前列”光荣使命，奋力谱写“强富美高”新江苏现代化建设新篇章作出全面部署，为我们推进现代化如皋建设指明了方向。审视自身，我们在新赛道新征程上迈出了稳健步伐，六大优势产业链培育、龙游河科创走廊、以全国文明典范城为统领的城市创建等固根基、利长远的大事要事顺利推进，一批投资超百亿元的重特大项目成功布局，一些应对风险挑战的探索经验不断积累等等。现今的如皋发展基础良好，延续向好态势。**固本扬长方能跨越发展，**我们必须锚定南通跨江融合发展样板区的目标定位，坚定“挺进县域二十强、争创文明典范城”的奋斗指向，进一步固本培元、扬长成势，始终保持如磐的战略定力，久久为功推动“五区建设”，努力走在高质量发展前列、勇立现代化建设潮头。

书写好中国式现代化的如皋答卷，必须扛起使命重任、主动担当作为。“躺平”扛不起新使命，“坐等”等不来现代化。面对严峻复杂的内外部形势，我国明年经济增长重回合理区间仍面临较大的压力，实体经济乏力的态势短期内难以根本扭转，经济发展的压力也会较为突出。对如皋而言，身处发达省份，既和全省一样更早更多遇到内外部因素交织的矛盾、先行探索产生的问题，也面临着应对加快发展和化解矛盾的双重要求；不仅要应对扩大总量和提升质量的双重压力，又要完成好持续推进新型工业化、加快建设现代化等多重任务。与先进地区相比，我们在经济实力、增长动能等方面仍有一定差距，特别是在区域城市竞争加剧、合作加速的背景下，如皋赶上标兵、甩开追兵的形势更加紧迫，“七虎”竞南通态势逼人，如果仅维持现有的工作力度、推进强度，不仅不能实现全年预期目标，还会错过重要发展机遇，甚至贻误现代化新征程首个五年发展。当前的如皋，亟须主动作为，更应昂扬奋进。**担当实干方能行稳致远，**我们必须望远山而力行、知不足而奋进，继续弘扬治沙精神，做到使命在肩、奋斗有我，用火红的奋斗指数换取过硬的发展指数，用我们的辛苦指数赢得群众的幸福指数，在奋进现代化新征程中干出新业绩、展现新作为。

四、锚定目标、踔厉奋发，开启如皋全面推进中国式现代化新实践

2023 年是全面贯彻落实党的二十大精神的开局之年，也是实施“十四五”规划承上启下的关键一年，是迈向“后疫情时代”的过渡之年。做好明年工作，**必须坚持以习近平新时代中国特色社会主义思想为指导，全面贯彻党的二十大以及中央、省委经济工作会议精神，坚持稳中求进工作总基调，完整准确全面贯彻新发展理念，主动服务和融入新发展格局，更好统筹疫情防控和经济社会发展，更好统筹发展和安全，着力推动高质量发展，持续保障改善民生，维护社会大局稳定，纵深推进全面从严治党，高质量建设南通跨江融合发展样板区，推动中国式现代化如皋新实践开好局起好步。**

综合考虑各方面因素，全年经济社会发展的主要预期目标是：地区生产总值增长 6%左右，一般公共预算收入增长 9%以上，高新技术产业产值占比 53%以上，全社会研发投入占 GDP 比重 2.65%，固定资产投资增长 6%以上，规上工业应税销售增长 10%以上，规上工业增加值增长 10%左右，工业战略性新兴产业产值占工业总产值比重 44.5%以上，社会消费品零售总额增长 6%左右，外贸进出口总额、实际利用外资稳中有进，城乡居民人均可支配收入与经济增长基本同步，万元 GDP 单位综合能耗下降、主要污染物减排完成上级下达任务。

根据上述目标，明年重点要抓好六个方面：

（一）强化科技赋能，打造全域创新大格局。以创建国家创新型示范县市为引领，深化产创联动、强化协同创新，大力实施“创新如皋”三年行动计划，推动科技与产业加速融合、创新与发展高质并进。**全力做强创新平台。**坚持点面结合、质效并重，紧跟南通沿江科创带建设步伐，全面落实“三三三”工作制，加快推进龙游河科创走廊规划落地见效，完善雉水科学城、龙游湾科创智谷规划并实质性启动建设，盘活新建双创载体40万平方米，推动沪苏科创园、长寿未来农业园、氢能小镇聚焦精密光学、合成生物学和氢能产业，强化项目导入和功能支撑，支持有条件的镇率先向“科创小镇”转型，加快打造创新驱动发展的平台标杆；坚持以提质促增效，强化专业化导向，做优创源、大零号湾等“飞地孵化器”双向链接功能，引导各园区布局特色产业专业孵化器和加速器，确保培育申报省级以上孵化器、加速器、众创空间超10家，其中专业孵化器3家，孵化科创型企业超100家，加快打造产业创新的载体“硬支撑”。**全速壮大创新主体。**深入实施“高企倍增”计划，优化前置服务、缩短培育周期，扎实做好高新技术企业、科技型中小企业、瞪羚和独角兽企业培育，力争净增高企150家、总数600家，提前两年完成“十四五”倍增目标任务，确保新增科创项目370家以上，认定科技型中小企业900家，技术合同成交额120亿元以上。坚持基础创新、关键技术核心攻关、科技成果转化一体化布局，加快实施产学研合作和产业链协同创新，大力支持企业参与省市“揭榜挂帅”，全力推动隆昌化工、正海磁材、高压电器等创建国家企业技术（分）中心，确保新增产学研合作项目300项以上、力争立项省科技计划项目10项以上。**全面优化创新生态。**坚持务实标准，强化“科技创新30条”“人才22条”政策激励，做强科创投、科创基金、科技金融等金融资本支撑优势，完善创投风投服务，力争新增科技贷款超20亿元；提速青年人才公寓国际社区、人才资本服务中心、产业研究院建设进程；精心办好“科技人才洽谈会”“才聚雉水·智汇皋地”等品牌活动，常态化开展“招才引智”、创新创业大赛，年内引进高层次创新创业人才50名、名校优生200名以上，新增青年人才4800名，持续打造青年友好型城市；大力弘扬新时代企业家精神、工匠精神，全面营造热爱科学、崇尚创新、宽容失败的浓厚氛围，以生态领先赋能创新争先。

（二）坚持质效联动，夯实实体经济基本盘。坚持产业兴市战略引领，聚焦实体经济着力点，统筹存量崛起、增量突破和变量优化，推动经济运行整体好转，实现质的有效提升和量的合理增长。**突出产业培育稳增长。**以南通制造业三年倍增行动为抓手，持续做好经济运行监测分析、重点企业挂钩服务和关键环节纾困解难，确保全部工业应税销售增长10%以上；围绕产业链横向联合、垂直整合、跨界融合，组建全市制造业企业运行数字化底座，完善六大主导产业链培育机制，发挥斯堪尼亚、森松、日达、思源等链主企业聚合带动效应，举办斯堪尼亚供应商大会，扎实开展“2523”、专精特新、企业上市等分类培育工程，加快推动产业链骨干企业智能化改造、数字化转型和资本化裂变，确保实施后续改造诊断企业20家，新增省级以上专精特新企业10家以上，新增超50亿元企业2家、20亿元企业2家、10亿元企业5家，上市企业2家、报会2家，六大优势产业链应税销售占规模工业比重超85%，以强产业挺起高质量发展“硬脊梁”。提速项目建设增后劲。主动顺应产业发展规律，聚力延伸链条、增强集聚、产城融合，更加突出重特大项目和科创项目支撑，深化园区专业化招商及科技、资本、乡贤能人招商成效，确保全年新招引5亿元以上重大项目和科创项目分别不少于42个、300个，3000万美元以上外资项目不少于11个，确保五十亿级、百亿级重特大项目取得突破。深化领导挂钩服务和项目推进“八项机制”，紧扣项目开工、设备投入、产出效益等关键环节，突出项目化管理、清单化销号，全力推动斯堪尼亚商用车及动力总成、金鹰产业园、正海磁材、康瑞新材等重特大项目早开工快建设，霖鼎光学、弘远金刚石基片、势加透博等在建项目加快投入，确保全年新开工5亿元以上工业项目30个，力争项目考核挺进南通第一方阵。**强化要素供给优保障。**持续深化“项目跟着规划走、要素跟着项目走”机制，完善重大项目审批绿色通道，加大闲置土地、落后产能处置力度，加快实施低效园区再开发，积极向上争取能耗、环境容量等指标，探索混合产业用地供给新模式，全力保障重大平台、重大项目建设需求；发挥产业基金引导和社会资本撬动作用，完善银政企常态化对接机制，确保制造业贷款增量50亿元；着力解决企业用工难问题,强化人力资源服务,加快技能人才培育,支持产教融合、校企精准匹配供需、共建实训基地,全年培养技能人才不少于7000人,全力以赴护航实体经济行稳致远。

(三)深化跨江融合,激活改革开放强活力。坚持外部借势与内部挖潜相统一,拓展跨江发展格局,深化改革开放成效,加速深度融合进程,持续塑造高质量发展新优势。**打造开放联动新格局。**积极承接长三角现代服务业辐射带动,深刻把握产业发展需求,深入实施服务业繁荣发展三年行动,大力招引城镇商业服务、康养文旅、金融服务、软件和信息技术、科技服务、检验检测等现代服务业项目,加快金融集聚区、开元森泊酒店、太平洋康养文旅等重大服务业项目建设进程,力争创成省级现代服务业高质量发展集聚示范区2家。锚定消费"慢变量",抢抓国家扩大内需战略机遇,把恢复和扩大消费摆在首要位置,精心办好各类促消费活动,加快实物消费提质升级,支持住房改善、新能源汽车、养老服务等消费,加速让新型消费热起来、经济活起来。围绕推动更高水平开放,支持外贸企业大力发展跨境电商、开拓新兴市场,深化如皋港与上海港、宁波港等港口对接合作,积极拓展与京杭、通榆河沿线内河港口协作空间,着力打造江海河联运、港产城融合的综合成本洼地,确保集装箱吞吐量突破60万标箱。**做强融合发展主阵地。**围绕做强主功能区贡献度,推动开发区与上海嘉定、临港新片区等开展氢能产业深度合作,加快建设中瑞(如皋)智能制造合作创新园,积极办好氢能燃料电池大会,加速集聚一批汽车及零部件、电力及智能装备、新能源等优质产业项目,加快迈进国家开发区四十强;坚持高新聚合、产创融合,深化高新区与上海交大等高校院所的密切合作,持续深耕智能制造、合成生物学、软件与信息服务等主导产业,不断完善四大园区运行机制、提升专业化水平、增强产业标识度,打造全市创新成果转化的引领区;强化跨江融合"桥头堡"效应,推动长江镇与张家港保税区合作共建、化工园区升格和石材园区空间再造,持续推动港产城深度融合,确保项目建设位居南通省级开发园区第一等次;学习借鉴苏南现代化园区建设经验,围绕"六个一"目标,推动各类园区持续优化产业生态、加快转型创新步伐,全力打造撬动经济高质量发展的强支点。**跑出集成改革加速度。**持续放大"如意"营商环境品牌效应,全面实施优化营商环境行动计划,深化"放管服"改革成效,推动"跨省通办""省内通办""通城通办"线上线下功能加快融合,细化落实自主改革事项和创新举措,争创全国社会信用体系建设示范区,持续增强市场主体获得感和满意度。深化国资国企改革,优化国有资产监管模式,鼓励国企与央企、外企交流合作,加快实现专业化整合、市场化转型;聚焦经济、民生、党建等领域,创新一批改革试点,形成一批改革成果,全力保障跨江融合向深处拓展、向实处发力。

(四)突出内涵提升,描绘城乡建设好风景。坚持精准精细标准,大力推进城乡建设和生态环境高质量,加快城乡融合、内外兼修,全面推动城乡颜值提升、内涵重塑。**做强城市特色品质。**以创建国家生态园林城市、国家全域旅游示范区为抓手,立足优势、突出特色,统筹推进旧城改造、城市更新与新城建设,稳步实施两河两岸景观带、龙游河三期等重点工程,有序推动中心城区功能提档和老旧小区改造,强化"城市大脑""数字治城",不断凸显城市特质、展示城市风采。全力做好北沿江高铁、G40沪陕高速扩容工程、张靖皋长江大桥等重点交通工程服务保障,加大通皋大道二期、S226等工程推进力度,加快桃源路、滨河南路等城市道路建设,畅通市内交通微循环,以跨江交通"加速"推动内外融合"提速"。**加快乡村振兴步伐。**统筹粮食安全和种源保护,高质量推进高标准农田建设,探索将农场主纳入企业职工养老保险范畴,不断提高粮食供给保障和农民职业化水平。持续放大花木盆景、"三黑三白"等特色产业优势,加快品质、育种、种养等标准研制,扩大品质保险覆盖面,强化农业品牌打造,提升黑塌菜等特色农产品精深加工能力,以标准化、品牌化、产业化提升产业竞争力、产品辨识度。深化供销合作社综合改革,推动基层供销社更好服务农民生产生活。高质量培育乡村振兴示范村、先进村,完善村集体经济增收与村干部报酬待遇挂钩机制,指导支持村(社区)积极盘活闲置资产、开展自主经营、竞拍优质资产等,多措并举拓宽村集体经济发展渠道。系统推进农村人居环境整治提升,完善"红黑榜"、庭院评比等工作机制,每村每月固定一天为"村庄清洁日",有序开展乡村公共空间治理,持续深化特色田园乡村建设,打造"颜值"与"气质"俱佳的宜居宜业和美乡村。全面推广乡村治理积分制,做深做实易俗堂、红白理事会，深入开展天价彩礼、大操大办、假僧假道等专项治理，巧用“小积分”促进“大文明”“大治理”。**擦亮生态文明底色。**加强重点断面、重点支流水质监测，推进污水管网建设、分散农户污水处置和片区水环境治理，确保水环境质量稳定达标。深入推进禁燃禁放工作，强化工地扬尘、工业废气等污染源治理，加大 $PM_{2.5}$ 和臭氧浓度控减力度，推动空气环境质量走在南通前列。持续开展重点地块、重点企业土壤污染状况调查，强化危废固废处置全过程监管，全面消除环境风险隐患。高质量做好上级环境交办问题整改销号，加大环境违法行为打击力度，最大限度压降环境信访总量。持续落实长江大保护要求，深入推进重点行业绿色发展，严把产业导向、项目准入、节能减排三个关口，严控“两高”项目，加强环保执法监管，提速龙游湾生态景观带示范段建设，促进生产生活生态和谐相融，绘就“美丽如皋”新画卷。

（五）聚焦共建共享，推动民生福祉高品质。紧扣以人民为中心的发展思想，办好惠民实事项目，更大力度保障改善民生，扩大优质公共服务供给，将群众的美好愿景变成幸福实景。**让民生兜底更有保障。**深入开展全民参保扩面，推进农民工、灵活就业人员、新业态就业人员等重点群体参保，稳步提升低保、医保、养老等待遇水平，确保应保尽保、应享尽享。健全多层次社会保障体系，统筹完善社会救助等制度，加强对低收入家庭、重病重残人员、失能失智人员、困境儿童等特殊困难群体救助帮扶，提升社会救助精准化、专业化水平，用心用情织密织牢民生防线。**让民生服务更有温度。**强化就业优先导向，深入贯彻落实省就业促进条例、稳岗返还政策，巩固劳务基地建设，突出培训稳岗功能，稳妥做好高校毕业生、农民工、退役军人等重点群体就业创业扶持，开展困难群体就业攻坚行动，确保全年新增城镇就业 1.4 万人。分层分类实施富民强村帮促行动，大力发展特色富民产业，确保农村居民收入增长快于城镇居民。完善社区养老和普惠托育服务体系，积极推动养老服务中心、托育机构改扩建以及未成年人救助保护中心建设等工作，加快推动“一件事”改革，温情守护“一老一小”。**让民生福祉更有质感。**以办好人民满意教育为出发点和落脚点，严格落实“双减”政策，加快推进如皋初中新校区建设、省高品质示范高中创建、如皋高级技工学校创建技师学院、如皋中专创建五年制高等职业技术院校等重点工作，积极创建省县域学前教育普及普惠县、全国义务教育优质均衡发展县（市）。深化紧密型医共体建设，推进医防融合改革，加快新区医学中心、精防院等重点工程进度，以省级示范点标准全域创建“15分钟医保服务圈”。积极申报国家历史文化名城，统筹推进长青沙旅游项目、李昌钰博物馆二期建设、支云足球中超保障提升、通扬运河博物馆规划、城市考古，推动江安创建省级红军小镇，丁堰、白蒲分别创建省、国家历史文化名镇，以文化赋能城市更美好、生活更幸福。深入开展文明交通、非国标三四轮车等综合治理，巩固拓展新时代文明中心全国试点成效，做强做响“皋诚同行”“好人如灯”等品牌，确保蝉联全国文明城市荣誉称号、全国文明典范城市创建省域争先，将“诚信如皋”“大爱如皋”“文明如皋”幸福画卷渐次铺展。

（六）统筹发展安全，争创社会治理新成效。全面贯彻落实总体国家安全观，有力有效统筹发展和安全，坚决抓好防风险、保安全、护稳定各项工作，以高水平安全、高效能治理保障高质量发展。**维护安全稳定大局。**坚持把政治安全放在首位，坚定维护国家政权安全、制度安全、意识形态安全、网络安全，加强重点领域安全能力建设，确保能源资源、重要产业链供应链安全，加快实现高质量发展和高水平安全的良性互动。以省级安全发展示范城市创建为引领，扎实开展安全生产风险专项整治，突出危化品、交通运输、食品药品、建筑施工等重点行业领域安全监管，推进应急指挥中心规范化标准化建设，提高应急救援、防灾减灾救灾和重大突发公共事件处置保障能力，坚决防范遏制重特大事故发生。**筑牢风险防范屏障。**坚持人民至上、生命至上，因时因势优化疫情防控举措，保障好群众的就医用药，重点抓好老年人和患基础性疾病群体的防控，着力保健康、防重症，最大限度减少疫情对经济社会发展的影响。树牢过“紧日子”思想，多措并举压降政府性债务和隐性债务规模，加强国企经营性债务风险管控和各类政府平台公司监管，有效防范化解非法集资、房地产、建筑业、金融等领域风险，严防发生“黑天鹅”“灰犀牛”事件，牢牢守住不发生系统性风险的底线。**提升社会治理效能。**坚持和发展新时代“枫桥经验”，深入推进全国信访工作示范县市创建，完善矛盾纠纷多元调处化解机制，深化“三百”活动成效，及时把矛盾纠纷化解在基层、消除在萌芽状态。以平安中国建设示范县(市)创建为抓手,全面提升市镇两级基层社会治理综合服务中心运行质效,常态化推进扫黑除恶,完善群众参与社会治理的组织形式和制度化渠道,加快推进市域社会治理现代化,努力建设更高水平的平安如皋。

五、砥砺初心、从严治党,不断汇聚奋进新征程的强大合力

办好如皋的事,关键在党。必须始终坚定"永远在路上"的思想自觉、政治自觉、行动自觉,纵深推进全面从严治党,深入推进新时代党的建设新的伟大工程,确保党始终成为如皋现代化建设坚强领导核心。

(一)以政治建设为统领,永葆对党忠诚的政治本色。思想政治工作是一切工作的生命线,必须始终夯实信仰之基、把稳思想之舵、筑牢政治之魂。**坚定政治站位。**坚持把党的政治建设摆在首位,深刻领悟"两个确立"的决定性意义,增强"四个意识"、坚定"四个自信"、做到"两个维护",始终同以习近平同志为核心的党中央保持高度一致,一步步把宏伟蓝图变成如皋美好现实。**强化理论武装。**坚持用习近平新时代中国特色社会主义思想凝心铸魂,强化市委理论学习中心组领学促学作用,充分发挥姚呈明"理论武装工作室""百姓名嘴"等本地理论宣讲队伍及品牌优势,丰富拓展"理响皋地"品牌内涵,推动党的二十大精神"燎原式"传播、"浸润式"学习、"拓展式"应用,确保党中央和省市委决策部署落地落实。**筑牢思想阵地。**压紧压实意识形态工作责任制,抓好"清朗 2023"等活动,推动"网格 + 网信"线上线下一体联动,牢牢掌握意识形态工作领导权、主动权。扎实推进"雉水云音""雉水 e 评"等品牌建设,充分发挥如皋红色资源内容优势、主流媒体引导优势,进一步传播好声音、激发正能量。

(二)以强基固本为支撑,筑牢坚不可摧的战斗堡垒。牢固树立大抓基层的鲜明导向,充分发挥党组织战斗堡垒和党员先锋模范作用,让党旗在每一个基层阵地上高高飘扬。**加强基层组织建设。**深化"雉水先锋固本强基行动",推动实施"红网筑堡工程""红色物业"建设,加强新业态、产业链党组织建设,常态化整顿软弱涣散基层党组织,确保有形有效覆盖,着力锻造全面进步、全面过硬的基层党组织。**壮大基层骨干队伍。**深化党员管理"聚力提质"工程,加大新兴领域发展党员力度,不断为党的事业"添薪加火"。全链条选育管用村干部,完善村(社区)综合考核机制,建立村干部实绩档案系统,健全"标杆书记"培育、导师帮带机制,常态化办好"村(社区)书记大讲坛",推动形成头雁领航、群雁竞飞的基层雁阵。**发挥品牌引领作用。**常态化推进基层党建优秀"书记项目""皋城先锋"系列评选活动,不断提升党建活动品牌影响力。充分发挥特色田园乡村党建联盟作用,放大"交邮融合 红色快递""如逸皋行"等特色品牌效应,深化与省级机关部门党组织结对共建,形成更多叫得响、立得住、推得开的"皋"地党建特色品牌,不断扩大基层党组织的影响力和号召力。

(三)以担当实干为导向,激发干事创业的火热激情。推动如皋未来发展,要贯彻新时代党的组织路线,努力造就一支忠诚干净担当的高素质干部队伍。**争先进位勇担当。**大力弘扬治沙精神,不断增强"挑重担、扛重责"的政治责任感,工作向前看、事事高标准,把"争先"体现在精神状态上,把"进位"落实到工作举措中,切实以"时时放心不下"的责任感、"事事落实到位"的执行力,做到在机遇面前主动出击、困难面前迎难而上、考验面前敢于斗争。**求真务实提能力。**着眼高质量跨江融合新阶段新任务,强化"答卷意识",克服"本领恐慌",通过思想率先融合凝聚共识、谋求良策,通过观念率先过江促进发展、走在前列。深入实施新时代干部能力提升、"淬火熔炼"五年行动计划,有效提升干部在项目建设、招商引资、信访维稳等方面的素质水平,增强敢打必胜的意志力、愈挫愈勇的坚忍力。**严管厚爱促作为。**始终秉持"凭实绩论英雄"导向,优化准确考核评价、高效督查推进机制,释放正向激励、反向鞭策效应。认真落实"三个区分开来"要求,充分释放"三项机制"效能,赋予担当者更多想做事的激情、敢做事的底气,努力营造更加火热的干事创业氛围。

(四)以全面从严为标尺,厚植正气充盈的政治生态。始终保持"赶考"的清醒,把严的主基调长期坚持下去,不断深化党的自我革命、推动全面从严治党向纵深发展。**持续发力纠治"四风"。**锲而不舍落实

中央八项规定精神，驰而不息纠治“四风”，重点纠治形式主义、官僚主义，持续巩固基层减负工作实效，开展乡村振兴、困难群体权益保障等领域专项整治，坚决消除“庸懒散”“中梗阻”等不良作风。**建立健全长效机制。**深化市委大督查机制，突出围绕市委中心工作，精准开展“小切口”专项监督，重拳整治查处影响经济发展、破坏营商环境、侵害群众利益等行为，确保政令畅通、执行有力。精准落实政治巡察要求，发挥综合监督作用和联系群众纽带功能，做细做实政治巡察“后半篇文章”。**保持高压震慑态势。**精准运用监督执纪“四种形态”，强化不敢腐、不能腐、不想腐融合协同，深入整治群众身边腐败和不正之风，聚焦国企、金融、融资、开发园区等权力集中、资金密集、资源富集领域铁腕惩腐肃贪，坚持受贿行贿一起查，不断释放越往后越严的强烈信号，坚决维护风清气正的政治生态。

新征程充满光荣和梦想。党的二十大已经绘就了宏伟蓝图，吹响了奋进号角，让我们更加紧密地团结在以习近平同志为核心的党中央周围，以党的二十大精神为指引，坚定拥护“两个确立”，坚决做到“两个维护”，踔厉奋发、勇毅前行，高质量建设南通跨江融合发展样板区，让中国式现代化在如皋充分展现可观可感的现实图景。

政府工作报告

——2022年1月11日在如皋市第十八届人民代表大会第一次会议上

市长 王鸣昊

2021年及本届政府工作回顾

过去的一年,面对严峻复杂的国内外环境和疫情冲击等多重挑战,市政府在中共如皋市委的正确领导下,在市人大、市政协的监督支持下,坚持以习近平新时代中国特色社会主义思想为指导,全面贯彻落实中央、省、南通决策部署和市委工作要求,把握新发展阶段、贯彻新发展理念、构建新发展格局、推动高质量发展,较好完成全年各项目标任务,实现"十四五"发展和现代化建设良好开局。

一、突出稳中求进,实体经济持续提质提效。**综合实力显著跃升。**预计完成地区生产总值1410亿元、同比增长9%;一般公共预算收入77.8亿元、同比增长8%;规上工业总产值1450亿元、同比增长17.5%,服务业增加值655亿元、同比增长8.7%;全社会固定资产投资同比增长7.1%,其中工业投资同比增长10.2%;社会消费品零售额515亿元、同比增长12.5%;金融机构人民币存贷款余额分别为1751亿元、1531亿元,分别同比增长5.8%、17.5%。**产业集群蓄势做强。**实现规模工业应税销售1350亿元、同比增长24%,六大优势产业链应税销售占比超80%,培育超100亿、超50亿元企业各1家,亿元企业56家,纳税超亿元企业1家,新增规上工业企业180家、南通第一。完成服务业应税销售1846.6亿元,新增规上服务业企业65家,入围全国电子商务进农村综合示范县。完成建筑业总产值1610亿元,入库税金超10亿元,获国优奖2个。粮食、生猪等重要农产品稳产保供,完成农业农村重大项目投资29亿元,新增全国农业创业园区(基地)2家、国家地理标志农产品1个、省级示范家庭农场7个,高标准农田面积占比68%,入选全国绿色种养循环农业试点县,获评省农产品质量安全市、省首批绿色蔬菜(黑塌菜)产业特色县。**发展质态持续优化。**战略性新兴产业产值、高新技术产业产值占规上工业比重分别达39%、45.7%。精准能耗管控,单位工业增加值能耗预计下降5.8%,综合能耗度电销售同比增长33%,整县(市)屋顶分布式光伏开发项目获国家能源局立项,在全省率先全面推开。万达轴承入选国家制造业单项冠军企业,如高高压、嘉好热熔胶入选全国专精特新"小巨人"企业,思源赫兹、汤臣汽配入选中央财政支持重点"小巨人"项目。新增省级服务型制造业示范企业1家、省五星级上云企业1家、省市示范智能车间17家。主导或参与制订国际、国家、行业标准14项,新增国家级标准化试点1项、省级2项、江苏精品2件,如高高压、泰慕士获南通市长质量奖。高质量打造资本市场"如皋板块",星球石墨、森松重工、超达装备成功上市,新入轨企业3家、股改1家。

二、突出量质并举,重大项目实现快落快转。**招大引强持续突破。**牢固树立"项目为王、招商为先"理念,聚焦六大优势产业链精准出击,组建市场化招商队伍5支,成功举办科技人才洽谈会和上海、深圳、苏州等地投资促进周活动,新签约10亿元以上项目32个,其中五十亿级3个、百亿级2个。**项目建**

设加快推进。开展“重大项目质态提升年”活动，健全月度观摩、项目单挑机制。新开工重特大制造业项目15个、服务业项目8个，竣工项目7个，转化达产项目4个，3个项目获南通高端制造业奖励。省、南通市重大项目完成年度投资计划。完成技改投入145亿元、占规模工业投入44.9%。新建项目中高新技术企业投资项目占比54.5%、高技术制造业和战略性新兴产业项目占比72.7%。斯堪尼亚商用车项目通过省发改委备案。**要素保障不断强化。**金融支持实体力度不断加大，设立产业引导母基金和科创基金，新增制造业贷款30亿元、创历史新高。土地利用效率持续提升，完成生态空间管控区域调整，编制土地征收成片开发方案，盘活存量用地4800亩，租赁集体经营性建设用地1686亩，办理全省首例集体经营性建设用地抵押权登记。

三、突出创新赋能，发展活力越发充足充沛。**创新主体持续壮大。**深入实施高企培育“倍增”计划和“小升高”行动，净增高企47家，新增潜在独角兽企业2家、瞪羚企业5家、高新区及集聚区科创项目15个、省级企业研发机构9家。获批省级资金类科技计划项目12项、省科学技术奖3个、南通“揭榜挂帅”项目5个，总量均居南通第一。每10亿元GDP发明专利拥有量达25.8件。新瑞药业荣获全国颠覆性技术创新大赛优胜奖。创新生态不断优化。组建市科技创新委员会，启动实施“创新如皋”三年行动计划，出台科技23条、人才22条激励政策，新增省外国专家工作室2家，入选国家重点人才计划1名、省“双创计划”6人，卓远半导体获批国家高端外国专家引进计划项目。建立科技型企业“白名单”制度，成立科技支行2家，发放科创型企业贷款8.5亿元。获批省创新型示范县市。**创新资源加速集聚。**省级农高区、龙游河科创走廊启动规划建设，建成上海交大如皋科技成果转化平台等飞地孵化器，开工建设青年人才公寓国际社区，主功能区孵化器全部开园，新增省级众创空间2家。高新区省级排名位居苏中苏北第一。

四、突出改革开放，内生动力不断激发迸发。**重点改革不断深化。**全面推进国企改革三年行动，推动建立“3+2”主业体系，实现主营业务收入90亿元、主营业务利润3亿元，新增AA+主体信用评级1家，完成全民所有制企业公司制改革24家。推动镇级债务提级管理，顺利完成省政府下达债务管控预期任务。强化农村综合改革，累计完成产权交易额26.9亿元，建成农民合作社综合社16家，获批省农村改革试验区。**双向开放持续扩大。**新批超亿美元项目2个，实际利用外资3.24亿美元、同比增长2.9%，制造业外资到账额南通领先。进出口总额290亿元，服务外包执行额20.9亿美元、同比增长35.8%。境外投资1600万美元，外经营业额1.35亿美元。新开国际国内航线6条，集装箱吞吐量55万标准箱。水上绿色综合服务区建成运营。**营商环境显著改善。**顶格落实各项惠企纾困政策，减税降费7.9亿元，发放惠企资金3.3亿元。“放管服”改革纵深推进，“证照分离”改革取得阶段性成效，重点企业执法检查“白名单”制度全面实施，市场主体信用分类分级监管实现规上工业企业和在建项目施工企业全覆盖，商事制度改革获省政府督查激励，“如意”营商环境品牌效应持续放大。

五、突出品质提升，城乡环境更趋宜居宜业。**城市功能持续优化。**国土空间规划、国家历史文化名城保护规划编制工作有序推进。新改建城市道路35公里、桥梁29座。完成28个地块111万平方米搬迁，老旧小区改造18万平方米、惠及群众2600户。城市西部片区更新改造全面启动。龙游河三期、宏坝河风光带建设基本完成。智慧停车一期项目建成投运。**交通工程持续推进。**北沿江高铁如皋西站正式获批，南站综合客运枢纽建成投运。张靖皋长江大桥开工建设，通皋大道二期工程大临开工。G40改扩建工程有序推进，S226如皋北段竣工通车，老204国道三期改造建成通车。惠政路龙游河桥等24条城市干道提档升级。完成农村桥梁改造30座、通居路50公里、交通安全生命防护工程462公里、治理安全隐患点214个。**镇村建设持续深化。**深入推进农村人居环境整治五年提升行动，镇级垃圾中转站实现全覆盖，改造农村供水管网153.8公里、户表17.5万户。新增省级生态文明建设示范镇2个、示范村3个、美丽宜居乡村85个。新增省级特色田园乡村1个、传统村落1个、绿美乡村8个，水利建设获省政府督查激励，入选全国水系连通及水美乡村建设试点县。

六、突出精准施策，污染防治始终有力有效。**环境质量持续改善。**常态化落实河长制、断面长制、点位长制，推行“自己的河道自己管护”模式，市考以上断面继续保持优Ⅲ类水质。环境空气质量管控提升行动扎实开展，$PM_{2.5}$平均浓度下降至31.5微克/立方米，优良天数比例85.5%。牢牢把握“共抓大保护、不搞大开发”战略导向，全力推进长江“十年禁渔”，化工企业“两断三清”全面完成。中央、省环保督察交办问题完成整改销号，各级环境信访总量下降6.5%。**重点工程有序推进。**龙游湾生态景观带建设全面启动，5.5公里示范段如期建成。以资源化利用为主线推进农村河道片区治理，完成城北先行区、1片区水环境治理工程及15条农村生态河道建设任务，消除黑臭水体223条。建成分散农户生活污水处置设施2.5万户。上海电气一期飞灰填埋场封场项目竣工。**治理体系不断健全。**生态环境保护执法司法联动机制持续优化，创新生态公益检察领域“三长”联动保护机制，建成一体化平台，提起公诉25件、审理案件227件。

七、突出共建共享，人民生活更加有得有感。**疫情防控毫不放松。**认真贯彻“外防输入、内防反弹”策略，全面落实常态化疫情防控措施，核酸筛查基地、疫情防控队伍等应急处置能力建设不断加强，核酸日混检能力达40万人份。全人群疫苗全程接种率达88%，超过国家和省定标准。**保障体系更加健全。**新增就业2.8万人、创业5346人，发放富民创业贷款1985万元，落实稳岗返还资金1579万元。预计城乡居民人均可支配收入分别同比增长10.5%、11.5%。城乡居民医保、职工“五险”实现动态全覆盖，城乡居民基础养老金、城乡低保等标准持续提高，全面落实残疾人“两项补贴”、重点优抚对象抚恤优待和退役士兵安置政策。脱贫致富奔小康工作获省政府督查激励。坚持“房住不炒”，有效落实地价房价精准化“双控”制度。**公共服务更加均衡。**高质量教育县域样板创建启动实施，“双减”政策有序落实，特殊类型招生控制线上线率70.1%。如师二附、三附等投入使用，附小新城园、志颐小学等工程稳步推进，技工学校与第一中专启动技师学院创建工作。医共体格局初步形成，人民医院新院区开工建设，搬经镇、江安镇卫生院主体工程完工。高分通过国家卫生城市复审。获评全国群众体育先进单位。

八、突出协同共治，社会大局保持安定稳定。**安全生产形势稳定。**专项整治“三年大灶”高标准推进，生产安全事故起数、死亡人数在去年大幅下降基础上又均下降37.5%，消防、防汛等工作持续深化，食品药品安全有效保障。**法治建设稳步推进。**“八五”普法实质性启动。率先推行行政复议体制改革，行政案件败诉率低于南通平均水平。城管综合执法标准化入选全国试点。社会治理不断创新。数据赋能市域治理初见成效，智慧应用平台实时预警各类隐患1万余次，全网协同处置各类诉求超24万件，“三跨”问题解决率、群众满意度南通领先。启动全国信访工作示范县（市）创建，历史遗留问题化解取得积极成效，相关金融机构风险得到稳妥处置。扫黑除恶专项斗争常态化开展，群众安全感位居全省县（市）前列。

切实加强政府自身建设，自觉接受市人大法律监督、工作监督和市政协民主监督，主动接受社会公众舆论监督，市人大代表建议、政协委员提案办理率、满意和基本满意率均达100%。此外，人武、统计、供销、气象等工作不断加强。海事、海关、边检等口岸单位高效运转。积极支持工青妇、残联、科协、工商联等群团组织发挥作用。外事、红十字会、关心下一代、慈善会及各涉老组织工作取得新进步。

各位代表，2021年是本届政府的收官之年。回首五年，我们团结带领全市人民，直面风险挑战，锐意攻坚克难，全力推动经济社会高质量发展，以高水平全面建成小康社会的过硬成果，交出了一份充分展现“强富美高”鲜明特质的答卷。

五年来，我们紧扣高质量发展主题，持之以恒促进产业转型升级，“强”的基础更加厚实。始终坚持与时俱进、乘势创新，从“奋力构建长江经济带战略支点重要支撑”，到“勇当长三角北翼高质量发展排头兵、谱写如皋现代化建设新篇章”，坚定不移以新发展理念推动高质量发展，综合实力实现历史性跃升。地区生产总值连跨5个百亿级台阶，年均增长9%，增速位居全省前列。三次产业结构优化为5.5∶48∶46.5，累计引进重大项目32个，获批国家制造业单项冠军3个、专精特新“小巨人”企业8家。上市企业数南通县市第一。省级高新区成功设立。创成国家基层标准化改革创新先行区，入选国家农业绿色发展先行区、省全域旅游示范区。综合实力跃居全国百强县第 21 位。

五年来，我们践行为民服务宗旨，持之以恒加大惠民利民力度，“富”的成果更加丰硕。始终坚持发展为民、发展惠民，聚焦“八个更”目标要求，全面完成脱贫攻坚任务，推动基层基本公共服务功能配置标准化，持续解决民生领域突出问题，民生福祉实现系统性改善。财政用于民生支出占比保持 78%以上，累计实施民生实事项目 66 件，居民人均可支配收入年均增长 9.4%、城乡收入比缩小至 2.06∶1，城乡社会保险覆盖率 98%，城镇登记失业率控制在 2%以内。获批全国义务教育发展基本均衡县（市、区），省四星级普通高中实现全覆盖，人民医院、中医院建成三级乙等医院，区域供水三期工程竣工通水，全面完成镇级民营医院、民营水厂公益性回归整合。

五年来，我们恪守绿色发展理念，持之以恒提升城市品质能级，“美”的底色更加鲜明。始终坚持生态优先、精明增长，以提供高品质生活空间为目标，全面提升要素集聚力、生态竞争力、城市承载力，城乡格局实现全局性蝶变。新城建设与老城更新统筹推进，城镇化率提高到 62.5%。突出用水点亮城市，改造提升城市河道 15 公里。农村人居环境显著改善，生态河道覆盖率超过 40%，美丽宜居乡村建成率达 86.9%，建成省级特色田园乡村 6 家。长江大保护纵深推进，建立生态环境执法司法联动和镇区生态补偿机制，市考以上断面水质均达优Ⅲ类，地表水环境质量全省领先，优良天数比例、$PM_{2.5}$ 平均浓度创历史最好水平。获评中国人居环境奖城市。

五年来，我们倡树社会文明风尚，持之以恒推动治理能力创新，“高”的成效更加彰显。始终坚持崇德向善、善治善成，深化“五治融合”，着力打造和谐稳定、充满活力的社会环境，文明程度实现整体性提高。高分蝉联全国文明城市称号，实现省级双拥模范城创建“四连冠”、新时代文明实践中心（所、站）全覆盖。获国家级非遗项目 1 个，省群众文艺“五星工程奖”2 件。高水平推进法治如皋建设，社会治理现代化指挥体系高效运转，“大数据 + 网格化 + 铁脚板”治理机制全域覆盖，安全生产专项整治扎实推进，信访总量持续下降，扫黑除恶专项斗争取得实效，群众安全感满意度逐年提升，获评省平安县市、省法治建设示范县市。

各位代表，五年风雨兼程、攻坚克难，五年冬耕夏耘、春华秋实。我们能够取得这样的成绩，靠的是以习近平同志为核心的党中央举旗定向、掌舵领航，靠的是市委坚强领导，靠的是市人大、市政协有效监督，靠的是历届政府团结带领全市人民接续奋斗、同心共建。在此，我谨代表市人民政府，向全市人民，向人大代表、政协委员和离退休老同志，向驻如部队、武警官兵、公安干警和消防救援指战员，向为这座城市繁荣发展作出贡献的每一位奋斗者表示衷心的感谢、致以崇高的敬意！

在前进的道路上，我们还面临着一些问题和不足，主要是：新旧动能转换速度还不快，重特大项目的支撑度和产业链的集聚度还不高，创新驱动发展的动力还不足，主功能区发展贡献度还需加速提升；生态环保、安全生产等领域风险点依然存在，全口径债务存量仍然很大；共同富裕的步伐还需加快，发展的普惠性还有待增强；少数党员干部科学发展、主动服务的意识还需提升，作风建设和党风廉政建设还需持续加强，等等。对此，我们必须高度重视，采取有力措施，切实加以解决。

今后五年工作发展目标和总体思路

今后五年是如皋“弘扬治沙精神、全面乘势聚力，高质量建设南通跨江融合发展样板区”的关键五年，也是如皋高质量发展的攻坚期、转型创新的加速期、城市能级提升的突破期、民生福祉持续提高的普惠期。**面对新形势，**我们唯有科学识势，努力抢抓稍纵即逝的“如皋机遇”，坚持以新机遇厚植优势、顺势而为，不断把各类叠加优势转化为发展胜势，才能在危机中抢先机、于变局中开新局。**立足新起点，**我们唯有系统谋势，精准发力争先进位的“如皋路径”，坚持以新理念倡树导向、引领发展，主动把高质量发展要求贯穿各领域全过程，才能在新的赶考之路上谋求新突破、开辟新境界。**迈上新征程，**我们唯有全面起势，充分展现砥砺奋进的“如皋作为”，坚持以新期盼抬高标杆、善作善成，拿出不负时代的使命担当和敢于探路的勇气锐气，才能跑出加速度，打好主动仗，奋力开创如皋现代化建设新局面。

今后五年工作的指导思想和总体要求是：**坚持以习近平新时代中国特色社会主义思想为指引，深入贯彻落实中央及省、南通各项决策部署，弘扬伟大建党精神，坚持稳中求进工作总基调，坚持改革创新，完整、准确、全面贯彻新发展理念，围绕“打造跨江融合发展样板区”定位和“挺进县域二十强、争创文明典范城”目标，突出高质量发展主题，坚持以供给侧结构性改革为主线，统筹发展和安全，深入推进产业兴市、创新强市、生态立市，勇当长三角北翼高质量发展排头兵，奋力谱写“强富美高”新如皋现代化建设新篇章。**

围绕上述指导思想和总体要求，今后五年，全市经济社会发展的主要目标和总体思路是：

——奋力蹚出转型升级、追赶超越的发展之路，致力打造高质量发展先行区。坚持以新发展理念引领高质量发展，突出产业兴市，狠抓六大优势产业链建设，推动“3232”产业质效全面提升，主要经济指标年年进位，发展水平持续攀升，地区生产总值突破2000亿元，一般公共预算收入达130亿元，战略性新兴产业产值占工业总产值比重48%以上，综合实力挺进全国百强县（市）前二十，高质量建成南通跨江融合发展样板区。

——全力构建如鱼得水、如鸟归林的创新生态，致力打造创新要素集聚区。坚持创新强市，全面提升创新能级，以高层次创新园区、高效率成果转化、高水平人才支撑为核心的创新体系初步建成，加快形成以创新为主要支撑的发展方式，使创新成为经济社会发展的主引擎，全社会研发投入占GDP比重达3.5%，人才综合竞争力、营商环境评价继续保持全省前列，高标准建成省级创新型县（市）。

——大力建设特色鲜明、近悦远来的品质城市，致力打造生态宜居样板区。坚持生态立市，持续加大生态建设力度，绿色发展取得更大进展，城市加快转型、镇村特色更加鲜明，城乡融合水平稳步提升，以更高标准建设宜居宜业美丽家园，林木覆盖率、城市绿化覆盖率完成上级下达任务，城镇化率逐年提升，高品质建成沿江生态景观带，申报国家历史文化名城、国家全域旅游示范区、国家生态园林城市。

——倾力写好共同富裕、温暖厚重的民生答卷，致力打造民生幸福先导区。坚持以人民为中心的发展思想，加快构建优质均衡的公共服务体系，建立健全多层次广覆盖的社会保障体系，奋力朝着幼有善育、学有优教、劳有厚得、病有良医、老有颐养、住有宜居、弱有众扶的目标迈进，城乡居民可支配收入增长与经济增长基本同步，创建全国义务教育优质均衡发展县（市），争创全国文明典范城市。

——协力共创现代智慧、安定和谐的美好生活，致力打造社会治理示范区。市域治理体系和治理能力现代化取得新突破，“五治融合”的基层治理体系基本形成，重大风险防范化解能力、突发公共事件应急能力、防灾减灾救灾能力显著增强，本质安全水平更加巩固，群众安全感、满意度稳步提升，建成全国平安建设示范市、全国信访工作示范县（市）、省级安全发展示范市。

各位代表，重任在肩当奋进，使命光荣须图强。站在新的历史起点上，我们唯有团结一心、砥砺前行，方能在现代化新征程上开辟新境界、担当新作为、展现新气象。

2022年主要工作安排

今年是党的二十大召开之年，是全面落实省、南通和市党代会精神的关键之年，是新一届政府履职的开局之年，做好今年政府各项工作，事关全局、意义重大。我们必须**全面贯彻中共十九大和十九届历次全会精神，坚持稳字当头、稳中求进，更好统筹疫情防控和经济社会发展，统筹发展和安全，继续做好“六稳”“六保”工作，持续改善民生，保持经济平稳健康发展和社会安全稳定，高质量建设南通跨江融合发展样板区，以优异成绩迎接党的二十大胜利召开。**

今年经济社会发展的主要预期目标为：地区生产总值增长7%以上，一般公共预算收入增长8.6%，高新技术产业产值占比48%，全社会研发投入占GDP比重2.75%，固定资产投资增长9%，制造业投资占固定资产投资比重65%以上，规上工业应税销售增长24%以上，规上工业增加值增长12%左右，规上服务业重点行业营业收入增长15%以上，社会消费品零售总额增长8%，实际利用外资3.6亿美元以上，城乡居民人均可支配收入与经济增长基本同步，万元GDP单位综合能耗下降、主要污染物减排完成上级下达任务。围绕上述目标，重点抓好九个方面的工作：

一、千方百计聚资源、谋创新，聚力构建科创生态，着力推动发展动能全面增强。坚持创新在全局中的核心地位，以省创新型示范县市建设为引领，加速集聚创新资源，深度推动产创融合。

培育多元创新主体。深入实施高企培育“倍增”计划和“小升高”行动，新认定高企166家、科技型中小企业620家。引导企业加大研发投入，确保实施产学研合作项目230个以上、技术合同成交额超60亿元。积极争取省级科技计划项目立项，推动重大成果转化、重点研发计划、国际合作、揭榜挂帅等项目取得新成效。支持力星钢球、海泰科特等企业建设细分领域重点实验室，鼓励日达精密建立国家级实验室，围绕精密滚动体、人工金刚石、高纯半导体、汽车轻量化材料、光电显示等领域，积极推动产业、技术、制造业创新中心建设实现突破，新增省级工程(企业)技术研究中心6家以上。深入推进标准化和质量提升行动，主导或参与制订各级标准21项，每10亿元GDP发明专利拥有量达26.6件。深度对接知名高校院所、孵化平台、创投机构，用好基金、平台、人脉等资源，新招引落户科创项目120个、人才项目30个。

全力构筑科创矩阵。积极融入南通沿江科创带，加快编制龙游河科创走廊概念性规划、特色空间风貌提升规划，同步推进产业、交通、生态等专项规划，重点推进雉水科学城和龙游湾科创智谷规划建设，加快启动省级农高区实质性建设。完善“众创空间—孵化器—加速器—产业园”全链条培育体系，鼓励吴窑等有条件的镇利用闲置资产改造建设科技企业孵化器，新增国家级孵化器1家、省级众创空间3家，双创载体新招引项目不少于100个。组建如皋产业研究院、科创投集团、人才资本服务中心，深化“双飞地”合作模式，加快打造上海交大如皋科技成果转化创新平台，支持化合物半导体产业研究所与中科院深度合作，加快青年人才公寓国际社区建设，推动创新资源和高端人才加速集聚。

构建立体创新生态。深入实施“创新如皋”三年行动计划，推动科创委高效运作，建立科技创新双月例会制度，开展季度创新创业大赛。强化政策激励，定期开展绩效评估和调整优化，提高奖励精准度。实质化运行科创产业引导基金，激发市场主体创新活力。持续推进“苏科贷”“高企融资服务直通车”和科技担保服务，确保新增贷款9亿元。深入实施“148高层次人才梯队”培养工程、“雉水英才”引进计划，力争新引进顶尖专家和高端团队4个、高层次创新创业人才40名、名校优生200名以上，培养技能型人才6000人。弘扬张謇企业家精神，实施企业家培育工程。

二、久久为功上项目、扩投入，持续狠抓落地转化，着力推动经济发展行稳致远。树立“大抓项目、抓好项目”的鲜明导向，不断扩增量、优存量，全力以赴推进项目建设持续发力。

抓实精准招商。创新在资源紧约束条件下项目建设的体制机制，坚持重大制造业项目与科创项目并重，更加关注投资强度、亩均税收、单位能耗、科技含量等指标，在源头上提升项目质量。扎实开展“项目招引突破年”活动，更加聚焦资本招商、乡贤招商、以商引商，全力推进与苏南、上海、深圳等地的精准对接，办好“一会两节”，新签约10亿元以上项目36个，力争五十亿级、百亿级重特大项目实现再突破。

聚力项目攻坚。认真落实项目“全生命周期、全要素保障”服务机制，不断健全联合预审、协调会办、月度观摩单挑制度，力争全年新开工10亿元以上项目28个，其中五十亿级4个、百亿级2个，入选南通市高端制造业项目5个以上。完善重大项目市领导挂钩制度，实现清单式管理、专班化推进，推动金鹰产业园、斯堪尼亚商用车、思源储能等一批重特大项目早开工快建设，正海磁材、赛杰艾迪、国石石墨烯等在建项目快竣工快投产，全力提升项目竣工率和转化率。鼓励现有企业加大技改投入扩项目，实施超亿元技改项目30个，确保纳税500万元企业技改全覆盖、规模以上企业技改面超60%。

强化要素支撑。建立“三张清单”闭环机制，落细落实支持市场主体发展的政策举措。深入推进工业用地质效管理，加快低效资产盘活利用，盘活闲置用地4000亩。探索新型科创产业用地政策。推动专业园区、乡镇工业集中区提质增效、空间再造，支持高新区创建国家级高新区、如皋工业园区做强东西部园区，扎实推进下原、磨头等共建园区建设，打造一批产业合作“区中园、园中园”。强化金融服务，深入开展“银政企”对接，新增制造业贷款30亿元以上。树立“投行思维”，充分发挥产业引导母基金作用，积极引入社会资本和优秀管理团队，确保新增子基金2支以上。完善上市企业培育梯队，新培育上市企业2家、报会2家。

三、坚定不移调结构、促转型，培育壮大实体经济，着力推动产业升级步伐加快。深入实施产业倍增三年行动，促进产业链与服务链、价值链精准衔接、深度融合。

做大做强先进制造业。大力培育生态主导型企业，构建“龙头带动、配套跟进、全产业链发展”的集群式发展格局，重点推动汽车及零部件、高端成套设备及关键零部件、新型电力装备等产业加紧突破关键领域，支持新材料、电子信息产业向高附加值方向提升规模和能级，鼓励生命健康产业围绕健康食品加工开辟新动能，确保六大优势产业链应税销售占规模工业比重82%以上，战略性新兴产业产值占工业总产值比重达40%。加大“2523”大企业、制造业单项冠军、专精特新“小巨人”企业培育力度，新增应税销售超50亿元企业1家、亿元企业40家、规上工业企业180家以上，国家级专精特新“小巨人”企业2家、省级4家。

提档升级现代服务业。推动生产性服务业向专业化和价值链高端延伸，积极培育科技服务、金融服务等新兴业态，大力发展港口物流、冷链物流等专业化物流，开工建设金融集聚区。推动生活性服务业向高品质和多样化升级，做好消费业态升级、存量市场改造、文旅IP打造等文章，开工建设西部片区商业综合体、文创产业园，推进水绘园国家AAAAA级旅游景区、省级长青沙旅游度假区创建，争创国家全域旅游示范区。积极发展总部经济，坚持本土培植和对外招引并举，新增综合型总部、功能型总部各1家。新开工服务业重大项目6个，确保服务业增加值增长7%以上。

推动产业数字化转型。坚持把数字经济作为产业转型发展的关键增量，大力开展数字赋能行动。开展智能制造诊断服务，鼓励企业“触网”融合，促进数字技术与制造业融合发展，新增国家级两化融合贯标企业4家、省级工业互联网标杆工厂1家、五星级上云企业1家、智能车间3个。推动服务业数字化转型，积极培育数字贸易、数字物流、数字直播等新业态新模式，加快软件园二期项目招引落地，不断做强软件和信息服务业。推进建筑业企业混合所有制改革，组建如皋建筑产业联盟，鼓励应用精益建造、数字建造等技术，全面增强“如皋建造”核心竞争力，确保建筑业总产值超1700亿元。

四、坚持不懈补短板、优品质，不断完善城市功能，着力推动城市内涵日益彰显。以创建文明典范城市、申报国家历史文化名城为抓手，补齐短板、提升功能，让城市更具颜值、更富魅力。

提升中心城区首位度。科学谋划城市发展布局，精心编制国土空间总体规划和各类专项规划。加大“新城建”推进力度，整合新建城区污水处理厂，建成西部片区“两河两岸”景观带和滨河路、桃源路，完成龙游河三期、宏坝河生态廊道、惠政路茅雉河大桥、老北门大桥等重大工程建设。加强集贤里广场改造提升和通城巷、冒家巷等历史街巷保护修缮，守护好乡愁记忆。继续推进老旧小区改造五年攻坚，新开工30.56万平方米，完成19万平方米。支持长江镇主动融入南通西部片区，打造港产城融合的城市副中心。完善地价房价“双控”机制，合理把握土地出让结构、节奏和规模。

提升城市管理精细度。狠抓拆违控违，扎实开展主要道路两侧箱体、建筑立面、背街小巷等专项整治行动。全面推广生活垃圾分类，新增“三定一督”试点小区40个，建筑垃圾资源化利用率达100%。加快推进环卫一体化改革和老旧小区物业管理市场化，扩大既有住宅加装电梯覆盖面，积极探索分时停车、夜间停车等新模式，城区新增停车泊位500个、智能化管理停车位3000个。

提升内外交通通达度。高标准规划如皋西站综合枢纽，启动S30如常高速和东如高速前期研究。全面推进张靖皋长江大桥、通皋大道二期、S226南段、G40如皋段及长江镇互通等重大交通工程，做好北沿江高铁征地搬迁等前期工作。深化如港路、沿江路快速化研究成果，确保中山路“白改黑”、紫光路北延等城市主次干道全面通车。持续推进道路安全“生命防护工程”三年攻坚行动，完成李平线、如泰线、东搬线、大长线、沿江公路等5条省道116公里安全隐患治理，实现省道安全隐患治理全覆盖。亮化提升干线公路87公里，优化城乡公交线路4条，新增、改造公交站台24座。

五、全力以赴创特色、美环境，更加突出三农优先，着力推动乡村振兴走深走实。以国家农业绿色发展先行区建设为抓手，推动乡村全面振兴走在前列。

特色化发展现代农业。坚决遏制耕地“非农化”、防止“非粮化”，确保粮食面积和产量稳中有升。优化花木盆景和“三黑三白”特色产业格局，推动地理标志农产品产业链式发展，新增小微盆景基地2000亩，建成黑塌菜标准化基地1.2万亩，新建高标准农田11.12万亩。大力发展高效精品农业、休闲观光农业和都市农业等新业态，建成省级示范点2个。放大“苏·皋长寿”品牌效应，加快标准化生产、全程化追溯、品牌化建设全产业链发展进程，打造省市农产品品牌4个。

融合化推进镇村建设。深入实施农村人居环境整治提升五年行动，持续推进土地“双整治”，系统开展农房建设管理、老镇区提升改造等专项整治，完成农村危桥改造20座、通居工程40公里，全力推动河道管护向庭院环境治理拓展，广泛发动群众参与“最美庭院”评比，村(社区)垃圾分类覆盖率达40%，创成省级特色田园乡村1个、南通特色村庄2个，美丽宜居乡村建成率90%以上。深入实施城镇污水处理提质增效精准攻坚“333”行动，改造提升污水管网12公里，建成分散农户生活污水处置设施1.5万户，打造生态河道36条段。

多元化推动强村富民。深入推进乡村振兴示范村、先进村培育，支持低收入村整村推进分布式光伏建设，探索发展物业经济、资源经济、“飞地”经济等新路径，促进村集体收入稳步增长。充分发挥乡贤能人作用，助力农业农村产业发展、公益事业等工作，加快推进乡村振兴。培育壮大新型农业经营主体，完善农民利益联结机制，新增省级示范家庭农场5个、南通市级农民专业合作社示范社5家，培训高素质农民2000人。深化农村土地“三权分置”和农村产权制度改革。巩固拓展脱贫攻坚成果，健全防止返贫动态监测和帮扶机制。

六、持之以恒攻改革、拓开放，全力加快跨江融合，着力推动内生动力持续激发。主动融入重大发展战略，强攻更深层次改革，拓展更高水平开放，加快形成区域发展叠加优势。

更大力度优化营商环境。开展“营商环境提升年”活动，打造“如意”服务创新品牌，确保营商环境评价保持全省前列。落细落实新的减税降费和助企惠企政策，及时研究制定更多“合身”“解渴”“有感”的政策措施。纵深推进“放管服”改革，扩大“不见面审批”“一网通办”覆盖面，放大“一件事”“一证准营、一码亮证”改革效应。落实重点企业执法司法“白名单”制度，推进市场主体分类分级监管系统上线运行，积极争创国家信用示范城市。

更高水平扩大双向开放。推动制度性开放，以先进制造业和生产性服务业为主方向，以四大主功能区为主阵地，全力引进高质量外资项目，新增超3000万美元项目12个。实施“走出去”战略，用好出口退税、信用保险补贴等外贸政策，支持外贸企业参加各类展会和交易平台，引导建筑企业和梦百合、明德、超达等优势企业布局海外产业链，力争外贸进出口总额达310亿元。打造“双循环”支点，提升跨境电商产业园载体能级，推动如皋港积极争创国家综合保税区，开辟国际国内航线5条，集装箱年吞吐量突破60万标准箱。

更深层次加快跨江融合。扎实推进跨江融合五年行动，积极承接上海五大中心和苏南自主创新示范区建设溢出效应，推动开发区与上海嘉定和临港新片区氢能产业园深度共建，支持长江镇通过跨江合作实施低效园区空间再造，深化如皋港与上海港、南通港等港口合作，力争各重点园区均与上海苏南1~2家园区建立紧密合作关系，在产业发展、基础设施、协同创新、公共服务等方面开展深层次、广领域合作，确保从沪苏引进重大项目占比超80%。

七、标本兼治抓攻坚、强保护，协同推进减污降碳，着力推动美丽如皋加快建设。深入打好污染防治攻坚战，全方位推动绿色低碳转型，全力走好生态优先、绿色发展之路。

推动绿色低碳发展。坚定不移抓好长江大保护，落实长江禁捕退捕长效管控机制，促进如皋港化工新材料产业集中区升格化工园区。持续推进沿江生态景观带建设，腾退沿江企业14家，建成堤顶公路7.2公里。科学编制碳达峰行动方案，推进纺织印染等重点行业节能减排、清洁能源替代，严把"两高"项目准入关，积极争取省级碳达峰碳中和专项资金支持。推进整县(市)屋顶分布式光伏开发，规划建设容量100兆瓦。倡导绿色生活和消费方式，推广应用新能源公交车20辆。

持续改善环境质量。强化重要水体保护、地下水污染防控、关键断面水质监测，实施3个片区230平方公里的水环境治理，扎实开展长江排污口整治，建设控导工程25座，市考以上断面优Ⅲ比例继续保持100%。强化$PM_{2.5}$和臭氧浓度"双减双控"，开展建筑扬尘、餐饮油烟、车船污染治理，严格落实重污染天气应急管控措施，确保$PM_{2.5}$浓度、空气优良率达到省定目标。完善危险废物全生命周期监管系统，强化重点地块风险评估和治理修复，保障土壤环境安全。全面推行林长制，加强森林资源管理和湿地保护修复，提升生态系统碳汇能力。

健全生态治理体系。强化"三线一单"管控，严格落实生态环境保护共同监管责任，加强水源地风险、排污、空间和执法管控。继续实施水环境"双向"补偿机制。强化生态环境保护执法司法联动中心常态化运行，拓宽环保信用评级运用领域，完善环境违法"黑名单"制度，严厉打击环境违法行为。持续健全基层环保网格体系，全域实施"自己的河道自己管护"，充分发挥"两代表一委员"监督作用，切实增强治理合力。

八、精准发力防风险、除隐患，牢固树立底线思维，着力推动发展安全良性互动。坚持把高水平安全作为高质量发展的前提和基础，全力防范化解风险隐患，切实增强城市韧性。

科学精准抓好疫情防控。全面压实"四方责任"，落细落实"外防输入、内防反弹"各项措施，坚持人、物、环境同防，做好进口冷链食品、货物和入境人员的全流程闭环管理。严格重点场所规范管理，持续做好新冠疫苗接种工作，确保目标人群应接尽接。配齐配强疾病预防控制专业技术人才，推进6家发热门诊规范化建设，增强居民个人防护意识，从本质上提升疫情应急处置水平和基层应急处置能力，切实筑牢疫情防控铜墙铁壁。

毫不放松抓好安全生产。严格落实安全生产责任制，紧扣"务必整出成效""两个不放松"要求，抓好两个专题八个专项整治，坚决遏制重特大事故发生，确保安全生产专项整治三年"大灶"圆满收官。从严抓好食品药品和燃气安全监管，切实推进防汛减灾，防范重大环境风险，切实筑牢保障人民生命健康的坚固防线。落实高质量安全发展实施方案，完善应急管理体系，实现基层消防站建设全覆盖。

一着不让抓好风险防范。加强全口径债务管理，严控新增非标融资和高成本融资，严控经营性债务增量，完善常态化监测和风险评估预警机制，确保债务余额得到有效控制、债务率逐年下降、债务综合成本持续压降。加强金融法治建设，充实金融执法力量，防范金融风险，强化非法集资风险源头防控，促进建筑业和房地产市场平稳健康发展。深化国企改革三年行动，完善国有资产监管机制和公司治理结构，聚焦主责主业，提升运营质效。

九、用心用情办实事、惠民生，切实优化服务供给，着力推动民生福祉不断增进。以推进共同富裕为追求，办好急难愁盼的"头等大事"和"关键小事"，切实增强群众获得感幸福感。

推进社会保障精准化。坚持就业优先导向，强化人口导入，新增城镇就业1.1万人、首次来如就业1万人，引进高校毕业生4700人。完善"一老一小"服务体系，全面推广"机构+社区+居家"链式养老服务模式，加快普惠托育机构标准化建设，新增养老护理床位300张、普惠托育托位300个。健全多层次社会保障体系，推动法定人员社会保险动态全覆盖，深化长期照护保险制度，大力发展慈善事业，落实好社会救助、抚恤优待、大病保险等托底政策。

推进公共服务优质化。围绕打造"高质量教育县域样板、长三角北翼教育名城"，加快建设如皋初中新校区、如皋中学品质提升等14项重点工程，扎实开展两所中专升格工作，认真做好"双减"工作，加强青少年身心健康教育。深化紧密型医共体建设，加快建设人民医院新院区、精神病防治医院，加强重点学科与专科建设，招引本科及以上卫技人才160名，免费培养农村订单定向医学生80人。实施新时代文明实践中心提档升级工程，扎实推进古运盐河遗址考古、李昌钰博物馆二期工程等重点工作，举办第四届国际司法警政刑侦科学大会和市第十二届运动会，建成广电智慧镇3个，水绘园风景区实行免费开放。

推进社会治理现代化。深化基层治理"三整合"改革，融通全域数据要素和治理体系，建好建强城市大脑示范应用，试点推进网格服务管理标准化，开工建设社会治理综合服务中心。推进"八五"普法，全面推动法治建设示范创建。深入实施信访工作"三年攻坚"，健全领导接访下访、包案化解机制，创成全国信访工作示范县（市）。以新一代雪亮技防工程为载体，强化立体化、智能化社会治安防控体系建设，常态化开展扫黑除恶斗争，严厉打击各类违法犯罪行为，确保社会大局长治久安。

加强政府自身建设

各位代表，政贵在行，事成于实。我们将切实加强自身建设，着力提升能力水平，努力打造人民满意的服务型政府。

一、不断加强政治建设，永葆绝对忠诚的政治本色。坚持以习近平新时代中国特色社会主义思想为指导，深刻领悟、自觉落实"两个确立"的伟大意义和实践要求，切实增强"四个意识"、坚定"四个自信"、做到"两个维护"，始终胸怀"两个大局"、牢记"国之大者"，不断提高政治判断力、政治领悟力、政治执行力，敢于斗争、善于斗争，把党对一切工作的领导贯彻到政府工作各领域各方面，以政治上的主动赢得发展和全局上的主动。

二、不断加强能力建设，锤炼善作善成的过硬本领。时刻保持本领恐慌的"危机感"、补课充电的"紧迫感"，自觉增强"八个本领"、锤炼"五个过硬"、提高"七种能力"，突出战略机遇转化、产业体系构建、城乡协调发展等重点任务，注重前瞻性思考、全局性谋划、战略性布局、整体性推进，深入学习历史知识、厚植文化底蕴、强化生态观念，不断提升履职尽责的专业能力，以过硬本领应对复杂形势、完成艰巨任务。

三、不断加强作风建设，激发功成有我的实干担当。悟透以人民为中心的发展思想，积极投身"两在两同"行动，深入开展"机关作风建设提升年"活动，扎实组织如皋治沙精神大讨论，厚植为民情怀，凝聚发展共识。牢固树立正确的政绩观和科学的发展观，秉承"真抓实干、马上就办"的优良作风，拿出"发展有我、实干看我、奋斗忘我"的精气神，打通落实的"最后一公里"。切实加强调查研究，坚持"三严三实"，坚决防止简单化、乱作为，坚决反对不担当、不作为。

四、不断加强廉政建设，涵养风清气正的良好生态。坚决贯彻全面从严治党各项要求，持之以恒落实中央八项规定及其实施细则精神和省委具体办法。严格按照法定权限和程序行使权力，自觉运用法治思维和法治方式推动工作，慎重决策，慎重用权，主动接受人大、政协和各方面监督。坚持政府过紧日子，严控"三公"经费。严守廉洁从政规定，构建亲清政商关系，加强家庭家教家风建设，永葆为民务实清廉的政治本色。

各位代表，历史长河奔流不息，时代考卷常答常新！让我们在市委的坚强领导下，在市人大、市政协的监督支持下，持续弘扬如皋治沙精神，以史为鉴、开创未来，埋头苦干、勇毅前行，全力以赴走好新时代赶考之路，以高质量建设南通跨江融合发展样板区的优异成绩，迎接党的二十大胜利召开！

附件：

名词解释

1.六大优势产业链：指如皋市初步选择的6条具有较强集聚性、根植性、先进性、引领性和特色性，以及协同创新力、智造发展力、品牌影响力的优势产业链，具体是汽车及零部件、高端成套设备及关键零部件、新型电力装备、新材料、电子信息、生命健康产业链。

2.中央财政支持重点“小巨人”企业：指中央财政累计安排100亿元以上奖补资金，引导地方完善扶持政策和公共服务体系，分三批重点支持的国家级专精特新“小巨人”企业。

3.潜在独角兽企业：指获得过投资且尚未上市，成立5年之内且估值不小于0.5亿美元，或成立5～9年且估值为1亿～10亿美元的硬科技企业。

4.瞪羚企业：指创业后跨过死亡谷，以科技创新或商业模式创新为支撑，进入高成长期的中小企业。

5.南通“揭榜挂帅”项目：指南通面向全市16个优势产业链，把需要攻坚的“卡脖子”技术、关键核心技术项目以发榜形式面向全社会揭榜招标的项目。

6.离岸孵化器：指在本市以外的城市、区域设置的孵化器，对其他城市、区域的特色产业或高新技术进行孵化培育并最终在本市落地产业化。

7.“两河两岸”景观带：指如泰运河景观廊道和通扬运河景观廊道。

8.特殊类型招生控制线：指强基计划、综合评价、高校专项、地方专项、高水平艺术团、军校招生等招生项目在录取时参照往年文理科类本一批次招生计划比例分别为普通类（历史等科目类）、普通类（物理等科目类）划定的控制分数线。

9.“三跨”问题：指跨部门、跨区域、跨层级的问题。

10.文旅IP：指文化与旅游要素融合下，文旅企业和产品的品牌形象。

11.精益建造：指将“精益思想”在建筑业加以改造和应用，彻底消除建筑施工过程中的浪费和不确定性，最大限度满足顾客要求，从而实现建筑企业的利润最大化。

12.智能制造诊断服务：是基于《智能制造能力成熟度模型》和《智能制造能力成熟度评估方法》两项国家标准开展的第三方标准符合性评估活动。

13.新城建：指基于数字化、网络化、智能化的新型城市基础设施建设。

14.“口袋”公园：指对较小地块进行绿化种植，再配置座椅等便民服务设施的城市开放空间。

15.三定一督：指“定时定点定人督导”，是一种垃圾分类的源头开展模式，实行“三定一督”的小区，会将原小区楼道及道路两旁的垃圾桶撤除，另外选取适合的位置设置垃圾投放点，投放点在固定时间开放，在开放时间段，每个投放点会有督导员及志愿者现场指导居民的分类投放。

16.三黑三白：“三黑”指黑塌菜、黑猪、黑鱼，“三白”指大米、白萝卜、黄芽菜等特色农业产业。

17.“333”行动：指全省县以上城市开展的以“三消除”（消除城市黑臭水体、消除污水直排口、消除污水管网空白区）、“三整治”（整治工业企业排水、整治“小散乱”排水、整治阳台和单位庭院排水）、“三提升”（提升城镇污水处理综合能力、提升新建污水管网质量管控水平、提升污水管网检测修复和养护管理水平）为主要内容的城镇污水处理提质增效精准攻坚行动。

18.“一件事”改革：指以企业、群众办好“一件事”为目标，整合事项、再造流程、共享信息，逐步形成“一窗受理、一次告知、一表申请、一套材料、一次提交、一次反馈、一次分办、一窗出件、一号服务、一键评价”的办理模式。

19.“两高”项目：指高耗能、高排放的项目。

20.控导工程：指为控导主流、稳定河势而修建的河道整治工程。

21.三线一单：指生态保护红线、环境质量底线、资源利用上线和生态环境准入清单。

22.安全生产两个专题八个专项整治：指学习宣传贯彻习近平总书记关于安全生产重要论述专题，落实企业安全生产主体责任三年行动专题，危险化学品、消防、道路运输、交通运输（铁路、邮政、水上交通）、城市建设、危险废物、经济技术开发区、高新技术产业开发区等八个安全专项整治。

23.基层治理“三整合”改革：指基层整合审批服务执法力量改革，复制推广经济发达镇“加强党的全面领导、审批服务一窗口、综合执法一队伍、基层治理一网格、指挥调度一中心”的“1+4”改革经验，加快形成“集中高效审批、强化监管服务、综合行政执法”的基层治理架构。

部门公告

如皋市2022年国民经济和社会发展统计公报

如皋市统计局

2022年，在如皋市委、市政府的正确领导下，全市上下坚持以习近平新时代中国特色社会主义思想为指导，以迎接党的二十大、学习宣传贯彻党的二十大精神为主线，围绕"高质量建设跨江融合发展样板区"目标，高效统筹疫情防控和经济社会发展，统筹发展和安全，交出了一份"稳中有进、难中有为、干中有成"的发展答卷，综合实力跻身全国百强县（市）第19位。

一、综　合

初步核算，全年实现地区生产总值1479.31亿元，可比价增长2.3%（下同）。第一产业增加值86.69亿元，增长4.1%；第二产业增加值741.79亿元，增长4.1%，其中工业增加值631.03亿元，增长4.4%；第三产业增加值650.83亿元，增长0.1%。三次产业结构为5.9：50.1：44.0。全市人均地区生产总值120809元，增长3.0%。

全年新登记私营企业5324家，年末累计达36692家；新登记私营企业注册资本307.66亿元，年末累计注册资本4485.64亿元。全年新登记个体户14584户，年末累计达158282户；新登记个体工商户资金数额25.84亿元，年末累计资金数额199.49亿元。

全年城镇新增就业1.13万人。全年帮扶城乡就业困难人员就业再就业3654人。全年采集发布就业岗位2.41万个。城镇登记失业人数3249人，城镇登记失业率≤4%。

年末全市常住人口122.23万人，比上年末减少0.44万人。其中，城镇人口76.91万人，增长0.5%，城镇化率62.9%，比上年提高0.5个百分点。年末户籍人口138.60万人，比上年减少0.85万人。全市人口出生率4.74‰，人口死亡率11.43‰，人口自然增长率-6.69‰。

2022年末人口数及构成

表2

指标名称	年末数（万人）	比重（%）
年末常住人口	122.23	–
城镇人口	76.91	62.9
乡村人口	45.32	37.1
年末户籍人口	138.60	–
#18岁以下	18.25	13.2
18~34岁	23.92	17.3
35~59岁	55.25	39.9

续表 2

指标名称	年末数(万人)	比重(%)
60 岁及以上	41.18	29.7
# 男性人口	68.84	49.7
女性人口	69.76	50.3

全年居民消费价格比上年上涨 2.1%。从分类看,全年八大类商品和服务价格均有所上涨。其中,交通通信价格上涨 6.7%,其他用品及服务价格上涨 2.7%,衣着价格上涨 2.5%,食品烟酒价格上涨 2.3%,生活用品及服务价格上涨 1.5%,医疗保健价格上涨 1.4%,居住价格上涨 0.5%,教育文化娱乐价格上涨 0.3%。

2022 年居民消费价格分类指数表

表 3

指标名称	上年同期=100
居民消费价格总指数	102.1
食品烟酒	102.3
衣着	102.5
居住	100.5
生活用品及服务	101.5
交通和通信	106.7
教育文化和娱乐	100.3
医疗保健	101.4
其他用品和服务	102.7

二、农 业

全年实现农林牧渔业总产值 143.86 亿元,按可比价计算,增长 4.7%。其中,农业产值 84.52 亿元,增长 4.3%;牧业产值 38.03 亿元,增长 4.7%。

全年粮食种植面积 150.02 万亩,比上年增加 0.07 万亩;棉花种植面积 0.01 万亩,比上年减少 0.01 万亩;油料种植面积 14.10 万亩,比上年增加 0.42 万亩;蔬菜种植面积 37.18 万亩,比上年增加 1.89 万亩。全年粮食产量 67.88 万吨,比上年增加 0.20 万吨,增长 0.3%;其中,夏粮产量 24.78 万吨,增长 1.5%;秋粮产量 43.10 万吨,下降 0.4%。棉花产量 8.00 吨,下降 50.0%;油料产量 2.92 万吨,增长 6.3%;蔬菜产量 89.52 万吨,增长 5.4%。粮食平均亩产 452 公斤,比上年增加 1 公斤,增长 0.3%。

全年肉类总产量 9.97 万吨,比上年增长 5.0%;禽蛋总产量 7.48 万吨,增长 5.9%;生牛奶总产量 1.37 万吨,增长 17.4%;水产品总产量 2.83 万吨,增长 2.9%。

主要农副产品产量

表 4

指标名称	计量单位	全年产量	比上年增长(%)
粮　食	万吨	67.88	0.3
棉　花	吨	8.00	−50.0
油　料	万吨	2.92	6.3
生猪年末存栏数	万头	34.11	−0.8
生猪出栏数	万头	59.98	−9.7
羊年末存栏数	万头	20.11	11.3
羊出栏数	万头	30.50	51.7
家禽年末存栏数	万只	1038.67	5.5
家禽出栏数	万只	2910.43	20.4
禽　蛋	万吨	7.48	5.9
水产品	万吨	2.83	2.9

全市新建高标准农田 11.12 万亩,农作物耕种收机械化率达 90.8%。年末农业机械总动力 92.91 万千瓦,比上年增长 4.0%。如皋市被农业农村部列为东部沿海地区率先基本实现农业农村现代化试点县。2022 年"新官紫桃"被认定为农业农村部地理标志农产品。新增省级农业品牌 2 个。"如皋黑塌菜"成功入选 2022 年江苏省农业农村厅、省财政厅等 7 部门联合发布 2022 年江苏省特色农产品优势区名单。

三、工业和建筑业

全部工业实现应税销售 1885.08 亿元,增长 6.2%;其中,规模以上工业企业应税销售 1465.5 亿元,增幅 6.3%。全部工业实缴税金 38.65 亿元,下降 17.2%;其中,规模以上工业企业实缴税金 33.72 亿元,下降 8.6%。

规模以上工业企业实现总产值 1556.54 亿元,增长 8.8%;高新技术产业产值 805.91 亿元,增长 17.0%,占全市规模以上工业总产值的比重为 51.8%,比上年提高 6.7 个百分点。

规模以上工业企业实现营业收入 1522.45 亿元,增长 7.1%;利润总额 69.97 亿元,下降 1.6%;营业收入利润率、成本费用利润率分别为 4.6%、4.8%,资产负债率 55.5%,产销率 97.8%。规模以上工业增加值增长 5.1%。规模工业部分工业产品产量如下:

部分工业产品产量情况

表 5

指标名称	计量单位	全年产量	比上年增长(%)
橡胶轮胎外胎	万条	356.56	17.9
家具	万件	88.05	23.1
钢球	亿粒	76.92	−1.2
电动机	亿瓦	44.82	35.8
锻压设备	台	522.00	−13.3

续表 5

指标名称	计量单位	全年产量	比上年增长(%)
高压电器	万台	3.39	49.6
半导体分立器件	亿只	52.25	−34.3
纱	万吨	4.89	-4.2
布	亿米	2.10	−19.1
服装	亿件	0.92	9.5
玻璃纤维布	万米	1376.82	−18.9
互感器	万台	2.91	18.7

全年规模以上工业企业综合能源消费量 93.37 万吨标准煤，下降 0.9%；万元产值综合能耗 0.0600 吨标准煤，下降 8.9%。

十大行业能源消耗情况

表 6

行业	综合能源消费量（万吨标准煤）	单位产值能耗（吨标准煤/万元）	单位产值能耗比上年增长(%)
化学原料和化学制品制造业	16.41	0.0988	15.1
电力、热力生产和供应业	14.72	2.3840	−4.1
纺织业	11.16	0.1646	3.9
非金属矿物制品业	8.77	0.0795	−6.3
金属制品业	6.95	0.0640	−2.1
橡胶和塑料制品业	6.12	0.0767	−20.1
医药制造业	4.79	0.1129	−12.2
文教、工美、体育和娱乐用品制造业	3.58	0.0347	−15.8
通用设备制造业	3.12	0.0227	−9.4
电气机械和器材制造业	2.92	0.0200	−14.2

全市完成建筑业总产值 1627.06 亿元，增长 9.8%。全年建筑企业承建施工面积 1.75 亿平方米，下降 5.4%。建筑业从业人数 38.71 万人，其中工程技术人员 2.2 万人。全年建筑企业获国优奖 8 项、省优质工程奖 5 项。全市拥有特级资质建筑企业 4 家，一、二、三级资质建筑企业分别达到 53 家、302 家和 316 家。全市注册一级建造师 1105 人，二级建造师 4383 人。

四、固定资产投资

全年固定资产投资比上年增长 6.4%。其中，国有及国有经济控股投资增长 100.7%；港澳台及外商投资增长 47.4%；民间投资下降 7.4%，民间投资占全部投资比重达 73.7%。房地产开发投资下降 25.6%。商品房销售面积 192.29 万平方米，下降 29.9%；其中，住宅销售面积 158.64 万平方米，下降 25.2%。

分产业看，第二产业投资增长 9.8%；第三产业投资下降 0.3%。高技术产业投资增长 23.2%，高新技术产业投资增长 20.7%。第二产业投资中，制造业投资增长 7.4%。高技术制造业增势强劲，电子及通信设备制造业增长 38.3%，医疗仪器设备及仪器仪表制造业增长 19.3%，第三产业投资中，交通运输仓储和邮政业增长 437.5%，教育业增长 109.2%，文化体育和娱乐业增长 28.3%。

全年共有 3 个项目列入省级重大项目投资计划，当年完成投资 9 亿元；10 个项目列入南通市级重大项目投资计划，当年完成投资 39.5 亿元。

五、国内贸易

全年社会消费品零售总额 537.08 亿元，同比增长 0.9%。分行业看，批发和零售业零售额 472.11 亿元，增长 1.1%；住宿和餐饮业零售额 64.97 亿元，下降 1.2%。

限额以上批发和零售业主要商品零售额分类情况

表 7

行　　业	零售额(亿元)	比上年增长(%)
粮油、食品类	5.98	−1.0
饮料类	0.70	8.4
烟酒类	1.55	45.0
服装鞋帽、针、纺织品类	3.75	8.8
化妆品类	0.51	−0.6
金银珠宝类	1.75	−21.9
日用品类	3.31	71.6
家用电器及音像器材类	2.17	2.2
中西药品类	5.82	19.9
文化办公用品类	0.98	5.5
家具类	0.36	148.3
通讯器材类	3.72	−18.0
石油及制品类	16.14	1.7
建筑及装潢材料类	0.52	−52.0
汽车类	39.48	−4.4

六、开放型经济

全年完成进出口总值 377.17 亿元，增长 16.3%，其中自营出口总额 270.08 亿元，增长 8.6%。从贸易方式看，一般贸易进出口总额 285 亿元，增长 21.6%；加工贸易进出口总额 80.3 亿元，增长 4.0%。从出口主体看，国有企业、外资企业、私营企业出口额分别下降 33.3%、增长 3.7%和增长 12.3%。从出口市场看，对欧盟、美国、日本三个传统主体市场的出口额分别增长 3.6%、增长 5.4%和增长 10%。从出口主要产品看，机电产品出口 100.59 亿元，增长 8.4%；纺织品出口 39.66 亿元，增长 3.5%；高新技术产品出口 25.78 亿元，下降 5.9%。全市有进出口业绩的企业 813 家，比上年增长 37 家。出口超亿元的企业 55 家，比上年增长 3 家。

进出口贸易主要方式分类情况

表 8

指标名称	总量(亿元)	比上年增长(%)
进出口总额	377.17	16.3
出口	270.08	8.6
其中:一般贸易	196.72	9.1
加工贸易	71.2	6.9
进口	107.08	41.7
其中:一般贸易	88.42	63.5
加工贸易	9.1	-14.1

进出口贸易主要市场情况

表 9

国家和地区	出口总额(万元)	比上年增长(%)	进口总额(万元)	比上年增长(%)
欧盟组织	659324	3.6	106324	36.7
美　国	519250	5.4	35450	117.4
东盟组织	254399	-4.5	656281	73.7
日　本	223942	10	46189	-7.9
泰　国	87840	-25.7	8084	200.3
德　国	123750	-10.7	25441	206.1
巴　西	85078	5	3942	19.3
荷　兰	113744	63	5476	116.7
英　国	63490	-17.1	2130	-2.9
法　国	61752	-19.6	25765	79.9
澳大利亚	54437	4.1	1816	-47.4
比利时	39410	-16.3	1928	-10.8
意大利	67708	12.5	12728	-12.9
西班牙	56146	-4.4	16347	-4
俄罗斯	56929	16.5	17681	1933.8
印　度	75169	93.7	1862	57.4

全年新批外商投资项目 10 个,其中,3000 万美元到 1 亿美元项目 7 个,超 1 亿美元项目 3 个。新批协议注册外资 4.13 亿美元,比上年下降 53.1%;实际利用外资 4.07 亿美元,比上年增长 25.6%。

全年新批境外投资项目 5 个,中方协议投资额 1.16 亿美元。全年新增"一带一路"沿线对外投资项目 3 个,中方协议投资额 4547 万美元。新签对外承包劳务合同额 12932 万美元,增长 5.3%;完成对外承包劳务营业额 14901 万美元,增长 1.1%;新派劳务人 2608 人次,增长 5.7%;年末在外劳务人员

9264 人，增长 8.4%。

七、交通、邮电和电力

全年实现交通运输、仓储及邮政业增加值26.44 亿元，增长 0.2%。年末全市公路里程 3215 公里。全年公路客运量 206 万人次，旅客周转量 1.22 亿人公里；公路货运量 2215 万吨，货物周转量 45.87 亿吨公里。水上货运量 995 万吨，货物周转量 47.82 亿吨公里。完成港口货物吞吐量 8568 万吨，同比增长 1.7%，其中，外贸货物吞吐 894 万吨，同比下降 18.5%。集装箱 60.08 万标准箱，增长 4.5%。年末铁路总里程达 87 公里。如皋站停靠车次高峰 50 列、平时 45 列，如皋南站停靠车次高峰 47 列、平时 36 列。铁路客运年发送旅客 115.3 万人次，同比增长 5.7%，其中如皋站 70.9 万人次、如皋南站 44.4 万人次；货运收发 9.48 万吨，下降 1.0%。完成交通设施投入 11.83 亿元，完成农村等级公路 44 公里，改造危桥 45 座。

年末全市机动车保有量 40.98 万辆，比上年新增 2.5 万辆。其中，载客汽车 35.88 万辆，增加 1.88 万辆；载货汽车 4.52 万辆，增加 0.41 万辆；摩托车 4.78 万辆，增加 0.19 万辆。个人汽车保有量达 33.59 万辆，比上年末增加 1.84 万辆，增长 5.8%。

全市邮政业完成业务总量 6.76 亿元，增长 8.7%；实现业务收入 5.89 亿元，增长 18.3%。其中，快递业完成业务量 4670.9 万件，增长 71.1%。

全社会用电量 75.10 亿千瓦时，增长 2.7%，其中，农业用电量 1.13 亿千瓦时，增长 6.8%；工业用电量 47.23 亿千瓦时，下降 1.1%；建筑业用电量 0.65 亿千瓦时，下降 19.0%；城乡居民生活用电量 15.47 亿千瓦时，增长 16.5%。

八、财政和金融

全年完成一般公共预算收入 73.50 亿元，扣除留抵退税因素影响后比上年增长 6.1%。全年完成一般公共预算支出 135.97 亿元，比上年下降 2.4%。其中，教育支出 23.5 亿元，比上年下降 24.6%；公共安全支出 5.44 亿元，下降 17.8%；卫生健康支出 20.12 亿元，增长 22.5%；社会保障和就业 28.1 亿元，增长 10.9%。

年末，金融系统本外币存款余额 1992.96 亿元，增长 11.4%。其中，住户存款余额较年初增加 224.47 亿元，非金融企业存款较年初增加 11.40 亿元。金融系统本外币贷款余额 1817.11 亿元，增长 17.8%。其中，制造业贷款比年初增加 49.02 亿元，中长期贷款比年初增加 158.37 亿元。全年发放住房公积金贷款 7.73 亿元，比上年下降 32.1%；本年提取公积金 15.48 亿元，比上年增长 18.4%。

年末全市境内上市公司 6 家，总股本 16.41 亿股，通过首发、配股、增发、公司债在资本市场募集资金 52.52 亿元。年末全市共有证券营业部 5 家。保险机构总数达 40 家。全年保费收入 39.25 亿元，比上年增长 4.9%。分类型看，财产险收入 10.53 亿元，增长 6.3%；人寿险收入 28.72 亿元，增长 4.4%。

九、科学技术和教育

全年专利授权量 5658 件，增长 23.7%；其中，发明专利授权量 652 件，增长 48.9%；PCT 专利申请量 3 件。万人发明专利拥有量 32.57 件，增长 14.8%。现有注册商标 20692 件，其中，驰名商标 6 件，地理标志证明商标 6 件。年末全市拥有高新技术企业 459 家。全年申报各级各类科技项目 265 项，立项 122 项，获各级扶持资金 3231 万元。全年有 4 项科技成果获江苏省市科技技术奖，其中一等奖 1 个，三等奖 3 个。

全市共有普通中学33所，在校学生51249人；职业中学2所，在校学生8580人；小学56所，在校学生70436人；幼儿园82所，在园儿童29493人；特教学校1所，在校学生257人。年末，教职工总人数14510人，其中专任教师12301人。

十、文化、卫生、体育和旅游

全市共有规模以上文化产业法人单位165家。拥有公共图书馆2个，文化馆1个，备案博物馆（纪念馆）5个，乡镇街道文化站14个。拥有各级文物保护单位53处，其中：全国重点文物保护单位2处，省级文物保护单位6处，南通市级文物保护单位2处，如皋市级文物保护单位43处。一般不可移动文物43处。拥有国家级非物质文化遗产2项，省级10项，南通市级36项，如皋市级69项。

全市拥有医院32家（含护理院8家）、乡镇卫生院（社区卫生服务中心）14家、门诊部35个、村卫生室（社区卫生服务站）353个、个体诊所、厂校医务室128个。全市共有床位7022张，每千人常住人口拥有床5.74张；执业（助理）医师3437人，每千人常住人口拥有执业（助理）医师2.81人；注册护士3105人，每千人常住人口拥有注册护士2.54人。全市有卫技人员7816人、乡村医生153人、卫生员57人。

如皋市文体广电和旅游局被省体育局表彰为“2018-2021年度群众体育先进单位”、如皋市体育中心被中国田径协会命名“2021—2024国家田径单项高水平后备人才基地”。南通支云足球队联赛排名第三，冲超成功；成功举办“十二运”开幕式暨城河皮划艇赛。全市新增体育场地420个，人均体育场地面积达3.48平方米；更新健身路径77套。本年度新注册运动员139人次，向省运动队输送3名三线运动员，1名一线运动员，1名试训队员，向南通市输10名运动员。参加省运会田径和游泳项目比赛获得1金、3银、2铜。全年成功承办省级以上体育赛事1项。全市新增晨晚练健身点77个。体育彩票年销售额达1.68亿元。

全市拥有星级饭店7家，旅行社22家。全年共接待游客873.5万人次，实现旅游综合收入117.75亿元。全市累计拥有国家AAAA级旅游景区3家、国家AAA级旅游景区8家，全国乡村旅游重点村1家、江苏省级旅游重点村1家。

十一、人民生活和社会保障

城乡居民抽样调查数据显示，全年全体居民人均可支配收入43656元，增长5.1%；其中，工资性收入25882元，增长5.2%；经营净收入6260元，增长2.8%；财产净收入3458元，增长3.0%；转移净收入8055元，增长7.6%。城乡居民人均收入比为2.01∶1，比上年缩小0.03。人均生活消费支出26318元，增长4.5%。恩格尔系数28.9%。

城镇居民人均可支配收入56056元，增长4.3%；人均生活消费性支出30678元，增长3.0%。年末全市城镇居民人均住房建筑面积65.0平方米，增长0.8%。

城镇居民人均可支配收入、人均生活消费支出情况

表10

指标名称	总额(元)	比上年增长(%)
可支配收入	56056	4.3
工资性收入	33852	4.3
经营净收入	6108	1.9

续表 10

指标名称	总额(元)	比上年增长(%)
财产净收入	5287	2.2
转移净收入	10809	6.9
生活消费支出	30678	3.0
食品烟酒	8859	5.2
衣　着	2225	−1.4
居　住	5642	7.2
生活用品及服务	1846	7.1
交通通信	3962	2.9
教育文化娱乐	5207	−1.5
医疗保健	2120	−4.1
其他用品和服务	817	6.2

全年农村居民人均可支配收入 27820 元,增长 5.9%;人均生活消费支出 20751 元,增长 6.9%。年末农村居民人均住房面积 68.5 平方米,增长 3.0%。

农村居民人均可支配收入、人均生活消费支出情况

表 11

指标名称	总额(元)	比上年增长(%)
可支配收入	27820	5.9
工资性收入	15703	6.2
经营净收入	6455	3.9
财产净收入	1123	3.5
转移净收入	4539	8.0
生活消费支出	20751	6.9
食品烟酒	6028	9.1
衣　着	1163	5.9
居　住	3825	9.4
生活用品及服务	1437	8.9
交通通信	2834	6.3
教育文化娱乐	3366	2.4
医疗保健	1585	1.2
其他用品和服务	513	12.5

全市参加基本医疗保险人数达 123.5 万人,比上年末减少 2.25 万人;其中,参加职工基本医疗保险人数 33.32 万人,比上年末增加 1.06 万人;参加城乡居民基本医疗保险人数 90.18 万人,比上年末减少

3.31 万人，城乡居民基本医疗保险筹资标准提高到人均 1470 元。

年末全市参加企业职工养老保险人数 24.35 万人，比上年末增加 1.12 万人；城乡居民养老保险参保人数 29.52 万人，比上年末减少 1.01 万人。企业退休人员基本养老金人均增长 123.25 元，增幅 4.4%。失业保险、工伤保险和生育保险参保人数分别为 19.4 万人、22.14 万人和 20.49 万人，分别比上年末增加 0.96 万人、3.06 万人和 0.42 万人。

年末全市拥有各类养老机构 35 家，总床位数 8574 张；全市农村拥有敬老院 15 家，床位数 4348 张。城乡居民最低生活保障资金 5576.41 万元，比上年减少 284.9 万元。全市城乡最低生活保障人数为 7670 人，比上年减少 1185 人。全市 5716 名农村五保对象中，有 996 人实行了集中供养。全年婚姻登记 9749 对。

十二、城镇建设、环境保护和安全生产

全年完成老旧小区改造面积 23.08 万平方米，惠及 1573 户居民；全年建成区新增道路 2.46 公里，年末建成区共有绿地面积 1727.28 公顷，建成区绿化覆盖率 43.0%；年末共有道路灯具 2.7197 万盏，城市亮灯率 99.7%；建成区新增燃气管道 134.75 公里，新增用户 1.34 万户，年供气量达 30600 万立方米；全年新增自来水管网 483.92 公里，自来水日供水能力 40 万吨；生活垃圾无害化处理率 100%。完成市级城建项目 16 项，新建生态廊道 1 条，新建“小游园”1 个。

全市空气主要污染物年平均值为：二氧化硫 9.28 微克 / 立方米，二氧化氮 20.83 微克 / 立方米，可吸入颗粒物（PM_{10}）49 微克 / 立方米，可吸入颗粒物（$PM_{2.5}$）30.5 微克 / 立方米。全年空气污染指数达到良好以上的天数达 292 天，占全年天数的 80%。全市主要河流水质基本符合相应功能区水质标准，集中式饮用水源地水质达标率 100%。区域环境噪声平均等效声级为 51.4 分贝，交通干线噪声加权平均等效声级为 59.9 分贝，符合国家环境噪声质量标准。

全年发生工商贸建生产安全亡人事故 4 起，死亡 4 人，比上年均下降 20%。未发生一次死亡 2 人（含 2 人）以上安全生产事故。发生火灾 1137 起，直接经济损失 511 万元。

注：1.本公报数为初步统计数；
2.公报中地区生产总值、各产业增加值绝对数按当年价格计算，增长速度按可比价格计算；
3.公报中部门数据由相关部门提供；
4.部分数据因四舍五入问题，存在总计与分项合计不等的情况；
5.部分指标数据因统计口径调整，较上年不具可比性。

2022年度如皋市生态环境状况公报

南通市如皋生态环境局

一、综述

2022年,全市以习近平生态文明思想为指引,深入学习贯彻党的二十大精神,认真贯彻中央、省、市生态文明建设和环境保护新要求,坚持以改善环境质量为核心,深入推进污染防治攻坚,全年地表水市考以上断面优Ⅲ类比例持续保持100%;空气质量优良天数292天,优良率80.0%。土壤环境质量总体稳定。全市未发生重特大环境污染事故及环境事件。

二、环境质量

(一)水环境

1.饮用水源水

2022年,集中式水源地如皋鹏鹞水厂、长青沙水库应急水源地水质监测结果均达到或优于Ⅲ类标准,水质达标率100%。

2.地表水

全市设碾砣港闸、焦港桥、夏堡北大桥、曙光电灌站、勇敢大桥、向阳桥、引河大桥、新南新线桥、新334省道桥、新204国道公路桥、长庄大桥、环西大桥、四新桥、拉马河桥、永平闸15个南通市级以上考核断面。全年总体水质优,Ⅰ—Ⅲ类水质断面比例达100%。

3.地下水

2022年,岛香食品地下水测井质量综合指标类别为Ⅳ类,皋鑫电子地下水测井质量综合指标类别为Ⅲ类。

(二)空气环境

1.城市空气

2022年全市环境空气中二氧化硫、二氧化氮、颗粒物(PM_{10})、颗粒物($PM_{2.5}$)指标年均值分别为9.28微克/立方米、20.83微克/立方米、49.00微克/立方米和30.50微克/立方米,自然降尘量年均值为2吨/平方公里·月。2022年度全市空气质量优良天数292天,优良率80.0%。

2.酸雨

全市降水总体呈弱酸性,降水酸碱度均值6.62,酸雨频率0。

(三)土壤环境

2022年,危险废物年初库存2611吨,产生量87991吨,自行利用处置34050吨,委托利用处置53703吨,期末贮存2849吨。

(四)声环境

1.区域环境噪声

市区区域声环境昼间平均等效声级值为51.4分贝,总体水平等级为二级(较好)。

2.道路交通噪声

全市道路交通噪声昼间加权平均等效声级值为59.9分贝,强度等级为一级(好)。

3.功能区噪声

各功能区昼、夜间噪声均达到相应功能区要求。

三、主要举措

1.促进经济环境融合发展。如皋生态环境局在南通市生态环境局和如皋市委、市政府的坚强领导下，推进八大重点行业280家企业整治提升，促进重点行业绿色发展；积极创建省级生态文明示范市，率先完成县级以下工业园区规划环评编制工作；实行省级以上园区污染物排放限值限量管理。培育绿色工厂4个，绿色发展领军企业2个，15家企业开展清洁生产审核。积极争取上级资金奖补，为企业获得省级补助3890万元、中央专项补助900万元。对50家失信企业进行集中信用修复，助力营商环境持续优化。

2.加快推动环境治理进程。扎实推进重点攻坚项目，完成清洁原料源头替代项目10个，培育市级管控豁免企业1家。完成106项VOCs综合治理项目，提前超额完成全年国Ⅲ及以下排放标准柴油货车淘汰任务。面对臭氧污染严峻形势，开展臭氧污染防治、空气质量“提质增优”等专项行动。强化工业污染治理，推进全市涉水企业事故隐患排查专项行动、挥发酚专项整治行动、工业园区水污染整治专项行动等。对22家基层污水处理厂进行调研，编制区域水污染物平衡核算报告。推动在考核断面上游全面建成总磷微型站，40家废水重点源全部完成废水在线监控采样器改造，完成158个入江排污口的整治任务。15个市考以上断面优Ⅲ类水体比例保持100%。

3.营造生态普法宣传氛围。启动环保普法“直通车”，采用“专职律师 + 辖区分局长”的普法新模式，提升普法的针对性和实用性。开展企业环保信用集中修复，通过集体约谈、法律考试，签订承诺等形式，促进企业学法守法，助力企业绿色发展。在《长江保护法》实施一周年之际，建立“同饮长江水　共护母亲河”共护长江企业联盟，覆盖123家企业，有力推动企业学法守法。依托六五环境日、生物多样性日、低碳日开展系列宣传活动，形成公众参与环境保护的良好氛围。加强基层网格建设，畅通信访举报渠道，推动信访人合理诉求纳入大调解机制，全年受理各级环境信访总量同比下降6%，其中南通以上越级信访下降43.4%。全力推进中央、省环保督察交办问题整改，二轮央督、省督交办信访问题均已办结。

4.加强环境安全执法保障。新建投产一般工业固体废物利用处置项目2个；九洲环保建成危险废物集中收集项目，370余家小微企业危废得到有效处置。加强自动监控管理，排污许可领证企业实现全联全控，其中151家污染源在线监控联网，106家安装视频监控，245家安装用电监控。推进如皋港化工新材料产业园、开发区金属表面处理园完成三级防控体系建设。组建如皋生态环境和消防生态环境消防救援应急联合队，实现应急救援物资互通共享。以严格执法作为环境质量改善的重要抓手，重点加强大气站点周边、环境质量异常管控阶段的执法保障，从严查处违法行为，下达行政处罚决定书327份，处罚金额1438万元，运用四个配套办法查处环境违法案件25件，涉嫌刑事犯罪移送公安8件，形成强烈的警示震慑作用。

5.强化生态环境队伍建设。以“江海绿盾　雉水红韵”党建品牌为引领，弘扬如皋治沙精神，组织开展节日“双禁”、臭氧攻坚、专项执法、减排扩容等行动，铁腕推进中央、省二轮督察反馈问题和突出环境问题整改，以实干实绩检验队伍建设成效。扎实开展环境执法、环境监测岗位技能竞赛，在省生态环境监测技能竞赛中获得县市团体赛第五名；获2022年度全国生态环境保护执法大练兵先进集体。

如皋市第三次国土调查主要数据公报

按照国家、省、南通市政府统一部署要求，2018 年 9 月以来，如皋市开展了以 2019 年 12 月 31 日为统一时点的第三次国土调查（以下简称“三调”）。历时 3 年，5 家单位、200 余人共同参与，如期形成全市 40 多万个图斑的“三调”成果和汇总数据，全面查清了全市国土利用状况和资源家底。

根据有关要求，现将经南通市第三次国土调查领导小组办公室核定后的全市主要地类数据公布如下：

（一）耕地 71961.71 公顷（107.94 万亩）。其中，水田 60486.18 公顷（90.73 万亩），占 84.06%；水浇地 9768.28 公顷（14.65 万亩），占 13.57%；旱地 1707.25 公顷（2.56 万亩），占 2.37%。

（二）种植园地 3039.95 公顷（4.56 万亩）。其中，果园 482.51 公顷（0.72 万亩），占 15.87%；其他园地 2557.44 公顷（3.84 万亩），占 84.13%。

（三）林地 9172.41 公顷（13.76 万亩）。其中，乔木林地 404.33 公顷（0.61 万亩），占 4.41%；竹林地 11.49 公顷（0.02 万亩），占 0.12%；其他林地 8756.59 公顷（13.13 万亩），占 95.47%。

（四）草地 689.55 公顷（1.03 万亩）。其中，其他草地 689.55 公顷（1.03 万亩），占 100%。

（五）湿地 42.03 公顷（0.06 万亩）。湿地是“三调”新增地类。其中，内陆滩涂 42.03 公顷（0.06 万亩），占 100%。

（六）城镇村及工矿用地 42449.08 公顷（63.67 万亩）。其中，城市 3785.81 公顷（5.68 万亩），占 8.92%；建制镇 4452.98 公顷（6.68 万亩），占 10.49%；村庄 33783.61 公顷（50.68 万亩），占 79.59%；采矿用地 45.85 公顷（0.07 万亩），占 0.11%；风景名胜及特殊用地 380.83 公顷（0.57 万亩），占 0.89%。

（七）交通运输用地 6547.51 公顷（9.82 万亩）。其中，铁路用地 290 公顷（0.44 万亩），占 4.43%；公路用地 3448.7 公顷（5.17 万亩），占 52.67%；农村道路 2670.41 公顷（4.01 万亩），占 40.79%；港口码头用地 135.58 公顷（0.2 万亩），占 2.07%；管道运输用地 2.82 公顷（0.004 万亩），占 0.04%。

（八）水域及水利设施用地 22784.7 公顷（34.18 万亩）。其中，河流水面 11925.91 公顷（17.89 万亩），占 52.34%；坑塘水面 5063.16 公顷（7.6 万亩），占 22.22%；沟渠 5512.61 公顷（8.27 万亩），占 24.2%；水工建筑用地 283.02 公顷（0.42 万亩），占 1.24%。

“三调”是一次重大国情国力调查，也是一项重要的自然资源基础调查。“三调”数据成果客观真实反映了全市国土利用状况，对进一步加强自然资源管理提出了新任务和新要求。要继续坚持最严格的耕地保护制度，坚决遏制耕地“非农化”、严格管控“非粮化”，规范完善耕地占补平衡，确保完成上级下达的耕地保有量和永久基本农田保护目标任务。要因地制宜，加强国土空间全域综合整治，优化生产、生活、生态空间格局，深入推进生态文明建设，助推乡村全面振兴。要坚持节约集约用地，合理配置新增建设用地规模，促进工业用地提质增效，推动城镇低效用地再开发，以节地水平和产出效益“双提升”保障经济社会高质量发展。

各镇（区、街道）、各有关部门要把“三调”成果作为相关管理工作的基本依据，切实发挥调查成果的重要支撑作用，严谨规范推动调查成果共享应用，持续提升治理体系和治理能力现代化水平。

如皋市第三次国土调查领导小组办公室
如皋市自然资源和规划局
如皋市统计局
2022 年 4 月 24 日

大 事 记

Dashiji

2022 年 1 月

1 日 市委书记何益军率队以“四不两直”的方式，先后到市进口冷链食品集中监管仓、市人民医院尘洁分院、如城街道居民居家隔离点等处，对疫情防控相关措施落实情况进行实地督查。

△ 如皋市水绘园风景区、如皋丝毯艺术博物馆，2022 年 1 月 1 日起免费开放。

△ 市委常委、常务副市长顾留忠到市水绘园风景区督导元旦安保工作，了解免费开放首日市民网上预约、现场人流量及疫情防控情况。副市长、公安局局长陈刚参加活动。

2 日 市委副书记、市长王鸣昊率队督查市疫情防控指挥部、市水绘园风景区的疫情防控工作开展情况。副市长张亚鸾参加活动。

4 日 市政府召开座谈会，征求老领导对《政府工作报告(征求意见稿)》的意见建议。市领导王鸣昊、顾留忠、陈鸣华、黄文斌、张亚鸾、张百璘、吴海军、顾凡、陈刚、唐余宽、刘栩参加会议。

5 日 市委理论学习中心组学习(扩大)会议暨“人民学习·如皋市党员干部综合能力提升项目”开课仪式举行，经济学家、国务院参事室特约研究员、国家统计局原总经济师兼新闻发言人姚景源进行线上授课，解读中央经济工作会议精神。何益军、王鸣昊、司祝建、张元健、丁兴华等市委理论学习中心组成员参加活动。

△ 如皋市召开 2021 年度抓基层党建述职评议考核会议。市委有关工委和各镇(区、街道)主要负责人围绕 2021 年度抓基层党建工作进行述职，市委书记何益军分别进行点评。南通市委市级机关工委常务副书记赵男男及如皋市领导何益军、丁兴华、高峰、程瑞琴、顾留忠等参加会议。

△ 市委副书记、市长王鸣昊主持召开十七届市政府第七十八次常务会议，讨论《关于如皋市 2021 年国民经济和社会发展计划执行情况与 2022 年国民经济和社会发展计划草案的报告（讨论稿)》《如皋市鼓励服务业“个转企”“小升限”实施方案(送审稿)》《关于调整烟花爆竹禁限放区域的通告(送审稿)》等议题。

6 日 市委书记何益军主持召开市委常委会会议，传达学习上级安全生产有关会议和领导指示批示精神，研究部署岁末年初安全生产工作，听取 2022 年经济社会发展主要指标初步分解情况汇报，并讨论《2022 年政府工作报告(讨论稿)》《如皋市 2021 年国民经济和社会发展计划执行情况与 2022 年国民经济和社会发展计划草案(讨论稿)》《如皋市 2021 年财政预算执行情况和 2022 年财政预算草案的报告(讨论稿)》《2022 年市级部门预算草案(送审稿)》等议题。

△ 市委召开 2021 年度工作述职会议，何益军、王鸣昊、司祝建、张元健、丁兴华等市四套班子领导参加会议。

△ 上海交大如皋科技成果转化创新平台签约仪式在上海交通大学国家大学科技园举行，与会人员参观调研术锐医学科技、图灵智算量子科技等科技园在孵项目，以及上海交大如皋科技成果转化创新平台载体空间。上海交通大学党委常委、副校长朱新远，上海交通大学国家大学科技园董事长曹兆

敏；如皋市委书记何益军，市委常委、副市长陈鸣华，副市长唐余宽参加签约仪式。

△ 市政协人资环委员组围绕城区流动摊点管理议题，举行“有事好商量”协商议事活动，与会人员视察天平市场便民疏导点、正翔小吃街、西皋便民疏导点等处。市政协主席张元健、副主席严世斌参加活动。

7日 长江镇第十九届人民代表大会第一次会议举行。听取并审议《长江镇政府工作报告》《长江镇人大主席团工作报告》《长江镇2021年财政预算执行情况、2022年财政预算（草案）的报告》和2021政府为民办实事完成情况。市委副书记、市长王鸣昊，市人大常委会副主任钱志刚参加会议。

8日 市政协党组副书记、副主席冒平带队检查中国人民政治协商会议如皋市第十五届委员会第一次会议会场准备、疫情防控、后勤保障等情况。实地查看中国人民政治协商会议如皋市第十五届委员会第一次会议会场、预备会议会场、主席团会议会场，详细了解会场布置、安全保障、氛围营造、疫情防控等各项工作的准备情况。

9日 政协如皋市第十五届委员会第一次会议预备会议在市民服务中心三楼报告厅举行。会议听取政协如皋市第十五届委员会第一次会议筹备工作情况，进一步明确换届纪律，一致通过大会主席团成员、主席团会议主持人和秘书长建议名单，通过大会议程、日程（草案），通过大会提案审查委员会建议名单。

△ 政协如皋市第十五届委员会第一次会议开幕后，以“激发创新动能，推动高质量发展”为主题的委员论坛在市行政中心礼堂举行。论坛上，市政协委员王震、丁陆一、张永飚、刘刚分别作题为《突出企业创新主体地位，提升企业技术创新能力》《创新无问西东，发展自成芳华》《加快推进如皋市第三代半导体及集成电路产业发展的对策建议》《金融“精准滴灌”，激发科创企业发展新动能》的大会发言。

△ 市十八届人大一次会议举行秘书处全体工作人员会议，部署大会工作。市人大常委会副主任陈万圣介绍大会筹备情况，通报大会指导思想、主要任务、日程安排、组织领导和各组职责。会议明确，市十八届人大一次会议秘书处下设秘书组、组织组、宣传组、议案组、后勤组、保卫组、疫情防控组。

9—13日

中国人民政治协商会议如皋市第十五届委员会第一次会议在市行政中心礼堂开幕，市委书记何益军出席并讲话，市政协主席张元健、副主席严世斌分别作政协如皋市第十四届委员会常务委员会工作报告、十四届政协常委会提案工作报告。大会采用无记名投票方式进行换届选举，市政协十五届会议主席团第三次会议审议通过的63名候选人全部当选，其中，张元健当选为政协如皋市第十五届委员会主席，杜永红、张亚鸾、郑振明、陈小燕四人当选为副主席，冒海清当选为秘书长，丁海波等57人当选为政协常务委员。

10日 市第十八届人民代表大会第一次会议召开党员代表会议。市委书记何益军作重要讲话，市人大常委会主任司祝建主持会议。

△ 市委书记何益军，市委副书记、市长王鸣昊率队看望慰问公安基层一线警察。

△ 市委副书记、市长王鸣昊以“四不两直”方式督查疫情防控工作，实地走访万达广场、如皋火车站、如城街道孔庙社区、西皋市场等处。

△ 市十八届人大一次会议预备会议在市行政中心礼堂举行。会议听取市人大常委会副主任、代表资格审查委员会主任委员张勇所作的《如皋市第十七届人大常委会代表资格审查委员会关于如皋市第十八届人民代表大会代表的代表资格审查报告》；表决通过《如皋市第十八届人民代表大会第一

次会议议程(草案)》。会议按照规定选举产生此次大会的主席团和秘书长。主席团由 62 人组成,市人大常委会副主任陈万圣兼任秘书长。

△ 市人大常委会主任司祝建带队到大会会场和代表驻地,检查各项筹备工作。司祝建一行先后视察市行政中心礼堂、开元名都大酒店等处,详细了解会场布置、安全保障、疫情防控等各项工作的准备情况。

△ 南通市中级人民法院党组书记、院长曹忠明一行到吴窑镇立新社区,对社区工作开展调研指导。参观立新社区法治文化长廊、村史馆、农耕文化园和通居路,详细了解立新社区村庄分布、历史沿革及组织架构情况,并观看立新社区发展规划宣传片。走访慰问社区离休老干部朱谦泉,给他送上慰问品和慰问金。市委常委、政法委书记程瑞琴陪同调研。

11日 江苏泰慕士针纺科技股份有限公司在深交所正式挂牌上市，成为如皋市第 11 家上市公司。南通市委副书记、代市长吴新明,南通市副市长潘建华,如皋市领导何益军、王鸣昊、司祝建、张元健、丁兴华、顾留忠、卢志敏、刘栩出席企业上市仪式。

△ 中国作协副主席、省作协主席毕飞宇,省作协党组书记、书记处第一书记、常务副主席汪兴国到黄蓓佳家中探望拜访,代表江苏文坛向黄蓓佳创作历程 50 周年表示致敬并送上新春的祝福。

△ 南通苏州商会会长、南通亚香食品科技有限公司董事长周军学一行到如皋经济技术开发区参观考察。参观思源电气展示馆,了解企业业态布局和专利掌握情况。如皋经济技术开发区管委会与南通苏州商会签订跨江融合发展战略合作协议。南通市工商联主席陆建新,如皋市委常委、如皋经济技术开发区党工委副书记卢志敏出席活动。

11—14 日

市第十八届人民代表大会第一次会议在行政中心礼堂举行。会议听取审议十七届市政府工作报告、市人大常委会工作报告、市人民法院工作报告、市人民检察院工作报告,通过《关于如皋市人民政府工作报告的决议》《关于如皋市 2021 年国民经济和社会发展计划执行情况与 2022 年国民经济和社会发展计划的决议》《关于如皋市 2021 年财政预算执行情况和 2022 年财政预算的决议》《关于如皋市人大常委会工作报告的决议》《关于如皋市人民法院工作报告的决议》《关于如皋市人民检察院工作报告的决议》。会议选举市十八届人大常委会主任、副主任、委员,选举市人民政府市长、副市长,选举市监察委员会主任、市人民法院院长、市人民检察院检察长,选举如皋市出席南通市第十六届人民代表大会代表,票决市政府 2022 年民生实事项目。

12日 如皋市第十八届人民代表大会第一次会议在市行政中心礼堂召开第二次全体会议。大会执行主席、主席团常务主席陈万圣主持会议。市人大常委会主任司祝建代表市十七届人大常委会向大会作工作报告。市人民法院院长唐明渠作《如皋市人民法院工作报告》,市人民检察院检察长吴晓栋作《如皋市人民检察院工作报告》。

△ 市委书记何益军主持召开市委常委会会议,研究确定十三届南通市政协委员推荐提名人选名单等议题。

△ 2021—2022 年度全市基层党员冬训工作动员部署会召开，市委副书记丁兴华宣读 2020—2021 年度全市基层党员冬训工作先进集体、先进个人表彰的决定,对获奖者进行表彰。市第四届“百姓名嘴”理论宣讲获奖选手代表作示范宣讲,相关部门、单位负责人进行交流发言。市领导何益军、丁兴华、高峰、朱莹滢参加会议。

△ 政协如皋市十五届第一次会议在市行政中心第三会议室召开主席团第二次会议。市委书记何益军代表市委向大会主席团提出市十五届政协主席、副主席、秘书长、常务委员候选人建议名单,并就有关人事安排情况作具体说明。会议以举手表决的方式,通过中共如皋市委提出的市政协十五届委员

会领导成员候选人建议名单，决定提交出席市政协十五届一次会议的全体委员进行进一步协商，以确定正式候选人。会议听取各委员组关于讨论市委书记何益军在市政协十五届一次会议开幕式上的重要讲话，审议市政协常委会工作报告、提案工作报告，协商讨论政府工作报告以及其他有关报告的情况汇报。

△ 政协如皋市第十五届委员会第一次会议在市行政中心第三会议室举行主席团第三次会议。会议在大会主席团会议主持人张元健的主持下，分别听取各讨论组协商酝酿中共如皋市委提出的市十五届政协主席、副主席、秘书长、常务委员候选人建议名单的情况汇报，听取对大会选举办法（草案）、大会决议(草案)修改讨论的意见和对“以治沙精神推进农村人居环境整治”建议案（草案）修改的意见。并以举手表决的方式一致通过正式候选人名单、选举办法（草案）、“以治沙精神推进农村人居环境整治”建议案（草案）和大会决议（草案），并决定提请大会通过。会议还通过大会选举工作人员建议名单。

13日 2022 年如皋市“梦想改造+”关爱计划暨“七彩阳光”暖冬行动启动仪式举行。江苏光彩事业基金会理事长陶勇，省委统战部经济处处长马晓光，团省委希望工程办公室主任柏茂林，团省委希望工程办公室四级调研员俞晓娟，光彩事业基金会秘书长郑欣，南通团市委副书记周滢，如皋市委常委、组织部部长、统战部部长朱莹滢出席活动。

△ 市政协十五届一次会议对 2021 年度政协工作先进集体、优秀政协委员、优秀提案、提案工作先进集体、提案工作先进委员、优秀社情民意、优秀协商议事室和优秀召集人进行表彰。

△ 市烟花爆竹燃放管理领导小组办公室举行如皋市烟花爆竹禁限放、斗香禁烧工作新闻发布会，简要通报 2019 年以来烟花爆竹禁限放工作，并就 2022 年烟花爆竹禁限放、斗香禁烧工作情况做介绍。

15日 如皋市召开“作风建设提升年”动员大会，推动全市党员干部传承弘扬如皋治沙精神，真抓实干、奋勇争先，为奋力夺取首季开门红、高质量建设南通跨江融合发展样板区提供坚强的保障，相关部门、单位代表进行交流发言。何益军、王鸣昊、司祝建、张元健、丁兴华等市四套班子领导出席会议。

△ 市委书记何益军带队视察李昌钰刑侦科学博物馆二期工程进展情况，详细了解工程当前进度和前期准备情况。市委常委、宣传部部长高峰参加活动。

17日 市委常委会召开党史学习教育专题民主生活会。市委书记何益军主持专题民主生活会。会议通报 2020 年度民主生活会和有关专题民主生活会整改措施落实情况以及此次民主生活会征求意见情况。何益军代表市委常委班子进行对照检查，并带头作个人检视剖析，主动接受批评。其他常委逐一进行个人检视剖析，互相开展批评。南通市委党史学习教育第三巡回指导组组长倪建明到会指导。

18日 市委书记何益军带队调研西部片区城市更新推进情况，实地走访如城街道、城北街道部分地块以及如泰河风光带建设现场等处。市委常委、政法委书记程瑞琴参加活动。

19日 南通市党史学习教育总结会议召开。会议以视频形式召开，市领导何益军、王鸣昊、丁兴华、高峰、朱莹滢在如皋分会场收听收看。

△ 全市党史学习教育总结会议举行，会议由市委副书记、市长王鸣昊主持，回顾总结成效经验，激励全市上下以史为鉴、开创未来，踔厉奋发、笃行实干，不断巩固拓展党史学习教育成

果。市领导何益军、王鸣昊、丁兴华、高峰、朱莹滢参加会议。

△ 如皋市举行全市专业招商人员总结大会，市委常委、宣传部部长高峰，副市长杜晓峰参加会议。

△ 市委副书记丁兴华率队对市部分档案馆和镇(区、街道)档案场所进行安全检查。先后查看江安镇鄠埭村江苏中汇档案管理服务有限公司、如城街道档案中心等处。

△ 苏州市退役军人事务局副局长、二级调研员沈斌一行到如皋，开展省级双拥模范城创建交叉互评工作。考核组一行先后参观市双拥形象展示路、双拥示范街、退役军人养老服务中心等处，通过查阅台账、现场查看等方式，对市省级双拥模范城创建情况进行详细了解，并对如皋市创建工作给予肯定。副市长崔建村参加活动。

20日 如皋市举行道路交通安全委员会 2021 年全年工作点评暨 2022 年春运工作部署会。副市长、市公安局局长陈刚通报 2021 年全年道路交通安全情况、总结道路交通安全委员会运作情况并部署下一阶段工作。市领导王鸣昊、黄文斌、陈刚出席会议。

△ 如皋市“在如过大年儿女请放心”爱心陪伴志愿服务启动仪式举行。志愿者代表集中观看《暖“皋”2022》短片，发布“在如过大年儿女请放心”年货清单。市委副书记、市长、市新时代文明实践志愿服务总队长王鸣昊，市委常委、宣传部部长、市新时代文明实践中心办公室主任高峰以普通志愿者的身份参加志愿服务活动。

△ 如皋市举行“百名示范”“千名领先”村(社区)书记、高级“两新”组织党务工作者座谈会。“百名示范”“千名领先”村(社区)书记代表、高级“两新”组织党务工作者代表作交流发言。南通市委组织部副部长、“两新”工委书记陈鹏军，如皋市委常委、组织部部长、统战部部长朱莹滢参加会议。

△ 如皋市举行“大爱如皋 e 起行——如洋 e 家人”爱心企业捐赠仪式。此场公益捐赠活动由市委网信办主办，正式拉开 2022 年“大爱如皋 e 起行”网络公益系列活动的序幕。陕西省洋县县委常委、副县长王建云参加活动。

21日 如皋市举行高校毕业生就业创业政策推介暨“学子回乡看发展”活动启动仪式。市委常委、组织部部长、统战部部长朱莹滢围绕就业创业、人才服务等方面，进行政策推介。与会领导、企业代表、学生代表共同启动“学子回乡看发展”活动。市领导王鸣昊、朱莹滢、顾凡参加活动。

△ 南通市老区开发促进会理事长秦厚德及江苏银行南通分行党委书记、行长陈亚明带队到如皋，慰问部分困难家庭。先后走访慰问江安镇、搬经镇的 6 户困难家庭。副市长黄文斌参加活动。

△ 如皋市开展 2022 年雨雪冰冻灾害应急救援演练。模拟突发寒潮所引发的低温、大风、暴雪等对如皋交通运输、工农业生产、居民安全、能源供给、日常生活等造成影响并逐步升级的灾害态势，以桌面推演的形式，设置快速除雪、保障畅通、救灾救助等多个阶段，体现灾害应对原则以及不同阶段处置的措施和方法。市政府党组成员刘栩参加活动。

24日 市委书记何益军主持召开市委常委会会议，讨论《关于调整优化市新冠肺炎疫情防控领导指挥体系的通知》《关于开展“喜迎二十大、再次战高沙”主题教育的实施方案》《如皋市青年发展规划(2021 年—2025 年)》等议题。

△ 副市长崔建村到市融媒体中心(传媒集团)，调研新闻宣传、产业发展、安全生产、安全播出(出版)相关工作开展情况。实地检查市融媒体中心(传媒集团)大楼消防安全设施运行情况，深入全媒体采编部、视频部、新媒体部等部门，详细了解日常工作开展情况。

25日 市委书记何益军带队督查安全生产、疫情防控等相关工作。何益军一行实地走访如皋南站、万达广场、江苏天南电力股份有限公司、72#D 安置房项目建设现场、如皋市水绘园风景区、市公安局如城中心派出所、市人民医院、江苏汇名天然气集团有限公司等处，督查安全生产、疫情防控、市场保供等情况，并慰问部分春节期间将坚守岗位的一线工作人员。

△ 南通市举行第十六届人大新任代表履职培训班。培训以电视电话会议形式举行，市领导何益军、司祝建、丁兴华、朱莹滢在如皋分会场收听收看。

△ 如皋市召开 2022 年经济运行分析会，听取 2021 年全市经济运行情况汇报，分析查找短板弱项，研究攻坚推进举措，安排部署下一步重点工作。市领导王鸣昊、顾留忠、陈鸣华、黄文斌、崔建村、杜晓峰参加会议。

△ 如皋市举行烟花爆竹禁限放、斗香禁烧战前动员会，就禁放禁烧督查工作、禁放禁烧工作进行部署。市领导王鸣昊、吴海军、陈刚参加会议。

26日 全市党员干部警示教育大会召开。与会人员观看廉政警示教育片《赶考路上零容忍》。何益军、王鸣昊、司祝建、张元健、丁兴华等市四套班子领导参加会议。

△ 市委副书记、市长王鸣昊率队督查安全生产、疫情防控和市场保供等工作。王鸣昊一行实地走访江苏力星通用钢球股份有限公司、国网如皋市供电公司、文峰大世界、市汽车客运站、十里墩水厂等处，督查安全生产、疫情防控、市场保供等情况，并慰问部分春节期间将坚守岗位的一线工作人员。

△ 市人大常委会主任司祝建率队走访慰问优秀人才袁晓琳，黄国珍、章建平等离退休老干部等对象，向他们致以新春的问候。

△ 市委副书记丁兴华带队开展春节慰问，先后慰问吴晓培、秦玉林、邵晓泉三位离退休老干部，94 岁老党员黄兴龙，抗美援朝老兵秦芝和等人。市领导卢志敏、顾凡参加活动。

△ 如皋市心理健康志愿服务示范点揭牌仪式举行。与会人员共同观看“心理健康志愿服务活动”短片，与会领导共同启动 2022 年如皋市心理健康志愿服务活动。市委常委、宣传部部长高峰，市委常委、经济技术开发区党工委副书记卢志敏共同为如皋市心理健康志愿服务示范点揭牌。副市长顾凡参加揭牌仪式。

△ 市委常委、政法委书记程瑞琴率队慰问刘培银、刘聪泉、徐建平等部分离退休老干部、优秀人才代表、困境儿童、搬经镇老党员等，向他们致以节日的问候与祝福。市领导陈刚、陈小燕参加活动。

△ 市委常委、组织部部长、统战部部长朱莹滢深入九华镇，走访慰问部分老党员、高层次人才，检查宗教场所、企业等疫情防控及安全生产工作。

△ 如皋市开展 2022 年新冠肺炎疫情防控应急演练活动。活动采取“桌面推演”方式，模拟在发现 1 例确诊病例后应急处置的全过程，共包含信息报告、病例转运救治、流调溯源与密接排查、涉疫场所封控管理、重点场所环境采样与消杀、全员核酸检测等 12 个场景。副市长顾凡参加活动。

27日 南通市委副书记、宣传部部长，市社科联主席沈雷率队到如皋开展春节慰问并调研走访相关重点企业。沈雷一行先后到江安镇中心村 21 组严世林、文彩米和如城街道安定社区百花苑道德模范丛慧玉及城北街道海北新村困难劳模陈松年等老人的家中，给他们送去新春祝福。同时，实地走访江苏泰慕士针纺科技股份有限公司，参观产品展示厅以及生产车间，详细了解企业生产经营情况。南通市人大常委会党组副书记姜永华，南通市政协副主席、党组成员杨曹明，市领导丁兴华、高峰、卢志敏参加活动。

△ 市政协主席张元健带队开展春节慰问，先后慰问白蒲镇百岁老人姜洁珍，94 岁老党员吴锁，优抚对象孙同康，离退休老干部汪如一、徐邦友、于永芳以及高层次人才何小卫。

△ 市委常委、宣传部部长高峰率队，实地走访经济技术开发区实验小学、江苏省如皋中学、如皋市瑞霖囿艺术培训中心、如皋市米索文化培训中心有限公司、翔译文化艺术培训中心等处，对“双减”工作落实情况进行督导检查，重点查看疫情防控、消防安全等情况。

△ 全市“两新”组织 2021—2022 年度党员冬训动员会暨争创党建工作示范点推进会举行。全国优秀党务工作者、全国基层理论宣讲先进个人、市委宣讲团成员姚呈明以《今天我们需要再次“战高沙”》为题，为大家作如皋治沙精神宣讲；为中国共产党江苏华医大健康服务股份有限公司委员会揭牌。城北街道、如城街道、江安镇相关负责人进行交流发言。市委常委、组织部部长、统战部部长朱莹滢参加会议。

27—28 日

市委副书记、市长王鸣昊带队走访慰问优秀人才、新中国成立前入党的老党员、优抚对象、低保户、残疾人家庭、特困职工、企业退休老同志等群体，并走访市军休所、人武部、消防救援大队和武警中队等处，送去党和政府的关怀以及新春佳节最美好的祝福。

28 日

市委书记何益军带队走访慰问周宝生、浦文海、魏国平等老领导，驻如皋部队官兵，全国优秀党务工作者、全国基层理论宣讲先进个人、市委宣讲团成员姚呈明，“信义小哥”陈伟，低保户陈福奎、优抚对象冒贤明等，为离退休老干部、优秀人才、道德典型、新中国成立前入党的老党员、低保户、优抚对象等送上新春祝福。

△ 如皋市召开“喜迎二十大、再次战高沙”主题教育动员部署会，进一步推动全市各级党组织和广大党员干部，大力传承和弘扬如皋治沙精神，以高质量建设南通跨江融合发展样板区的优异成绩，迎接党的二十大胜利召开。何益军、王鸣昊、司祝建、张元健、丁兴华等市四套班子领导出席会议。

△ 副市长吴海军带领医疗废弃物处置专项督查小组，采取“四不两直”方式，先后查看三禾大酒店、恒发污水处理厂等处，开展疫情防控、医疗废物处置专项督查。

29 日

市委书记何益军主持召开市委常委会会议，传达学习习近平总书记关于统计工作的重要指示精神和中办、国办《关于更加有效发挥统计监督职能作用的意见》等文件精神，讨论《如皋市农村人居环境整治提升五年行动暨生态宜居美丽乡村建设实施方案》《如皋市 2022 年重点工作安排》等议题。

△ 如城街道仙鹤社区开展“在如过大年·儿女请放心”共享幸福“团年饭”活动。市委书记、市新时代文明实践中心主任何益军以视频连线的方式，为社区老人的在外儿女们送上新春的祝福。市领导何益军、丁兴华、高峰以志愿者身份陪伴 20 名“空巢老人”共话团圆。

△ 市委副书记、市长王鸣昊主持召开十八届市政府第一次常务会议，传达全省危险化学品安全风险集中治理视频推进会精神。讨论《2022 年市政府重点工作任务分解表（送审稿）》和《2022 年民生实事项目任务分解表（送审稿）》等议题。

△ 市委常委、政法委书记程瑞琴带队督查全市疫情防控及安全生产等工作。到如皋火车站、市交通服务发展有限公司、世家风尚集中医学观察点等处，督查疫情防控工作落实情况，为坚守在一线的防疫工作者送去慰问品，并向他们致以新春祝福。

△ 市领导陈鸣华、唐余宽走访慰问困境儿童和新中国成立前入党的老党员，为他们送去慰问金及节日的祝福。

31 日

市委书记何益军以“四不两直”方式检查各部门、各板块值班值守情况，实地走访市公安局大数据指挥服务中心、市市域治理现代化指挥中心、市疫情防控指挥部、市信访局接访大厅和 12345 政府公共服务中心等处，慰问春节期间仍坚守岗位的一线值班人员，并向他们送上新春祝福。

1月

如皋港与安徽港航公司签订合作协议，安徽芜湖港、安庆港、池州港等主要港口与如皋港的长江区间直达航线正式开通。

△ 江苏省教育厅办公室公布中小学思政育人特色学校名单，江苏省江安高级中学榜上有名。

2022 年 2 月

1日 市委书记何益军率队到水绘园风景区检查疫情防控、安全生产等工作，并慰问春节期间坚守岗位服务群众的一线工作人员，向他们送上新春祝福。

3日 如皋市第一届医疗器械展览会、如皋市医疗器械产业发展论坛、如皋市医疗器械产业党建联盟年会在下原镇举行。同时，还举行下原镇科技创新创业导师聘任仪式及下原镇医疗器械产业联合总支部委员会揭牌仪式。市委常委、组织部部长、统战部部长朱莹滢，副市长杜晓峰参加活动。

4日 全市冬奥会期间安保联合研判会议召开，市委副书记、市长王鸣昊，市委常委、政法委书记程瑞琴等参加会议。公安条线、政府部门及镇（区、街道）等单位负责人汇报冬奥会期间安保工作和舆情应对处置工作情况。

5日 市委副书记、市长王鸣昊率领相关部门负责人，实地督查部分企业复工复产情况。王鸣昊一行先后到江苏正威新材料股份有限公司、南通力威机械有限公司、江苏天南电力股份有限公司、南通荣威娱乐用品有限公司和江苏和府餐饮管理有限公司，详细了解企业复工复产、安全生产、疫情防控等情况。市委常委、如皋经济技术开发区党工委副书记卢志敏参加活动。

7日 市委书记何益军主持召开市委常委会会议，学习习近平总书记重要讲话精神和国家、江苏省重要会议精神，研究部署贯彻落实工作；会议还研究《如皋市产业三年倍增实施方案（2022—2024）》等议题。

△ 市委书记何益军，市委副书记、市长王鸣昊带队走访机关部门、服务窗口以及部分企业，为广大干部职工送上新春祝福。市领导张元健、丁兴华、顾留忠、陈鸣华、卢志敏等参加活动。

△ 市委常委、宣传部部长高峰带队慰问市融媒体中心（传媒集团）新闻工作者。高峰一行先后到市木偶艺术团、全媒体采编部、声讯部、新媒体部等部门以及广播电视播出机房，为大家送上新春祝福，并专题调研中心建设运行工作。

9日 全市总结表彰暨“营商环境提升年”动员大会召开。市委副书记丁兴华宣读《市委、市政府关于表彰2021年度先进集体和先进个人的决定》；市委常委、常务副市长顾留忠通报2021年度如皋市优化营商环境典型案例。市委书记何益军讲话，并就下一步工作开展提出要求。何益军、王鸣昊、张元健、丁兴华等市四套班子领导出席会议。

△ 市委副书记、市长、市征兵领导小组组长王鸣昊带队到市人民医院征兵体检站，视察征兵体检工作。

10日 市委副书记、市委党校校长丁兴华专题调研市委党校工作。丁兴华一行实地查看校园桥梁工程、门厅改造工程的施工情况，参观学员活动中心、党风廉政教育馆，并听取市委党校2021年度工作开展情况及2022年工作思路等汇报，对党校新一年工作提出具体要求。

△ 全市公安工作会议召开。市委常委、政法委书记程瑞琴，副市长、市公安局局长陈刚参加会议。

△ 如皋市公安局“向党和人民报告”主题活动在市行政中心礼堂举行。与会人员观看《向党和人民报告》主题短片。活动对市公安局2021年度“最美警察”“最美警嫂”进行表彰，举行从警三十年荣誉纪念仪式和荣誉退休仪式。市领导程瑞琴、缪爱诚、陈刚、陈小燕参加活动。

△ 如皋市召开2022年度城市管理工作会议，全面总结2021年度城市管理工作，并对2022年度各项重点工作进行部署。市领导顾留忠、缪爱诚、黄文斌、陈小燕参加会议。

11日 市委统战部第六期“同心大讲堂”开讲，市委常委、组织部部长、统战部部长朱莹滢参加活动。

△ 南京市玄武区慈善总会会长、南京如皋商会副会长周兵到中国工农红军南通如皋红军小学、搬经镇严鲍社区，举办爱心捐赠活动。市人大常委会副主任张百璘参加活动。

12日 全市创新发展暨招商引资出征动员大会召开。市委常委、组织部部长、统战部部长朱莹滢宣读2021年度全市科技、人才、招商工作先进单位及个人名单；市委常委、副市长、市科创办党组书记陈鸣华对科技人才政策以及省级创新型示范县市建设相关方案进行解读；市委书记何益军和市委副书记、市长王鸣昊共同为“如皋市科创投资集团有限公司”揭牌。何益军、王鸣昊、司祝建、张元健、丁兴华等市四套班子领导出席会议。

△ 如皋市召开全市政务服务工作暨“营商环境提升年”推进会，对2021年度政务服务工作进行总结，并部署下一阶段重点工作。市领导顾留忠、石兵、郑振明参加会议。

14日 2021—2022年度如皋市党员冬训名嘴“理”包进基层活动如皋经济技术开发区专场举行。全国优秀党务工作者、全国基层理论宣讲先进个人、市委宣讲团成员姚呈明为大家作题为《把握“三新”内涵　走好新的赶考之路》的专题宣讲。市委常委、如皋经济技术开发区党工委副书记卢志敏参加活动。

15日 全市召开宣传思想工作会议，总结2021年全市宣传思想工作，分析形势，研究部署2022年工作任务。市委书记何益军对全市宣传思想工作作出批示。副市长崔建村参加会议。

△ 如皋市举行2022年春季集体婚礼。市领导张元健、丁兴华、缪爱诚、顾凡参加活动。

△ 全市宣传文化系统“治沙精神”专题大党课开讲。市党建研究会会长薛冠军以《精神的力量——谈治沙精神》为题，对如皋治沙精神进行解读。市委常委、宣传部部长高峰参加活动。

16日 市委政法工作会议召开，总结工作、分析形势、部署任务。市委常委、政法委书记程瑞琴作政法工作报告。会议通报2021年度全市政法工作考评及相关评选结果，并为部分获奖单位和个人颁奖。市领导何益军、程瑞琴、缪爱诚、陈刚、陈小燕出席会议。

△ 市人大常委会举行督办《关于打造“高质量教育县域样板、长三角北翼教育名城”的议案》座谈会。全市部分幼儿园、小学、中学、特殊教育学校的教育工作者围绕“双减”工作推进、学生心理健康建设、教师队伍培育、政策资源扶持等角度，结合自身工作实际，进行交流发言。市人大常委会主任司祝建，副主任刘晓洁参加会议。

△ 市委常委、宣传部部长高峰率队调研高新区（城南街道）文化服务业企业。高峰一行实地走访南通天正信息科技有限公司、小咖秀（江苏）科技有限公司、南通博思数字科技有限公司等企业，对企

业的主营业务、人员规模、营收情况、员工待遇等进行详细了解,并听取高新区(城南街道)关于文化服务产业发展情况的汇报。

△ 如皋市举行2022年统一战线各界人士新春座谈会,各界人士代表欢聚一堂,共忆奋斗历程,共叙深情厚谊,共谋发展大计。相关代表还结合各自领域及行业特点进行交流发言。市领导朱莹滢、张百璘、顾凡、郑振明参加活动。

17日 市委书记何益军主持召开市委常委会会议,传达学习全国、全省组织部长会议精神和全省"信访突出问题攻坚化解年"行动动员部署会议精神。讨论《如皋市人大常委会2022年工作要点》《政协如皋市委员会2022年协商工作计划》《如皋市2022年政法工作意见》等议题。

△ 市委书记、市人武部党委第一书记何益军主持召开市委常委会议军会议,传达学习上级军事机关党委扩大会议精神,听取全市2021年度武装工作完成情况报告。

△ 市第十八届人大常委会第一次会议召开。王鸣昊向市人大常委会提请市政府组成部门主要负责人员人事任命事项,新提请任命人员作供职发言。会议听取和审议通过《如皋市人大常委会2022年工作要点(草案)》《如皋市人大常委会关于打造"高质量教育县域样板、长三角北翼教育名城"的决议(草案)》《关于补选南通市第十六届人民代表大会代表办法(草案)》,表决通过市政府组成部门主要负责人员人事任命事项和《如皋市第十八届人大常委会代表资格审查委员会组成人员名单(草案)》,司祝建为新任职人员颁发任命书。

△ 政协如皋市十五届一次常委会会议召开,市政协主席张元健主持会议。会议增补部分政协如皋市十五届委员会委员、通过政协如皋市2022年协商工作计划。

18日 市委书记何益军,市委副书记、市长王鸣昊率队督查全市疫情防控工作,实地走访文峰大世界、进口冷链食品集中监管仓、如皋火车站、如城街道宏坝社区以及东陈镇重点防疫区域等处。

△ 市人大常委会主任司祝建率队调研如皋中学,查看学校宿舍、操场、教学楼等校园硬件设施的建设情况,认真听取学校负责人关于如皋中学教育教学情况和高品质示范高中创建情况的汇报,详细了解学校在创建高品质示范高中过程中存在的问题和需求。

△ 市委常委、政法委书记程瑞琴调研市退役军人事务工作。

20日 南通市委副书记、宣传部部长沈雷带队到如皋东陈高速出口、如皋火车站、人民医院尘洁分院、万达广场、世家风尚酒店隔离点等处,就疫情防控工作进行督查指导。市领导何益军、丁兴华、顾凡参加活动。

△ 市委副书记、市长王鸣昊率队走进长江镇如皋港高速出口、如皋港医院、部分企业、社区临时核酸采样点、农贸市场、大型商超等处,督查长江镇疫情防控工作开展情况。

21日 南通市2021年度高质量发展总结表彰大会召开。会议采用视频会议形式,市委书记何益军在南通主会场参加会议。会议表彰2021年度综合考核优秀单位、争先进位奖获得者、服务地方先进奖获得者,以及南通市勇当全省"争当表率、争做示范、走在前列"排头兵先进集体和先进个人,如皋市获2021年度综合考核县(市、区)第二等次。

△ 中国共产党南通市第十三届纪律检查委员会第二次全体会议召开。市委书记何益军在南通主会场参加会议,王鸣昊、张元健、丁兴华等市四套班子领导在如皋分会场收听收看。

△ 市政协主席张元健带队深入白蒲镇朱家桥村、南通市国涛塑业科技有限公司、如皋市金轶纺

织有限公司、江苏纽唯盛机电有限公司、南通华东油压科技有限公司、蒲新生态园等处，督查疫情防控工作。

△ 南通市农村工作会议暨农村人居环境整治提升动员会召开。会议以视频会议召开，市领导丁兴华等在如皋分会场收听收看。会议对南通市乡村振兴示范村和先进村培育、农村生活污水治理工作进行点评，如皋市委副书记丁兴华在会上作题为《系统推进全域治理　全力打造区域治水如皋样板》的交流发言。

△ 如皋市举行进口货物疫情防控工作推进会。与会人员现场观摩雷狄尼家具南通有限公司进口集装箱货物疫情防控工作全流程。市卫健委、市商务局、市交通运输局、市市场监管局等部门相关人员结合各自工作职责，开展进口货物疫情防控知识讲解。副市长杜晓峰参加会议。

22日 如皋市科创委举行第三次会议。市委常委、副市长、市科创办党组书记陈鸣华通报上一次例会交办任务以及科技重点指标提质增效完成情况；副市长崔建村传达南通市科技创新双月例会精神。相关部门和镇(区、街道)有关负责人汇报2022年工作目标和思路。市委副书记、市长王鸣昊讲话并就下一步工作提出要求。

△ 市人大常委会主任司祝建率队调研江苏省白蒲高级中学，实地查看江苏省白蒲高级中学品质提升改造工程现场、宿舍区、实验楼、报告厅等处，详细了解学校硬件设施建设情况，并仔细询问项目建设过程中遇到的难题。校方负责人就学校教育教学情况和高品质示范高中创建情况进行汇报。

△ 市委常委、政法委书记程瑞琴调研民政工作，实地了解婚姻登记服务开展情况和疫情防控举措落实情况。市民政局主要负责人汇报民政事业发展情况及2022年民政工作计划。

△ 霖鼎光学(上海)有限公司首席执行官张哲一行到如皋中专考察交流，商洽校企合作事宜。双方围绕学生教学、实习、就业等合作事宜开展深入交流，达成“合作发展教育、助力企业成长、助推如皋经济发展”的共识。副市长崔建村参加活动。

23日 市委常委、宣传部部长高峰率队，实地督查梦百合酒店、福寿路、市人民医院、南门桥市场、百岁步行街等点位，认真听取文明典范城市创建工作情况汇报，并对各点位存在的问题现场提出切实可行的整改意见。

24日 南通市委副书记、宣传部部长沈雷参加如皋代表团审议，勉励如皋牢牢把握发展机遇，积极应对困难挑战，打造跨江融合发展样板区，为“强富美高”新南通现代化建设多作贡献。南通市人大代表，如皋市委书记何益军、市委副书记丁兴华等代表们在审议时发言。

△ 市委副书记、市长王鸣昊率队分别调研长江镇、东陈镇冲刺一季度“开门红”等重点工作及挂钩企业、村居工作推进情况。

△ 市委常委、政法委书记程瑞琴率队调研全市司法行政工作。副市长、市公安局局长陈刚参加活动。

△ 如皋市组织收听收看南通市疫情防控工作电视电话会议。副市长顾凡参加会议，对南通市交办的新冠肺炎疫情督查问题整改情况进行汇报。

25日 市委副书记、市长王鸣昊率队调研石庄镇、江安镇冲刺一季度“开门红”等重点工作推进情况。市委常委、副市长陈鸣华参加活动。

26日 市委副书记、市长王鸣昊率队深入如皋经济技术开发区(城北街道)、白蒲镇，就污染防治攻坚工作进行调研。王鸣昊一行现场踏勘南通市荣威娱乐有限公司生活区小吃一条街、鹿门小区、林梓污水处理厂、勇敢大桥国考断面等处，详细了解如皋经济技术开发区人社中心大气监测点附近区域、白蒲镇勇敢大桥国考断面的环境质量情况。市领导卢志敏、吴海军参加活动。

△ 全市 GDP 核算业务工作培训会举行。部分经济运行重点主管部门的相关负责人为参会人员进行业务辅导。市领导陈鸣华、黄文斌参加会议。

27日

如皋市开展新冠肺炎疫情社区封控实战演练。市领导顾凡、陈刚参加活动。

△ 如皋中学举行 2022 届高三成人仪式暨高考百日誓师会。副市长顾凡参加活动。

28日

如皋市举行全市重大产业、城建项目集中开工活动暨城市建设大会战动员大会。与会人员首先参加如皋经济技术开发区思源全效功率电池项目的奠基仪式和两河生态区项目的开工仪式。在随后召开的城市建设大会战动员大会上，市委副书记、市长王鸣昊作城市建设工作报告。市领导何益军、司祝建、张元健、丁兴华等参加活动。

2022 年 3 月

1日 市委理论学习中心组召开集中学习(扩大)会,邀请白蒲镇历史文化研究会会长、原场北乡党委书记杨春和和全国优秀党务工作者、全国基层理论宣讲先进个人、市委宣讲团成员姚呈明进行授课。会议以视频形式召开,各镇(区、街道)在分会场收听收看。何益军、司祝建、张元健、丁兴华等市四套班子领导参加学习会。

△ 南通中院党组书记、院长刘坤到如皋调研指导环境资源审判工作。刘坤一行乘船对长江河道矿产资源保护、生物多样性保护进行实地调研,并对如皋市人民法院严厉打击非法捕捞、盗采江砂违法犯罪行为,司法护航美丽长江所取得的成绩给予充分肯定。市委常委、政法委书记程瑞琴参加活动。

△ 市青年工作联席会议第三次全体会议召开。会议传达南通市青年工作联席会议第三次全体会议精神,并作《如皋市青年工作联席会议第二次全体会议以来的工作情况报告》,汇报《如皋市青年发展规划(2021—2025 年)》编制情况,解读《如皋市青年发展规划(2021—2025 年)》2022 年重点任务。市委宣传部、九华镇相关负责人进行交流发言。市委常委、组织部部长、统战部部长朱莹滢,副市长顾凡参加会议。

△ 南通市如皋生态环境局在长江镇举行“同饮长江水　共护母亲河”——《中华人民共和国长江保护法》实施一周年暨“共护长江”企业联盟启动仪式。副市长吴海军参加活动。

2日 全市安全生产工作会议召开,深入总结 2021 年工作,分析面临形势,拿出有效措施,做好 2022 年安全生产工作。市领导王鸣昊、顾留忠、陈鸣华、吴海军、顾凡、陈刚、刘栩参加会议。

△ 如皋市举行“万事好通·如皋如意”营商环境品牌打造分析会。相关部门负责人就各自落实《“万事好通”南通营商环境优化提升举措 66 条》的情况作汇报交流;与会领导对各部门工作进行点评,并提出整改意见。市人大常委会主任司祝建,市委常委、常务副市长顾留忠参加会议。

△ 共青团如皋市委十七届七次全体(扩大)会议举行。副市长顾凡通报表彰 2021 年度如皋市“共青团工作先进单位”和“共青团工作先进个人”。会议传达学习共青团十八届六中全会、团省委十五届七次全会、共青团南通市委十七届九次全体(扩大)会议精神及《新时代全面从严治团实施纲要》精神,共青团如皋市委书记沈伟代表团市委常委会作工作报告。市领导朱莹滢、缪爱诚、顾凡、张亚鸾出席会议。

3日 全市经济运行暨一季度“开门红”推进会举行。市发改委通报 2021 年全市经济工作,分析当前经济形势,部署相关工作;市统计局、长江镇、搬经镇、白蒲镇等主要负责人围绕 2022 年经济工作重点目标、重点任务以及一季度“开门红”推进举措作交流发言。市委常委、常务副市长顾留忠出席会议。

△ 全市组织工作会议召开,传达市委书记何益军对全市组织工作的重要批示精神,通报 2021 年度全市村(社区)综合考核结果,对基层党建优秀“书记项目”和“皋城党员先锋”以及市级机关“两优一先”代表进行表彰,相关单位作交流发言。市委常委、组织部部长、统战部部长朱莹滢出席会议。

△ 市政协举行国家历史文化名城申报工作座谈会。与会部门负责人汇报 2021 年以来申报国家历史文化名城所做的工作、存在差距和存在问题及下一步工作打算,同时对政协参与国家历史文化名城建设工作提出建议。市政协主席张元健、副主席张亚鸾参加会议。

△ 江苏省残联二级巡视员胡长春、省残联康复处处长季本桂、省教育厅基教处副处长殷雅竹、省残联教就处四级调研员黄慧到如皋调研康教融合工作，南通市残联理事长杨丁勇、南通市残联副理事长戴斌、康复处处长顾建新，如皋市残联理事长吴来平、市教育局副局长石春梅等参加活动。

△ 南通市委、市政府召开南通市制造业高质量发展大会。会议对2021年度国家级制造业单项冠军示范企业(产品)国家级专精特新“小巨人”企业予以通报表扬，如皋11家企业上榜。

4日

何益军、王鸣昊、司祝建、张元健、丁兴华等市四套班子领导参加义务植树活动。

△ 市委副书记、市长王鸣昊主持召开十八届市政府第二次常务会议。会议传达国务院、省、南通国资委相关会议精神，讨论《如皋市现代服务业繁荣发展三年行动计划(讨论稿)》《2022年现代服务业高质量发展工作要点(讨论稿)》《2022年如皋市现代服务业考核办法(讨论稿)》《全市现代服务业高质量发展大会建议方案(讨论稿)》等议题。

△ 如皋市举办“有志在皋”志愿服务品牌建设暨第四届志愿接力马拉松实践活动部署会，发布“有志在皋”特色志愿服务品牌，吹响全年志愿接力马拉松实践活动的号角。市委常委、宣传部部长高峰参加会议。

△ 如皋市举行2022年度检察工作会议暨党风廉政建设工作会议。与会人员观看检察工作视频短片《精彩2021》，全面总结2021年如皋检察工作完成情况，部署2022年检察工作和党风廉政建设工作。市委常委、政法委书记程瑞琴，市人大常委会副主任缪爱诚，市政协副主席陈小燕参加会议。

△ 如皋市举行妇联十六届三次执委(扩大)会议。市委常委、组织部部长、统战部部长朱莹滢参加会议。

△ 全市工商联工作会议举行。会议邀请全国优秀党务工作者、全国基层理论宣讲先进个人、如皋市委宣讲团成员姚呈明进行基层党员冬训“商会会场”理论宣讲，颁发全国“五好”县级工商联奖牌、全国“四好”商户奖牌、江苏省“四好”商会奖牌等，对《如皋市工商联招商引资工作实施方案及考核激励办法》进行解读，并为工商联慈善基金进行揭牌。市领导朱莹滢、石兵、杜晓峰、杜永红出席会议。

△ 如皋市举行市工商联慈善基金成立仪式。如皋市在沪企业家商会等首批20家商会、企业代表登台举牌认捐，累计认捐640万元。“如皋市工商联慈善基金”由市工商业联合会向市慈善基金会发起设立，创始基金规模为1000万元，分期劝募，主要用于助推乡村振兴及济困、助医、助学等扶贫济困活动。市领导朱莹滢、石兵、杜晓峰、杜永红出席会议。

△ 如皋市举行2022年如皋文联工作会议。活动对2021年度如皋市“优秀文艺家协会”和“文艺创作优秀会员”进行表彰。

5日

市委书记何益军主持召开市委常委会会议，传达学习习近平总书记在2022年春季学期中央党校(国家行政学院)中青年干部培训班开班式上的重要讲话精神；传达学习南通市“两会”精神，研究部署贯彻落实工作；传达学习中央、省、南通市纪委全会精神，讨论中共如皋市第十三届纪委第二次全体(扩大)会议方案以及全会报告。

△ 如皋市举行全市屋顶分布式光伏开发推进会。市发改委、市住建局、市农业农村局、白蒲镇等单位和镇区的代表围绕全市屋顶分布式光伏项目开发建设工作推进情况、存在问题以及下一步工作计划作交流发言。市领导王鸣昊、陈鸣华参加活动。

△ 全市农村人居环境整治提升现场推进会举行。与会人员实地参观东陈镇南东陈社区、南庄村、山河社区、汤湾村等村(社区)，深入了解相关村(社区)在庭院美化、河道管护、垃圾回收、破落建筑整治等方面的整治提升情况。市领导丁兴华、黄文斌、陈小燕参加会议。

△ 全市司法行政暨法治宣传教育工作会议举行。会议宣读市委、市政府主要领导关于法治宣传工作的批示，并就“八五”普法工作进行部署。市委常委、政法委书记程瑞琴，市人大常委会副主任缪爱

诚，副市长、市公安局局长陈刚参加活动。

7日 中国共产党如皋市第十三届纪律检查委员会第二次全体(扩大)会议召开。市委书记何益军出席会议并讲话。市委常委、市纪委书记、市监委主任秦金春主持会议，并代表市纪委常委会作工作报告。会议审议通过秦金春代表市纪委常委会所作的工作报告和《中国共产党如皋市第十三届纪律检查委员会第二次全体(扩大)会议决议》。王鸣昊、司祝建、张元健等市四套班子领导出席会议。

△ 如皋市召开2022年武装工作会议。市委常委、市人武部部长夏森传达学习南通军分区党委(扩大)会议精神，总结2021年武装工作完成情况，讲评基层党管武装工作情况，部署2022年武装工作任务。市领导何益军、王鸣昊参加会议。

△ 全市企业上市及新三板挂牌联谊会议月度工作推进会召开，动员全市上下进一步抢抓资本市场改革的机遇，将企业上市作为壮大实体经济，加快转型发展的重要抓手，同心协力为推动高质量发展打造新引擎，争创新优势。市领导王鸣昊、顾留忠、陈鸣华、刘栩出席会议。

△ 南通市人大常委会副主任、党组成员葛玉琴带队到如皋，先后查看丁堰高速道口、如皋南站、吾悦广场、如城街道孔庙社区、凯迪酒店等处，督查疫情防控工作。市委副书记丁兴华、副市长顾凡参加活动。

8日 市委书记何益军主持召开市委常委会会议，讨论《关于组建如皋科技创新投资集团有限公司的建议方案》。

△ 市委书记何益军率队督查文明典范城市创建工作，现场察看丁堰镇主要街道、农贸市场和凤山社区新时代文明实践站等点位。市领导王鸣昊、张元健、丁兴华、高峰、缪爱诚、张亚鸾参加活动。

△ 如皋市召开2022年度争创文明典范城市工作部署会。会前，何益军率队实地查看文明典范城市创建工作亮点现场；会议由市委副书记、市长王鸣昊主持，与会领导为先进集体、先进个人和优秀市民巡访团成员颁发荣誉证书，部分部门、镇(区、街道)负责进行交流发言。市领导何益军、王鸣昊、司祝建、张元健、丁兴华出席会议。

△ 中央广播电视总台江苏总站站长季明一行到如皋调研宣传工作。季明一行到华夏电影展示馆，实地参观如皋治沙精神图片展板区、放映机展览区、胶片电影存放库房、互动体验区等处。市委常委、宣传部部长高峰陪同调研。

9日 如皋市举行现代服务业高质量发展大会。会议通报表彰2021年度服务业条线的先进部门和企业，市委书记何益军就做好下一阶段工作提出要求。市领导王鸣昊、司祝建、张元健、丁兴华参加会议。

10日 如皋市举行“军地检共建　守护长江母亲河”生态修复公益林落成仪式暨《中华人民共和国长江保护法》实施一周年主题活动。江苏省人民检察院党组副书记、副检察长赵志刚一行实地观摩公益诉讼检察指挥中心大数据平台的演示，详细了解如皋市检察公益诉讼大数据集成系统的运行与运用情况。东部战区空军保障部副部长王景严，南通市人民检察院党组书记、检察长恽爱民，南京军事检察院检察长刘峰，如皋市领导何益军、司祝建、程瑞琴、顾留忠参加活动。

△ 如皋市持续开展“两代表一委员”接待日活动。何益军、王鸣昊、司祝建、张元健、丁兴华等市领导分别带领同组的党代表、人大代表、政协委员，分别走进挂钩联系如皋经济技术开发区(城北街道)

杨宗社区、如城街道城南社区村、磨头镇曹石村、白蒲镇蒲东社区，集中开展“两代表一委员”接待日暨“教育‘双减’大家议”专题议政活动。

△ 市委副书记、市长王鸣昊带队采取“四不两直”方式，实地走访南通正海磁材有限公司、35# 地块棚户区改造工程、云境雅苑小区等项目施工现场，检查建筑工地消防安全等情况。

11日 南通市商务局党组书记、局长、市口岸办主任高红宇率队到如皋调研商务工作。高红宇一行到如皋市软件园，实地参观凌志软件股份有限公司、南通天正信息技术服务有限公司等处，仔细了解软件园招引的项目发展情况。市领导何益军、王鸣昊、杜晓峰参加调研。

△ 市政协办、市人社局、市市域治理现代化指挥中心志愿者们走进如城街道城西社区，开展志愿服务活动，接力市第四届志愿接力马拉松文明实践主题活动暨“3·5”学雷锋文明实践月主题活动。市政协主席张元健、副主席陈小燕参加活动。

△ 市老科协举行第四届十次会员代表会，汇报 2021 年工作亮点、部署 2022 年工作要点。市政协主席张元健出席会议。

△ 市委常委、宣传部部长高峰带队调研全市教育工作。高峰一行先后走访如皋中学、如皋市志颐小学、如皋师范附属小学新城幼儿园等处，实地查看校园基础设施建设情况以及学校品质提升工程推进情况。市教育局负责人就相关重点工作推进情况以及下一步工作思路作汇报。

△ 如皋市举行四大行业领域整治工作推进部署会。会议对四大行业领域整治工作情况作通报，市公安局、自然资源和规划局、住建局、交通局 4 家单位汇报各自领域整治工作安排。市委常委、政法委书记程瑞琴，副市长、市公安局局长陈刚参加会议。

△ 如皋市举行市老区建设促进会、市乡村振兴促进会会员代表大会。市老区建设促进会、市乡村振兴促进会理事长蒋明华报告 2021 年“两会”组织工作情况，表彰 2021 年度“两会”工作先进单位和先进个人，为“如皋市乡村振兴促进会”授牌，通过理事、副理事长人选和《如皋市乡村振兴促进会章程》。市领导朱莹滢、张百璘、黄文斌、杜永红参加会议。

12日 如皋市举行市企业家协会第八届第三次理事会会议。会议对市企业家协会 2021 年工作进行总结，并对 2022 年工作计划进行汇报。企业家们围绕“实践实干、合作共赢、爱国爱乡”主题作交流发言，并对协会工作提出意见建议。市领导陈鸣华、杜永红参加会议。

14日 市委审计委员会召开第四次会议，传达学习省委审计委员会第八次会议精神、南通市委审计委员会第六次会议精神。与会人员集中学习新修订的《中华人民共和国审计法》，审议《中共如皋市委关于调整中共如皋市委审计委员会成员的通知（讨论稿）》等文件，听取《2020 年市级预算执行和其他财政收支审计中发现主要问题整改情况报告》《2021 年全市审计工作情况报告》《2022 年度审计项目计划（草案）》，研究部署审计相关工作。市领导何益军、王鸣昊、顾留忠、秦金春、朱莹滢参加会议。

△ 市委常委、政法委书记程瑞琴带队深入紫光路北延、沈海高速丁堰出口、通扬运河永丰大桥改造工程、226 省道新建南段、通皋大道二期、G40 沪陕高速公路扩建等现场，调研重大交通工程建设情况及疫情防控工作。

△ 市人大常委会副主任缪爱诚率队对全市生态环境保护工作进行现场督查。督查组一行实地走访搬经镇畜禽粪污收集中转中心、九洲环保危险废物处理（焚烧、填埋）及小微企业危废集中收集试点等 13 个点位。

15日 全市河道长效管护暨“自己的河道自己管护”现场会举行。与会人员实地观摩磨头镇丁冒村、十字桥村部分河道，详细了解河道水系管护、鱼苗投放管理、沿河垃圾分类回收及违章建筑拆除等情况。会上，市水务局负责人围绕全市河道长效管护暨“自己的河道自己管护”工作开展情况、存在问题及下一步工作要点进行点评部署。丁冒村、十字桥村相关负责人进行交流发言。市领导丁兴华、黄文斌、吴海军、郑振明参加会议。

16日 市委书记何益军带队调研全市宣传思想文化工作开展情况，研究部署当前重点工作。市文明办、市委网信办、市文体广旅局、市文联、市委党史办等宣传思想文化各条线的主要负责人分别汇报2022年工作举措，并对2022年品牌战略工作进行初步梳理。市融媒体中心主要负责人围绕“融合+”工作进行重点汇报。市领导丁兴华、高峰、杨天锡、崔建村参加会议。

△ 市委副书记、市长王鸣昊带队采取“四不两直”方式，实地走访天平市场、市中医院、顺丰速运、如皋师范学校附属小学幼儿园、江苏新空间装饰集团有限公司、东陈镇凌云社区、江苏万达特种轴承股份有限公司等处，督查疫情防控工作开展情况。

△ 市人大常委会主任司祝建率队查看磨头社区、磨头镇初级中学、磨头医院、磨头镇家家乐购物广场等处，督查磨头镇疫情防控工作。

△ 如皋市举行新冠肺炎疫情农村防控工作会议，对农村疫情防控工作进行业务辅导。副市长黄文斌参加会议。

17日 市委书记何益军率队采取“四不两直”方式，实地走访如皋南站、如皋市第一中学、如皋市人民医院等处，督查疫情防控工作。

△ 市政协主席张元健率队先后到集贤里文化广场、陈子文故居、东大街历史文化街区等处，详细了解古建筑和历史文化街区保护修缮工作，调研国家历史文化名城建设工作。

△ 市人民检察院、市工商联联合举办“法治化营商环境建设”座谈会，就检察机关加强与工商联的沟通联系、进一步健全完善企业合规第三方监督评估机制以及依法保障和促进全市民营企业经济健康发展等内容进行交流。市政协副主席杜永红参加活动。

△ 市交通产业集团负责建设的226省道如皋段建设工程项目，被江苏省交通运输厅授予2021年度“全省普通国省干线公路建设工程十佳项目”荣誉称号。

△ 市农业农村局举行高标准农田建设推进会，通报全市高标准农田建设情况，并组织与会人员到白蒲镇斜庄社区和朱窑村高标准农田项目建设点，参观2021年度高标准农田项目建设现场及2022年度项目清障清杂现场。

19日 市委常委、宣传部部长高峰率队实地走访“两河两岸”风光带打造公共文化空间现场、城北街道平园池村党群服务中心、霖鼎光学（江苏）有限公司等处，调研“两河两岸”风光带打造公共文化空间现场及重点文化产业项目。

△ 市委常委、组织部部长、统战部部长朱莹滢率队实地走访市新冠肺炎疫情防控指挥部办公室、东陈高速路口、市疾控中心等处，看望慰问坚守在疫情防控一线的工作人员。

20日 市委书记、市新冠肺炎疫情防控工作领导小组组长何益军以“四不两直”方式，深入下原镇蔡荡村、白蒲镇沈桥村等处，督查疫情防控工作，向坚守在疫情防控一线的村干部和志愿者表示感谢，并详细了解外来人员排查情况、居家健康监测对象“五包一”措施落实情况。

22日 市政协主席张元健率队到石合泰民居、文庙大成殿、如皋定慧寺等处，详细了解国家历史文化名城申报工作进度。副市长崔建村、市政协副主席张亚鸾参加活动。

23日 南通市新冠肺炎疫情防控工作领导小组视频调度会召开，分析当前疫情防控形势，研究部署下阶段工作。何益军、王鸣昊、张元健、丁兴华等市四套班子领导在如皋分会场收听收看。

△ 南通辰同智能科技有限公司年产250台风电、高铁产业超声波探伤检测设备项目正式开工。该项目总投资5亿元，工业用地28.1亩，新建厂房及附属用房24968平方米；投资项目主要用于产品的设计研发、系统软件开发、产品生产制造、设备系统调试。项目达产后，将年新增产值10亿元，年新增税收超过4000万元，并且能够为当地提供300~500个技术就业岗位。市领导陈鸣华、崔建村参加开工仪式。

△ 市政协副主席张亚鸾率队到丁堰镇观音山庙、丁堰老街、白蒲老街的秀才巷、吴圣家、双堂屋、高大门等处，调研国家历史文化名镇建设工作。

24日 市委副书记、市长王鸣昊主持召开十八届市政府第三次常务会议，会议传达学习习近平总书记在全国两会上的重要讲话精神和全国两会精神。研究讨论《如皋市服务业七大行业繁荣发展三年行动实施方案（含年度工作要点）（讨论稿）》《如皋市城市环境综合整治三年行动工作方案（2022—2024年）（送审稿）》等议题。

△ 如皋市举行2022年清明祭扫疫情防控工作专题会议。副市长崔建村参加会议。会议传达省、南通市关于清明祭扫疫情防控有关文件和市委主要领导批示精神。

△ 如皋市印发《如皋市现代服务业繁荣发展三年行动计划（2022—2024年）》，大力发展现代商贸、文化旅游、科技服务、现代物流、金融服务、软件信息和服务外包、康养服务七大产业，进一步扩大产业规模、优化产业结构、提升产业质效。

24—25日

市委书记何益军率队调研全市农业农村工作。何益军一行先后到江苏花名堂农业科技发展有限公司、金旺家庭农场、如皋浩森园艺有限公司、如皋盆景直播分享中心、如皋市康之源农业发展有限公司、如皋市骏诚生态农业科技发展有限公司、如皋黑塌菜原种繁种基地、江苏弘玖水产有限公司等处，对项目发展现状进行实地了解。

25日 市委书记何益军到市人民来访接待中心，与来访群众面对面交流，倾听群众呼声，为民排忧解难，化解矛盾纠纷，并听取全市"百日百案百名领导"信访包案工作推进情况。市领导程瑞琴、顾留忠、黄文斌、吴海军、陈刚参加活动。

26日 全市文化产业发展情况汇报会举行。各镇（区、街道）行政主要负责人汇报文化产业发展工作情况，相关部门负责人员就文化产业发展相关问题进行现场交流。市委常委、宣传部部长高峰参加会议。

29日 市委书记何益军主持召开市委常委会会议，传达学习《关于认真贯彻落实习近平总书记重要指示精神举一反三坚决遏制重特大事故的通知》精神和中央、省和南通市关于新冠肺炎疫情防控工作的会议精神，研究部署下一步疫情防控重点工作，并讨论如皋市服务业七大行业繁荣发展三年行动实施方案和2022年度工作要点等议题。

△ 如皋市举行2022年度移风易俗工作推进会。与会人员共同观看2022年以来督查发现的假借

假道、豪华墓碑墓亭图片视频资料，听取2022年第一季度有关移风易俗工作情况的专题通报，相关单位作交流发言。市领导丁兴华、高峰、崔建村参加会议。

30日 如皋市举行金融工作座谈会，回顾总结2021年金融工作成效，系统研判当前金融工作形势，研究部署重点工作任务。市领导何益军、王鸣昊等参加会议。

△ 市委副书记、市长王鸣昊率队督查全员核酸检测工作。王鸣昊一行先后到如城街道许庄社区、秀水社区、大殷社区，东陈镇双群社区、南庄村等采样点，详细了解采样点的整体布局、人员配备、采样流程、安全管控、秩序维护等相关工作情况。

△ 如皋市举行营商环境优化提升分析推进会。会议通报2021年度省营商环境评价结果，并对《如皋市2022"营商环境提升年"实施意见》《落实南通优化营商环境66条举措问题清单、措施清单、责任清单》进行说明。相关单位作交流发言。市领导司祝建、顾留忠参加会议。

△ 市委理论学习中心组集中学习会暨"人民学习·智慧教室"学习活动举行，全国政协委员、人口资源环境委员会委员，国务院发展研究中心资源与环境政策研究所研究员谷树忠以《深入领会讲话和文件精神，扎实推进碳达峰碳中和工作》为题进行线上授课。司祝建、张元健、丁兴华等市委理论学习中心组成员参加活动。

△ 市人大常委会副主任刘晓洁带队实地调研市精神病防治医院，查看门诊室、病区等处，检查相关专业诊疗设备，对贯彻实施《中华人民共和国精神卫生法》情况进行调研。

△ 江苏省医疗保障局公布2022年度"15分钟医保服务圈"省级示范县（市、区）和省级示范点建设单位的通知。其中，如皋市入选2022年度"15分钟医保服务圈"省级示范县（市、区）建设单位，如皋市如城街道为民服务中心、如皋市下原镇为民服务中心入选2022年度"15分钟医保服务圈"省级示范点建设单位。

31日 市第十八届人大常委会第二次会议召开。会议听取和审议市政府关于2021年度全市环境保护的专项工作报告、关于落实市人大常委会《关于2020年度国有资产管理情况审议意见》情况的报告以及市人大常委会执法检查组关于检查《南通市畜禽养殖污染防治条例》实施情况的报告、市检察院关于落实市人大常委会《关于适用认罪认罚从宽制度情况报告的审议意见》情况等报告。市人大常委会主任司祝建，副主任缪爱诚、张百璘、刘晓洁、石兵出席会议。

△ 南通市委副书记、宣传部部长沈雷带队到如皋，实地查看白蒲镇邓杨村农田退水利用、白李河控导等工程现场，调研如皋市片区化水环境治理工作。市领导丁兴华、吴海军参加活动。

△ 市委副书记、市委党校校长丁兴华到党校督查医学隔离观察点疫情防控情况。

△ 市委常委、宣传部部长高峰率队调研全市24小时城市书房建管用情况，进一步深化书香城市建设，为高标准争创文明典范城市增强内生动力。高峰一行实地走访如城街道、城北街道、城南街道等点位的24小时自助城市书房以及城管系统"皋城e站"内的东皋书驿，并考察少年宫选址。

△ 市政协副主席杜永红、郑振明带队实地查看黑塌菜繁种基地、中皋农产品供应链有限公司、黄鸡保种基地、市农业科学研究所等处，专题调研市地理标志农产品链式发展情况，听取有关地理标志农产品链式发展情况汇报。

3月 如皋港与江西省港航公司签订港口合作协议，江西省九江港、南昌港等主要港口与如皋港的长江区间直达航线顺利开通。

△ 南京大学的专业考古团队开始对如皋徐家桥遗址进行考古发掘工作，贺云翱教授担任发掘领队。

2022 年 4 月

1日 市委书记何益军率队督查全市疫情防控工作，实地走访金地城邦小区、云都大酒店、君跻假日酒店、兴港商务宾馆、城北市场等处，详细了解各环节疫情防控工作开展情况。

6日 市委书记何益军主持召开市委常委会会议暨市新冠肺炎疫情防控工作领导小组会议，听取全市疫情防控工作情况汇报，研究部署下一步疫情防控重点工作。

△ 如城街道举行 GJ2021-293#A 地块搬迁工作总结表彰大会，对相关工作进行总结。市委书记何益军，市委常委、常务副市长顾留忠参加会议。

△ 市委副书记、市长王鸣昊深入疫情防控一线，实地查看各项防控措施落实情况，深入了解各岗位人员工作状态和各环节保障措施落实情况，慰问坚守在疫情防控一线的工作人员，并送上慰问品。

8日 如皋市举行 2022 年信访工作会议暨信访工作联席会议第一次会议，总结回顾 2021 年相关工作，科学研判当前形势，动员全市上下依法依规、用心用情、精准精细做好 2022 年信访工作。市委书记何益军就信访工作作出批示。市领导王鸣昊、程瑞琴、刘晓洁、陈刚、陈小燕参加会议。

△ 市人大常委会主任司祝建率队查看南通皋鑫科技开发有限公司、颢葳环保科技南通有限公司、南通品德超市连锁有限公司等处，调研市部分企业经营情况并督查疫情防控工作。

△ 市委常委、常务副市长顾留忠带队调研全市城市建设工作。顾留忠一行就西部片区搬迁建设工作进行座谈，听取如城街道、城北街道、富皋万泰相关工作推进情况汇报，并实地深入绘园新村一期、花港小区两个老旧小区改造现场以及钱桥路东延现场，了解各项工作推进情况。

9日 “如 e 如皋”手机客户端正式上线。市领导高峰、杨天锡、崔建村参加上线仪式。

11—12 日

市委书记何益军率队深入长江镇，调研化工集中区各重点企业发展情况以及长江镇重点工作。市领导王鸣昊、顾留忠、陈鸣华、吴海军参加活动。

12日 全市统战工作会议召开，市委常委、统战部部长、组织部部长朱莹滢出席会议。

△ 如皋市举行深化乡风文明建设暨新时代文明实践站点标准化建设月度推进会，市领导高峰、杨天锡参加会议。

12—13 日

如皋市召开 2022 年市全民阅读活动领导小组会议及镇（区、街道）书香城市建设推进会，讨论 2021 年度全民阅读工作先进拟表彰名单、审议《2022 年如皋市书香城市建设推进要点》文件，市文体广电和旅游局、市总工会相关负责人作交流发言。市领导高峰、杨天锡参加会议。

13日 市委副书记、市长王鸣昊率队调研“高质量教育县域样板、长三角北翼教育名城”创建工作。

14日 市政协举行申报国家历史文化名城文史专家座谈会，对全市名城价值与特色进行探讨。市政协主席张元健、市政协副主席张亚鸾参加会议。

15日 市委副书记、市长王鸣昊率队调研全市精神卫生福利机构相关情况，市领导程瑞琴、顾凡、陈刚、崔建村参加调研。王鸣昊一行实地调研江滨医院的病区、室内外活动区以及工娱康复治疗中心等处，查看民政服务对象托养情况，详细询问精神障碍患者和麻风患者的治疗、护理、康复和照料情况以及疫情防控工作落实情况。

△ “文明直播间”融媒直播暨网络文明宣传活动正式启动。市委常委、宣传部部长高峰参加启动仪式。半个小时直播，收获2万多人次的收看与点赞，创新的节目形式获得市民的交口称赞。

16日 市委书记何益军主持召开市委常委会会议。会议传达学习省委书记吴政隆在南通检查指导疫情防控工作时的讲话精神，研究部署全市贯彻落实讲话精神相关工作；会议传达学习第八届全国道德模范座谈会、全国文明办主任会议、全省文明办主任会议精神以及《中共江苏省委办公厅关于印发党委（党组）意识形态工作责任制实施细则的通知》《中共江苏省委办公厅关于贯彻落实党委（党组）网络意识形态工作责任制实施细则的通知》精神，并讨论其他议题。

△ 如皋市举行项目建设推进会，检阅各板块一季度项目建设的工作成效，梳理排查现阶段存在问题，进一步总结得失、分析形势、提振信心，以更大决心、更实举措、更强担当，全力跑出项目建设加速度。何益军、王鸣昊、司祝建、张元健、丁兴华等市四套班子领导参加会议。

17日 南通市副市长刘洪带队到如皋，调研指导如皋市乡村振兴等工作。刘洪一行实地走访城北街道平园池村、如城街道花名堂无土栽培小微盆景出口基地、东陈镇南东陈社区、白蒲镇邓杨村文池小流域整治工程现场等处，详细了解当地乡村振兴工作情况。市领导丁兴华、黄文斌参加活动。

18日 市委常委、组织部部长、统战部部长朱莹滢带队走访慰问货车司机、快递员、外卖送餐员等新就业群体代表。

19日 市委书记何益军带队到市人民来访接待中心，认真听取群众的诉求和呼声，与相关部门负责人研究解决来访群众反映的问题。

△ 市委副书记、市长王鸣昊率队到城东农产品批发市场、沈海高速东陈道口和白蒲道口、白蒲镇文著社区、丁堰镇皋南社区核酸采样点等处，督查全市疫情防控及全员核酸检测工作。

20日 市委农村工作会议暨农村人居环境整治提升工作动员会召开，进一步落实上级部署要求，全面推进乡村振兴，高质量建设新时代鱼米之乡“如皋样板”。会议以“主会场+分会场”视频形式召开，市委副书记丁兴华主持会议。何益军、司祝建、张元健、丁兴华等市四套班子领导参加会议。

△ 市委理论学习中心组集中学习会召开，市委党校副校长施国华以《不断发展全过程人民民主》为题，从“全过程人民民主”是重大理论创新、“全过程人民民主”的深刻内涵、“全过程人民民主”的实践要求三个方面，为大家进行领学。何益军、王鸣昊、司祝建、张元健、丁兴华等市委理论学习中心组成员参加学习会。

21日 江苏省苏中片区文明城市创建工作座谈会召开。会议以视频形式召开，市委书记何益军在会上作交流发言。市领导高峰、杨天锡在如皋分会场收听收看。

△ 市委书记、市新时代文明实践中心主任何益军走进江苏省如皋中学，围绕“国家热土、家乡泥土、思想净土”，以《一起向未来　勇做时代的奋斗者》为题，开讲2022年度首场“三土”思政课。

△ 如皋市举行“文明单位勇担当　同心抗疫见行动”捐赠仪式，11家省级以上文明单位分别向市疫情联防联控指挥部和市新时代文明实践中心捐赠抗疫物资。此次捐赠物资将由相关单位统一安排，用于慰问一线疫情防控工作人员。市领导何益军、高峰、顾凡、崔建村参加活动。

△ 全市知识产权工作督查推进会举行，市人大常委会主任司祝建、副市长杜晓峰参加会议。会上，各镇（区、街道）和相关部门负责人围绕知识产权高质量考核重点指标推进情况、亟待解决的问题及下一步推进举措进行交流。

△ 市委政法委员会2022年一季度全体委员会议举行，市委常委、政法委书记程瑞琴，副市长、市公安局局长陈刚参加会议。

22日 市委副书记、市长王鸣昊主持召开十八届市政府第四次常务会议，就有关议题进行研究讨论。会议传达学习习近平总书记关于安全生产重要指示精神、李克强总理批示精神、刘鹤副总理关于安全生产排查整治“十五条硬措施”以及全国、省和南通安全生产电视电话会议精神，讨论《关于在全市全面推进“制度化管理、实时化监控、自动化阻断、现代化救援”四项举措提升本质安全水平的实施意见（讨论稿）》《关于高质量建设南通跨江融合发展样板区的实施意见（讨论稿）》等议题。

△ 市人大常委会主任司祝建率队调研市行政审批局优化营商环境工作，市委常委、常务副市长顾留忠参加调研。

△ 如皋市举行2022年“4·23”全民阅读日暨如皋市第九届李渔读书节启动仪式。部分文化名人和市领导通过视频方式，为市民推荐阅读书目。与会领导为2021年“书香如皋建设先进集体”、2021年“书香如皋建设先进个人”等进行颁奖。市领导高峰、杨天锡、崔建村参加活动。

△ 如皋市第三次国土调查领导小组办公室、如皋市自然资源和规划局、如皋市统计局联合发布《如皋市第三次国土调查主要数据公报》。该份公报历时3年，由5家单位、200余人共同参与，如期形成全市40多万个图斑的“三调”成果和汇总数据，全面查清全市国土利用情况和资源家底。

24日 如皋市举行高端成套设备及关键零部件产业链发展分析推进会。相关部门负责人就工作推进情况进行汇报。市人大常委会主任司祝建，市委常委、市纪委书记、市监委主任秦金春参加会议。

25日 南通市领导干部挂钩服务企业工作动员部署会召开。何益军、王鸣昊、司祝建、张元健、丁兴华等市四套班子领导在如皋分会场收听收看。

△ 如皋市“科技服务进台企侨企”专项活动在南通斯密特森光电科技有限公司正式启动。市委常委、统战部部长、组织部部长朱莹滢，市委常委、副市长、市科技创新委员会办公室党组书记陈鸣华参加活动。

25—27日

市人大常委会主任司祝建率队走访如皋经济技术开发区实验初中、东陈镇东陈小学等学校，调研“双减”和优化教育资源布局工作。

26日 市委书记何益军主持召开市委常委会会议，学习习近平总书记在海南考察时的重要讲话精神和习近平总书记致首届全民阅读大会举办的贺信精神，通报中央文明办2021年全国文明城市年度测评结果，传达学习苏中片区文明城市创建工作座谈会精神，听取全市书香城市建设工作情况汇报，并讨论《关于高质量建设南通跨江融合发展样板区的实施意见》等议题。

△ 如皋高新技术产业开发区与如皋工业园区“一区多园”改革干部大会召开。何益军、王鸣昊、司祝建、张元健、丁兴华等市四套班子领导参加会议。市委副书记、市长王鸣昊传达《南通市委办公室南通市政府办公室印发〈关于江苏省如皋高新技术产业开发区管理体制和机构编制优化调整的实施方案〉的通知》文件精神；市委常委、组织部部长、统战部部长朱莹滢宣读人事调整决定；市委常委、市纪委书记、市监委主任秦金春宣读纪律要求。

△ 如城街道成功“云签约”5个项目。各项目代表通过线上视频的方式，详细介绍项目的技术优势及发展前景等情况，并与如城街道通过线上视频的方式进行签约。副市长崔建村、杜晓峰出席活动。

27日 市委书记何益军带队深入挂钩联系的重点企业进行调研，先后深入江苏汇名天然气集团有限公司、江苏神马电力股份有限公司、南通超达装备股份有限公司、正海磁材股份有限公司高性能永磁体项目建设现场、江苏迅镭激光科技有限公司，详细了解企业在产品出运、生产经营等方面的情况，实地查看项目建设进度，协调解决企业遇到的实际困难和问题。

△ 如皋市召开半导体产业发展座谈会。市商务局主要负责人介绍全市半导体产业发展基本情况，并就半导体产业集成电路设计、制造、封装测试及支撑服务业等方面进行详细辅导。8家半导体企业负责人围绕“十四五”发展目标和建议进行交流发言。市领导丁兴华、程瑞琴参加会议。

△ 如皋市召开2021—2022年度基层党员冬训工作总结评议会。南通市委宣传部常务副部长蔡忠及如皋市领导高峰、杨天锡参加活动。

△ “理响皋地·青音嘹亮”学习论坛首期活动在市融媒体中心演播大厅举行。4名青年代表就如何深入挖掘如皋治沙精神的新时代内涵，将如皋治沙精神融入血脉、付诸行动作交流发言。市领导高峰、杨天锡参加活动。

△ 市政协城建委员组开展“厚植为民情怀　提高执法水平”协商议事活动，市政协主席张元健出席活动。

28日 南通市委常委、统战部部长王小红带队到如皋走访调研挂钩服务企业，察看江苏江中集团有限公司、江苏华夏电影胶片修复技术有限公司等处，了解企业疫情防控工作、生产经营状况和存在的困难，听取相关意见建议。市领导何益军、朱莹滢、石兵参加调研。

△ 市委书记何益军主持召开会议，专题听取中央环保督察移交信访问题办理情况。市领导王鸣昊、秦金春、吴海军参加会议。

△ 市委副书记、市长王鸣昊率队走访如皋市第一中学、72#地块安置房项目现场和南通力威机械有限公司等处，督查全市“五一”节前安全生产和疫情防控工作。

△ 南通市人大常委会副主任葛玉琴率队到如皋，实地走访江苏汤臣汽车零部件有限公司、中如建工集团有限公司承建的北外附属龙游湖学校研究楼项目现场等处，督查如皋市企业疫情防控工作及复工复产情况。市人大常委会主任司祝建、副主任缪爱诚参加活动。

△ 文明典范城市创建指挥部月度例会举行。市公安局、市场监管局相关负责人分别汇报文明交通工作开展情况和协同推进非国标三四轮电动车整治情况。市领导丁兴华、高峰、陈刚、杜晓峰参加会议。

△ 如皋市举行全市农村人居环境整治提升现场推进会。与会人员实地参观吴窑镇四房社区、长西村等处，深入了解相关村(社区)农村人居环境整治提升等方面的工作。推进会上，吴窑镇、市农业农村局、市住建局、市城管局负责人作交流发言，副市长黄文斌对当前农村人居整治提升工作进行部署安排。市领导丁兴华、陈小燕参加会议。

△ 如皋市举行生命健康产业链企业家座谈会。各企业家代表围绕企业生产经营情况和面临的困难畅所欲言，有关部门负责人、相关镇(区、街道)负责人与企业贴心交流，共同探讨加快企业发展的思路和举措。市领导张元健、陈鸣华参加会议。

29日 市委副书记、市长王鸣昊在市行政中心，热情接待来访群众，认真听取群众的诉求和呼声，与相关部门负责人研究解决来访群众反映的问题。市委常委、政法委书记程瑞琴，副市长、市公安局局长陈刚参加活动。

△ 如皋市举行全市数字文化产业座谈会，市委常委、宣传部部长高峰参加会议。会上，市文体广电和旅游局通报分析一季度全市数字文化产业南通考评情况，如皋高新区、长江镇、如皋经济技术开发区有关人员汇报2022年数字文化产业项目推进情况，市发改委、统计局、行政审批局等有关部门作交流发言。

△ 市慈善会、慈善基金会三届八次理事会举行。市领导程瑞琴、张百璘、崔建村、张亚鸾参加活动。会议提名并通过市慈善会人事调整方案，审议并通过市慈善会、慈善基金会及其监事会2021年度工作报告。

30日 市委书记何益军率队调研南通星球石墨股份有限公司、江苏泰慕士针纺科技股份有限公司等上市企业疫情防控、安全生产及复工复产情况，帮助企业解决在科技创新、生产销售、物流运输、金融服务等方面遇到的实际困难。市领导顾留忠、卢志敏参加活动。

△ 如皋市举行2022年“农商行杯”科技孵化器创新创业大赛决赛。涉及先进制造、新材料、生物医药等高科技产业领域的10个项目的代表依次进行路演，最终，江苏通晟汽车科技有限公司的项目获得一等奖。副市长崔建村、市政协副主席张亚鸾参加活动。

2022 年 5 月

5日 市委书记何益军带队调研综合检验检测中心工作，实地参观样本室、机电实验室、气相色谱室、光谱室等处，详细了解中心的实验环境、服务内容、设备使用等情况，并与一线检验人员面对面沟通交流。

△ 如皋市举行2022年一季度市政府为民办实事项目督查推进会。市领导王鸣昊、顾留忠、缪爱诚等参加会议。

6日 市委副书记丁兴华带队督查如皋市2022年度高标准农田建设工作，实地督查磨头镇新联村清杂现场、白蒲镇松杨村待平整现场等处，耐心听取工作汇报，详细了解建设内容、工程进度等。

△ 市政协举行国家历史文化名城建设政协委员座谈会，市政协委员代表围绕"加快建设国家历史文化名城、大力提升城市核心竞争力"这一主题，结合自身工作实际，为国家历史文化名城建设工作积极建言献策。市政协副主席张亚鸾参加活动。

7日 市委书记何益军率队调研石庄镇重点工作，实地走访汇舸（南通）环保设备有限公司、石庄镇北大街历史文化街区，详细了解石庄镇城乡融合发展、历史街区保护开发、科技创新等工作推进情况。市委常委、宣传部部长高峰参加活动。

△ 市委副书记、市长王鸣昊主持召开市政府常务会议，专题学习《信访工作条例》。

△ 市委副书记、市长王鸣昊主持召开市政府党组理论学习中心组集中学习会。王鸣昊领学中央全面深化改革委员会第二十五次会议精神。市委常委、常务副市长顾留忠，市委常委、副市长、市科技创新委员会办公室党组书记陈鸣华，副市长、市公安局局长陈刚结合相关工作实际作交流研讨。其他市领导作书面交流。

△ 市委副书记、市长王鸣昊主持召开十八届市政府第五次常务会议，会议讨论《关于帮助市场主体稳定经济增长的若干政策措施（送审稿）》《如皋市关于促进村级集体经济发展壮大的实施办法（试行）（讨论稿）》《关于加快建设科技强市推动创新型示范县市高质量发展的激励意见（讨论稿）》等议题。

△ 如皋市人大常委会城乡规划法执法检查座谈会举行。市领导司祝建、缪爱诚、吴海军参加会议。

△ 市人大常委会主任司祝建率队深入市市域社会治理现代化指挥中心，调研优化营商环境工作。

△ 如皋市举办"翰林逐梦雉水情——'苇航书屋'庋藏沙元炳文献展"。此次文献展涉及展品皆由"苇航书屋"主人彭伟提供，展品分为实业往事、教育旧话、亲朋故交、学子遗作四大类，涵盖大生纱厂信封和广告、民国如皋师范学生缴费单、民国本《如皋县志》等展品共计40余组。市委常委、宣传部部长高峰，副市长崔建村参加活动。

△ 如皋市举行全市政法工作点评会暨基层社会治理推进会。会议传达《关于加强如皋市基层社会治理综合服务中心建设的实施意见》文件精神，部署全市矛盾调处工作，并对乡镇政法工作情况进行通报点评。部分镇（区、街道）代表作交流发言。市领导程瑞琴、陈刚参加会议。

△ 全市打击整治养老诈骗专项行动部署会议举行。会议通报养老诈骗案件的相关情况，部署全市打击养老诈骗专项行动工作。相关单位代表作交流发言。市领导程瑞琴、陈刚参加会议。

△ 市政协副主席张亚鸾带队走访全员核酸检测基地、全员核酸检测备用基地、市疾控中心等处，调研全市公共卫生应急管理体系情况。

9日

南通市委宣传部副部长周锦南带队到如皋调研融媒体中心高质量发展情况。市委常委、宣传部部长高峰参加活动。

△ 如皋市举行未成年人权益保护专题调研座谈会。会议通报未成年人权益保护相关情况，部分学校负责人就在校学生权益保护、法治教育以及日常管理等工作进行交流发言。市委常委、政法委书记程瑞琴参加活动。

11日

金鹰（如皋）产业园项目举行开工仪式。吴新明、黄巍东、庄中秋、沈雷、陆卫东、张建华、潘建华、李玲、凌屹等南通市领导及如皋市领导何益军、王鸣昊、司祝建等参加开工仪式。活动现场，与会领导和嘉宾一起推动项目开工启动杆。开工仪式后，与会领导和嘉宾还一起现场观摩位于如皋经济技术开发区的总投资20亿元的柏承HDI高密度印刷电路板生产项目。

△ 市人大常委会主任司祝建率队专题调研全市科技创新工作。司祝建一行实地走访江苏新瑞药业有限公司、江苏国胶新材料有限公司、国胶产业园、中铁山桥（南通）有限公司等处，详细了解企业在科技研发、产学研合作、科技成果转化等方面的工作开展情况。

△ 南通市农业农村局党组书记张军带队到如皋，调研农业农村工作。张军一行实地调研磨头镇新港村蝴蝶兰基地、城北街道江苏弘玖水产有限公司等处，详细了解如皋市农村排水资源化利用、设施农业建设、黑鱼产业发展等方面的工作开展情况。市领导丁兴华、黄文斌参加调研。

△ 南通市退役军人事务局党组书记、局长周海斌一行到如皋调研。市委常委、政法委书记程瑞琴，副市长崔建村参加活动。周海斌一行先后走访白蒲镇、下原镇、吴窑镇、江安镇、磨头镇等镇，就退役军人服务站建设规划和实施进度进行详细了解。

12日

如皋市科技创新委员会举行第四次会议，传达南通市科技创新双月例会精神，听取上一阶段科技创新工作推进情况汇报，部署推进下一阶段重点工作。市领导王鸣昊、陈鸣华、崔建村参加会议。

△ 全市安全生产大检查暨公共安全重大隐患"三清"专项行动推进会议召开，动员全市上下统一思想、鼓足干劲，全面开展安全生产大检查，从严从实抓好道路交通、群租房和出租厂房、基层消防三大领域和自建房安全专项整治，推动重大隐患动态清零，确保全市安全形势持续平稳。市领导王鸣昊、顾留忠、陈鸣华、黄文斌、顾凡、崔建村、刘栩参加会议。

△ 市人大常委会主任司祝建带队走访高新区邻里中心、人民医院医学中心、李渔小学、新城幼儿园、新城高中、龙游河三期、如师河东小游园等项目现场，专题调研城乡规划法执行情况。

△ 南通市委宣传部副部长、南通市委网信办主任俞雷率队到如皋，实地走访调研江苏瑞利山河建设工程质量检测有限公司、江苏正威新材料股份有限公司、江苏力星通用钢球股份有限公司、南通斯密特森光电科技有限公司等挂钩服务企业。市领导高峰、杨天锡参加活动。

13日

市委理论学习中心组集中学习会召开，专题学习《中国共产党宣传工作简史》和习近平总书记关于"坚持自我革命，全面从严治党"的系列重要论述。何益军、司祝建、丁兴华等市委理论学习中心组成员参加学习会。

△ 市委党建工作领导小组会议举行，听取2021年全市抓基层党建述职点评意见整改方案，审议通

过《市委党的建设工作领导小组2022年工作要点》和《2022年度全市党的建设工作季度推进会方案》。市委书记、市委党建工作领导小组组长何益军主持会议并讲话。

△ 南通市政协副主席顾国标率队到如皋，围绕“大力推进农村人居环境整治”主题，组织省市县三级政协委员开展视察。顾国标一行实地视察磨头镇丁冒村、搬经镇搬东村、城北街道平园池村等处，详细了解当地农村人居环境整治工作。市领导张元健、卢志敏、黄文斌、陈小燕参加活动。

△ 文明典范城市创建指挥部月度例会举行，市公安局、教育局、市委市级机关工委等部门相关负责人就深化文明交通、非国标三四轮电动车整治等工作进行汇报交流。市领导丁兴华、高峰、杨天锡、陈刚参加会议。

△ 如皋市“5·15”国际家庭日主题活动举行。此次活动主题是“凝聚榜样力量　共建美好家园”，由市委组织部、市委宣传部主办，市文明办、市妇女联合会、国家税务总局如皋市税务局承办。活动还举行“吾爱吾家——我家故事联播”项目启动仪式，并对2022年度10户如皋市“五好家庭”、10户如皋市“最美家庭”、23户“抗疫最美家庭”进行表彰。市委常委、组织部部长、统战部部长朱莹滢参加活动。

△ 南通市乡村小学语文、数学、英语骨干教师培育站第八次研修活动在如皋市外国语学校小学部举行。南通市教师发展学院院长孙亚丽、副院长冒继承，乡村骨干教师培育站负责人以及南通市乡村小学语文、数学、英语全体骨干教师共56人参加活动。

14日 市委书记何益军主持召开市委常委会会议，学习习近平总书记近期重要讲话、重要指示精神和国家、省重要会议精神，研究贯彻落实工作，并听取全市“自己的河道自己管护”工作情况汇报。

△ 全市重点工作点评会召开。何益军、王鸣昊、司祝建、张元健、丁兴华等市四套班子领导参加会议。市委副书记、市长王鸣昊主持会议，并点评一季度重点工作。会上，市委副书记丁兴华通报1—3月份月度评估排名、重点工作考核结果；市委常委、常务副市长顾留忠就《关于2022年推动经济高质量发展的激励意见》《关于促进全市房地产行业平稳健康有序发展的意见》作解读；市委常委、副市长陈鸣华就《关于稳定市场主体促进经济增长的若干政策措施》《关于加快建设科技强市推动创新型示范县市高质量发展的激励意见》作解读；一季度项目建设先进单位领取流动红旗，部分单位负责人进行交流发言。

△ 如皋市举行“助残共享　点亮未来”第32个“全国助残日”主题活动。市领导王鸣昊、程瑞琴、崔建村参加活动。市委副书记、市长王鸣昊一行实地参观共享辅具空间、残疾人辅具展示中心、便民服务窗口、情景模拟中心、残疾人康复中心等处，详细了解残疾人服务中心设施配置以及各项工作开展情况。

△ 如皋市住房和城乡建设局、如皋市自然资源和规划局、如皋市财政局等六部门联合发布《关于印发〈如皋市支持居民合理住房需求的实施办法（暂行）〉的通知》，支持全市居民合理住房需求，促进全市房地产产业健康发展。

16日 省乡村振兴局副局长史新明带队到如皋，实地走访东陈镇南东陈社区、搬经镇搬东社区、城北街道平园池村等处，调研乡村振兴重点工作。南通市农业农村局党组书记、副局长张军，市领导丁兴华、黄文斌参加活动。

△ 如皋市举行文明典范城市创建网上申报工作培训部署会，市领导丁兴华、高峰、杨天锡出席会议。

△ 全市第十五个“5·10”思廉日暨推进廉洁文化项目建设活动预展仪式在华夏电影展示馆举行。此次活动以“全面从严治党永远在路上”为主题，集中展示光影中的廉洁文化。与会人员共同参观专题展，并观看专题片《自我革命的“纪”忆》。市委常委、市纪委书记、市监委主任秦金春参加活动。

17日 南通市地表水环境质量提升专项行动现场推进会在如皋召开。与会人员参观白蒲镇污水处理厂、白李河控导工程现场等处，实地查看并听取如皋市片区化水环境治理、分散农户生活污水片区化治理等相关情况的汇报，部分县（市、区）和相关部门代表作交流发言。沈雷、王凯、刘洪等南通市领导及如皋市领导何益军、丁兴华、吴海军参加会议。

△ 南通市政协副主席顾国标带队到如皋，调研“培育专精特新企业　提升制造业竞争力”工作推进情况。顾国标一行实地调研江苏万达特种轴承有限公司、江苏思源赫兹互感器有限公司两家国家专精特新“小巨人”企业，详细了解企业的生产经营情况。市领导张元健、顾留忠、郑振明参加活动。

△ 全市民政工作会议暨落实全面从严治党主体责任工作会议举行，市领导程瑞琴、缪爱诚、崔建村、陈小燕参加会议。

18日 如皋市举行学习贯彻习近平总书记在庆祝中国共产主义青年团成立100周年大会上的重要讲话精神座谈会。市领导何益军、朱莹滢参加活动。市委常委、组织部部长、统战部部长朱莹滢宣读第十二届“如皋青年五四奖章”“如皋青年五四奖章集体”“如皋青年五四奖章”提名奖名单。优秀青年代表作交流发言。

△ 市人大常委会主任司祝建到市人民法院，就营商环境工作进行调研。

19日 南通市“有事好商量”协商议事巩固提升工作推进会召开。会议以视频形式召开，如皋市领导何益军、王鸣昊、张元健、丁兴华、程瑞琴、顾留忠等在如皋分会场收听收看。市委书记何益军在会上作交流发言。

△ 南通召开全国文明城市创建工作推进会，分析研究新形势新问题，安排部署下一阶段工作。如皋市领导何益军、王鸣昊、丁兴华等在如皋分会场收听收看。

△ 如皋市举行全市行业协会商会座谈会。各行业协会商会负责人积极交流发言，开展“头脑风暴”，对如皋市营商环境的短板提出意见，为今后如何进一步精准对接企业需求、优化工作举措开阔思路。市领导司祝建、崔建村参加会议。

△ 如皋市举行见义勇为工作总结表彰大会，表彰2021年度见义勇为先进个人、积极分子以及见义勇为工作先进集体、个人。市领导程瑞琴、陈刚参加会议。

△ 南通市产业工人队伍建设改革第四次联席会议暨工作推进会举行。市委常委、组织部部长、统战部部长朱莹滢在如皋分会场收听收看。

20日 如皋市举办2022年科创、人才项目集中签约活动，41个科创、人才项目成功签约，涉及高端智能装备、信息技术、集成电路、新材料等领域。市领导何益军、王鸣昊、陈鸣华、崔建村出席活动。市委副书记、市长王鸣昊主持会议。

△ 市委书记何益军率队调研高新区重点工作，详细了解“一区多园”改革后高新区运行情况，听取如皋长寿未来农业园、如皋电子信息及泛半导体产业园、如皋沪苏科创产业园、如皋软件园4个园区运行情况的汇报。相关部门负责人作交流发言。

△ 如皋市举办企业信用分级分类监管工作新闻发布会。发布会上，市发改委负责人对《如皋市企业信用分级分类监管实施办法（试行）》进行详细解读。该办法的实施，标志着如皋市正式建立企业公共信用综合评价指标体系，实现市场主体信用等级与“双随机、一公开”监管的有机结合。市领导司祝建、顾留忠参加活动。

△ 如皋市举行2022年夏季集体婚礼，10对新人集结一堂，开启幸福婚姻的新旅程。市委常委、组织部部长、统战部部长朱莹滢参加活动。

△ 《如皋市“十四五”标准化发展规划》正式发布。该规划共分为发展基础与面临形势、总体要求、主要任务、保障措施4个部分,是全国首个县域标准化发展规划。

21日 2022年全市消防工作会议暨政府专职消防救援站建设推进会在白蒲镇举行。市消防救援大队和白蒲镇相关负责人就白蒲镇政府专职消防救援站和消防管理服务所相关情况作发言。随后,顾留忠为白蒲镇政府专职消防救援站揭牌,并详细了解硬件设施建设和人员配备情况。市委常委、常务副市长顾留忠参加会议。

23日 市委书记何益军与南京大学历史系教授、博士生导师,南京大学文化与自然遗产研究所所长贺云翱教授一同踏勘大运河遗址如皋段考古现场。

△ 如皋市召开2022年城市建设冲刺“双过半”现场推进会,动员全市上下积极投身城市建设热潮,进一步加快城市建设项目进度。市领导王鸣昊、吴海军、陈小燕参加会议。会前,市委副书记、市长王鸣昊率队实地查看花港小区改造工程、中山路改造提升、112#安置房建设、293#搬迁地块、通扬运河生态廊道建设工程等项目现场,详细了解项目进度和推进过程中存在的难点、堵点。

△ 市委副书记、市长,市新时代文明实践志愿服务总队总队长王鸣昊走进市实验初中,以《一起向未来　勇做时代的奋斗者》为题,为该校师生带来一堂精彩的思政课。截至23日,由市新时代文明实践志愿服务总队组织的“三土”思政课已陆续开展58场,将实现全市城乡中小学全覆盖。

△ 全国科技活动周南通市第34届科普宣传周主场活动暨首届蔬菜全产业链新型装备应用专题研讨会在如皋市举行。江苏省农业农村厅科教处处长姜雪忠,国家蔬菜加工技术研发分中心(江苏省农产品加工工程技术研究中心)主任刘春泉,南通市委副秘书长鲁亚飞,南通市科协党组书记葛伟,如皋市领导陈鸣华、刘晓洁、郑振明参加活动。

△ 南通市商务局党组成员、口岸办副主任季晓飞一行到如皋调研重点外资外贸企业发展情况,现场走访位于长江镇的森松(江苏)重工有限公司、日达制造科技(如皋)有限公司等处,详细了解企业在生产经营过程中的融资、能耗以及进出口等方面的情况。副市长杜晓峰陪同调研。

24日 2022年“华文创想曲”海外华裔青少年创意作文大赛全球启动仪式在如皋市举行。省委统战部常务副部长李国华,省委统战部副部长徐东海,南通市委常委、统战部部长王小红及如皋市领导何益军、朱莹滢等出席仪式。启动仪式上,海内外9所学校进行线上签约,缔结为友好学校。与会嘉宾还实地参观如皋宋庆龄幼儿园和华夏电影展示馆。

△ 全市招商引资工作推进会召开,总结成绩,分析问题,部署当前工作,奋力冲刺招商引资和外资到账“双过半”。市领导王鸣昊、杜晓峰参加会议。

△ 如皋市举行非国标三四轮车综合治理工作专题会议。市公安局、市场监督管理局、行政审批局、城市管理局、财政局等部门相关负责人就非国标三四轮车专项整治方案进行讨论交流。市领导丁兴华、高峰、陈刚参加会议。

25日 全市水利工程建设暨河道长效管护现场会在丁堰镇举行。与会人员实地参观丁堰镇堰南社区、朝阳村、赵明村、鞠庄社区、皋南社区等村(社区)河道治理现场,听取相关点位负责人的情况介绍,详细了解河道的整治方法、整治进度以及河道管护模式。会上,丁堰镇相关负责人交流该镇水环境治理的相关做法和成效,市水务局相关负责人对全市当前水环境工作进行点评,部分镇区相关负责人针对存在问题和下一步举措进行表态发言。副市长吴海军参加活动。

26日 江苏省水利厅副厅长、省河长办副主任张劲松率队到如皋对焦港幸福河湖建设工作进行调研指导。张劲松一行实地走访焦港沿线，对焦港水域岸线生态环境、空间管理、水利设施、沿岸经济等进行详细了解，听取如皋市关于焦港幸福河湖建设方案的汇报。市领导丁兴华、吴海军参加活动。

△ 如皋市举行深化乡风文明建设暨新时代文明实践所（站）标准化建设月度推进会，常态化推进镇村精神文明建设各项工作落细落实，着力推动城乡一体文明。市领导高峰、杨天锡参加会议。

△ “姚呈明理论武装工作室如皋公安工作站”正式揭牌，这是南通公安机关第一家名师理论武装工作站。副市长、公安局党委书记、局长陈刚和如皋市姚呈明理论武装工作室主任姚呈明签署《姚呈明理论武装工作室、如皋市公安局合作协议书》，共同为“姚呈明理论武装工作室如皋公安工作站”揭牌，市委宣传部常务副部长、新闻中心主任、市社科联主席纪树华出席仪式并讲话。

27日 南通市人大农业和农村工作暨专题工作调研座谈会在如皋市召开。南通市人大常委会副主任、党组副书记姜永华，如皋市领导王鸣昊、司祝建、张百璘、黄文斌参加活动。姜永华一行先后调研白蒲镇邓杨村河道整治现场、光大生物能源（如皋）有限公司和江苏花名堂农业科技发展有限公司等处，详细了解全市农村排水资源化利用项目、资源化利用秸秆发电项目、融合新型营销模式的花木产业等工作开展情况。

△ 南通支云足球俱乐部出征誓师大会在市文化馆举行，为即将征战中甲赛场的球队壮行助威。南通市领导沈雷、陈冬梅、杨曹明及如皋市领导王鸣昊、张元健、高峰参加活动。

△ 如皋市举行2022年全市年轻干部培训班开班典礼。市委副书记、市长王鸣昊，市委常委、组织部部长、统战部部长朱莹滢参加活动。

28日 市委副书记、市长王鸣昊率队调研白蒲镇重点工作推进情况。王鸣昊一行实地走访白蒲镇新材料产业园拓展地块、九龙学府、如皋市第四人民医院、古镇街区、江苏君晟家居科技有限公司、南通信昌线缆有限公司等处，详细了解该镇工业园区规划、新城区和道路规划、水系连通工程和门诊楼规划、古镇保护和修缮等重点工作。

△ 如皋市举行“龙游河科创走廊规划建设”重点提案办理推进会。市领导王鸣昊、张元健、陈鸣华、张亚鸾、郑振明参加会议。

△ 磨头镇举行立讯精密配套产业园招商推介会，磨头镇有关负责人对磨头镇立讯精密配套产业园作推介说明。市人大常委会主任司祝建，市委常委、副市长、市科技创新委员会办公室党组书记陈鸣华参加活动。

△ 市委常委、宣传部部长高峰带队督查镇区文明创建工作。高峰一行先后调研吴窑镇、下原镇，车览看线，下车看点，具体分析属地现状问题、前期工作开展情况、下一步工作方案等，为文明创建工作“把脉问诊”，精准解决痛点、难点。

30日 共青团如皋市第十八次代表大会召开。市委书记何益军出席并讲话。共青团如皋市委书记沈伟代表共青团如皋市第十七届委员会作题为《高举团旗跟党走 砥砺奋进建新功 为高质量建设南通跨江融合发展样板区贡献青春力量》的工作报告。会议选举产生共青团如皋市第十八届委员会委员29名，候补委员16名，审议通过《关于共青团如皋市第十七届委员会工作报告的决议》。共青团南通市委书记吴冰冰，如皋市领导司祝建、张元健、朱莹滢、缪爱诚、张亚鸾出席大会。共青团如皋市第十八届委员会第一次全体会议也于30日召开，会议选举产生新一届团市委领导班子。

△ 如皋市举行“强国复兴有我——如皋市‘弘扬治沙精神 建设美丽如皋’”主题宣传活动启动

仪式暨首场活动。活动发布“强国复兴有我——如皋市‘弘扬治沙精神　建设美丽如皋’主题宣传活动”首期重点项目，包括“奋进新征程　建功新时代”大型主题采访、“赓续红色血脉　传承建党精神”主题党日活动、“喜迎二十大　档案颂辉煌”如皋治沙改土口述历史采集等在内的20个项目。市委常委、宣传部部长高峰参加活动，南通市委宣传部四级调研员陆建思应邀到场指导。

△ 2022年如皋市“五月风”文艺展示月开幕式暨“如皋市‘蒲涛杯’民间艺术精品展”在白蒲镇举行。47个展位、近百件艺术作品精彩呈现，囊括木雕、面塑、画鸟字等艺术门类。同步展出的作品数量，创下如皋文艺新的历史纪录。市委常委、宣传部部长高峰参加活动。

△ 全市特色田园乡村党建联盟揭牌仪式暨“田园党建　匠心美村”主题党日活动举行。市委常委、组织部部长、统战部部长朱莹滢参加活动。

31日 如皋市举行城市“里子”改造提升推进会。与会人员参观芙蓉路、南门桥市场、如城街道宏坝社区花港城中村、城北街道丰登路东侧和庆余东路北侧的城中村等点位，实地查看现场环境。市委副书记、市长王鸣昊参加会议。

△ 市政协在磨头镇丁冒村组织开展“农村人居环境整治提升·美丽庭院建设”专题协商议事观摩活动。市政协主席张元健，副主席张亚鸾、郑振明、陈小燕，秘书长冒海清参加活动。

2022 年 6 月

1日 国家统计局江苏调查总队党组书记、总队长仲柯率队到如皋调研统计调查工作开展情况。市领导何益军、王鸣昊、顾留忠参加活动。会上，市委副书记、市长王鸣昊介绍全市经济社会发展情况。市统计局、市发改委、市人社局、市农业农村局主要负责人分别就统计调查、经济发展、富民增收、“三农”等工作进行汇报。

△ 南通市“百家商会进园区”启动仪式在如皋市举行。活动中，各大商会负责人与相关园区负责人现场签署“百家商会进园区”活动结对协作框架协议。与会领导按下大屏共同启动“百家商会进园区”系列活动。江苏省委巡视组原组长、南通市工商联高级顾问陈照煌，江苏省工商联党组成员、副主席熊杰，南通市副市长刘洪，如皋市领导王鸣昊、朱莹滢参加活动。

△ 市委副书记、市长王鸣昊主持召开十八届市政府第七次常务会议，传达全国、省、南通市稳住经济大盘电视电话会议精神，讨论《如皋市重点行业绿色发展方案（送审稿）》《市政府领导班子成员2022 年安全生产重点工作清单（送审稿）》和《关于深化提升安全生产专项整治三年行动的意见（送审稿）》等议题。

△ 如皋市人民法院首个“人和雉水”解纷驿站揭牌仪式在东陈镇汤湾村举行。南通中院党组成员、副院长刘碧波，如皋市委常委、政法委书记程瑞琴参加活动。活动中，刘碧波与程瑞琴共同为市人民法院“人和雉水”解纷驿站揭牌。

△ 市委常委、政法委书记程瑞琴到搬经镇看望慰问困境儿童，为他们送上慰问金和节日的祝福，让孩子们深切感受到党委、政府的关怀。

△ 江苏省侨联党组成员、副主席刘标率队到如皋调研侨企发展情况。市委常委、统战部部长、组织部部长朱莹滢参加活动。现场查看江苏卓远半导体有限公司、华夏电影展示馆等处。

△ “科创江苏”苏中区域科技服务团项目建设座谈会在如皋市举行。江苏省科协党组成员、副主席李千目，南通市科协党组书记葛伟，如皋市副市长杜晓峰出席会议。李千目一行实地考察江苏秦烯新材料有限公司、江苏浦丹光电技术有限公司、江苏卓远半导体有限公司和江苏华夏电影胶片修复技术有限公司等处，并对各企业发展提出宝贵意见。

△ 副市长崔建村到市社会福利中心等处走访慰问孤儿、困境儿童，并代表市委、市政府向孩子们送上节日的美好祝福。

2日 市委副书记、市长王鸣昊率队检查防汛工作并督查在建水利工程和安全生产工作。市领导顾留忠、吴海军参加活动。王鸣昊一行到城南街道 2# 小流域整治工程、下原镇大寨河整治工程、长江镇朱庄河、碾砣港闸、长青沙西南侧险段等处，对相关水利工程规划建设情况、重点流域水环境治理情况进行督查。

△ 市人大常委会举行省委、南通市委人大工作会议精神专题学习会。会议传达学习省委书记、省人大常委会主任吴政隆在省委人大工作会议上的讲话精神，省人大常委会常务副主任李小敏的讲话要求，以及南通市委书记、南通市人大常委会主任王晖在南通市委人大工作会议上的讲话精神。市人大常委会主任司祝建主持会议，并就贯彻落实好省委、南通市委人大工作会议精神提出要求。

△ 省交通运输厅机关党委副书记王子明一行到如皋调研，全面了解如皋市深化货车司机群体党建试点工作。市委常委、组织部部长、统战部部长朱莹滢，副市长黄文斌参加活动。座谈会上，如皋市货

运企业党支部书记代表和党员货车司机代表就货运行业发展现状、当前货车司机群体的有关诉求以及党组织活动开展情况分别进行交流。调研组一行还实地走访603省道服务区和如皋港现代物流园区的“红色皋地·好通驿站”。

6日 市委书记何益军主持召开市委常委会会议。会议传达学习全国稳住经济大盘电视电话会议精神及省、南通市相关专题会议精神，研究全市贯彻落实工作。会议传达学习省委人大工作会议精神和《中共江苏省委关于新时代坚持和完善人民代表大会制度、加强和改进人大工作的实施意见》文件精神。

△ 江苏省民宗委一级巡视员何昌林一行到如皋，实地走访中国工农红军第十四军纪念馆、南通师范高等专科学校学前教育第二学院，调研检查民族团结进步示范市创建工作，对如皋市民族团结进步教育基地建设和少数民族学生教育工作进行细致了解。市领导王鸣昊、崔建村参加活动。

△ 市委副书记、市长王鸣昊带队督查高考考点准备工作。王鸣昊一行走访如皋中学、如皋中等专业学校、如皋第一中学等处，耐心听取考点疫情防控、考场设置、人员物资保障、师生身心状态等情况的汇报。

7日 江苏交通控股有限公司党委书记、董事长蔡任杰带队到如皋考察，与如皋市就进一步深化地企战略合作进行深入交流。市委书记何益军致辞。江苏交通控股有限公司与市交通产业集团签订深度合作框架协议，双方将在港口物流项目上开展深度合作。会上，市交通产业集团负责人介绍供应链金融与贸易情况。江苏现代路桥有限责任公司、江苏金融租赁股份有限公司与市交通产业集团洽谈合作事项。市领导顾留忠、黄文斌参加活动。

△ 高考首日，市领导何益军、司祝建、张元健、高峰、刘晓洁、崔建村、张亚鸾分组巡视高考考点，实地查看考试组织情况，慰问考务人员。

7—8日

市第十八届人大常委会第三次会议召开。会议听取和审议市政府关于全市减轻义务教育阶段学生作业负担和校外培训负担情况的报告，市政府关于落实营商环境、科技创新相关审议意见情况的报告，市政府关于落实市人大常委会《关于全市医疗保障工作情况报告的审议意见》情况的报告，市监察委员会关于整治群众反映强烈的突出问题工作情况报告，市人大常委会执法检查组关于检查《中华人民共和国城乡规划法》实施情况的报告，关于如皋市人大常委会相关工作制度修订情况的说明，关于《如皋市人大常委会规范性文件备案审查办法(修订草案)》的说明；通过相关人事任免事项。司祝建为新任命人员颁发任命书，新任命人员进行宪法宣誓。

8日 市委书记、市委网络安全和信息化委员会主任何益军主持召开市委网络安全和信息化委员会第四次会议，总结前一阶段工作，研究部署下一阶段重点任务。市领导高峰、程瑞琴、顾留忠、陈刚参加会议。

△ 市政协举行民主评议市自然资源和规划局、司法局工作动员会。市领导张元健、陈刚、张亚鸾、陈小燕出席会议。

△ 如皋市组织全市重点企业开展“惠企政策直通车”启动仪式暨首轮宣讲活动。市领导顾留忠、陈鸣华参加活动。

9日 南通市委召开理论学习中心组集中学习(扩大)会，邀请中国安全生产科学研究院原院长、中国安全生产科学研究院学术委员会主任刘铁民围绕“做好新时代应急管理工作”作专题报告。会议以视频形式召开，何益军、张元健、高峰、程瑞琴等市领导在如皋分会场收听收看。

△ 党的二十大安保工作部署会暨“三百”信访包案化解推进会议召开。市委副书记、市长王鸣昊主持会议，市委书记何益军讲话。市委常委、政法委书记程瑞琴，市政府副市长、公安局局长陈刚等参加会议。

△ 如皋第一中等专业学校（技工学校）与斯堪尼亚制造（中国）有限公司举行校企合作框架协议签订仪式。斯堪尼亚制造（中国）有限公司总经理 Mr.Moberg Ino、副市长崔建村参加活动。

△ 如皋市举行 2022 年企业职工养老保险扩面工作动员会，对市 2022 年企业职工养老保险扩面工作进行安排部署。副市长崔建村参加会议。

△ 中山钟楼原址重建前进行考古发掘，开挖原址海阳路路面，发现已破损的原中山钟楼混凝土基础和保存完好的 36 根木桩基。

10日 如皋斯堪尼亚商用车项目暨斯堪尼亚如皋制造基地工程建设启动仪式举行。该项目是我国放开汽车制造外资股比限制后首批商用车外商独资项目。江苏省副省长胡广杰以视频方式发表致辞，南通市领导王晖、沈雷、王洪涛、王凯，如皋市领导何益军、王鸣昊、司祝建、张元健等出席项目启动仪式。

△ 市委书记何益军会见瑞典贸易与投资委员会北方区市场经理 Jo-han Lennefalk、高级项目经理赵轩及 SWECO 国际中国区技术总监徐淼一行，双方就如何加强全方位、多方面的深入合作展开会谈。市委常委、经济技术开发区党工委副书记卢志敏参加活动。

△ 市领导何益军、王鸣昊、张元健分别走进挂钩联系的城北街道杨宗社区、如城街道城南社区、白蒲镇蒲东社区，集中开展“两代表一委员”接待日活动。

△ 南通市人大常委会副主任陈俊带队到如皋调研基层卫生服务体系建设情况，走访白蒲镇卫生院勇敢分院、白蒲镇卫生院（如皋市第四人民医院）等处。如皋市领导司祝建、刘晓洁、黄文斌参加活动。

△ 南通市档案馆向如皋市档案馆捐赠张謇、沙元炳同榜及第的“清光绪二十年殿试大金榜”（复制件）。捐赠仪式上，南通市档案馆馆长陈海兵介绍“清光绪二十年（1894 年）殿试大金榜”（复制件）的基本情况，并与市档案馆签订档案使用协议。赠送仪式后，陈海兵一行专题听取市档案工作汇报并赴江苏省档案馆如皋电影史料馆进行调研。市委常委、宣传部部长高峰参加活动。

11日 市文体广电和旅游局联合市文化馆共同举办“连接现代生活　绽放迷人光彩”文化与自然遗产日主题活动。市领导刘晓洁、石兵、崔建村、张亚鸾参加活动。活动中，市领导分别为如皋市第七批非物质文化遗产项目、第六批传承人以及第三批传承基地授牌，部分非遗节目进行现场展演。

13日 市委书记何益军主持召开党政联席会议，对水环境领域相关工作进行阶段性总结。会上，相关分管领导首先汇报河长制及“自己的河道自己管护”、区域水环境治理、向上级争取项目和资金等方面的工作情况。市领导王鸣昊、张元健、高峰、程瑞琴等参加会议。

△ 如皋市举行 2022 年卫生健康工作会议，回顾总结 2021 年卫生健康工作，研究部署 2022 年重点任务。市委常委、宣传部部长高峰参加会议。

△ 周时君书法展在如皋市文化馆开展。市委常委、宣传部部长高峰出席开展仪式并为书法展揭牌。

14日 省委省级机关工委常务副书记李新平率队到如皋，实地走访九华镇郑甸社区、如城街道顾庄社区、市人民检察院等处，调研推进驻村第一书记任职村办实事项目开展情况及乡村振兴、机关党建等工作。市领导何益军、石兵参加活动。

△ 如皋市举行电信5G杯“喜迎二十大　平安你我他”主题征文和抖音新媒体作品表彰大会。会议宣布电信5G杯“喜迎二十大　平安你我他”主题征文和抖音新媒体作品大赛评选结果，并对获奖的优秀抖音作品进行展示。市委常委、政法委书记程瑞琴参加会议。

△ 首届如皋市“江海杯”应急救援技能竞赛开幕，市委常委、常务副市长顾留忠参加活动。

15日 市委理论学习中心组召开集中学习（扩大）会，邀请南通市委宣传部副部长、南通市委网信办主任俞雷作题为《深刻把握移动互联网舆论生态　全面提高网络舆情工作能力　为高质量建设南通跨江融合发展样板区提供坚实舆论保障》的专题讲座。何益军、张元健、高峰、秦金春、朱莹滢等四套班子领导参加会议。

16日 如皋市举行援外疫情防控队员返岗欢迎仪式。市委书记何益军对援外疫情防控队员及家属表达诚挚敬意和亲切慰问，援沪方舱医院队员代表、援外核酸检测队员代表、援外流调队员代表、援外公安民警代表依次进行交流发言，分享支援期间的经历和感受。市领导王鸣昊、黄文斌参加活动。

△ 如皋市举行年轻干部“淬火熔炼”培养选拔工程启动暨挂职干部出征仪式。市委常委、组织部部长、统战部部长朱莹滢参加活动。活动对《如皋市年轻干部“淬火熔炼”培养选拔工程五年行动计划》进行详细解读，宣读党外干部挂职人员、党建金融干部双向挂职人员挂职方案。

17日 交通运输部长江航务管理局党委委员、纪委书记陈凯带队到如皋调研水上绿色综合服务区，市委书记何益军参加调研。陈凯一行先后走进长江汇线下体验店、红色驿站、流动党员活动室、调度大厅、政务大厅等处，对各项工作开展情况进行深入了解。

△ 市委书记何益军率队调研吴窑镇科创载体建设、科创项目招引等工作。在吴窑镇科创产业园，何益军详细了解科创产业园综合大楼项目规划建设情况，并走进项目现场实地查看项目进度。市领导陈鸣华、张亚鸾参加活动。

△ 全市新型电力装备产业链工作座谈会举行。市委副书记、市长王鸣昊参加会议。相关企业和部门负责人就新型电力装备产业链发展情况和今后的发展方向进行交流，并就企业发展过程中遇到的问题进行讨论。

△ 由市新时代文明实践志愿服务总队、市文明办、市住房和城乡建设局主办的“喜迎二十大　文明深1度”文明实践示范活动在龙游河生态公园举行。市委常委杨天锡参加活动。

18日 市委书记何益军深入如城街道仙鹤社区、城南社区、秀水社区、长巷社区、皋南新村、长港村等处，开展“村村到、户户进、人人访”集中走访活动，了解村（社区）“两委”班子换届后运转情况及文明典范城市创建、社区网格化管理等工作开展情况，入户与群众谈心交流，察民情、听民意，解民忧、纾民困。

△ “惠聚如皋·美好生活”暨2022年乐购皋城消费促进活动正式启动。活动持续时间为2022年6月18日至2022年12月20日，活动内容包括乐购皋城消费促进周活动、“乐业安居”房展会、夏季直播带货活动等。省商务厅市场运行和消费促进处处长卞益斌，如皋市领导王鸣昊、杨天锡、石兵、郑振明参加启动仪式。

△ 全市2022年第一期党员发展对象培训班在市委党校开班，市委常委、组织部部长、统战部部

长朱莹滢出席开班典礼并作动员讲话。

20日 市委书记何益军专题听取龙游河科创走廊规划情况汇报。何益军一行听取雉水科学城概念规划及核心区城市设计、龙游河特色空间规划情况的汇报，详细了解龙游河科创走廊概念规划总体思路、设计理念和具体方案。相关部门负责人就各类功能用地比例、启动区选址等问题进行讨论交流。

△ 市人大常委会主任司祝建带队到城南街道夏庄社区、如城街道人大代表之家、城北街道人大代表之家、城北街道平园池村人大代表工作站等处，调研全市人大代表履职平台建设情况。

21日 省妇联党组书记、主席朱劲松率队到如皋调研基层妇联工作。朱劲松一行首先看望吴窑镇老庄村和下原镇张庄村两户家庭，随后调研如城街道孔庙社区“妇女儿童之家”阵地打造和志愿者服务队伍建设工作。南通市委常委、组织部部长封春晴，如皋市领导何益军、朱莹滢参加活动。

△ “寻美·江苏”南通新阶层（网络人士）走进如皋“木香”主题采风活动在如皋国际园艺城木偶剧场举行。活动现场采访中国盆景艺术大师、国家级非物质文化遗产如皋盆景技艺省级传承人王如生，如皋盆景直播中心负责人、如皋花木盆景产业新阶层人士实践创新基地“新心向荣”园艺荟秘书长吴微微，黄杨世家传承人朱登峰，取得新一代智能盆景发明专利的袁杨梦秋等人，并到江苏盆景博物馆，乐艺园、毛歌盆景工作室，木易永华景观有限公司以及花木盆景产业特色村顾庄村进行实地采风。南通市委统战部副部长、市侨办主任金志伟，如皋市人大常委会副主任张百璘参加活动。

22日 市人大常委会主任司祝建率队到南通创源电化学科技有限公司和雷狄尼家具（南通）有限公司等地，实地调研浙江商会工作情况。

△ 如皋市举行“五一劳动奖”命名大会。会议宣读《关于命名表彰如皋市“五一劳动奖状”“五一劳动奖章”和“五一先锋号”荣誉称号的决定》等，并为2022年全国、省和南通市五一劳动奖获奖人员及单位代表、如皋市五一劳动奖获奖人员及单位代表颁奖。市领导朱莹滢、缪爱诚、顾凡参加会议。

△ 如皋市举行“群雁助力振兴行动”启动仪式。会议宣读《关于选派首批新生代农场主、企业家到村（社区）挂职锻炼的通知》，并发布《如皋市到村（社区）挂职干部“十个一”任务清单》。与会领导共同为挂职干部赠送履职大礼包，与会人员实地观摩东陈镇山河社区、下原镇张庄村、九华镇赵元村3个党建工作点。市委常委、组织部部长、统战部部长朱莹滢参加活动。

23日 省委驻如皋市乡村振兴（帮促）工作队见面会举行。南通市委组织部副部长、市委党建办主任张莉，如皋市领导王鸣昊、朱莹滢、刘栩参加活动。市委常委、组织部部长、统战部部长朱莹滢宣读工作队人员挂职方案，省委驻如皋市乡村振兴（帮促）工作队代表作交流发言。

△ 南通市人大常委会副主任陈本高带队到如皋，实地查看城南街道民族团结“红石榴籽”人大代表工作站、如城街道人大代表之家和城北街道平园池村人大代表工作站、江苏泰慕士针纺科技股份有限公司、法华寺等处，调研人大代表及民宗侨台工作情况。如皋市领导司祝建、张百璘、石兵参加调研。

△ 如皋市举行基层社会治理“三年百村精品”工程暨村（社区）网格化服务管理标准化试点工作启动仪式。南通市委政法委常务副书记殷蓓，如皋市领导程瑞琴、陈刚参加会议。

△ 南通大学原党委书记、省习近平新时代中国特色社会主义思想研究中心特约研究员成长春教授带队，率“新发展理念在江苏”系列调研活动协调发展组到如皋实地走访城北街道平园池村，围绕

“南通高质量推进跨区域和城乡协调发展”主题进行调研。市委常委杨天锡参加活动。

24日 市委人大工作会议召开。市委书记何益军讲话，就进一步做好新时代人大工作提出要求。司祝建、秦金春、朱莹滢、卢志敏、杨天锡等市四套班子领导出席会议。

△ 如皋市举行以“资本赋能，聚力共赢”为主题的前沿科技资本赋能活动。希达资本培育中心揭牌，新入孵企业代表进行集中签约，即将落户孵化器园区的创业项目进行现场路演。市领导何益军、程瑞琴、石兵、崔建村参加活动。

△ 如皋市举行青年企业家创新发展大会。市委书记何益军向大会发来贺信。市委副书记、市长王鸣昊，市委常委、组织部部长、统战部部长朱莹滢参加活动。第二届青商会会长顾柔坚与新当选的第三届青商会会长徐腾交接会旗，如皋市青创协会与昆山市青创会签订友好协会协议。活动还发布《如皋青商赋能城市发展宣言》，并为“如皋市杰出青年企业家”获奖者和“如皋市优秀创业青年”获奖者进行颁奖。

△ 如皋市举行2022年全市防汛抗旱工作会议，对2022年防汛抗旱工作进行部署。市领导王鸣昊、顾留忠、张炜龙参加会议。

25日 市领导何益军带队，走进江苏省如皋中学、江苏省白蒲高级中学，走访慰问2022届部分高三教师，向全市教育工作者致以崇高的敬意，并听取学校负责人对高考相关情况的汇报。

26日 由中国施工企业管理协会的“庆祝国家优质工程奖创立40周年暨2020—2021年度国家优质工程奖”颁奖会在北京举行，江中集团承建的江阴澄星广场、徐州市邳州人民医院新区医院二期医技楼门诊楼两项工程获评国家优质工程。

27日 市委书记何益军主持召开市委常委会会议，学习习近平总书记在全国两会期间关于保障粮食安全的重要论述及《粮食流通管理条例》精神以及中央、省委和南通市委深改委会议精神，讨论《中共如皋市委全面深化改革委员会2022年工作要点》《关于调整市委全面深化改革委员会和专项小组组成人员的通知》《关于新时代坚持和完善人民代表大会制度、加强和改进人大工作的实施意见》等议题。

△ 如皋市农村人居环境整治提升现场推进会在搬经镇举行。与会人员实地参观搬经镇高明庄社区、刘庄村人居环境整治和加力老集镇改造提升现场，详细了解被撤并老集镇改造提升、旱厕填埋、河道整治、美丽庭院等人居环境整治提升情况。会上，搬经镇围绕农村人居环境整治提升工作推进情况进行交流发言，市农业农村局、住建局就相关工作作点评部署，吴窑镇进行表态发言。市领导丁兴华、黄文斌、陈小燕参加活动。

△ 省科协党组成员、副主席、机关党委书记方胜昔率队到如皋，就农村科普专项行动如皋行活动的筹备开展情况进行调研。南通市科协党组书记葛伟及如皋市领导陈鸣华、唐余宽参加活动。

△ 市四套班子领导调研全市科技创新工作，先后到百林科制药装备科技（江苏）有限公司、江苏万达特种轴承股份有限公司两家科技创新型企业，实地参观企业生产车间，了解企业的发展情况和主要研发成果。市委常委、副市长、市科技创新委员会办公室党组书记陈鸣华参加调研。

△ 如皋市首批退役军人优待证集中发放仪式在九华镇举行。如皋市退役军人事务局党组副书记、副局长夏勇为3名退役军人代表颁发退役军人优待证，优待证合作银行为3名退役军人代表办理优待证激活手续。此次退役军人优待证首发仪式，标志着如皋市退役军人优待证进入正式发放使用阶段。

28日 世界帆船联合会主席李全海带队到如皋考察，实地参观龙游湖皮划艇训练场、龙游湾生态景观带等处，详细了解如皋市经济社会发展和文化体育旅游产业发展情况。市领导何益军、丁兴华、顾留忠参加活动。

△ 如皋市举行《关于进一步加强培育“专精特新”企业的建议》督办推进会。市人大常委会主任司祝建带队先后到南通超达装备股份有限公司、海迪科（南通）光电科技有限公司、江苏天南电力股份有限公司，实地走访相关企业的生产车间、研发中心、产品陈列室等处，听取企业发展理念和发展前景的介绍，了解企业科技项目研发、转化和技术创新情况。市领导司祝建、陈鸣华、石兵参加活动。

△ 市政协主席会议专题协商市属国有企业改革和运营发展情况。市政协主席张元健一行实地查看新城教育培训中心、龙游河三期工程、皋邻广场、中皋珺园、如皋中学品质提升工程等项目建设现场，详细了解市属国有企业推进实施的重点工程、重点项目情况。

△ 市老年人文化体育协会党委正式成立。市委常委、宣传部部长高峰参加活动，并为市老年人文化体育协会党委授牌、授印。

△ 中国盆景艺术家协会江苏会员活动中心精品盆景邀请展暨线上线下拍卖会在如皋市举行。参展的盆景共111盆，经过专家评委认真评选，共评选出特等奖1名、金奖10名、银奖15名、铜奖26名。中国盆景艺术家协会会长鲍世骐，市政协副主席杜永红参加活动。

△ 以“喜迎二十大，礼赞新时代”为主题的如皋平园池第六届荷花节暨欢乐水世界开园仪式正式启幕。市人大常委会副主任张百璘参加活动。

29日 江苏如天光电科技有限公司车载新型显示材料项目投产仪式举行。该项目的正式投产，打破车载曲面显示材料的国外垄断。市领导何益军、丁兴华、程瑞琴、陈鸣华、石兵、崔建村参加活动。

△ 如皋市举行二季度安委会全体（扩大）会议暨“安全生产月”总结表彰会，全面回顾上半年安全生产工作，总结经验教训、找准短板弱项，对三季度安全生产工作进行动员部署，从紧从细落实安全生产各项措施，切实提升本质安全水平。市领导王鸣昊、顾留忠、陈鸣华、许敬乔、崔建村、唐余宽参加会议。

△ 南通市“三清”专项行动道路交通现场推进会暨道路交通安全工作联席会议在如皋市召开。南通市副市长、公安局局长高山，如皋市领导王鸣昊、卢志敏、陈刚参加活动。会议组织观摩如皋市龙池路雪袁线路口、城北街道平园池村、市公安局交警大队开发区中队等处，详细了解全市重点隐患点位整治工作、道路交通安全管理创新工作等方面的情况。市委副书记、市长王鸣昊在会议上作经验分享。

△ 市人大常委会举行1号议案（市第十八届人民代表大会第一次会议1号议案《关于打造“高质量教育县域样板、长三角北翼教育名城”的议案》）督办会，专题调研督查立德树人和招生工作。市领导司祝建、刘晓洁、顾凡参加活动。

△ 南通市“讴歌奋斗者　致敬新时代”红色故事演讲比赛在如皋市举行。市委常委、宣传部部长高峰出席活动。经过激烈角逐，比赛评出一、二、三等奖和优秀奖，与会领导分别为获奖选手颁发荣誉证书。

△ 如皋经济技术开发区举办首届新型电力装备产业链强链沙龙。市委常委、如皋经济技术开发区党工委副书记卢志敏参加活动。

29—30日

南通市老领导到如皋调研如皋市经济社会发展情况，实地走访城北街道平园池村、思源电气股份有限公司、江苏力星通用钢球股份有限公司、江苏省如皋中学、内外城河风光带、顾庄生态园、龙游湖风景区、凌志软件股份有限公司、如皋华夏电影展示馆、磨头镇金旺家庭农场、龙游湾生态景观带、日达智造科技(如皋)有限公司等处。如皋市领导何益军、司祝建、朱莹滢等参加活动。

30日 市委副书记、市长王鸣昊到市人民来访接待中心,热情接待来访群众,认真听取群众的诉求和呼声,与相关部门负责人研究解决来访群众反映的问题。市委常委、政法委书记程瑞琴,副市长、市公安局局长陈刚参加活动。

△ 如皋市开展2022年地震灾害应急演练。市委常委、常务副市长顾留忠参加活动,并担任演练总指挥。

△ 南通市老区开发促进会、乡村振兴促进会、老区扶贫基金会理事长秦厚德一行到如皋调研光伏帮扶项目建设工作,实地走访城北街道袁桥社区和平园池村。市人大常委会副主任张百璘参加活动。

2022 年 7 月

1 日 如皋市召开“七一”大党课暨“喜迎二十大、再次战高沙”主题教育活动成果汇报会。何益军、王鸣昊、张元健、丁兴华等市四套班子领导参加会议。会上，市委书记何益军以《喜迎二十大　奋进新征程　为建设“强富美高”现代化如皋不懈奋斗》为题，为大家上专题党课，并为老党员代表颁授“光荣在党 50 年”纪念章，为部分先进基层党组织、优秀共产党员、优秀党务工作者、“五强”型村（社区）党组织书记标兵、星级村（社区）党组织进行颁奖。

△ 市文明典范城市创建指挥部召开 6 月份工作例会，市公安局、财政局、住建局、如城街道、城南街道等单位有关负责人就非国标三四轮车整治、文明交通、老旧小区改造、资金保障等文明典范城市创建中的相关事项进行汇报交流。市领导丁兴华、高峰、顾留忠、陈刚参加会议。

△ 南通市美丽农村路高质量建设推进会在如皋市召开。会议组织观摩如皋市磨头镇交通运输综合服务站、长江镇堤顶路、江安镇周庄社区等处，详细了解如皋市农村物流工作以及美丽农村路建设等工作情况。会上，南通市公路事业发展中心党委与如皋市交通运输局党组围绕“四好农村路”全国示范县创建联合签署党建共建协议。南通市交通运输局局长周建飞，如皋市领导程瑞琴、黄文斌参加活动。

2 日 如皋市召开项目建设月度观摩会。与会人员集中观摩各镇（区、街道）部分二季度新开工和拟竣工转化项目，就各个项目的基本情况和推进进度进行细致了解。何益军、王鸣昊、张元健、丁兴华等市四套班子领导参加活动。

△ “惠聚如皋·美好生活”2022 年如皋市乐业安居夏季房展会正式开幕。市委常委、常务副市长顾留忠参加开幕式并为活动致辞。开幕式现场举行购房补贴发放仪式，介绍优秀楼盘和优秀置业顾问的评选方案。

△ 全市住房和城乡建设工作会议举行。市委常委、常务副市长顾留忠，副市长崔建村参加会议。

4 日 如皋市举行 2022 年度争创文明典范城市工作推进会。何益军、王鸣昊、司祝建、张元健、丁兴华等市四套班子领导参加会议。何益军一行实地考察宁海路惠隆路路口、南门桥市场及周边、高铁南站、下原镇新时代文明实践所、大明老镇区、惠政新村等处。会上，市委副书记丁兴华对当前文明典范城市创建、新时代文明实践中心建设相关重点工作进行部署。市委常委、宣传部部长高峰通报二季度文明典范城市创建模拟测评结果和日常工作推进情况。

5 日 如皋市召开二季度“村（社区）书记大讲坛”，分析产业现状，明确产业振兴方向，全面推进产业兴旺。何益军、王鸣昊、司祝建、张元健、丁兴华等市四套班子领导参加活动。

△ 中共如皋市委党校 2022 年主体班次正式开班。本期主体班次设有科级领导干部进修班、妇女干部领导能力提升培训班、中层干部进修班 3 个培训班。市委副书记、市委党校校长丁兴华围绕“牢固树立和践行正确政绩观”作动员讲话。市领导朱莹滢出席开班典礼。

△ 旅美作家赵美萍到家乡长江镇，为学生们送上一场励志讲座。南通市委统战部副部长、南通市侨办主任金志伟及如皋市委常委、统战部部长、组织部部长朱莹滢参加活动。

6日

市委书记何益军率队专题调研高新区二季度项目人才“双招双引”情况。高新区四家产业园就“双招双引”工作进行汇报；相关部门对高新区上半年“双招双引”工作进行总结，分析发展中存在的问题，并对下半年的“双招双引”工作进行部署。市领导程瑞琴、顾留忠、石兵、崔建村参加调研。

△ 市委副书记丁兴华率队督查全市部分农村生态河道建设项目，实地查看江安镇永胜河生态河道、立新河生态河道及石庄镇杨园港生态河道等施工现场。

△ 如皋市举行全市民营经济“两个健康”推进会，就《如皋市民营经济“两个健康”提升三年行动计划(2022—2024年)》和“民企大走访”活动进行部署。市领导朱莹滢、杜永红参加会议。

△ 如皋市举行“喜迎二十大·砥砺战高沙”技能竞赛活动颁奖仪式暨市域治理现代化工作推进会。会议对如皋市市镇两级指挥中心在“喜迎二十大·砥砺战高沙”技能竞赛活动中涌现出的先进集体和个人进行表彰。南通市市域社会治理现代化指挥中心党委委员、副主任、机关党委书记黄荣，南通市市域社会治理现代化指挥中心党委委员、副主任杜海军，如皋市领导缪爱诚、陈刚、陈小燕参加活动。

7日

南通市民政领域重点工作调度会在如皋市举行。南通市副市长刘洪以及如皋市领导王鸣昊、崔建村出席会议。市委副书记、市长王鸣昊致辞，南通市民政局负责人对上半年工作进行点评，各县(市、区)分管负责人员作交流发言。会议期间，与会人员实地考察如皋市下原镇农村养老服务中心、丁堰镇长寿星养老服务中心、如城街道新官村党群服务中心、如城街道“一老一小”融合服务中心等处。

△ 江苏省人大常委会农业和农村工作委员会委员张忠文率队到如皋开展《江苏省河道管理条例》立法后评估调研，如皋市领导司祝建、张百璘、张炜龙参加活动。张忠文一行先后实地查看长江镇朱庄河、磨头镇丁冒村3—5组居住河，详细了解两条河道的水环境治理和日常管护情况，并听取相关责任单位贯彻实施《江苏省河道管理条例》情况汇报，针对贯彻实施中遇到的问题和下一步工作思路展开讨论。

7—8日

全委会重点课题调研成果汇报会召开，回顾上半年工作完成情况、分析当前形势、查找短板不足，谋划下半年经济社会发展目标、思路和关键举措，高质量筹备好市委十三届四次全会。市领导何益军、王鸣昊、司祝建、张元健、丁兴华等参加会议。

8日

市申报国家历史文化名城指挥部第一次工作例会召开。市领导何益军、张元健、高峰、崔建村、张亚鸾参加会议。市申报国家历史文化名城指挥部办公室汇报2022年度申报国家历史文化名城工作计划，规划编制组和文物保护组汇报近期工作及2022年工作计划，相关部门及镇(区、街道)作交流发言。

△ 市人大常委会举行专题学习会，会议邀请南通市人大常委会副秘书长、办公室主任唐建泉以《全过程人民民主背景下基层人大工作“位”与“为”》为题作讲座。市人大常委会领导司祝建、缪爱诚、张百璘、刘晓洁、石兵参加会议。

9日

高新区(如城街道、城南街道)2022年“七一”表彰暨上半年重点工作现场点评推进会举行。市领导何益军、石兵参加会议。

△ 市科创委举行第五次会议，传达南通市科技创新双月例会精神，听取上一阶段科技创新工作推进情况汇报，部署推进下一阶段重点工作。市领导王鸣昊、陈鸣华、唐余宽参加会议。

△ 市委副书记、市长王鸣昊主持召开十八届市政府第八次常务会议。会议传达学习习近平总书记在全国两会期间关于保障粮食安全的重要论述及《粮食流通管理条例》精神，讨论《2022年度如皋市

深入打好污染防治攻坚战工作计划(送审稿)》《2022年度如皋沿江生态景观带建设工程工作方案(送审稿)》等议题。

△ 全市企业上市及新三板挂牌联席会议第二次月度工作推进会举行,总结各板块上市工作推进情况,分析查找问题,动员全市上下进一步对标对表、加压奋进,为圆满完成年度目标任务提供坚实支撑。市领导王鸣昊、顾留忠、刘栩出席会议。

△ 全市机关驻村第一书记工作现场观摩会举行。市委常委、组织部部长、统战部部长朱莹滢参加活动。朱莹滢一行实地走访搬经镇加力社区、江安镇徐葛社区、江安镇朗庙村等8个驻村第一书记负责的项目现场,详细了解部分驻村第一书记2022年以来的工作开展情况。

11日 如皋市举行东陈镇特色农业产业党建联盟成立暨"徐湾翠梨采摘节"启动仪式。活动为东陈镇特色农业产业党建联盟首批6家成员单位进行授牌,并为"如皋市行政审批局和东陈镇徐湾社区融合党建实践基地"进行揭牌。市委常委、组织部部长、统战部部长朱莹滢参加活动。

12日 南通市委政法委常务副书记殷蓓率队到如皋,就如皋市上半年政法重点工作和党的二十大安保工作进行督查调研。市领导程瑞琴、陈刚参加活动。殷蓓一行实地走访市信访局、矛盾调处中心、市市域社会治理现代化指挥中心、城北街道社会治理综合服务中心、城北街道平园池村等处,深入了解如皋市政法工作开展情况。会上,市司法局负责人汇报如皋市平安法治工作和专项活动开展情况。

13日 江苏省石庄高级中学83届校友、中国工程院院士、中国地质大学(北京)校长孙友宏与爱人王丽华教授到母校,进行交流座谈。市领导何益军、朱莹滢出席活动。专题讲座上,孙友宏院士为在场师生代表们讲述自己求学、教学、科研的一路历程,并分享自己的人生体验。市委书记何益军与孙友宏共同为"'地壳一号'万米大陆科学钻探钻机模型"揭牌。

14日 全市《防范和处置非法集资条例》培训会议举行。市委常委、常务副市长顾留忠参加会议。南通市地方金融监管局金融稳定处处长樊保兵围绕《防范和处置非法集资条例》出台的背景情况、重要意义和主要内容三个方面,为参会人员做全面系统的阐述。

16日 市委书记何益军主持召开市委常委会会议,学习习近平总书记在中央政治局第四十次集体学习时的重要讲话精神以及《关于全面加强国有企业监管的意见》《关于进一步加强融资平台公司经营性债务管理工作的通知》等文件精神,并听取全市上半年全面从严治党情况汇报。

△ 市委书记何益军陪同南京大学历史系教授、博士生导师,南京大学文化与自然遗产研究所所长贺云翱教授考察丁堰古街。

△ 如皋中山钟楼重建工程正式破土动工。重建工程由如皋市规划建筑设计院有限公司和常熟古建园林股份有限公司进行设计,如皋市住房和城乡建设局负责实施。

18日 市人大常委会1号议案督办会举行,市人大常委会主任司祝建,副市长崔建村参加活动。司祝建一行实地走访江苏省如皋第一中等专业学校(技工学校)和江苏省如皋中等专业学校,对江苏省如皋第一中等专业学校(技工学校)创建如皋技师学院和江苏省如皋中等专业学校创建江苏联合职业技术学院如皋分院、独立高职院校的创建工作分别进行深入了解。

△ 如皋举行文明典范城市创建小区管线整治推进会。市委常委、宣传部部长高峰参加会议。高峰一行实地查看皋南四组团、宏济苑、武定苑、锦绣苑等处，详细了解各类老旧小区管线整治和长效管护情况，并对箱体杂乱、“飞线”交错等具体问题进行交办。会上，如城街道、城北街道、城南街道负责人就总体整治情况进行汇报，市住建局和相关管线单位负责人提出下一步工作举措。

20日

如皋市举行“有志在皋”志愿服务示范街揭牌仪式。市委书记、市新时代文明实践中心主任、市新时代文明实践志愿服务总队长何益军，南通市委宣传部副部长、南通市文明办主任盛慧琴，如皋市委常委、宣传部部长、市新时代文明实践中心办公室主任高峰参加活动。何益军和盛慧琴共同为“有志在皋”志愿服务示范街揭牌。

△ 市委副书记、市长王鸣昊率队深入保供单位、工程建设现场等处，向坚守在高温一线岗位的工作者们送去“夏日清凉”。

△ 人民代表报社南京办事处江苏事业发展中心主任沈晓东一行到如皋调研人大工作，实地走访城南街道夏庄社区、如城街道花名堂人大代表联系点、城北街道人大代表之家等处。市人大常委会主任司祝建参加活动。

△ 市委副书记丁兴华带队督查高标准农田建设工作，实地查看城北街道2022年度高标准农田建设项目现场，详细了解工程进度、施工标准等情况，以及项目推进过程中遇到的困难。

△ 市人大常委会开展主任接待代表日活动。市人大常委会主任司祝建率队到磨头镇，与人大代表面对面交流，了解民声、听取民意，收集群众关心关注的热点、难点问题，切实为群众排忧解难。活动中，司祝建实地走访观摩南通均盼新能源科技有限公司、江苏融至新材料有限公司等企业，听取企业负责人对项目建设和生产经营情况的介绍。

△ 如皋市举行第十二届“小亭志愿服务月”系列实践活动启动仪式。活动发布《如皋市“有志在皋”志愿服务手册》2.0版、《10分钟志愿服务圈》地图小程序，集中表彰第三届“微爱”公益项目大赛获奖项目、2021—2022年度如皋市优秀志愿服务集体和个人、优秀志愿服务组织、优秀志愿服务项目，与会领导为2021—2022年度如皋市优秀志愿服务代表颁奖。南通市委宣传部副部长、南通市文明办主任盛慧琴，如皋市委常委、宣传部部长、市新时代文明实践中心办公室主任高峰参加活动。

21日

如皋市举行2022年市政府民生实事项目现场推进会。市领导王鸣昊、顾留忠、缪爱诚、顾凡、陈刚、杜永红参加会议。与会人员实地参观特殊教育学校、精神病防治医院、中山路改造提升工程、花港小区改造工程、人民医院新院区地下工程、茅雉河大桥工程等项目现场。会上，各分管市领导分别对民生实事项目实施情况作点评。各牵头部门负责人分别汇报民生实事项目的推进情况、需要市级层面协调事项及下一步工作打算。部分人大代表和政协委员就民生实事项目提出建议意见。

△ 南通市基层武装规范化建设推进会在如皋市举行，南通市委常委、南通军分区司令员周建新参加会议。周建新一行实地走访东陈镇尚书村民兵连部、搬经镇人民武装部、市民兵训练基地等处，从功能定位、空间规划、设施配备、人员组成等方面对各基层武装规范化建设情况进行详细了解。

21—23日

群众杂志社总编辑周锋带队到如皋调研诚信如皋建设情况。调研组一行实地参观如皋爱心城市馆、东大街好人桥、搬经镇高明庄社区、市市域社会治理现代化指挥中心、秀水社区、安定步行街等处，并采访“信义母亲”丛慧玉和“信义小伙”陈伟，详细了解诚信如皋建设过程中的亮点工作。如皋市领导何益军、高峰、石兵参加活动。

25日 江苏省教育厅、省委教育工委在如皋市召开全省部分县(市、区)分管教育工作的副县(市、区)长专题座谈研讨会,交流各地一年来落实落细“双减”政策,推进区域义务教育工作优质均衡发展的主要做法和成效。国家教育咨询委员会委员、教育部基础教育教学指导委员会主任、教育部原副部长、江苏省原副省长王湛,南通市人民政府副市长陈冬梅,如皋市领导何益军、顾凡参加活动。如皋市委书记何益军在会上致辞,介绍如皋市区域义务教育优质均衡发展情况。

△ 陕西省洋县县委副书记、县长张军率党政代表团到如皋,参加洋县有机农产品长三角前置仓开仓仪式。活动现场,如皋市委书记何益军与陕西省洋县县委副书记、县长张军共同按下启动键,洋县有机农产品长三角前置仓正式开仓。如皋市领导何益军、顾留忠、秦金春、朱莹滢、崔建村参加活动。开仓仪式结束后,何益军和张军还到“苏陕一家亲　如洋携手行——陕西洋县农特产品主题直播活动”直播间,与观看直播的网友进行互动。

△ 市政协新任政协委员培训班开班。市政协主席张元健,市政协副主席杜永红、张亚鸾、陈小燕,市政协秘书长冒海清参加活动。

△ 市人大常委会副主任缪爱诚率队调研如皋市“四好农村路”建设工作,实地查看磨头镇交通运输综合服务站、如皋市沿江生态景观带特色示范带、吴窑镇立新村村道、江安镇周庄村“瑞红迎祥路”等地,详细了解公路硬化、管理、养护、运营和群众满意度等情况。

25—26日

陕西省洋县县委副书记、县长张军一行到如皋考察,实地走访南通荣威娱乐用品有限公司、城北街道平园池村、江苏万达特种轴承有限公司等处,慰问洋县在如皋务工人员。如皋市领导何益军、司祝建、张元健、顾留忠等参加活动。

26日 市委副书记丁兴华主持召开座谈会,就市委十三届五次全体(扩大)会议报告(征求意见稿)听取部分企业、部门、镇(区、街道)和村(社区)负责人意见。座谈会上,市委办负责人介绍报告的起草过程、框架和主要内容。与会人员在仔细研读全委会报告的基础上,畅所欲言、各抒己见。

27日 如皋市政府与中电工业互联网有限公司(以下简称中电互联)战略合作暨“智改数转”项目合作签约仪式在湖南省长沙市举行。市委副书记、市长王鸣昊,中电互联党委副书记、总经理周在龙出席签约仪式并致辞。市委常委、副市长陈鸣华,中电互联总会计师周仙见证签约。

△ 如皋市交管惠侨服务站正式成立。活动对如皋市交管惠侨服务相关举措进行解读,并举行“如皋市交管惠侨新闻发布会”,介绍“如皋市交管惠侨服务站”成立背景,发布“涉侨业务专窗办结”机制内容、海外侨胞网上申请办理驾驶证换证业务流程等。市委常委、统战部部长、组织部部长朱莹滢,副市长、市公安局局长陈刚出席活动。

28日 省级机关服务高质量发展先锋行动队惠企为民如皋行活动正式启动。省委省级机关工委副书记李恩和、南通市委市级机关工委常务副书记赵男男以及如皋市领导丁兴华、朱莹滢参加活动。25个省级机关党支部与全市28个镇、村(社区)、企业党组织进行结对签约。启动仪式后,省级机关服务高质量发展先锋行动队还一对一赴结对镇、村(社区)、企业开展实地调研。

△ 省委网信办网络传播处党总支书记、处长傅晴到市融媒体中心开展结对调研工作。傅晴参观考察华夏电影展示馆、互联网企业“红领党务通”工作室以及市融媒体中心党建馆、融媒体生产指挥中

心，现场了解媒体融合、融媒平台建设和运行等情况。活动现场举行省委网信办网络传播处党支部与如皋市委宣传部党支部、如皋市融媒体中心（传媒集团）党委的结对共建签约仪式。市委常委、宣传部部长高峰参加活动。

28—29 日

全省供销合作社县域流通服务网络建设推进会在如皋市召开。与会人员实地参观如皋市城北街道平园池村、家家乐超市加盟管理有限公司、江苏皋德食材有限公司等处，详细了解全市流通服务网络建设相关情况。省供销合作总社党组成员、理事会副主任卓炜，南通市政府副市长刘洪，如皋市领导王鸣昊、丁兴华、黄文斌参加活动。

△ 市第十八届人大常委会第四次会议举行。王鸣昊向市人大常委会提请任命许敬乔、张炜龙为如皋市人民政府副市长。会议还表决任命相关街道人大工委主任和人大工委委员。司祝建为新任职人员颁发任命书，新任职人员进行宪法宣誓。会议听取和审议市政府《关于如皋市 2022 年上半年国民经济和社会发展计划执行情况的报告》《关于如皋市 2021 年财政决算（草案）的报告》《关于如皋市 2022 年上半年财政预算执行情况的报告》《关于市十八届人大一次会议〈关于打造“高质量教育县域样板、长三角北翼教育名城”的议案〉办理和相关决议落实情况的报告》《关于规范养犬管理工作情况的报告》等工作报告。

29 日

如皋市举行“同心向党　献礼八一”主题实践活动。活动在武警如皋中队举行，市委副书记、市长，市新时代文明实践志愿服务总队长王鸣昊，在国旗下进行专题理论宣讲，带领军民学习领会习近平强军思想，共同学好党史军史、传承红色基因，听党话、跟党走。市领导陈刚、崔建村、陈小燕参加活动。

△ 市委副书记、市长王鸣昊带队走访慰问市退役军人服务中心、消防救援大队、武警如皋中队、人武部等处，给大家送上节日的问候和祝福。市领导夏淼、陈刚、崔建村、陈小燕参加活动。

△ 市政协举行主席会议，专题协商高企倍增计划推进情况。市政协主席张元健，市委常委、副市长、市科技创新委员会办公室党组书记陈鸣华，市政协副主席张亚鸾、郑振明、陈小燕参加活动。

△ 南通市副市长刘洪带队到如皋，实地走访江苏花名堂农业科技发展有限公司、江苏花心思盆景有限公司、磨头镇新港村蝴蝶兰生产基地等处，调研农业产业发展情况。副市长黄文斌参加调研。

△ 如皋市举行李昌钰刑侦科学博物馆二期工程现场推进会，协调解决相关问题，明确下一阶段工作要求。市委常委、宣传部部长高峰，副市长崔建村参加活动。

△ 如皋市举行防范和处置非法集资工作新闻发布会，市委常委、常务副市长顾留忠参加会议。市地方金融监管局负责人通报全市防范和处置非法集资工作开展情况；《新华日报》、《南通日报》、市融媒体中心三家媒体的记者就打击非法集资活动的措施和成效等问题进行提问，相关部门负责人给予回答。

△ 如皋市开展送达立功喜报活动，为搬经镇、磨头镇现役军人二等功臣家庭送去立功喜报、荣誉牌匾及奖励金，并对军属表示热烈祝贺和亲切慰问。市委常委、市人武部部长夏淼，副市长崔建村参加活动。

30 日

南通市委副书记、市长吴新明率队到如皋走访慰问驻如皋部队官兵，向他们致以节日的问候和崇高敬意，衷心感谢驻如皋部队为南通和如皋建设发展和安全稳定作出的积极贡献。南通市领导刘洪、凌屹，南通军分区政委王文，如皋市领导何益军、程瑞琴、夏淼、张百璘参加活动。

△ 市委书记何益军率队走访慰问空军驻如皋部队官兵，向他们致以节日的问候。市领导程瑞琴、夏淼、张百璘参加活动。

△ 如皋市举行“燃青春　耀家乡”2022 如皋青年学子返乡季活动，向如皋青年学子全面展示家乡经济社会发展新成就，促进青年友好型城市建设，进一步引导优秀青年学子返乡就业、创业，为家乡建设贡献青春力量。市领导何益军、朱莹滢、崔建村参加活动。

△ 如皋市举行文明典范城市创建指挥部联席会议，市领导丁兴华、高峰参加活动。会前，市文明委相关领导实地查看庆余新村、上海嘉苑、文锦苑、皋南新村、新庄集中居住区五个小区，针对发现的问题提出整改意见并现场交办。会上，相关部门和镇（区、街道）负责人作交流发言。

△ 如皋市开展 2022 年如皋籍青年学子企业行活动，副市长崔建村参加活动。活动中，学子们先后参观森松（江苏）重工有限公司、日达智造科技（如皋）有限公司、南通超达装备股份有限公司等处，通过聆听讲解、参观企业展厅及生产车间、现场交流等方式，对全市城市发展、产业分布、人才政策及人才需求等情况均有直观感受。

7月

青春校园网络剧《指尖上的旋律是甜蜜蜜》在如皋市拍摄。市委常委、宣传部部长高峰带队到剧组驻地看望慰问剧组人员。

2022 年 8 月

1 日 市委宣传部举行宣传思想文化条线重点工作推进会。会议集中学习《习近平谈治国理政》第四卷和习近平总书记在省部级主要领导干部专题研讨班上的重要讲话精神;宣传思想文化各条线负责人分别就上半年相关工作开展情况、存在问题及下半年重点工作计划进行汇报交流。市委常委、宣传部部长高峰参加会议。

△ 如皋市人民医院健康管理中心"检后门诊"开诊。由专业医师团队体检后的健康人群、亚健康人群、疾病人群的健康危险因素进行全面、动态、持续的检测、分析、评估、预防,为受检者提供专家团队全方位解读、个体化针对性指导、多学科联合诊治等服务。

2 日 市委副书记、市长、市征兵领导小组组长王鸣昊带队到市人民医院征兵体检站,视察征兵体检工作。市领导夏淼、崔建村参加活动。

△ 市委政法委员会 2022 年第二次全体委员(扩大)会暨上半年政法工作观摩点评会举行。市委常委、政法委书记程瑞琴一行先后实地走访城北街道社会治理综合服务中心、市综治中心、市公共卫生中心、磨头镇"平安寄递"点、石庄镇社会矛盾纠纷调处中心、石庄镇何正村党群服务中心。会议传达学习习近平总书记在省部级主要领导干部专题研讨班上的重要讲话精神和南通市相关会议精神;相关部门和镇(区、街道)有关负责人作交流发言;市人大常委会副主任缪爱诚、市委政法委相关负责人对 2022 年上半年政法重点工作进行点评。

3 日 交通运输部党建工作领导小组办公室主任、深化试点工作专班副组长,直属机关党委常务副书记柯林春率队到如皋调研深化货车司机群体党建试点工作。省交通运输厅一级巡视员汪祝君,南通市交通运输局局长周建飞,如皋市领导何益军、朱莹滢、黄文斌参加活动。

△ 省政协副主席姚晓东一行到如皋,就"加强邮政普遍服务基础设施建设,推进邮政普遍服务均等化"开展专题视察。南通市政协主席黄巍东,如皋市领导何益军、张元健、郑振明陪同视察。

△ 市商会商事调解中心在市人民法院正式挂牌成立,推动商事纠纷源头治理,丰富商事纠纷化解途径,提高民营企业法律服务水平,创造优良营商环境。南通市工商联(总商会)副主席(副会长)陆志祥,如皋市委常委、统战部部长、组织部部长朱莹滢参加活动。

△ 全市民政领域重点工作推进会举行。会议全面总结全市上半年民政工作,明确下一阶段的工作重点,特别对特殊困难群体救助帮扶专项排查整治、困难群众救助补助资金审计发现问题专项治理、省市民生实事项目和高质量考核指标等重点工作进行逐一梳理分析。市民政局相关负责人分别结合各自的分管领域,对下一阶段的民政工作任务进行部署。副市长崔建村参加会议。

4 日 省人大财经委、常委会预算工委党支部,江苏泰慕士针纺科技股份有限公司党支部,如皋市人大常委会机关党总支举行结对共建签约仪式。省人大财经委主任委员周铁根,南通市人大常委会副主任、党组副书记姜永华,如皋市委书记何益军,市人大常委会主任、党组书记司祝建参加活动。周铁根一行实地参观江苏泰慕士针纺科技股份有限公司的展示厅、智能车间等处,详细了解企业"智改数转"推进、公益活动开展等情况。

△ 市委副书记、市长王鸣昊主持召开十八届市政府第九次常务会议，讨论《关于深入打好污染防治攻坚战的实施意见(送审稿)》《如皋市“十四五”养老服务发展规划(送审稿)》《关于进一步加强乡镇社工站建设的实施意见(送审稿)》等议题。

△ 如皋市开展文明促进专项行动专题视察。市人大常委会主任司祝建率队先后视察市人民医院西侧背街小巷、健康桥西侧小游园、绘园新村一区、富皋新生市场、苏浙大市场等处，详细了解情况。市领导高峰、黄文斌、杜晓峰参加活动。

△ 如皋市举行全市新业态新就业群体党建工作推进会，传达省新业态新就业群体党建工作推进会及南通市货车司机群体党建试点工作推进会会议精神，对全市新业态新就业群体党建工作开展情况进行介绍。会议还为市外卖配送行业党委、市交通运输行业工会联合会等进行揭牌；为市新业态新就业群体公益律师服务团、“如逸皋行”货车司机先锋车队进行授旗；为“新锋司机”“新锋骑手”等先进典型进行颁奖；为社区流动网格员颁发聘书。市委常委、组织部部长、统战部部长朱莹滢参加会议并讲话。

5日

省委工作会议在南京召开。会议深入学习领会习近平总书记在省部级主要领导干部专题研讨班上的重要讲话精神。何益军、王鸣昊、丁兴华等市四套班子领导在如皋分会场收听收看，并分组进行学习讨论。

6日

市委书记何益军主持召开市委常委会会议，学习习近平总书记在省部级主要领导干部“学习习近平总书记重要讲话精神，迎接党的二十大”专题研讨班上的重要讲话精神，讨论市委十三届五次全体(扩大)会议方案等议题。

△ 全市党建工作现场推进会召开，通过现场观摩、汇报、点评等形式，持续推进党建工作走深走实。市领导何益军、丁兴华、高峰等参加活动。

8日

市委理论学习中心组集中学习会召开。市委书记何益军领学《习近平谈治国理政》第四卷第三专题“始终坚持人民至上”，市委副书记、市长王鸣昊，市委常委、市人民武装部部长夏森分别围绕学习主题，结合个人思想和工作实际，进行交流发言。

9日

南通市委十三届四次全会与会人员到如皋观摩经济社会发展亮点。王晖、吴新明、黄巍东、庄中秋、沈雷等南通市四套班子领导及如皋市领导何益军、王鸣昊、陈鸣华、卢志敏、石兵、崔建村参加活动。

△ 霖鼎超精密微纳光学产业基地项目正式开工。该项目位于如皋市沪苏科创产业园，计划总投资20亿元，是如皋市首个“双飞地”孵化成功项目。上海交通大学党委常委、副校长朱新远，上海交通大学科技园董事长曹兆敏，霖鼎光学(江苏)有限公司董事长任明俊，南通市委副书记、宣传部部长沈雷及如皋市领导何益军、司祝建、张元健、顾留忠等出席开工仪式。

△ 南通市人大代表如皋第二组调研如皋市公共卫生应急管理体系建设情况。调研组一行先后实地走访奥体中心亚定点医院、市人民医院东院区全员核酸检测基地、市疾控中心等处，详细了解基础设施建设、服务管理、人员配备、物资储备、应急处置等情况。市领导司祝建、秦金春、顾凡参加调研。

△ “精诚医疗集团博士团入驻如皋暨如皋广慈医院胸痛中心和卒中中心建设推进会”启动仪式举行。活动中，与会领导和嘉宾共同为“精诚医疗集团博士团如皋工作站”揭牌。副市长顾凡参加活动。

9—10日

2022年江苏省县域商业体系建设工作推进现场会在如皋市召开。省商务厅二级巡视员郁冰滢，如皋市领导顾留忠、杜晓峰参加活动。与会人员实地参观江苏皋德食材冷链物流中心、长江镇豪天农贸市场、石庄镇业琛广场、城北街道平园池村等处，详细了解如皋市在冷链物流、乡镇农贸市场、乡镇商贸中心等方面的建设情况。会议对下一阶段全省县域商业体系建设工作进行部署。部分市县和商贸企业负责人进行交流发言。其中，如皋市就商业体系建设、冷链物流建设、乡镇商贸中心建设进行典型经验交流。

10日

市委常委、副市长、市科技创新委员会办公室党组书记陈鸣华带领相关板块、部门负责人，开展“暖心聚力促发展”企业走访慰问活动。陈鸣华一行实地走访江苏九鼎新材料股份有限公司、江苏力星通用钢球股份有限公司、江苏万达特种轴承有限公司等处。

△ 副市长顾凡率队调研如皋市教育民生实事、重点工程、部分学校开学准备等工作。顾凡一行先后走进如皋师范学校附属小学新城幼儿园、新城教育培训中心（新城高中）、如皋市志颐小学、如皋师范附属开发区小学、如皋师范附属开发区幼儿园等处，查看学校的教室、食堂、操场和功能室，听取各校（园）长关于建设工程项目推进、后勤服务跟进、招生准备等情况的汇报。

11日

市委副书记丁兴华带队督查文明典范城市创建相关工作。督查组一行实地督查城北市场、普庆苑、博爱医院、庆余市场等处，重点对农贸市场及周边小区、主次干道存在的问题提出整改意见。市领导高峰、卢志敏参加活动。

△ 市委政法委举行2022年人大代表建议、政协委员提案办理面商会议。市领导程瑞琴、张亚鸾参加会议。

△ 如皋市举行全市审计发现问题整改交办会议，通报2021年7月至2022年6月审计发现的问题，并提出审计建议。市委常委、常务副市长顾留忠，市政协副主席郑振明参加活动。

11—12日

南通市人大规范性文件备案审查工作推进会在如皋市举行。如皋市委书记何益军致辞，并介绍如皋市经济社会发展情况和如皋人大工作情况。会议邀请省人大法制委主任委员王腊生以《适应新形势新任务新要求　进一步加强和改进备案审查工作》为题作专题讲座。南通市人大常委会常务副主任、党组副书记庄中秋，南通市人大常委会副主任葛玉琴，如皋市领导何益军、司祝建、缪爱诚、张百璘、陈刚参加会议。

12日

市委召开座谈会，就市委十三届五次全体（扩大）会议报告（征求意见稿）征求老干部意见。市领导何益军、丁兴华出席会议。

△ 如皋市举行“智改数转”和“专精特新”金融产品新闻发布会。如皋农商银行、江苏银行、招商银行、交通银行和光大银行5家银行代表与如皋市发改委签署战略合作协议，并向部分企业发放授信牌。市领导何益军、王鸣昊、顾留忠、陈鸣华参加活动。

13日

市委书记何益军主持召开市委常委会会议。会议传达学习中央统战工作会议精神和南通市委十三届四次全会精神，并就贯彻落实工作进行研究部署。会议讨论“五城同创”相关工作方案等议题。

△ 如皋市“五城同创”动员大会召开，动员全市上下迅速行动，举全市之力，集全市之智，全力争创国家历史文化名城、国家全域旅游示范区、高质量教育样板城市、平安中国建设示范县（市）和国家生态园林城市，加快建设富裕文明、幸福和谐、生态宜居的“强富美高”现代化新如皋。何益军、王鸣昊、张元健、丁兴华等市四套班子领导参加会议。

△ 如皋市举办“我们在你身边——如皋市‘一户一策微关爱计划’在行动”主题活动。活动现场启动“爱豆成长陪伴计划，助力幸福家”和“蓝天牵手助力行动”2个公益项目，副市长顾凡为志愿者代表颁发聘书。

15日 中共如皋市委十三届五次全体(扩大)会议召开。市委书记何益军代表市委常委会作《战"高沙"扛重责　提能级勇争先　以实际行动迎接党的二十大胜利召开》工作报告;市委副书记丁兴华通报2022年1—6月份月度评估排名情况及上半年重点工作考核结果;市委常委、副市长陈鸣华对2022年以来项目建设工作进行点评,并部署下半年项目建设工作。全会审议通过《中国共产党如皋市第十三届委员会第五次全体(扩大)会议决议(草案)》。会议期间观看治沙纪录片《战高沙　再出发》,并向项目建设先进单位授予流动红旗。

△ 市委书记何益军分别参加经济技术开发区(城北街道)、高新区(如城街道、城南街道)的分组讨论。讨论中,何益军强调,经济技术开发区、高新区要以更高的站位、更大的格局谋划未来,战高沙,挑重担,提能级,勇争先,发挥优势,补齐短板,全力打造区域发展新高地。市领导丁兴华、程瑞琴、卢志敏、石兵参加讨论。

△ 市委副书记、市长王鸣昊参加长江镇分组讨论。市政协副主席杜永红参加讨论。会上,王鸣昊听取长江镇班子成员、长江镇各村(社区)负责人及部分企业负责人关于市委书记何益军在市委十三届五次全体(扩大)会议上讲话的感悟及今后工作计划。

16日 如皋市举行"幸福焦港河"整治工作推进会。市委副书记丁兴华带队实地巡查焦港闸水利枢纽至焦港河北段,仔细查看河道两岸乱垦乱种整治、违章建筑拆除、码头提档升级等情况。市水务局汇报幸福焦港建设试点项目推进情况,并向相关镇区交办焦港幸福河建设任务清单。

△ 如皋市举行2022年"慈善宣传月暨一日捐"活动专题培训会议,副市长崔建村参加活动。

17日 市委书记何益军调研信访工作,听取"三百"包案化解工作推进情况汇报,并就具体信访案件与相关镇(区、街道)和部门进行剖析,共同研究化解办法。市领导程瑞琴、陈刚参加调研。

△ 市人大常委会领导司祝建、缪爱诚、张百璘、石兵带队视察公安工作。副市长、市公安局局长陈刚参加活动。司祝建一行先后实地视察市车辆管理所、市公安局巡特警大队、市公安局执法办案管理中心,详细了解基础设施建设、工作机制、办件流程、人员配备、日常管理等情况。

△ 南通市县(市、区)工会主席会议在如皋市举行。会议回顾总结2022年上半年南通各县(市、区)工会的工作,研究部署下一阶段工作。与会人员实地观摩如皋货车司机如逸驿站、"江海小蜜蜂"红色驿站、汽车及零部件产业集群和江苏泰慕士针纺科技股份有限公司产改项目,详细了解如皋市在关心关爱新业态劳动者群体、扎实推进产业工人队伍建设改革等方面的工作。南通市人大常委会副主任、南通市总工会主席葛玉琴及如皋市副市长顾凡参加活动。

18日 市委书记何益军率队实地督查如皋汽车客运站、龙源星河湾、健康西村、西皋市场、庆余市场等处,认真听取文明典范城市创建相关情况汇报,并对各点位存在的问题现场提出切实可行的整改意见。市领导王鸣昊、丁兴华、高峰参加活动。

△ 市委副书记、市长王鸣昊调研市重点断面水质提升工作。王鸣昊一行先后到白蒲镇勇敢大桥国考断面、白蒲镇翻身河逸人桥雨水排口、丁堰镇皋南河梦百合雨水排口、丁堰镇污水处理厂、老柴湾镇区污水处理站等处,实地查看水质、沿岸环境卫生、在建工程等情况,认真听取各处负责人关于水污染防治工作开展情况和水质监测情况的汇报,并对存在的困难、问题提出对策和建议。

△ 市人大常委会举行2022年评议工作动员会。市人民法院、市卫生健康委员会、市退役军人事务局、如皋生态环境局四家被评议单位介绍各自相关工作开展情况并作表态发言。市领导司祝建、顾

留忠、缪爱诚、张百璘、石兵参加会议。

△ 市人大常委会主任司祝建率队督查文明典范城市创建工作，实地走访如城街道迎新社区广福路沿街，对道路两侧车辆停放、绿化管理以及沿街店铺物品摆放等进行实地查看。

19日 辽宁方大集团实业有限公司董事局主席方威率队到如皋考察交流。方威一行实地参观市红十四军纪念馆、南通省级农高区规划展示馆、金岛生态园、长江药用植物园等处，详细了解如皋市生态产业发展、乡村振兴战略实施、重点项目建设等情况。市领导何益军、王鸣昊、顾留忠参加活动。

△ 市人大常委会主任司祝建率队赴磨头镇，先后走访江苏路翔交通工程有限公司、南通海驹钢结构有限公司等处，开展"走访服务季"活动。

△ 龙源皋开如皋市氢能小镇分布式光伏项目成功并网发电。该项目利用如皋市氢能小镇园区屋顶，采用混凝土块配重固定安装方式，共安装4677.48千瓦540Wp组件8662块，由21台逆变器转换后经10千伏变配电系统送出，利用屋顶面积达3.8万平方米。采用"自发自用，余电上网"的消纳方式，最大程度减少电能在电网中的传输损耗，顺利实现绿色低碳与高效节能二者兼顾。

20日 如皋市举行庆祝第五个中国医师节专场文艺演出活动。市委书记何益军代表市委、市政府向全市医务工作者致以节日的问候，援沪医疗队队员代表接受礼遇，对第七届如皋市"德技双馨"医务工作者进行表彰。市领导王鸣昊、司祝建、张元健、顾凡、张亚鸾出席活动。

△ 如皋市第五届育婴员职业技能竞赛在江海高级技工学校高新区校区举行。竞赛分为理论考试和实际操作两部分，参与人数达110人。副市长顾凡参加活动。

22日 市委书记何益军带队走访江苏顺丰通讯服务有限公司、正海磁材股份有限公司高性能永磁体项目建设现场等企业、项目，开展"走访服务季"活动。

△ 市委书记何益军到如皋经济技术开发区南通荣威娱乐用品有限公司，走访慰问室外一线工作人员，详细询问工人们的日常工作情况，赠送防暑降温物资。随后，企业负责人汇报企业上半年发展情况和下一步发展举措。市委常委、如皋经济技术开发区党工委副书记卢志敏参加活动。

△ 江苏省财政厅自然资源和生态环境处党支部、省国金集团资产运营管理有限公司党总支、省城镇与乡村规划设计院有限公司党总支与如皋市城市建设管理中心党支部、搬经镇龙桥村党总支，在南京举行争创服务高质量发展先锋行动队送规划下乡签约仪式。省财政厅一级巡视员李载林及如皋市委常委、政法委书记程瑞琴参加活动。

23日 市委书记何益军率队开展"走访服务季"活动，专题调研江苏力星通用钢球股份有限公司，对公司生产经营情况、重要项目推进情况进行详细了解，切实帮助企业(项目)解决"急难愁盼"问题，持续优化提升全市营商环境。市领导陈鸣华、石兵参加活动。

△ 作为江苏艺术基金2021年度传播交流推广资助项目《雉水风流——不间断派文献展》正式亮相江苏省美术馆新馆7号厅。该展览精心选取"东皋印派"的名家印谱、印章实物、印学专著、诗作以及当代东皋印人印作等，分"嘉名联辉""朱蜕流韵""珍印烁金""古谱溢香""佳著蕴光""妙诗涵芳""名派传薪"七个板块，全方位展示"东皋印派"在篆刻史上的地位、面貌及价值。

24日 市委理论学习中心组召开集中学习(扩大)会，邀请浙江大学新时代枫桥经验研究院、浙江省新时代枫桥经验研究院院长金伯中围绕"新时代'枫桥经验'与基层社会治理"

主题作专题报告。何益军、王鸣昊、司祝建、丁兴华等市四套班子领导参加会议。会后，金伯中还向何益军赠送自己撰写的《民意导向警务论》一书。

△ 江苏省人大社会委主任委员陈正邦率调研组到如皋，就安全生产专项整治“三年大灶”推进情况进行调研。调研组先后到如皋港化工新材料产业园、如皋港专职消防救援站，现场了解两个单位安全生产情况和消防安全防范措施。南通市人大常委会党组成员、市人大社会建设委员会主任委员沈红星及如皋市人大常委会主任司祝建，市委常委、常务副市长顾留忠，市政府党组成员刘栩参加调研。

△ 南通市“喜迎二十大 奋进新征程”2022 年“学习达人”挑战赛总决赛暨县处级党委（党组）理论学习中心组赛学活动在如皋市举行。南通市委宣传部副部长周锦南，如皋市委常委、宣传部部长高峰参加活动。

△ 南通市人大常委会副主任陈俊率队到如皋调研建制镇生活污水治理工作，先后到下原镇截污纳管点位、下原污水处理厂、长江镇郭园老镇区截污纳管点位、郭园污水处理厂，详细了解生活污水治理方面的资金投入、设施建设、日常维护等情况。市人大常委会副主任缪爱诚、副市长张炜龙参加调研。

△ 国铁集团、上海市人民政府、江苏省人民政府、安徽省人民政府正式批复新建上海至南京至合肥高速铁路（北沿江高速铁路）初步设计。项目起自上海市新建上海宝山站，经江苏省苏州市、南通市、泰州市、扬州市、南京市及安徽省滁州市、合肥市，接入既有合肥南站。全线共设上海宝山、太仓、崇明、启东西、海门北、南通、如皋西、黄桥、泰州南、扬州东、仪征北、南京北、滁州、大墅、肥东、合肥南等 16 座车站。其中，如皋西站位于如皋市吴窑镇北侧平田村。

25 日

如皋市在深圳大学城旁举办南通市沿江科创带科创·人才项目恳谈会如皋专场活动。美国国家工程院院士、美国艺术与科学院院士陈世卿，深圳技术大学党委书记张基宏等嘉宾，南通市领导沈雷、羌强及如皋市领导何益军、陈鸣华参加活动。南通市委副书记、宣传部部长沈雷为活动致辞。

△ 省人大社会委安全生产专项整治“三年大灶”推进情况调研汇报会在如皋市召开。南通市、如皋市、海门区政府有关负责人介绍“三年大灶”推进情况；南通及如皋有关部门负责人对《江苏省安全生产条例（修订草案稿）》《江苏省消防条例（修订草案稿）》提出意见建议。省人大社会委主任委员陈正邦，南通市人大常委会党组成员、市人大社会建设委员会主任委员沈红星，南通市副市长李建民以及如皋市人大常委会主任司祝建，市委常委、常务副市长顾留忠，市人大常委会副主任缪爱诚，市政府党组成员刘栩参加会议。

△ 市政协主席张元健走访慰问江苏万达特种轴承股份有限公司。在生产车间，张元健与一线生产工人交谈，了解车间近期的生产状况，为工人送上防暑降温物资，嘱咐工人在投入一线生产时注意防暑降温，确保安全生产。

26 日

南通市人大代表如皋第三小组专题视察城市建设工作。市委副书记丁兴华以普通人大代表身份参加活动。在汪明路工程、龙游河三期工程、花港小区改造提升工程、外城河沿线道路贯通工程、中山路改造提升工程、解放路口袋公园等项目建设现场，代表们一路看、一路听、一路议，深入了解全市城市建设中的亮点工程。座谈会上，市住建局负责人介绍城建工作开展情况。

△ 市人大常委会主任司祝建，市委常委、组织部部长、统战部部长朱莹滢分别到位于城北街道的双钱集团（江苏）轮胎有限公司和海阳路与福寿路交叉口的交通岗亭，走访慰问高温一线工作人员，为他们送去慰问物品。

△ 市政协主席张元健主持召开市政协民主评议市自然资源和规划局、市司法局工作总结会。市

政协副主席陈小燕通报对市自然资源和规划局、司法局民主评议的汇总结果，市自然资源和规划局、司法局相关负责人分别作表态发言。副市长张炜龙对两个部门如何认真落实政协评议意见、进一步加强和改进工作提出要求。

△ 市政协十五届二次常委会会议召开。会议协商调整部分市政协委员；开展“加快建设国家历史文化名城，大力提升城市核心竞争力”专题协商，讨论通过《加快建设国家历史文化名城，大力提升城市核心竞争力建议案》。

27日 如皋市举行首届如皋乡贤大会教育乡贤专场活动。市领导何益军、司祝建、许敬乔、顾凡、张亚鸾参加活动。市委书记何益军致辞，副市长顾凡简要介绍如皋市教育工作发展情况；南京航空航天大学、南京师范大学等5所高校与如皋市部分普通高中、职业高中进行共建基地签约；部分专家教授牵手如皋市部分普通高中，进行名师工作室揭牌；与会领导为教育乡贤颁发“如皋教育高质量发展高级顾问”聘书。

△ 如皋市举行大型纪录片《沙元炳》开机仪式暨纪录片《孔子母亲颜徵在》展映式。市领导何益军、王鸣昊、司祝建、丁兴华、高峰，纪录片《沙元炳》总编导夏骏参加活动。活动中，何益军和夏骏共同为纪录片《沙元炳》开机揭幕。与会嘉宾观看夏骏导演的最新力作——大型历史文献纪录片《孔子母亲颜徵在》。

△ 首届如皋乡贤大会卫健分会举行，来自医疗机构、科研院所、大学高校等各领域的专家精英齐聚一堂，共话家乡发展。如皋市领导王鸣昊、张元健、高峰、刘晓洁参加会议。会议由市委常委、宣传部部长高峰主持。市委副书记、市长王鸣昊在致辞时介绍全市经济社会发展概况。会上，市卫健委负责人介绍卫生健康工作情况，发布医疗卫生人才、技术需求。会上，市人民医院、市中医院与国内多家知名医疗单位签订合作项目。与会领导为一批专家工作室、基层工作站、专科联盟进行揭牌。随后，江苏省人民医院总会计师赍慧以《DRG支付背景下公立医院运营管理如何思变》为题，进行学术交流。

△ 如皋市召开优化营商环境暨“无证明城市”建设部署推进会。“无证明”具体指各行政机关和公共服务机构在办理政务服务和公共服务事项时，不再向申请人收取证明材料，而是通过数据共享、告知承诺、部门核验等方式自行获取证明材料。市领导王鸣昊、司祝建、顾留忠、石兵、张炜龙、顾凡、陈刚、崔建村、唐余宽、刘栩，南通市行政审批局四级调研员剑峰参加会议。市人大常委会主任司祝建主持会议。

△ 中国工程院院士杨裕生携家人回到阔别已久的家乡如皋，重游出生地，看望旧时亲友。市委常委、如皋经济技术开发区党工委副书记卢志敏参加活动，对杨裕生院士一家表示热烈欢迎，还向杨裕生院士介绍家乡的教育发展情况，畅谈如皋未来发展蓝图。

28日 2022首届如皋乡贤大会召开。300多位来自全国各地的如皋乡贤嘉宾欢聚一堂，共同参加“新时代·新乡贤”2022首届如皋乡贤大会，共叙老乡情谊，共鉴家乡发展，共绘美好愿景。中国人民解放军北部战区原政治委员、上将褚益民，中国人民解放军防化研究院第一研究所研究员、北京化工大学教授、中国工程院院士杨裕生等嘉宾及南通市委副书记、宣传部部长沈雷，如皋市四套班子领导何益军、王鸣昊、司祝建、张元健、丁兴华等参加活动。市委书记何益军在活动中致辞并作主旨演讲。现场还举行杨裕生院士捐赠书籍仪式，如皋胡瑗研究会、朱美芳院士材料科普馆揭牌仪式及如皋市高质量发展顾问聘任仪式，19位乡贤被聘任为如皋市高质量发展顾问。与会人员还一起观看城市形象宣传片《这就是如皋》、乡贤祝福VCR及《心往故乡飞》专场文艺演出。

△ 首届如皋乡贤大会文化发展分会举行。市委书记何益军致辞，回顾如皋市源远流长的文化底蕴，介绍多位当代乡贤在各自领域取得的卓越成就。会上，何益军向南京大学文化与自然遗产研究所所长贺云翱教授颁发如皋市国家历史文化名城申报顾问聘书，并与南通市文化广电和旅游局局长毛

炜峰为沙元炳纪念馆揭牌。市文联主席张小凤向省作协副主席汪政递交参创"中国文学之乡"申请。贺云翱教授以《"文化建设"视角下的如皋考古与文化》为题,作如皋历史文化研究主题演讲。全国出版发行业文旅联盟智库专家三石进行东皋如歌文旅书店项目暨作家书房项目创意发布。世界著名刑侦鉴识科学家李昌钰,上海市原副市长沙麟、中央广播电视总台编务会议成员薛继军、鲁迅文学院常务副院长徐可、北京大学中文系系主任杜晓勤、如皋籍旅美作家赵美萍通过视频,为如皋文化发展献计献策。多位乡贤在会议现场,围绕"文学与长寿文化的结合、文化创意产业发展"等方面,为如皋相关发展提出了专业化建议。10个文化项目进行集中签约,项目涵盖度假乐园、特色书店、文化创意产业园、动漫游戏开发等多个领域。会后,与会人员共同参观古运盐河如皋段考古成果展以及沙元炳纪念馆。市领导司祝建、张元健、丁兴华、高峰、杨天锡、崔建村参加会议。

△ 首届如皋乡贤大会专场活动——全国如皋商会第十一次合作交流(如皋)会议在市融媒体中心演播大厅举行。全国政协委员、全国工商联常委、上海江苏商会会长、月星集团董事局主席丁佐宏,保利(横琴)资本管理有限公司深圳公司总经理夏飞,斯堪尼亚亚洲采购部总监李伟明,以及来自北京、新疆、浙江等如皋异地商会的优秀企业家代表,齐聚一堂、共话发展。市领导王鸣昊、朱莹滢、石兵、杜晓峰、唐余宽、杜永红参加会议。市委常委、组织部部长、统战部部长朱莹滢为会议致辞。会议聘请丁佐宏为"全国如皋商会合作交流会议"高级顾问。会上,"全国如皋商会合作交流会议"会旗进行交接,如皋市汽车及零部件商会正式成立。市委副书记、市长王鸣昊为丁佐宏颁发聘书,并为如皋市汽车及零部件商会揭牌。朱莹滢为如皋市汽车及零部件商会党支部揭牌。与会嘉宾集中观看"全国如皋商会合作交流会议"专题片,并围绕"共商产业发展　共话如皋未来"主题进行座谈。

△ 如皋经济技术开发区举办首届乡贤联谊会,邀请在外乡贤、本土乡贤共叙家乡情谊、共话发展成就、共期美好未来。市委常委、如皋经济技术开发区党工委副书记卢志敏参加活动。乡贤们先后到江苏思源高压开关有限公司、江苏和府餐饮管理有限公司,了解企业的生产经营、产品研发、市场销售等情况。在乡村振兴示范点城北街道平园池村,乡贤们实地参观藕池文化园,听取平园池村发展情况的介绍。

△ 高新区举办以"寻梦乡愁　乡贤赋能"为主题的首届乡贤大会,来自各领域的专家精英们齐聚一堂,共话家乡发展。市人大常委会副主任、高新区党工委书记石兵参加会议。与会人员先后参观软件园二期科技孵化器、江苏万达特种轴承股份有限公司、江苏卓远半导体有限公司等处。座谈会上,大家听取高新区经济社会发展和特色产业情况介绍。23位乡贤代表围绕自身经历、工作领域等内容进行交流,并对高新区的发展建言献策。

29日

市委书记何益军率队实地调研白蒲高级中学和江安高级中学,并代表市委、市政府向坚守在教学岗位上的教职工们致以衷心的感谢和诚挚的问候。

△ 市人大常委会举行1号议案督办会,专题督查推进教育人才制度创新、省高品质示范高中创建工作。市领导司祝建、许敬乔、刘晓洁、顾凡参加会议。会上,市教育局相关负责人就教育人才队伍建设相关文件的修订、制定情况进行汇报。如皋中学、白蒲高级中学主要负责人汇报两校申报省高品质示范高中的进展情况。

△ 全市农村人居环境整治提升暨农村垃圾分类现场推进会举行。市领导丁兴华、黄文斌、陈小燕参加会议。会前,与会人员实地走访城南街道桃北村、新华社区、宋家桥社区人居环境治理项目现场。会上,城南街道相关负责人就农村人居环境整治提升和全域垃圾分类工作进行介绍;市城管局相关负责人对《如皋市农村垃圾分类工作实施方案》进行解读、对农村垃圾分类工作进行部署;东陈镇南庄村、城南街道桃北村、城南街道宋家桥社区主要负责人对村(社区)人居环境整治提升工作的经验做法进行交流分享。

31日 市政府全体(扩大)会议召开。总结2022年以来工作,部署下一阶段重点任务,动员全市政府系统坚决扛起“挑重担、扛重责”的政治责任,奋力夺取疫情防控和经济社会发展“双胜利”,以实际行动迎接党的二十大胜利召开。各副市长围绕“挑重担、扛重责,高质量完成全年目标任务”主题,对分管条线下一阶段重点工作进行部署。

△ 如皋市举行《人民代表报》理论研习实践如皋基地揭牌仪式。人民代表报社社长赵树义,南通市人大常务副主任、党组副书记庄中秋,如皋市领导何益军、司祝建、高峰等参加活动。人民代表报社与市人大常委会举行理论研习实践基地签约仪式,赵树义和市人大常委会党组书记、主任司祝建共同为基地揭牌。

△ 南通市副市长、公安局局长高山率队先后查看如皋市公共法律服务中心、市调处中心、白蒲镇综合执法局、城北街道司法所、白蒲司法所等处,调研如皋司法行政工作。如皋市领导王鸣昊、程瑞琴、陈刚参加活动。

△ 南通市人大常委会副主任、党组副书记姜永华带队到如皋开展培育乡村振兴示范村、先进村,加快农业农村现代化工作情况调研,实地查看白蒲镇文著社区、丁堰镇皋南社区、城北街道平园池村、东陈镇南东陈社区等处。市领导司祝建、卢志敏、张百璘、黄文斌参加活动。

2022 年 9 月

1 日 如皋市举行“请进来”招商引资座谈会。邀请复旦校友企业家、区域/行业标杆企业负责人走进如皋，先后到软件园二期、家仕乐园区、磨头镇新异科创园、日达智造科技（如皋）有限公司、如皋经济技术开发区氢能小镇等处，实地考察如皋投资环境，详细了解如皋市主要产业的发展方向和潜力。经济技术开发区、高新区、长江镇、磨头镇、丁堰镇相关负责人作招商推介，与会客商代表介绍各自企业发展情况。10 家企业与如皋市达成合作意向并签署框架协议。市领导何益军、杜晓峰、唐余宽参加活动。

△ 全市“有事好商量”协商议事巩固提升工作推进会召开。与会人员先后参观位于城北街道的万新村党群服务中心、如城街道办事处、如皋农商行总部大楼内的“有事好商量”协商议事室，通过实地观摩、听取汇报、观看专题片等方式，对相关工作开展情况进行详细了解。市领导何益军、张元健、高峰等参加活动。

△ 如皋市召开全市污染防治攻坚战推进会。市四套班子领导参加会议，市委书记何益军讲话。

△ 江苏省委农办副主任，省农业农村厅党组成员、副厅长，省乡村振兴局党组书记、局长朱国兵率队到如皋调研乡村振兴工作，先后查看搬经镇搬东社区、如城街道顾庄社区等处。如皋市领导丁兴华、许敬乔、黄文斌参加活动。

△ 市委常委、宣传部部长高峰带队专题督查全市农家书屋建设情况。高峰一行先后到如城街道城西社区、十里社区，搬经镇万富村、袁庄社区，江安镇合作村、联络新社区、徐葛社区等村（社区），实地了解农家书屋日常运行服务、藏书数量及活动开展等情况。

△ 如皋市举行文明典范城市创建管线整治推进会议。市委常委、宣传部部长高峰一行实地查看如皋市皋南四组团、宏济苑、武定苑、锦绣苑等处，详细了解各类老旧小区管线整治和长效管护情况，并对箱体杂乱、“飞线”交错等具体问题进行交办。会上，如城街道、城北街道、城南街道负责人就总体整治情况进行了汇报；市住建局和相关管线单位负责人提出了下一步工作举措。

△ “逐梦惟笃行　奋进正当时”海外侨胞专题演讲活动在如皋中学举行。如皋中学 87 届校友季波的女儿、美国斯坦福大学学生季恩沛，诺丁汉大学市场营销学副教授、博士生导师蒋阳阳结合自身的经历进行演讲。市委常委、统战部部长、组织部部长朱莹滢参加活动。

△ “理响皋地·青音嘹亮”学习论坛第三期活动在沙元炳纪念馆举行。此次活动以“青春筑梦雉水情　学习沙元炳企业家精神”为主题，来自全市各行各业的企业家代表、青年代表分别围绕沙元炳企业家精神作主题演讲，与会评委作现场点评。市委常委、副市长陈鸣华参加活动。

△ 如皋市举行 2022 年“梦想改造+”关爱计划集中交付仪式，45 间“梦想小屋”正式交付使用。2021 年，共青团如皋市委全面启动实施“梦想改造+”关爱计划，计划用两年时间为全市 80 户困境青少年家庭改造“梦想小屋”。

2 日 南通市委副书记、市长吴新明到如皋调研经济运行情况。南通市政府副市长、秘书长凌屹，如皋市领导何益军、王鸣昊、陈鸣华、石兵、张炜龙、杜晓峰参加活动。吴新明一行走进南通正海磁材电子专用材料制造项目基地，实地查看项目生产线最新进展情况，并与企业负责人展开深入交流。座谈会上，市委书记何益军汇报全市经济社会发展情况，吴新明对如皋市上半年经济发展取得的成绩给予充分肯定。

△ 市委书记何益军主持召开市委常委会会议，学习李克强总理关于二季度上半年经济形势和做好下一步经济工作的讲话精神，中央审计委员会第五次会议、省委审计委员会第九次会议精神，传达南通市委审计委员会第七次会议精神，省委常委会会议、南通市委常委会（扩大）会议精神，研究部署如皋市贯彻落实工作。

△ 如皋市举行慈善一日捐暨“99公益”网络募捐启动仪式。市四套班子领导现场扫码捐赠；司祝建等市领导因公外出分别委托有关人员捐款，或通过网络扫码捐款；115家爱心企业代表进行举牌捐赠，当天累计捐赠1862万元。何益军、王鸣昊、张元健、丁兴华等市四套班子领导参加活动。

△ 市委常委、宣传部部长高峰率队，实地督查搬经镇如皋荣威运动用品有限公司、石庄镇时光花海、石庄镇江苏昌利电子科技有限公司、江苏如皋霖鼎超精密微纳光学产业基地等重点文化产业项目。

3日 市委副书记、市长王鸣昊主持召开十八届市政府第十次常务会议。会议传达学习习近平总书记在省部级主要领导干部“学习习近平总书记重要讲话精神，迎接中共二十大”专题研讨班上的重要讲话精神，李克强总理关于经济工作的相关讲话精神，省委书记吴政隆在7月8日省委理论学习中心组学习会上的讲话精神和南通市委副书记、市长吴新明8月23日《在市安委会全体（扩大）会议暨安全生产三年专项整治推进会上的讲话》精神；听取全市1—8月份安全生产工作情况汇报；讨论《如皋市创建国家创新型县（市）工作方案（送审稿）》等议题。

△ 如皋市第四届农民读书节暨2022“新时代乡村阅读季”启动仪式在长江镇如皋师范第三附属小学举行。活动前，与会人员分别参观长江镇永福社区、永平闸社区、中心沙社区的农家书屋。活动为获评2021年度南通市四星级农家书屋，南通市四星级韬奋书房、韬奋书吧，南通市五星级韬奋书房、韬奋书吧的单位授牌。活动现场还围绕阅读主题举行歌曲、舞蹈、朗诵等文艺会演。市委常委杨天锡参加活动。

5日 势加透博无油叶轮机械产业化基地项目正式开工。该项目位于经济开发区，总投资3亿元，占地面积约42亩。项目建成投产后，预计年产5万台燃料电池无油空压机、压缩空气储能、气悬浮冷媒压缩机和医用呼吸机，年新增应税销售3.4亿元，新增税收1900万元。市领导何益军、王鸣昊、丁兴华等参加基地建设启动仪式。

△ 如皋市召开全市深化易俗堂建设专题推进会，正式启动2022年度“农村移风易俗主题宣传月”活动。市委副书记丁兴华，市委常委、宣传部部长高峰参加会议。

△ 如皋市举行《习近平谈治国理政》第四卷宣讲报告会暨学习教育部署会。市委常委、宣传部部长高峰参加会议。南通市委宣传部二级巡视员黄正平以《向着远大目标伟大进军的光辉文献》为题，阐述《习近平谈治国理政》第四卷蕴含的习近平新时代中国特色社会主义思想的学理、哲理、道理、情理。

△ 南通市基层党务工作者示范培训班在如皋市举行。南通市委组织部副部长、市委“两新”工委书记陈鹏军，如皋市委常委、组织部部长、统战部部长朱莹滢出席开班仪式。开班仪式结束后，陈鹏军一行对如皋市如城街道迎新社区、东陈镇杭桥村党建引领基层治理工作进行指导。

6日 南通市委常委、组织部部长封春晴率队到如皋，先后查看东陈镇杭桥村、如城街道迎新社区、城南街道建设社区等处，调研基层党建工作。南通市委组织部副部长、市委“两新”工委书记陈鹏军，市领导何益军、丁兴华、朱莹滢、石兵参加活动。

7日 市科创委第六次会议暨创建国家创新型县市动员会举行，全面回顾市科创委2022年以来的各项工作推进情况，同时把握创建窗口机遇，高起点谋划、高质量推进、高标准落实国家创新型县市创建工作，坚定不移推进建设具有核心竞争力的科创“皋”地。市领导王鸣昊、陈鸣华、崔建村参加会议。

△ 市人大常委会副主任石兵率调研组视察长江镇尤加利用地盘活项目和长江二桥义务植树基地，白蒲镇邓杨村汶池小流域整治工程，丁堰镇相关项目所涉及的灌溉与排水工程、田间道路工程等处，对国有自然资源资产管理情况开展调研。

8日 如皋市开展防汛抗台暨危化品泄漏事故应急救援演练。市委常委、常务副市长顾留忠参加活动，并担任演练总指挥。

△ 学习“沙元炳家国情怀”如皋市老干部诗书画作品展开展仪式在市老干部活动中心举行。市委常委、组织部部长、统战部部长朱莹滢参加活动。

9日 市委书记何益军带队到市实验小学教育集团（志颐校区）、如皋师范学校附属小学新城幼儿园、高新区实验初中、如皋师范学校第二附属小学和江苏省如皋中学开展教师节走访慰问活动，向老师们致以节日的问候，并为他们送上鲜花。市委常委、副市长许敬乔参加活动。

△ 市委副书记、市长王鸣昊一行实地走访如皋市特殊教育学校、如皋市第一中学、如皋市安定小学、如皋师范附属开发区小学等处，为老师们送上节日的祝福。市领导丁兴华、卢志敏参加活动。

△ 市人大常委会主任司祝建先后走进江苏省如皋中等专业学校、如皋市东皋幼儿园、如皋市李渔小学、如皋市外国语学校，看望慰问一线教师代表。

△ 青海省国家乡村振兴重点帮扶县在苏挂职干部工作座谈会在如皋市举行。江苏省政府副秘书长王志忠、南通市副市长李建民、如皋市委常委杨天锡参加座谈。南通、常州、盐城、扬州挂职干部代表围绕会议主题，分别汇报挂职工作开展情况，交流工作经验，畅谈工作体会、感悟，并提出相关建议。徐州挂职小组作书面交流。省有关部门业务处室负责人、相关设区市对口办（发展改革委）分管负责人分别作指导发言，并就加强自身建设、推进有关领域支援和协作、完成帮扶重点任务发表建设性意见。

13日 市委书记何益军主持召开市委常委会会议，学习省委书记吴政隆调研南通市讲话精神，研究部署贯彻落实工作，传达贯彻南通市防御第12号台风“梅花”工作视频会议精神，研究部署台风防御工作，并讨论其他议题。

△ 市委书记何益军率领相关部门负责人实地查看福寿东路下穿铁路强排泵站、长江镇疏港路1号险段、泓北沙内港池和长青沙西南角险工险段等处，对全市防汛防台工作进行督查。市领导王鸣昊、张炜龙参加活动。

14日 市领导何益军、王鸣昊、司祝建、张元健、丁兴华分别走进挂钩联系村（社区），集中开展“两代表一委员”接待日活动。

15日 全市创建省级双拥模范城“五连冠”总结表彰暨“六连冠”动员大会召开。市领导何益军、王鸣昊、程瑞琴、夏森、崔建村，驻如皋部队领导季宏伟参加活动。现场举行省双拥模范城揭牌仪式，表彰全市双拥工作先进单位和先进个人，部分单位代表作交流发言，军地双方互换定期协商机制协议书。

△ 受台风“梅花”风雨影响自15日凌晨2:30开始，内河水位明显抬升。至上午10时，内河水位上涨至2.85米（上涨约30厘米），但未超警戒水位，接南通市水利局调度全市沿江三闸9月15日早潮排

水一潮次。至上午7:35沿江三闸共计23扇闸门全部打开。下午3时左右关闸,排水量合计约2679万立方米。碾砣港闸1082万立方米,如皋港闸607万立方米,焦港闸990万立方米。

16日 市委理论学习中心组专题学习研讨会召开。何益军、王鸣昊、司祝建、张元健、丁兴华等市委理论学习中心组成员参加研讨会。市委副书记、市长王鸣昊领学《习近平谈治国理政》第四卷第八专题中的“扎实推进长三角一体化高质量发展”篇章;市领导程瑞琴、顾留忠、秦金春分别结合工作实际作交流研讨发言。会后,南通市巡学考学第十工作组对如皋市委理论学习中心组成员进行巡学考学,对市领导高峰、杨天锡进行巡学访谈。

△ 如皋市举行“雉水科创大讲堂”启动仪式暨2022年如皋市全国科普日主场活动。省科协党组成员、副主席冯少东,南通市科协党组书记、主席葛伟,如皋市领导王鸣昊、刘晓洁、唐余宽、郑振明参加活动。冯少东宣布“雉水科创大讲堂”暨2022年如皋市全国科普日主场活动正式启动。启动仪式结束后,首期“雉水科创大讲堂”开讲。

△ 如皋市举行“非凡十年·飞越新如皋”大型融媒体新闻行动启动仪式。活动中,与会领导共同启动“非凡十年·飞越新如皋”大型融媒体新闻行动,观看短片《非凡十年·飞越新如皋》。省委网信办二级巡视员杜家雷,省委网信办网络综合治理处副处长李健,南通市委网信办副主任、三级调研员成继唐,省委网信办网络传播处四级调研员武海燕,如皋市委常委、宣传部部长高峰参加活动。

△ 2022年如皋市未成年人思想道德建设工作联席会议暨文明校园创建推进会举行。与会人员实地参观如城街道城东社区乡村复兴少年宫、如皋中学、如皋师范附属小学、市图书馆、市博物馆,深入了解未成年人思想道德建设工作和文明校园创建成果。会上,市教育局、检察院、妇联、江安镇、白蒲高级中学、如皋市实验初中6家联席会议成员单位围绕文明校园创建、未成年人思想道德建设、法治思想建设、家庭教育建设等内容进行交流发言。会议还传达下一阶段未成年人思想道德建设工作重点项目。市委常委、宣传部部长高峰,市委常委杨天锡参加会议。

△ “法润江海 净网汇通”2022年南通市网络普法融合提升活动在如皋市安定小学举行。活动中,大家一起观看2022年南通市网络普法宣传视频。崇川区、如东县网信办代表就普法工作开展情况作交流发言。为首批南通市“网络普法宣讲团”成员代表颁发聘书,向安定小学授予“南通市网络普法基地”牌匾,并为首批南通市“网络普法媒体联盟”授旗。网络普法媒体联盟代表宣读联盟公约承诺。全国公安系统二级英雄模范、全国优秀人民警察李百战宣读“做新时代好网民”倡议书。副市长崔建村参加活动。

17日 南通召开市委常委会(扩大)会议,传达学习全省召开的设区市市委书记座谈会精神,研究部署贯彻落实工作。何益军、王鸣昊、张元健、丁兴华等市四套班子领导在如皋分会场收听收看。

△ 全市教育系统基层党建工作示范点创建动员会举行。会上,为如皋第一中专进行“南通市基层党建工作示范点”授牌。市教育局负责人解读教育系统党建示范点创建文件并部署相关工作,相关学校进行交流发言。与会人员实地观摩如皋第一中专党建工作现场。南通市委教育工委专职副书记、市教育局党组成员张华,如皋市委常委、组织部部长、统战部部长、市级机关工委书记朱莹滢出席会议。

△ 如皋市政府组织召开张靖皋长江大桥北接线征地搬迁动员会。张靖皋长江大桥北接线长度约14.5公里,涉及拆迁户824户共270300平方米,其中房屋拆迁户451户,附着物及苗圃373户,涉及长江镇、石庄镇和江安镇。

18日 应急管理部政治部副主任贾科、省应急管理厅副厅长赵启凤到如皋检查指导江海高级技工学校相关工作。贾科一行通过听取情况汇报、检查施教现场、查看台账资料等方式，对江海高级技工学校安全生产培训“走过场”专项整治开展情况检查指导。南通市应急管理局局长徐荣，如皋市委常委、常务副市长顾留忠陪同检查。

19日 2022年中国（江苏）新型电力发展大会暨第十四届中国（江苏）国际风电产业发展高峰论坛在如皋市召开。江苏省发展改革委（省能源局）二级巡视员袁焕明，江苏省工业和信息化厅省国防科学技术工业办公室二级巡视员李裕桃，南通市副市长、秘书长凌屹，如皋市领导何益军、王鸣昊、高峰、顾留忠、陈鸣华参加活动。市委书记何益军致辞，并代表如皋市委聘任省可再生能源行业协会为如皋市新型电力装备产业链支撑机构，东南大学教授、博士生导师黄学良和南瑞集团（国网电力科学研究院）首席专家罗剑波为如皋市新型电力装备产业链首席专家，省经信院和省工程咨询中心为如皋市新型电力装备产业链智库机构。市委副书记、市长王鸣昊在大会上就如皋新型电力装备产业作现场推介。举行2022年中国（江苏）新型电力发展大会主题报告及新型电力产业链供需对接交流会等活动，与会人员还实地参观江苏思源赫兹互感器有限公司、江苏神马电力股份有限公司如皋分公司、赛杰爱迪（江苏）高压电气有限公司等企业。

△ 南通市人大常委会党组成员、市人大社会委主任委员沈红星率队到如皋，调研《退役军人保障法》贯彻实施情况。如皋市领导司祝建、缪爱诚、崔建村参加调研。沈红星一行实地参观市技工学校、如城街道退役军人服务站、市退役军人服务中心、市退役军人健康服务基地、市红十四军纪念馆，深入了解《中华人民共和国退役军人保障法》贯彻实施情况及退役军人就业创业培训、帮扶救助、健康管理等工作开展情况。副市长崔建村汇报《中华人民共和国退役军人保障法》贯彻实施情况、存在问题和不足及下一步工作计划。市退役军人事务局、国资办、财政局、教育局、人社局、信访局相关负责人进行交流发言。

△ 市政协举行学校健康教育情况座谈会，就全市中小学幼儿园健康教育的基本情况以及青少年儿童思想品德教育、体育教育、心理教育的情况、问题和对策等进行交流讨论。市领导张元健、张亚鸾参加活动。

△ 全国市长研修学院（住房和城乡建设部干部学院）副院长陈芸华一行实地考察白蒲镇综合行政执法局、白蒲镇便民疏导点等处，调研如皋城市管理综合执法改革工作。南通市城市管理局党组书记、局长赵国，如皋市副市长黄文斌参加活动。

20日 市委理论学习中心组集中学习（扩大）会召开，市委理论学习中心组成员等参加会议。市委常委、组织部部长、统战部部长朱莹滢领学习近平总书记在省部级主要领导干部专题研讨班上的重要讲话精神，组织开展“抓党建促乡村振兴”的专题讲座。

△ 如皋市举行“国家全域旅游示范区”创建推进会。南京师范大学副教授葛军莲以《全域旅游探索实践与理性思考》为题，为与会人员进行专题培训。市领导高峰、刘晓洁、崔建村、张亚鸾参加会议。

△ 如皋经济技术开发区举办“平园清风”廉洁文化主题公园揭牌仪式暨“观园思廉”活动。与会领导共同为“平园清风”廉洁文化主题公园揭牌，与会人员参观“平园清风”廉洁文化主题公园，观看警示教育片，并重温入党誓词。活动还邀请市纪委、监委相关负责人讲授“以中华优秀传统文化涵养新时代廉洁文化”专题廉政党课。市领导秦金春、卢志敏参加活动。

△ 水利部淮河水利委员会副主任杨锋率队到如皋，就水系连通及水美乡村建设情况展开调研。调研组一行先后到长江镇水美乡镇项目点、九华镇水系连通项目点、长江镇田王村水美乡村项目点以及白蒲镇邓杨村水系连通项目点等处，听取点位负责人的情况汇报，并实地了解水系连通规划实施、调度配水工程、河道综合治理等情况。南通市副市长刘洪、如皋市副市长张炜龙参加活动。

△ 如皋市举行秋季退役士兵返乡欢迎仪式暨适应性培训动员大会。副市长崔建村参加会议。

21日 市人大督查区域评估工作推进情况。市人大常委会主任司祝建参加活动。座谈会上，市商务局汇报全市区域评估工作进展情况，相关部门作补充发言。如皋经济技术开发区、高新区、长江镇分别汇报区域评估工作进展及实际应用情况。

△ 中央广播电视总台国际在线董事长藏具林到如皋，实地参观如城街道顾庄社区顾庄生态园，城北街道平园池村农耕民俗文化馆、藕池文化园等处，调研经济社会发展相关情况。市委常委、宣传部部长高峰，市委常委杨天锡参加活动。

△ 如皋市开展2022年突发环境事件应急演练暨饮用水水源地突发环境事件应急演练。副市长张炜龙参加活动。演练假定南通百川新材料有限公司仓储中心3#罐区卸货过程中管道连接法兰破损，泄漏危化品环氧丙烷，企业立即启动应急预案，组织设备抢修、中毒人员救援、防化抢险和人员疏散。

22日 文明典范城市创建指挥部月度例会举行。市领导丁兴华、高峰、卢志敏参加会议。如皋经济技术开发区相关负责人围绕四季度文明典范城市创建项目化任务清单、文明实践主题活动、目前存在的难点堵点等方面进行专题汇报交流，相关单位负责人进行补充发言。

△ 新华社江苏分社常务副总编、江苏省记协副主席刘兆权，新华网总裁助理、长三角运营中心主任、江苏公司总经理徐寿权带队到如皋，参观中国工农红军第十四军纪念馆、中国工农红军南通如皋红军小学、“中共如皋第一个支部遗址”、“中国工农红军第十四军建军纪念碑”、江安高级中学等处，调研红色文化资源相关情况。市委常委、宣传部部长高峰，市委常委杨天锡参加活动。

△ 如皋市举行2022年反走私综合治理工作推进会。活动中，与会人员从长源海事基地登艇，对皋张汽渡、泓北沙内港池（永友粮油码头）、北汊口、中铁山桥、华泰重工港池、四号港内远邦石油码头等地进行沿江巡查。会上，如皋海关、市公安局、市市场监督管理局、长江镇、石庄镇等单位相关负责人分别交流2022年以来打私工作开展情况。副市长杜晓峰出席会议。

23日 南通市委召开理论学习中心组集中学习（扩大）会，邀请南京师范大学新闻与传播学院执行院长张晓锋围绕学习《中国共产党宣传工作简史》、做好舆论引导工作、维护意识形态安全等内容上了一堂精彩生动的辅导课。会议以视频形式召开，何益军、王鸣昊、司祝建、张元健、丁兴华等市领导在如皋分会场收听收看。

24日 如皋市2022年正科职领导干部进修班正式开班。市委书记何益军出席开班仪式并作动员讲话，市委副书记丁兴华主持活动，市委常委、组织部部长、统战部部长朱莹滢参加活动。

△ 市委书记何益军带队督查全市安全生产及疫情防控工作，实地查看如皋客运站、如皋火车站、大润发超市、水绘园风景区、南通超达装备股份有限公司等处。

△ 江苏省如皋市融媒体中心与浙江省安吉县融媒体中心举行战略合作签约仪式。市委常委、宣传部部长高峰参加活动并见证签约。

△ 苏州市吴昌硕研究会会长、北京中国书画收藏家协会副会长、日本东京中国书法学院教授吴民先到曾经任教17年的石庄高级中学，向学校捐赠浑天仪。活动中，与会领导和嘉宾共同为浑天仪揭幕。省教育厅副厅长、党组成员，省委教育工委委员顾月华，如皋市委常委、副市长许敬乔参加活动。

26日 复旦大学副校长张志勇一行到如皋考察交流，双方就大健康产业、科研成果转化等方面进行探讨。市领导何益军、黄文斌、唐余宽参加会议。座谈会上，副市长黄文斌介绍如皋卫生健康工作情况，高新区有关负责人介绍长寿未来农业园（农高区）概况，市人民医院负责人介绍该院基本情况及创建三级甲等医院相关事宜，复旦大学相关人员介绍复旦枫林科技园概况，双方就推动医疗卫生事业、学科建设、人才培养、康养及大健康产业高质量发展等方面进行深入交流。

△ 南通市政协主席黄巍东率住通全国、省政协委员，部分市、县（市、区）政协委员和南通市政协机关离退休老同志到如皋，就长江大保护、沿江生态景观带建设进行视察。南通市政协领导施学雷、羌强等，如皋市领导何益军、张元健、陈小燕参加活动。

△ 如皋（长三角）招商投资说明会在苏州举行，来自长三角地区的世界500强、国内100强企业代表，央企及上市企业代表，创新创业领军人才代表等齐聚一堂，共叙友谊、共谋商机、共商发展。市领导丁兴华、高峰、杜晓峰参加会议。会上，共有12个项目进行集中签约，涵盖新材料、先进制造、环保等领域。

△ 市第十八届人大常委会第五次会议举行。会议听取和审议《市政府关于乡村振兴战略实施情况的报告》《关于2021年度市人大代表第429号建议办理情况的报告》《关于2021年度国有自然资源资产管理情况的专项报告》《关于2021年度国有资产管理情况的综合报告》。市人大常委会主任司祝建，副主任缪爱诚、张百璘、刘晓洁、石兵出席会议。副市长黄文斌，市监察委员会、市人民法院、市人民检察院负责人员列席会议。

△ 水利部河湖保护中心副主任李春明一行到如皋市调研幸福河湖建设、基层河湖长能力提升需求等情况。李春明一行巡查焦港枢纽至石庄镇邹蔡村河段，听取相关情况介绍，并参观石庄镇邹蔡村、磨头镇丁冒村“自己的河道自己管护”现场，对如皋市幸福河湖建设、基层河湖长能力提升工作给予肯定。副市长张炜龙参加活动。

27日

如皋市召开三季度“村（社区）书记大讲坛”。与会人员参观如城街道光华村、搬经镇搬东社区、下原镇陈桥村等处，市委副书记、市长王鸣昊主持会议。与会人员共同观看专题片《文明乡村何以“新风”扑面》；部分村（社区）负责人进行经验交流和表态发言。何益军、王鸣昊、司祝建、张元健、丁兴华等市四套班子领导参加活动。

△ 全市人大代表履职平台建设暨“五心五一”主题实践活动现场推进会举行。市人大常委会主任司祝建一行先后实地视察九华镇、长江镇人大代表之家，听取相关镇关于人大代表履职平台建设、主题活动开展情况的介绍，并参观各功能室，查看台账资料。会上，长江镇、九华镇、城南街道相关负责人进行交流发言。市领导缪爱诚、刘晓洁参加会议。

△ 如皋市纪念干部离退休制度建立40周年大会暨全市离退休干部党组织书记培训班在市委党校举行。市委常委、组织部部长、统战部部长朱莹滢出席会议并讲话。

28日

市委书记何益军带队调研西部片区城市建设工作，实地走访如皋城西片区综合开发经营服务项目一期工程、西部片区桃源路、广福路、滨河南路工程、热电厂工业遗址改造项目等项目建设现场。工作推进会上，相关设计单位汇报如泰运河河道两岸风光带景观工程设计优化方案；富皋万泰、皋开投资发展集团分别汇报西部片区项目具体推进情况及下一步工作打算；如城街道、城南街道、城北街道分别汇报相关地块搬迁扫尾及土地征收进展情况。

△ 市委副书记、市长王鸣昊带队实地走访市人民医院、文峰城市广场、江苏九鼎新材料股份有限公司、如皋青年人才公寓国际社区项目建设现场、如皋南站等处，开展节前安全生产、疫情防控大检查。

△ 如皋市举行乡村治理村级积分制试点现场推进会。市委副书记丁兴华，市委常委、政法委书记程瑞琴，副市长黄文斌出席会议。

△ 市人大常委会主任司祝建带队实地走访搬经中学、江安高级中学、长江高级中学等处，调研高

中实验室建设和使用情况。

△ 市人大常委会科技创新议案督办会举行，专题督查推进高企“倍增计划”。市人大常委会主任司祝建一行先后走进江苏如天光电科技有限公司、赛杰爱迪（江苏）高压电气有限公司、南通伟腾半导体科技有限公司等处，听取相关公司发展历程、技术研发、产品应用等情况介绍，实地查看相关公司生产现场，了解相关部门服务企业情况。

△ 如皋市举行污染防治攻坚指挥部办公室（扩大）会议暨秋冬季秸秆禁烧与综合利用动员会议，市领导秦金春、张炜龙参加活动。

△ “携手奋斗向未来”如皋市总工会新时代新风尚职工集体婚礼在如皋经济技术开发区双钱集团（江苏）轮胎有限公司举行，市委常委、组织部部长、统战部部长朱莹滢参加活动。

△ 由市木偶艺术团创排的江苏艺术基金2022年度资助项目——大型儿童木偶剧《布罗镇的邮递员》在南通更俗大剧院首演，并接受江苏艺术基金管理中心专家组验收。江苏艺术基金管理中心领导及评审专家，南通市文联主席姜平，南通市文化广电和旅游局党组副书记、副局长倪小平，如皋市副市长崔建村参加活动。

△ 副市长崔建村率队督查国庆节前文体旅游行业安全生产和疫情防控工作，先后查看龙游湖皮划艇训练基地、龙游湖欢乐世界等处。

△ 南通市人大常委会副主任葛玉琴率队到如皋，实地调研市生态环境保护执法司法联动中心、公益诉讼检察指挥中心、市人民检察院检察文化中心、政治忠诚教育馆等处，专题调研如皋市刑事检察工作相关情况。市人大常委会副主任缪爱诚参加调研。

△ 沪渝蓉高铁（北沿江高铁）江苏段开工。北沿江高铁南通段线路全长约133公里，在如皋境内里程约38公里，并将在如皋市吴窑镇北侧平田村设立如皋西站。

△ 如皋一条城市快速路紫光路北延项目建成交付。紫光路北延项目是如皋“两环八射”城市快速路系统的重要组成部分，项目沿宁启铁路西侧布线北起惠民路，南至中山路高架桥下，全长3.7公里。全线采用双向6车道一级公路标准建设，路面宽度45.5米。

29日

南通召开信访包案工作点调会。何益军、王鸣昊、司祝建、张元健等市四套班子领导在如皋分会场收听收看。视频会议结束后，市委书记何益军对市信访及安保维稳工作作具体要求。

△ 市委书记何益军主持召开市委常委会会议，学习习近平总书记重要批示、回信、贺信精神，学习中央、全国和全省有关会议精神以及中共中央政治局委员、中宣部部长黄坤明在2022年中国网络文明大会上的讲话精神，并研究其他议题。

△ 南通市委副书记、宣传部部长沈雷率队到如皋，督查安全生产工作。市委副书记丁兴华参加活动。沈雷一行实地督查江苏宝众宝达药业股份有限公司、中铁山桥（南通）有限公司、江苏华永复合材料有限公司等处。

△ 市委常委、宣传部部长高峰带队开展国庆节（重阳节）期间文明旅游专项督查。先后查看市全域旅游服务中心、如皋南站、水绘园风景区、中山路雁桥西河边路段等处。

30日

如皋市举行烈士纪念日缅怀先烈公祭活动。活动由市委副书记、市长王鸣昊主持，市委书记何益军宣读祭文。市四套班子全体领导，市法院院长、市检察院检察长，市级机关各部门（含垂直管理部门）主要负责人及分管党务工作的负责人，驻如皋部队官兵代表，烈属代表，社会各界代表，学生代表等参加活动。

△ 市委常委会专题民主生活会召开。市委书记何益军主持会议。何益军代表市委常委会班子作对照检查，并带头作个人检视剖析，主动接受批评。随后，市委常委会班子成员围绕会议主题，结合各

自思想和工作实际，进行个人检视剖析，开展批评与自我批评。

△ 由市委宣传部（市文明办）、市教育局主办，市博物馆承办的“喜迎二十大　筑梦向未来”如皋市中小学生手工、绘画作品展在市博物馆正式开展，市委常委、宣传部部长高峰为作品展揭幕。该画展持续到10月25日结束。

2022 年 10 月

1 日 如皋市城南板块首座商业综合体皋邻广场正式开业。市领导何益军、王鸣昊、张元健、高峰、顾留忠参加活动。市委副书记、市长王鸣昊为活动致辞。

△ 如皋市公安局举行“喜迎二十大 忠诚保平安”升旗仪式。市领导何益军、王鸣昊、程瑞琴、陈刚等参加活动。

△ 如皋市“爱如皋”公益联盟分享交流沙龙举行。市委副书记、市长王鸣昊，市委常委、宣传部部长高峰参加活动。活动中，与会领导为公益联盟成员们颁发感谢卡，为“爱如皋”公益联盟创意盲盒放飞彩球。

△ 由市新时代文明实践中心策划开展的“同声颂党恩 喜迎二十大”新时代文明实践理论宣讲志愿服务活动在城南社区华府名庭新时代文明实践点举行，市委常委、宣传部部长、市新时代文明实践中心办公室主任高峰参加活动。活动为“文明有理”姚呈明理论武装工作室示范宣讲点揭牌。姚呈明围绕《学深悟透〈习近平谈治国理政〉第四卷》，深入浅出地为大家讲解习近平新时代中国特色社会主义思想的最新成果。

△ 央视《新闻联播》从即日起，推出系列报道《江河奔腾看中国》。第一期沿着母亲河长江看长江经济带的绿色之变，其中播出如皋长江段的大美风景。

4 日 市委书记何益军率队慰问部分百岁老人。何益军一行先后走访如城街道方庄村的高有凤和新民社区的丁邦凤老人家中慰问百岁老人，为她们送去党和政府的温暖，并向她们致以重阳节的美好祝福。

8 日 如皋市残疾人联合会第七次代表大会召开，回顾总结过去五年的工作，明确今后五年工作的主要目标和任务。南通市残联党组书记、理事长杨丁勇，如皋市领导何益军、王鸣昊、司祝建、张元健参加会议。市委书记何益军在讲话时对全市残疾人工作给予肯定，并就进一步做好残疾人工作提出要求。会议选举产生市残疾人联合会第七届主席团主席、副主席，执行理事会理事长、副理事长、理事等。副市长崔建村当选市残疾人联合会第七届主席团主席。市残联聘请市委常委、政法委书记程瑞琴担任主席团名誉主席。

△ 由市委宣传部、市委市级机关工委、市委党史办主办的“伟大精神铸就伟大时代——中国共产党伟大建党精神专题展”在行政中心二楼平台展出。市委常委、宣传部部长高峰参观展览。

9 日 全市项目建设月度观摩会召开，全面吹响 2022 年度项目建设决战冲刺号角，动员全市上下切实担起重责、勇挑重担。何益军、王鸣昊、司祝建、张元健等市四套班子领导参加会议。

10 日 如皋市召开政法系统党风廉政建设推进会暨全面提升政法队伍满意度专项行动部署会，市委常委、政法委书记程瑞琴，市委常委、市纪委书记、市监委主任秦金春，副市长、市公安局局长陈刚出席会议。会上，秦金春为广大政法干警作廉政教育报告；陈刚传达南通市政法领导干部加强政治建设专题研讨班会议精神；相关政法单位作表态发言。会议还就巩固全市政法队伍教育整顿成果、全面从严管党治警和全面提升政法队伍满意度专项行动进行部署。

△ 市委政法委员会2022年第三次全体委员会议举行。市领导程瑞琴、陈刚参加会议。副市长、市公安局局长陈刚传达学习中央政法委、省委和南通市委党的二十大维稳安保会议精神。随后,开展政法领导干部加强政治建设专题研讨;市委政法委、市公安局等单位汇报三季度政法重点工作完成情况、存在问题和下一阶段思路举措,相关部门就全面从严管党治警进行书面交流。

△ 张靖皋长江大桥建设指挥部举行ZJG-A1标南航道桥南锚碇地连墙钢箱制造开工仪式,标志着世界最大地连墙锚碇主体钢箱制造正式启动项目进入全面施工阶段。该项目由位于长江镇的中铁山桥(南通)有限公司承建。

11日 南通市人大常委会副主任、党组副书记姜永华带队到如皋调研制造业发展情况。市领导司祝建、陈鸣华参加活动。姜永华一行先后走访柏承(南通)微电子科技有限公司、江苏思源赫兹互感器有限公司、南通超达装备股份有限公司等处。

12日 市委书记何益军带队调研文明典范城市创建指挥部运作情况,安排部署下一阶段工作。市领导王鸣昊、丁兴华、高峰参加调研。

△ 市委书记何益军到市人民来访接待中心,接待来访群众,现场协调解决相关问题和矛盾。市领导程瑞琴、顾留忠、陈刚参加活动。

△ 市委常委、宣传部部长高峰带队实地走访市域社会治理现代化指挥中心、顺丰速递有限公司如皋分公司、定慧禅寺、南京钰和堂文化传媒有限公司如皋分公司、南通雉水文化传媒有限公司、如皋市凯慧弘图书有限责任公司等处,开展“扫黄打非”暨网络安全工作专项检查。

13日 市委副书记、市长王鸣昊主持召开十八届市政府第十一次常务会议。传达学习习近平总书记在中央全面深化改革委员会第二十七次会议上的重要讲话精神,以及9月21日、9月26日国务院常务会议精神。传达学习9月23日全国、省安全生产电视电话会议精神,以及《关于全省重点行业领域安全生产百日攻坚行动调度会议精神的报告》的精神。讨论《如皋市市场监督管理局关于申请建设省级预制菜质量监督检验中心的请示(送审稿)》等议题。

△ “理响皋地·青音嘹亮”学习论坛第四期活动在市委党校举行。市委常委、宣传部部长高峰参加活动。活动中,4名青年代表紧扣“学懂用好《习近平谈治国理政》第四卷”主题、联系学习工作实际作交流发言,现场评委进行点评指导。

15日 如皋市同心书画院揭牌仪式暨当代名家书画邀请展在市文化馆举行。南通市委统战部副部长、市侨办主任金志伟,如皋市领导丁兴华、高峰、张百璘参加活动。活动邀请多位知名艺术家参加,参展作品91件。活动中,金志伟与市委副书记丁兴华共同为如皋市同心书画院揭牌。

16日 中国共产党第二十次全国代表大会在北京隆重开幕。何益军、王鸣昊、司祝建、张元健、丁兴华等市四套班子领导集中收听收看党的二十大开幕会盛况,认真聆听习近平代表第十九届中央委员会向大会所作的报告。

17日 何益军、王鸣昊、司祝建、张元健、丁兴华等市四套班子领导集中参观“在奋进中跨越——‘如皋这十年’成就展”。展览聚焦全市经济发展、城乡建设、民生事业等方面以及13个镇(区、街道)的经济社会发展情况,通过图片、文字等形式,全面展现中共十八大以来全市加快推动经济社会发展和党的建设的非凡历程及辉煌成就，激励广大党员干部群众从中汲取奋进力量、坚定勇毅前行，高质量建设南通跨江融合发展样板区。

18日 如皋经济技术开发区与江苏康瑞新材料科技股份有限公司就高性能金属复合材料及零部件制造项目达成合作协议。该项目总投资约20亿元，计划于2023年3月正式投产，预计达产后年应税销售超过20亿元，年实缴税金超过1亿元。江苏康瑞新材料科技股份有限公司董事长朱卫、总经理张忠及如皋市领导何益军、王鸣昊、丁兴华、卢志敏、杜晓峰参加签约仪式。

△ 市委书记何益军带队走访九华镇赵元村、耿扇村、搬经镇万富村等处，调研乡村振兴工作。市领导丁兴华、许敬乔，省委驻如皋市乡村振兴（帮促）工作队全体队员参加调研。

△ 市人大常委会主任司祝建带队到市司法局，调研优化营商环境工作。副市长陈刚参加活动。座谈会上，市司法局负责人汇报全市司法行政工作概况、优化营商环境工作情况及下一阶段工作计划。

19日 如皋市举行"奋进新征程·建功新时代"市主要领导网友见面会，充分听取广大网友对全市经济社会发展的意见建议，构建网上网下"同心圆"。南通市委宣传部副部长、南通市委网信办主任俞雷，如皋市领导何益军、王鸣昊、高峰、顾留忠参加活动。

△ 市委书记何益军率队调研九华镇重点工作。何益军一行实地走访南通达晖精密制造有限公司项目现场、上汽联创智能网联科技（江苏）有限公司等处，深入了解该镇招商引资、科技创新等重点工作开展情况。

△ 市人大常委会主任司祝建带队开展科技创新议案专题督查调研，重点督查南通沿江科创带及龙游河科创走廊建设落实推进情况。司祝建一行实地参观江苏力星通用钢球股份有限公司、南通正海磁材有限公司、南通惟怡新材料科技有限公司、南通永成工业自动化有限公司、吴窑镇科创产业园等处。

△ 中国数学会公示2022年全国高中数学联赛省一获奖名单，江苏省共有88名学生获一等奖，如皋中学高二学生黄朱尊上榜。

20日 市委书记何益军率队调研吴窑镇重点工作。何益军一行实地走访吴窑社区、江苏王家风范海绵制品有限公司、吴窑镇科创中心科创园等处，深入了解该镇招商引资、科技创新、城镇建设等重点工作开展情况。在随后召开的座谈会上，吴窑镇负责人汇报重点工作推进情况以及下一步工作思路和举措。

△ 市人大工作研究会第三届第一次会议举行。会议宣读市委主要领导对市人大工作研究会第三届第一次会议的批示及南通市人大工作研究会发来的贺信。会议表决通过第三届市人大工作研究会会长、秘书长、副秘书长、常务理事、理事名单，谢新民当选市第三届人大工作研究会会长。

△ 市委副书记丁兴华率队对焦港沿线码头提档升级、垦坡种植清理、违章搭建拆除等情况进行实地督查。

△ 如皋市举行全民科学素质工作领导小组（扩大）会议暨省科普示范县（市、区）创建动员部署会议。市委常委、副市长、市科技创新委员会办公室党组书记陈鸣华参加会议。会上，市科协相关负责人对《如皋市全民科学素质行动规划实施方案（2021—2035年）（征求意见稿）》进行解读，并提交与会部门、板块进行审议；市科协主要负责人传达学习中共中央办公厅、国务院办公厅《关于新时代进一步加强科学技术普及工作的意见》和南通市科学技术协会第十一次代表大会精神。会议还传达《关于开展2022—2025年度江苏省科普示范县（市、区）创建工作的通知》精神，并作任务分解。

21日 市委书记何益军主持召开市委常委会会议。会议学习习近平总书记在中国共产党第二十次全国代表大会上的重要报告精神，研究如皋市贯彻落实工作，还学习《习近平关于社会主义精神文明建设论述摘编》，讨论《如皋市人大五年工作规划(2022—2026年)》《如皋市人民代表大会议事规则》等议题。

△ 市委书记何益军率队调研东陈镇重点工作。何益军一行实地走访南通思瑞机器制造有限公司、江苏邦正新材料有限公司、江苏标全检测技术有限公司等处，详细了解企业生产经营情况。在随后召开的座谈会上，东陈镇负责人汇报重点工作推进情况以及下一步工作思路和举措。会议听取沪苏科创产业园东部片区概念性规划设计方案。

△ 全市优化营商环境评价分析推进会举行。会上，市发改委负责人围绕时间安排、指标设置情况、指标评估预计得分南通排名情况、创新加分情况、评价面临形势等，对2022年省营商环境评价指标进行系统分析。相关部门进行交流发言。市领导王鸣昊、司祝建、顾留忠参加会议。

△ 如皋市召开全市村级集体经济发展现场推进会。市委副书记丁兴华，市委常委、副市长许敬乔，副市长黄文斌参加会议。

△ 如皋市举行2022年建议提案办理工作督查推进会议，专题督查全市2022年建议提案面上办理情况、重点建议提案以及2021年B类建议提案办理落实情况。市领导顾留忠、石兵、张亚鸾参加会议。

22日 全市村级集体经济发展现场推进会在白蒲镇合兴村召开。市委副书记丁兴华，市委常委、副市长许敬乔，副市长黄文斌等参加会议。

△ 如皋中山钟楼重建工程主体建筑竣工，拆除外脚手架，四楼墙面镶嵌时钟启动走时，钟楼亮化灯光点亮。

24日 市人大常委会1号议案督办会举行，专题督查学前教育工作推进情况。市领导司祝建、许敬乔、刘晓洁参加活动。与会人员实地走访如皋师范学校附属小学新城幼儿园、如皋市如城光华幼儿园、如皋市红星幼儿园新建工程项目现场、如皋师范学校附属小学幼儿园、如皋市宋庆龄幼儿园等处。会上，市教育局相关负责人以《聚焦普惠优质　聚力特色发展　全面建设学前教育高质量发展如皋样板》为题，汇报全市学前教育三年振兴计划落实情况。相关部门进行交流发言。

25日 市委书记何益军带队走访调研市部分科技型企业。何益军一行先后走访江苏宇石能源集团有限公司、江苏凌氢新能源科技有限公司、南通辰同智能科技有限公司等市科技型企业，与企业负责人深入交流，了解企业技术研发、生产经营情况，帮助企业协调解决相关问题。

△ 市人大常委会评议大会举行。市人大常委会4个工委代表市人大评议调研组分别通报对市人民法院、市卫健委、市退役军人事务局、市生态环境局四家被评单位的评议情况；被评单位负责人汇报迎评和自查自纠情况，并作整改表态发言。会议还对被评单位的工作进行满意度测评，并现场公布测评结果，测评满意和基本满意率均达百分之九十七以上。

26日 南通市深化移风易俗工作现场会在如皋市召开。南通市委副书记、宣传部部长、市文明委主任沈雷，如皋市领导何益军、丁兴华、高峰参加会议。沈雷一行实地查看如城街道城东社区、如城街道光华村、搬经镇搬东社区等处。会上市委书记何益军致辞，如皋市、启东市、南通市民政局、南通市农业农村局相关负责人就移风易俗工作推进情况进行交流。

△ 市委书记何益军率队调研磨头镇重点工作。何益军一行实地调研治沙纪念馆选址处、城控精密智造产业园、华都精工(南通)精密机械有限公司、高庄社区等处。随后召开座谈会上,磨头镇负责人汇报磨头镇经济社会发展情况,以及下一步工作思路和举措。

△ 市政协主席会议专题协商健康教育工作。会上,相关部门结合各自工作实际汇报全市健康教育工作展情况、存在问题和下一步工作打算。与会人员围绕如何推动健康教育工作高质量发展进行协商。市政协主席张元健,市委常委、副市长许敬乔,市政协副主席杜永红、张亚鸾、郑振明,秘书长冒海清参加活动。

△ 如皋市召开网络直播行业党建工作推进会。南通市委网信办副主任成继唐,如皋市领导高峰、朱莹滢参加活动。会上,市网络直播行业党委书记吴正隆作工作发言,会议还发布网络主播党员先锋"十带头"标准。市互联网行业党建指导员、全国基层理论宣讲先进个人姚呈明作"新时代新征程的政治宣言和行动纲领——认真学习党的二十大报告精神"主题讲座,网络主播党员代表进行交流发言。与会人员还参观中国共产党伟大建党精神专题展和廉政文化展。

△ 如皋市举行2022"才聚雉水·智汇皋地"第二届高层次人才创新创业大赛。活动现场对如皋高新区投资环境进行推介。随后,智能装备制造、新材料、人工智能等领域的16个创新创业项目集中亮相,项目负责人通过线上线下路演展开激烈角逐,评审专家进行现场提问并打分。最终评出一等奖1个、二等奖2个、三等奖3个,并现场进行公布。市领导朱莹滢、石兵、唐余宽参加活动。

28日

全市宣传思想文化系统中共二十大精神集中学习会举行。会上,全国优秀党务工作者、全国基层理论宣讲先进个人姚呈明以《新时代新征程的政治宣言和行动纲领——认真学习中共二十大精神》为题作指导。各镇(区、街道)宣传思想文化条线人员在分会场收听收看学习会。市委常委、宣传部部长高峰参加活动。

29日

全市重点城建交通及民生实事项目现场推进会举行。市委副书记、市长王鸣昊一行实地走访49#建设工程、新城教育培训中心、273#安置房建设工程、293#搬迁地块、中山路综合提升工程、宏坝河城市特色空间工程等城建交通重点项目现场。会上,相关部门、镇(区、街道)围绕2022年以来城建、搬迁,新开及续建交通工程,2022年民生实事项目等工作进行汇报。

30日

央视《朝闻天下》聚焦南通"构建15分钟医保服务圈"。其中,如皋九华镇作为典型多次入镜。

31日

南通市委理论学习中心组集中学习(扩大)会召开。会议以视频形式召开,何益军、王鸣昊、司祝建、张元健、丁兴华等如皋市四套班子领导在分会场收听收看。会上,中国发展改革报社副社长、央视特约评论员杨禹以视频连线形式,作题为《向着伟大复兴　知重负重再出发》的辅导报告,对党的二十大精神进行深入浅出的解读。

△ 市委书记何益军带队调研石庄镇。何益军一行实地调研G40搬迁安置地块、原通北实业地块盘活项目,详细了解安置房建设、低效用地盘活等情况。座谈会上,石庄镇负责人员汇报石庄镇经济社会发展情况以及下一步工作思路和举措。市委常委、宣传部部长高峰,市委常委、组织部部长、统战部部长朱莹滢参加调研。

△ 2022年如皋市秋季学期主体班开学典礼举行,市领导丁兴华、朱莹滢出席活动。市委副书记、

市委党校校长丁兴华以“学习贯彻党的二十大精神”为主题，为学员们生动讲授“开学第一课”。市委常委、组织部部长、统战部部长朱莹滢主持开学典礼。

△ 江苏省交通运输厅印发通知授予 18 个工程项目为 2022 年度“江苏交通优质工程”并颁发“苏畅杯”。其中，如皋市新建盐城至南通铁路工程如皋南站房工程和如皋市路翔公司承建的 272 省道徐州至沛县段工程(沛县段)2 个工程项目光荣上榜。

10月

江苏省卫生健康委、省体育局联合举办的“健康江苏——给你骨力”健骨操竞赛结果出炉，如皋市疾控中心代表队喜获二等奖。

△ 2022 年南通市少先队“英雄中队”名单公布。南通如皋红军小学何昆中队、如皋市安定小学李超时中队、如皋市实验小学袁隆平中队入选。

2022 年 11 月

1 日 全市"挑重担、扛重责"冲刺四季度动员部署大会召开。何益军、王鸣昊、司祝建、张元健、丁兴华等市四套班子领导参加会议。会议由市委副书记、市长王鸣昊主持,市委书记何益军讲话。各分管市领导对相关条线工作进行点评。

△ 全市传达党的二十大精神大会召开,传达党的二十大报告主要精神、习近平总书记在党的二十大期间重要讲话精神、党章修改情况以及中央纪委工作报告的主要精神。会议以电视电话会议形式召开,各镇(区、街道)设分会场。市委书记何益军主持大会并讲话。

△ 市人民法院优化法治营商环境工作分析推进会举行。市领导司祝建、程瑞琴、顾留忠参加会议。会上,市人民法院党组书记、院长唐明渠围绕"办理破产""执行合同"两大营商环境考核指标,汇报市人民法院优化法治营商环境工作整体情况。随后,市人民法院相关责任人围绕相应考核指标进行剖析交流。

△ 全省宣传文化系统学习宣传贯彻中共二十大精神电视电话会议召开。市委常委、宣传部部长高峰,市委常委杨天锡在如皋分会场收听收看。后续会结束后,南通还召开《习近平关于社会主义精神文明建设论述摘编》集中学习会。

2 日 市委书记何益军率队调研长江镇重点工作。何益军一行实地走访平南社区、江苏沃航高科技有限公司项目现场等处,详细了解基层党建、项目建设等工作推进情况。调研中,长江镇主要负责人汇报全镇经济社会发展情况,以及下一步工作思路和举措,市交通产业集团负责人汇报助力长江镇打造城市副中心相关情况。

△ 如皋市举行全市农村人居环境整治提升现场推进会。与会人员实地参观城北街道邓元社区、里庄村、万新村,详细了解相关村(社区)河道整治、垃圾分类、美丽庭院建设、破落建筑整治等工作的开展情况。会上,城北街道围绕农村人居环境整治提升工作推进情况进行汇报,城北街道双龙社区、里庄村进行交流发言,长江镇、吴窑镇作表态发言。市领导丁兴华、卢志敏等参加会议。

△ 市委副书记丁兴华带队督查全市高标准农田和强村加油站建设工作,实地查看磨头镇新联社区、搬经镇鲍庄村、丁磨路加油站、城西大道加油站等处。

△ 如皋市举行首批智能抗疫口罩派发机捐赠仪式。市委常委、统战部部长、组织部部长朱莹滢参加活动。活动现场,捐赠方北京善行公益基金会、上海来维科技有限公司委托江苏阿信医疗信息咨询有限公司向如城街道迎新社区、南通荣威娱乐用品有限公司、家家乐超市、博爱医院捐赠智能抗疫口罩派发机。

3 日 市委副书记、市长王鸣昊主持召开十八届市政府第十二次常务会议。会议传达学习党的二十大、二十届一中全会精神和习近平总书记在中央政治局会议、中央政治局第一次集体学习时的重要讲话精神,讨论《如皋市全民科学素质行动规划实施方案(2021—2035 年)(送审稿)》《关于加强耕地保护严格耕地用途管制落实耕地进出平衡的通知(送审稿)》等议题。

△ 如皋市中小学校法治副校长聘任暨青年普法志愿者基层行启动仪式举行。市委常委、政法委书记,市法学会会长,市法治宣传教育工作领导小组组长程瑞琴参加活动。

△ 如皋市举行“党建+邮政惠农”驻村工程启动仪式。市委常委、组织部部长、统战部部长朱莹滢参加活动。活动中，与会嘉宾共同启动“党建+邮政惠农”驻村工程。朱莹滢对“党建+邮政惠农”驻村工程进行授旗。挂职人员代表和村(社区)代表进行交流发言。

△ 如皋市举行中小学法治副校长聘任与管理新闻发布会，发布和介绍如皋市中小学法治副校长聘任与管理相关情况。

4日 “喜庆二十大　启航新征程”热烈庆祝中共二十大胜利召开文艺会演暨2022年文艺创新大赛在市文化馆举行。由7名评委组成的裁判团分别从政治性、创新性、艺术性、观赏性四个方面对26个文艺团队带来的76个文艺节目进行评比，评选出优胜奖16名、优秀奖10名。市委常委、宣传部部长高峰参加活动。

△ 第八届梦想之星“农商行杯”创业大赛决赛举行。涉及先进制造、新材料、生物医药等领域的10个优秀项目轮番上场，同台路演，接受评委提问，现场角逐出一等奖1名、二等奖2名、三等奖3名、优秀奖4名。市领导陈鸣华、刘晓洁、崔建村、郑振明参加活动。

△ 在如皋中山钟楼重建配套设施项目实施过程中，工作人员发现地下如皋县衙的遗址，宽度达3.5米左右，南北长度达50米。

5日 全国书法名家精品邀请展在如皋市举行。该次邀请展共汇集来自国内书法界名家的51幅精品力作，市委副书记丁兴华和中国书法家协会理事、江苏省书法家协会副主席、南京师范大学美术学院书法系主任常汉平共同为全国书法名家精品邀请展揭幕。如皋市领导高峰、崔建村出席活动。

6日 2022如皋经济洽谈会·中国长寿文化旅游节暨中国(如皋)花木盆景艺术节开幕。中国科学院院士、厦门大学教授郑兰荪，江苏省人力资源和社会保障厅副厅长朱从明，南通市委常委、统战部部长王小红，何益军、王鸣昊、张元健、丁兴华等如皋市四套班子领导出席开幕式。开幕式由市委副书记、市长王鸣昊主持。与会人员首先观看城市宣传片《这就是如皋》。市委书记何益军作主旨演讲《畅享皋地　融通未来》。郑兰荪、朱从明、王小红、朱新远、索文斌、施卫东、何益军、王鸣昊共同参加启动仪式。郑兰荪宣布开幕。部分嘉宾代表进行交流发言。中电互联工业互联网能源环境管理平台、复旦大学—如皋市长寿和衰老联合研究所、如皋市知识产权保护中心、上海海洋大学如皋科技融创中心、国家级如皋经济技术开发区(上海)科创中心、如皋港(上海)产业协同创新中心等项目举行揭牌仪式。此次“一会两节”共签订投资意向、投资协议39个，总投资375亿元。开幕式上，共选取24个项目进行集中签约。

△ 如皋市举行第十二届运动会暨第三届全民健身运动会开幕式。南通市体育局党组书记、局长江华，何益军、王鸣昊、司祝建、丁兴华等如皋市四套班子领导参加活动。市委副书记、市长王鸣昊致开幕词，市委书记何益军宣布第十二届运动会暨第三届全民健身运动会开幕。

△ 2022年如皋市“荣威杯”城河皮划艇竞逐赛举行。南通市体育局党组书记、局长江华，以及何益军、王鸣昊、司祝建、丁兴华等如皋市四套班子领导参加活动。此次皮划艇竞逐赛分为单人艇、双人艇两个赛项，共有41名选手参赛，市市场监管局于雯彬取得单人艇(机关、企业组)第一名，薛春建、邢峰则取得双人艇赛项第一名。

7日 江苏·如皋新型电子信息材料主题峰会举行。中国科学院院士、厦门大学教授郑兰荪，江苏省工业和信息化厅副厅长张星等领导嘉宾，以及如皋市领导何益军、王鸣昊、顾留忠、陈鸣华参加会议。与会人员观看城市宣传片《这就是如皋》。何益军、张星分别在会上致辞。现场还举行精炜新材料院士成果转化基地、朱美芳院士集萃新材料中试基地、智拓众创空间、森松产业学院的揭牌仪式；发布江苏省新材料第三支新材料基金。长江镇党委书记、如皋港工业园区党工委书记许薇作长江镇（如皋港工业园区）新材料产业发展投资环境推介；如皋市新材料产业部分企业代表作主旨演讲；江苏省新材料产业协会理事长段小光作“高端电子材料投资的危与机”主旨演讲。

△ 江苏隆昌化工有限公司举行企业院士工作站——隆昌化工院士工作站2022年度科技成果颁奖大会。中国科学院院士、厦门大学教授郑兰荪参加活动。

△ 南京大学考古研究所进场，对如皋县衙遗址进行考古发掘。

8日

市委书记何益军到市融媒体中心（传媒集团），看望慰问一线新闻工作者，勉励大家聚焦主责主业，不断锤炼过硬本领，多出精品力作，用心用情讲好如皋故事、传播好如皋声音。何益军一行参观市融媒体中心（传媒集团）2022年工作掠影展及职工书画摄影展，并现场体验“如e如皋”手机客户端新功能。

△ 如皋海外联谊会第三届常务理事会二次会议举行。南通市委统战部一级调研员、张謇企业家学院副院长、南通海外联谊会副会长王虎，如皋市委常委、统战部部长、组织部部长朱莹滢参加会议。会前，与会人员参观江苏华医大健康服务股份有限公司养老项目现场。会议听取如皋海外联谊会第三届常务理事会二次会议工作报告、如皋海外联谊会第三届理事会人事变更及增补安排说明，并对增补的部分副会长、常务理事及副秘书长人选进行现场表决。朱莹滢担任如皋海外联谊会会长。王虎致辞。全国优秀党务工作者、全国基层理论宣讲先进个人姚呈明以《启航新征程的政治宣言和行动纲领》为题，宣讲中共二十大精神。

9日

省委台办主任练月琴率队到如皋调研指导工作，走访慰问部分台商台胞、台资企业，了解困难问题，听取意见建议。南通市委常委、统战部部长王小红，如皋市政协主席张元健，市委常委、统战部部长、组织部部长朱莹滢参加活动。练月琴一行先后走访华夏电影展示馆、柏承（南通）微电子科技有限公司、江苏盈达机电科技有限公司等处，详细了解如皋市对台工作的情况，重点就两岸产业融合、文化交流等方面工作给予指导。

△ 市政协主席会议专题协商全市稳就业工作。市人社局主要负责人汇报全市稳就业工作开展情况、存在问题及下一步工作举措。

△ 市长寿研究会成立二十周年庆祝会举行，副市长崔建村参加活动。

10日

南通市人大常委会副主任、党组副书记姜永华带队先后走访赛得利（南通）纤维有限公司、亚太森博（江苏）浆纸有限公司、日达智造科技（如皋）有限公司等处，调研如皋制造业发展情况。市人大常委会主任司祝建参加活动。

△ 如皋市第十二届“美德少年”暨2022年新时代好少年颁奖典礼在如皋师范附属小学举行。2022年，全市各条线共推选优秀少年216名，经过层层严格审查、评估、投票，最终评选出如皋市第十二届“美德少年”提名奖20人、“美德少年”30人、“2022年如皋市新时代好少年”10人。颁奖典礼上，与会领导及嘉宾为60名优秀少年颁奖，并合影留念。市委常委、宣传部部长高峰，市委常委、副市长许敬乔参加活动。

11日

市委书记何益军，市委副书记、市长王鸣昊率队开展文明典范城市创建现场督查，先后督查茅雉河（新334线）、新民大桥北侧背街后巷、花市路东侧集中疏导点、益寿路西侧热电厂搬迁地块等多个点位，推动难点、堵点问题有效解决。市领导司祝建、张元健、丁兴华、高峰、顾留忠、卢志敏参加督查。

△ 市委理论学习中心组召开党的二十大精神专题学习研讨会。何益军、王鸣昊、司祝建、张元健、丁兴华等市委理论学习中心组成员参加学习研讨会。市委书记何益军，市委副书记、市长王鸣昊，市人大常委会主任司祝建，市政协主席张元健，市委副书记丁兴华围绕深入学习贯彻党的二十大精神作交流发言。

△ 市委理论学习中心组召开学习会，集中学习《习近平关于社会主义精神文明建设论述摘编》。何益军、王鸣昊、司祝建、张元健、丁兴华等市委理论学习中心组成员参加学习会。

△ 全市工程建设领域合规经营与法律风险防范暨招标投标业务知识培训会举行。市委常委、常务副市长顾留忠参加活动。

△ 市人大常委会副主任缪爱诚率队实地查看瑞景华府、东皋幼儿园、凌青建筑垃圾资源化利用场所等处，调研全市垃圾分类、小区停车管理工作。

12日 如皋市召开党建重点工作推进会。与会人员集中观摩城北街道社会治理综合服务中心，市人民法院经济技术开发区法庭，如城街道城西社区韬奋书吧、“红石榴家园”，如城街道宏坝社区“宏润江中”网格服务驿站，华夏电影展示馆，城南街道平明社区老杨茶馆等党的建设先进典型。会上，各市考指标责任部门汇报市考党建指标完成情况，并围绕短板弱项指标分析存在问题，查找薄弱环节，提出下一步思路举措。市领导何益军、丁兴华、高峰等参加会议。

△ 如皋市举行第二十三个中国记者节庆祝活动，总结成绩、表彰先进、畅叙心声、共话新时代使命担当。南京师范大学新闻与传播学院党委书记沈非、苏州大学传媒学院党委书记宁正法、江苏省委网信办网络传播处副处长疏小中及如皋市领导王鸣昊、高峰、杨天锡、刘晓洁、崔建村参加活动。市委副书记、市长王鸣昊致辞。活动中，王鸣昊、沈非为南京师范大学新闻与传播学院“媒体融合（如皋）创新研究中心”揭牌；疏小中、宁正法为苏州大学传媒学院“如皋融媒体中心实践教学基地”揭牌。

△ 如皋市举行全市烟花爆竹禁限放、斗香禁烧工作部署会，对“双禁”工作进行部署。市领导王鸣昊、张炜龙、陈刚参加会议。

△ 热烈庆祝中共二十大胜利召开文艺会演暨2022年度创新大赛颁奖典礼举行。南通市老年体协主席刘井石，如皋市委常委、宣传部部长高峰，市人大常委会副主任刘晓洁、副市长崔建村参加活动。

△ 市红十字会第五届理事会暨第一届监事会第三次会议举行。会议听取并审议市红十字会第五届理事会自2021年7月以来的工作报告，通报市红十字会2021年度接受捐赠的总收入中用于公益事业的支出情况。市委常委、常务副市长、市红十字会会长顾留忠参加会议。

△ 2022中国电子信息青年创新论坛在如皋市成功举办。中国电子学会副秘书长洪京一等嘉宾及如皋市领导陈鸣华、唐余宽参加活动。活动中，市委常委、副市长、市科技创新委员会办公室党组书记陈鸣华介绍全市基本情况及创新产业发展情况，相关专家学者及企业代表围绕科技产业创新发展、科技人才自立自强、产教协同人才培养等主题分享经验与案例、交流心得与感悟。

13日 由教育部学位管理中心与研究生教育司指导，中国电子学会、中国学位与研究生教育学会、中国科协青少年科技中心联合主办的“兆易创新杯”第十七届中国研究生电子设计竞赛总决赛在如皋市行政中心礼堂圆满落幕。中国电子学会副理事长、中国科学院院士房建成等专家学者、主办方代表，如皋市领导何益军、王鸣昊、陈鸣华、崔建村、唐余宽参加闭幕式。市委书记何益军在活动中致辞。如皋市和中国电子学会签订战略合作协议。

14日 市委书记何益军主持召开市委常委会会议。会议学习习近平总书记在党的二十大闭幕会上的重要讲话精神，学习党的二十届一中全会精神，学习10月25日中共中央政治局会议精神，学习习近平总书记在中共中央政治局第一次集体学习时的重要讲话精神，学习习近平总书记在瞻仰延安革命纪念地时的重要讲话和在陕西延安和河南安阳考察时的重要讲话精神，并研究贯彻落实工作。会议讨论《关于学习借鉴先进经验推动如皋市创建工作再提升的实施方案》等议题。

△ 市住建系统学习贯彻中共二十大精神暨党建品牌发布活动举行。省人防办指挥和信息化处处长耿跃，如皋市领导高峰、程瑞琴、朱莹滢、缪爱诚、崔建村、陈小燕出席活动。

△ 市人才学会成立暨第一次会员大会举行。南通市委组织部二级巡视员、南通市人才学会会长张辉，如皋市委常委、组织部部长、统战部部长朱莹滢，副市长（挂职）、市第十五批科技镇长团团长唐余宽参加活动。会议听取市人才学会筹备工作报告，通过学会章程和选举办法，选举产生第一届理事会理事、监事会监事以及会长、副会长、秘书长。随后，张辉和朱莹滢共同为市人才学会揭牌。

16日 全市学习贯彻中共二十大精神宣讲动员暨市委宣讲团集体备课会举行。市领导王鸣昊、张元健、丁兴华、高峰等参加会议。会议由市委副书记丁兴华主持。市委常委、宣传部部长高峰对市委宣讲团集中宣讲工作进行部署。宣讲团全体成员参与集体备课。

17日 全市四季度安委会全体（扩大）会议举行。会议通报2022年以来全市安全生产事故情况、全市三季度安全生产“双百分制”考核排名及得分情况。城北街道、吴窑镇、市住建局、市公安局分别围绕防范化解安全风险、扎实做好下一步安全生产工作、建设施工安全和农民自建房安全防范工作、道路交通安全防范工作进行交流发言。市领导王鸣昊、顾留忠等参加会议。

△ 中华全国供销合作总社监事会副主任宗义一行到如皋，就供销合作社综合改革和县域流通体系建设工作进行调研。市委副书记丁兴华，副市长黄文斌参加活动。调研中，宗义一行到江苏皋德食材有限公司，通过听取企业负责人的介绍，了解企业生产以及冷链供应链服务等工作开展情况。

△ 南通市慈善总会副会长叶沈良率队到如皋，调研如皋市慈善事业发展情况。副市长崔建村参加活动。叶沈良一行实地考察城北街道袁桥社区慈善工作站，详细了解慈善工作推进情况并进行现场指导。座谈会上，市慈善基金会理事长石耀汇报2022年以来如皋市慈善基金会的工作情况。

17—18日

2022年全省“15分钟医保服务圈”建设评估工作部署培训会议在如皋市举行。市委常委、常务副市长顾留忠向与会人员介绍如皋市相关工作开展情况。会议期间，与会人员实地观摩海门区及如皋市部分“15分钟医保服务圈”省级示范点、村（社区）医保服务点及医保便民药店，现场参观定点医疗机构“医保服务站”。省医疗保险基金管理中心副主任谷峻就如何做好评估工作作培训。省医疗保障局党组成员、副局长朱丽菁，省医疗保险基金管理中心主任薛建祥，南通市医疗保障局党组书记、副局长陈春柳，南通市医疗保障局局长张劲松，如皋市领导许敬乔参加会议。

18日 中国·如皋人类健康与衰老峰会举行。中科院院士、复旦大学校长金力录制视频向此次峰会发祝贺与问候。南通大学党委副书记、副校长，南通大学附属医院党委书记高建林等领导专家，以及如皋市领导何益军、高峰、陈鸣华、唐余宽参加会议。

△ 通皋大道二期、226省道工程正式开工建设。通皋大道二期、226省道工程是南通市政府为民办实事项目，也是如皋市助力南通奋力建设“一枢纽五城市”中的重点交通工程，计划于2024年底前建成通车。南通市人大常委会副主任、党组副书记姜永华，南通市人民政府副秘书长施健，如皋市领导

何益军、程瑞琴、黄文斌参加活动。

△ 市政协举行制定行政规范性文件《如皋市物业服务收费管理办法》专题民主协商会议。市城管局负责人介绍制定《如皋市物业服务收费管理办法》的背景及主要内容；各调研组牵头人员交流前期调研情况，发表协商意见；相关职能部门就协商意见进行发言。市政协主席张元健、副市长陈刚、市政协副主席陈小燕参加会议。

△ 市委常委、宣传部部长高峰率队视察李昌钰刑侦科学博物馆二期工程推进情况，实地查看李昌钰刑侦科学博物馆二期工程施工作业现场，并仔细询问工程推进、设施配套、管网铺设、外立面装修等情况。施工单位、展陈单位、监理单位、业主单位等相关负责人就工程推进情况进行交流发言，并对施工中遇到的问题进行协调会商。

19日 如皋市工会第十六次代表大会召开，回顾总结过去五年的工作，明确今后五年工作的主要目标和任务。会议选举产生市总工会第十六届委员会主席、副主席、常委，组成市总工会新一届领导班子。南通市人大常委会副主任、市总工会主席葛玉琴，如皋市领导何益军、王鸣昊、司祝建、张元健、丁兴华等参加活动。

21日 由"中国好人"、信义小伙陈伟发起的慈善基金——"诚致伟"爱心公益基金正式成立。市委常委、宣传部部长高峰参加成立仪式。陈伟是吴窑镇陈家村人，他"恪守信义、跨城还债"，用9个多月的时间每天打3份工，攒8万多元，把之前在南京开水果店时欠下的会员卡充值费全部还清的暖心故事受到广泛关注，他也因此被评为2022年第二季度"中国好人"。

△ 《人民日报》(2022年11月21日第09版)刊登姚呈明的理论文章《让老百姓听得懂、能领会、可落实　把党的创新理论讲清楚讲明白》。

△ 2022年"科创江苏"创新创业大赛装备制造领域决赛颁奖仪式举行。省科协二级巡视员杨文新，市委常委、副市长、市科技创新委员会办公室党组书记陈鸣华参加活动。经过前期决赛路演，此次大赛共决出一等奖6名、二等奖10名和三等奖13名，活动现场为获奖项目进行颁奖。活动结束后，全体人员还参观江苏卓远半导体有限公司、江苏如天光电科技有限公司等部分企业。

22日 市委常委、宣传部部长高峰率队调研全市卫生健康工作。高峰一行实地调研如皋医学中心(市人民医院新院区)项目现场、如城街道社区卫生服务中心、市精神病防治医院等处，深入了解卫生健康工作开展情况及相关项目建设推进情况。座谈会上，市卫健委主要负责人汇报2022年卫生健康工作开展情况以及2023年工作思路和举措。

△ 2022年如皋市宣传干部培训班正式开班。此次培训班将持续6天，以专家授课、现场教学等方式，重点学习"加强基层理论武装工作""新时期加强和改进未成年人思想道德建设工作"等内容。市委常委、宣传部部长高峰参加活动。

23日 学习贯彻中共二十大精神省委宣讲团宣讲报告会在如皋市举行。如皋市委副书记、市长王鸣昊，市人大常委会主任司祝建等市四套班子领导参加报告会。省委宣讲团成员、南通市委宣讲团团长、南通市委书记王晖作宣讲报告，王鸣昊主持报告会。宣讲结束后，王晖到如城街道迎新社区，调研社区党建工作，并围绕如何理解中国式现代化等内容，与党员群众代表互动交流。

24日 南通市副市长刘洪带队到如皋，实地走访如皋市恒孚稻米农地股份合作社、如皋市绿野生态农业观光中心、拓丰健康科技(南通)食品项目现场、如皋市新时家庭农场等处，深入调研乡村产业振兴等工作情况。如皋市领导丁兴华、黄文斌参加活动。

25日 如皋市举行与省级机关部门党支部结对共建工作交流推进会。市委宣传部、市农业农村局、市医疗保障局、如皋经济技术开发区(城北街道)、市水务集团、搬经镇龙桥村6家单位汇报结对共建工作开展情况。市委常委、组织部部长、统战部部长、市级机关工委书记朱莹滢参加会议。

27日 如皋县衙遗址保护工程开始施工。

28日 江苏汇力新能源科技有限公司与如皋经济技术开发区就氢能装备项目达成合作协议。项目方代表,南通市政府党组成员潘建华及如皋市领导王鸣昊、丁兴华、顾留忠、陈鸣华、卢志敏、杜晓峰参加活动。交流结束后,与会领导、嘉宾共同见证项目签约。

△ 市人大常委会主任司祝建带队视察《关于打造“高质量教育县域样板、长三角北翼教育名城”的议案》办理情况,市委常委、副市长许敬乔,市人大常委会副主任缪爱诚、张百璘、刘晓洁参加活动。司祝建一行先后视察如皋师范学校附属小学新城幼儿园、如皋市志颐小学、如皋中学、如皋市实验初中、中国工农红军南通如皋红军小学、如皋师范学校第三附属小学、如皋第一中等专业学校等处。

△ 南通支云足球俱乐部在2022中甲联赛还剩两轮的情况下领先第四名7分,提前冲超成功,进入中超联赛球队名单。如皋市委、市政府给俱乐部发去贺信。

29日 市科创委第七次会议举行。市委副书记、市长王鸣昊讲话。市委常委、副市长、市科技创新委员会办公室党组书记陈鸣华传达《南通市建设更高水平国家创新型城市三年行动方案(2022—2024年)》通知精神,并通报全市三季度科技创新考核完成情况。副市长崔建村传达南通市科技创新双月例会精神。市科技局负责人汇报《如皋市科技招商工作方案(征求意见稿)》相关情况;部分镇(区、街道)有关负责人汇报上一阶段重点工作推进情况及下一步工作思路。

△ 市委常委、宣传部部长高峰带队调研全市现代服务业工作和全市招商引资工作。

30日 市人大常委会主任司祝建带队督查国家全域旅游示范区创建工作。司祝建一行实地走访城北街道平园池村、如城街道钱长村、如城街道顾庄社区、万仟梦工厂、如皋曙光希尔顿逸林酒店等处,详细了解相关旅游重点项目的招引和建设情况。座谈会上,创建国家全域旅游示范区领导小组办公室汇报创建工作推进情况,各镇(区、街道)和有关部门进行交流发言。

△ 市政协十五届三次常委会会议召开。会议围绕“全面激发园区发展新活力,奋力打造跨江融合样板区”议题开展议政性专题协商,并就学习宣传贯彻中共二十大精神进行辅导、动员。市政协主席张元健主持会议,市领导顾留忠、朱莹滢、杜永红、张亚鸾等参加会议。

△ 如皋市举行全市农村人居环境整治提升工作座谈会。市委副书记丁兴华、副市长黄文斌参加会议。

△ 如皋市“吾爱吾家——我家故事联播”项目成果展示活动在高新区实验幼儿园举行。市委常委、组织部部长、统战部部长朱莹滢参加活动。活动中,五名优秀家庭代表现场分享自己和家人、邻里的故事,传承弘扬优秀家风。

2022 年 12 月

1 日 市委副书记、市长王鸣昊主持召开十八届市政府第十三次常务会议，就有关议题进行研究讨论。会议讨论《如皋市电力设施保护安全管理办法（送审稿）》《关于完整准确全面贯彻新发展理念　做好碳达峰碳中和工作的实施意见（送审稿）》，听取全市化工生产企业安全环保问题专项督查情况汇报，还讨论其他事项。

△ 市人大常委会中共二十大精神专题学习会举行。会上，全国优秀党务工作者、全国基层理论宣讲先进个人姚呈明以《奔向现代化的政治宣言和行动纲领》为题，围绕中共二十大精神作专题辅导，为大家深入解读中共二十大精神的丰富内涵。市人大常委会主任司祝建，副主任缪爱诚、张百璘、刘晓洁、石兵参加会议。

△ 市人大常委会专题询问《江苏省优化营商环境条例》实施情况。市人大常委会主任司祝建，市委常委、常务副市长顾留忠，市人大常委会副主任缪爱诚、张百璘、刘晓洁、石兵参加会议。各相关部门负责人现场接受由市人大常委会组成人员、人大代表组成的“考官团”的专题询问。针对“考官团”提出的问题，顾留忠和各相关部门负责人结合实际逐一进行答复。

2 日 学习贯彻党的二十大精神南通市委宣讲团宣讲报告会在如皋经济技术开发区举行。南通市委宣讲团成员、如皋市委宣讲团团长、如皋市委书记何益军作宣讲报告。宣讲结束后，何益军到城南街道杨花桥村，调研该村党建工作，并围绕中共二十大精神学习心得等内容，与党员群众代表互动交流。

△ 学习贯彻中共二十大精神市委宣讲团宣讲报告会在市行政中心举行。市委宣讲团成员、市委副书记丁兴华作宣讲报告。宣讲中，丁兴华结合如皋农业农村工作实际，对中共二十大精神作全面宣讲和深入阐释。

3 日 市委书记何益军主持召开市委常委会会议。会议学习习近平总书记在亚太经合组织第二十九次领导人非正式会议上发表的重要讲话精神、习近平总书记对河南安阳市凯信达商贸有限公司火灾事故作出的重要指示精神和国务院安委会办公室《关于认真贯彻落实习近平总书记重要指示精神切实做好年终岁尾安全生产工作的通知》精神，研究贯彻落实工作。传达学习习近平总书记对做好当前疫情防控工作的重要批示精神和近期省、南通市疫情防控会议精神及相关要求，听取市疫情防控工作情况汇报。传达学习省委十四届三次全会精神和南通市委常委会（扩大）会议精神，研究贯彻落实工作。讨论《关于加快推进如皋市媒体深度融合发展的实施意见》。

4 日 神舟十四号载人飞船返回舱在东风着陆场安全着陆，神舟十四号三名航天员陈冬、刘洋、蔡旭哲结束在太空半年的工作生活返回祖国。而担任此次返回舱空中搜救任务的指挥员是如皋人陈实，这是他参与的第 11 次航天任务搜救，也是中国航天史上最难的一次空中搜救。

5 日 2022 年年轻干部培训班终期成果汇报暨中青年干部培训班座谈会举行。市领导何益军、丁兴华、朱莹滢参加会议。市委副书记、市委党校校长丁兴华主持座谈会。市委书记何益军讲话。与会人员共同观看学习成果展示视频。部分学员代表围绕学习经历和工作实际，现场交流学习心得和下一步工作举措。

△ 2022年如皋市新时代文明实践中心联席会议暨“12·5”国际志愿者日“志愿服务348”主题实践活动在市新时代文明实践中心报告厅举行。市委常委、宣传部部长高峰参加活动。市部分新时代文明实践分中心及新时代文明实践所代表就2022年新时代文明实践工作开展情况进行述职发言。活动还为如城街道城东社区、搬经镇搬东社区等四家新时代文明实践站与社会志愿服务组织举行“微笑结对”共建仪式。

△ 南通市县（市、区）机关党建工作交流会在如皋市举行。南通市委市级机关工委常务副书记成小红，如皋市委常委、组织部部长、统战部部长、市级机关工委书记朱莹滢参加会议。会前，与会人员共同参观市人民检察院、华夏电影展示馆等处，实地了解如皋市基层推进机关党建工作的特色亮点和创新举措。其中，市人民检察院的“双领皋检·六力提升”工程和华夏电影展示馆的“红领党务通”工作室给大家留下深刻印象。会上，各县（市、区）机关工委相关负责人围绕2022年以来机关党建的特色工作、2023年的工作安排及建议意见依次进行交流发言。

5日、7日

如皋市举行市委全会重点课题调研成果交流会，全面总结2022年发展成效，细致谋划2023年工作，高质量筹备好市委十三届六次全会。何益军、王鸣昊、司祝建、张元健、丁兴华、高峰、程瑞琴等市四套班子领导参加会议。各课题调研组牵头市领导分别就“国民经济”“工业经济”“科技创新”“乡村振兴”“招商引资”“现代服务业”“城市建设”“社会事业”“生态文明”“社会治理”“党建和人才”等课题作专题汇报。

6日

市四套班子领导和全市各界党员、干部、群众以各种方式收听收看江泽民同志追悼大会直播，沉痛悼念江泽民同志。在市行政中心，市委书记何益军，市委副书记、市长王鸣昊，市人大常委会主任司祝建，市政协主席张元健，市委副书记丁兴华等市四套班子领导集中收看追悼大会直播，深切缅怀江泽民同志的丰功伟绩和崇高风范。

△ 市委书记何益军带队对焦港幸福河建设情况开展督查。何益军一行乘船巡查焦港幸福河建设现场，听取项目现场负责人、监理单位关于焦港幸福河建设进度、建设过程中遇到的问题的汇报，并提出相关意见建议。市委副书记丁兴华，副市长张炜龙参加督查。

7日

学习贯彻中共二十大精神市委宣讲团宣讲报告会在磨头镇举行。市委宣讲团成员，市人大常委会主任、党组书记司祝建作宣讲报告。报告会后，司祝建与党员群众代表进行互动交流。

8日

姚呈明理论武装工作室成立五周年活动暨南通市理论武装工作室工作开展情况汇报交流会在如皋市举行。南通市委副书记、宣传部部长沈雷，省干部理论教育讲师团团长许佃兵，南通市委宣传部副部长周锦南及如皋市领导何益军、丁兴华、高峰、杨天锡参加活动。市委书记何益军在活动中致辞。沈雷和许佃兵共同为姚呈明理论武装工作室优秀宣讲员颁奖。

△ 市关工委成立三十周年纪念会议举行。南通市关工委主任曹能新，如皋市领导何益军、王鸣昊、张元健、朱莹滢、刘晓洁参加会议。何益军、曹能新在会上讲话，会议还对相关优秀集体和优秀个人进行表彰。

△ 南通市“成长仪式”示范观摩活动在如皋经济开发区实验小学举行。南通市文明办、南通市教育局有关领导及如皋市领导高峰、许敬乔、顾凡参加活动。与会嘉宾实地观摩涉及诗歌、劳动、环保、艺术等多个领域的“成长空间”微班会、微社团，并深入课堂与孩子们进行互动，并为该校“新时代好少

年”授书。

9日 学习贯彻中共二十大精神市委宣讲团宣讲报告会在长江镇二案社区举行。市委宣讲团成员、市委副书记、市长王鸣昊作宣讲报告。报告会后，王鸣昊与党员群众代表进行互动交流。

△ 市人大常委会集中开展民生实事项目推进情况视察活动。视察组一行实地走访茅雉河大桥工程、中山路改造提升工程、中医院内科病房综合楼、江安镇卫生院、市特殊教育学校、市精神病防治医院等项目现场，以及智慧停车建设运营、城区和农村污水治理提质增效、老旧小区改造、镇（区、街道）“15分钟医保服务圈”、新建改造“口袋”公园和城区道路周边绿化、全市域水环境整治等工程、项目的部分点位。市人大常委会主任司祝建，市委常委、常务副市长顾留忠，市人大常委会副主任缪爱诚、张百璘、刘晓洁，副市长顾凡参加活动。

△ 学习贯彻中共二十大精神市委宣讲团宣讲报告会在白蒲镇举行。市委宣讲团成员、市政协主席张元健走进白蒲镇沈桥村、南通华东油压科技有限公司作宣讲报告。

△ 学习贯彻中共二十大精神市委宣讲团宣讲报告会在南通荣威娱乐用品有限公司举行。市委宣讲团成员、市委副书记丁兴华作宣讲报告。

△ 如皋市举行以“学习宣传贯彻中共二十大精神　推动全面贯彻实施宪法”为主题的宪法集中宣誓活动。市委常委、政法委书记程瑞琴，副市长、市公安局局长陈刚参加活动。活动现场，300多名机关行政执法人员高举右手庄严宣誓，表达对宪法、对国家和对本职工作的尊重与忠诚。

10日 第九届江苏省青年科学家年会暨第四届苏台（如皋）合成生物学与健康食品产业发展大会在如皋市举行。来自合成生物学与健康食品领域的专家、企业家齐聚一堂，研讨合成生物学技术、畅想健康食品产业未来、共商合作发展大计。江苏省科学技术协会二级巡视员杨文新，中国食品科学技术学会副理事长、江苏省食品科学与技术学会理事长、江南大学原副校长金征宇，南通市科学技术协会党组书记、主席葛伟，以及如皋市领导何益军、王鸣昊、陈鸣华、石兵、唐余宽参加会议。会议由市委副书记、市长王鸣昊主持。市委书记何益军在会上致辞。会议还为江南大学（如皋）食品生物技术研究所、中国工程院李培武院士农产品质量安全科技成果培训示范基地（如皋）举行揭牌仪式。6个项目进行集中签约。

△ 2022年度如皋市女企业家协会联谊会在如皋市宋庆龄幼儿园举行。活动中，市委常委、组织部部长、统战部部长朱莹滢和市政协副主席张亚鸾为优秀女企业家颁发荣誉证书，市女企业家协会会长杨敏作协会年度工作报告，与会女企业家代表分享个人创业历程。

△ 市人大评议卫健委问题整改工作部署会议举行。会议通报市人大对市卫健委工作的评议意见，并部署问题整改工作。市人大常委会副主任刘晓洁参加活动。

13日 文明典范城市创建指挥部月度例会举行。市领导丁兴华、高峰、陈刚参加会议。市委副书记丁兴华一行采取“四不两直”方式到市人民医院附近路段、西皋市场等处，实地了解非国标三四轮车整治工作。会上，市公安局、城管局、市场监管局等部门相关负责人就非国标三四轮车整治工作等进行汇报交流。

△ 南通市“银发生辉·银龄引领”行动现场教学基地授牌仪式暨传承红色基因主题教育在如皋市举行。与会人员实地参观中国工农红军南通如皋红军小学，并观看由该校学生带来的武术操和情景剧表演。随后，袁鸿飞为“银发生辉·银龄引领”行动现场教学基地进行授牌。南通市委组织部副部长、老干部局局长、离退休干部工委书记袁鸿飞，如皋市委常委、组织部部长、统战部部长朱莹滢参加活动。